本书的出版得到
国家重点文物保护专项补助经费资助

黎城楷侯墓地

（上）

山西省考古研究院
长治市文物旅游局　编著
黎城县文博馆

文物出版社

图书在版编目(CIP)数据

黎城楷侯墓地 / 山西省考古研究院, 长治市文物旅游局, 黎城县文博馆编著. -- 北京 : 文物出版社, 2022.1

ISBN 978-7-5010-7283-5

Ⅰ. ①黎… Ⅱ. ①山… ②长… ③黎… Ⅲ. ①周墓—发掘报告—黎城县 Ⅳ. ①K878.85

中国版本图书馆CIP数据核字(2021)第226999号

黎城楷侯墓地

编　　著：山西省考古研究院
长治市文物旅游局
黎 城 县 文 博 馆

封面设计：刘　远
责任编辑：彭家宇
责任印制：苏　林
出版发行：文物出版社
社　　址：北京市东城区东直门内北小街 2 号楼
邮　　编：100007
网　　址：http://www.wenwu.com
经　　销：新华书店
印　　刷：北京荣宝艺品印刷有限公司
开　　本：889mm × 1194mm　1/16
印　　张：29　　插页：4
版　　次：2022 年 1 月第 1 版
印　　次：2022 年 1 月第 1 次印刷
书　　号：ISBN 978-7-5010-7283-5
定　　价：620.00 元（全二册）

Archaeological Excavation at the Cemetery of Marquises of Kai, Licheng

(I)

by

Shanxi Provincial Institute of Archaeology

Changzhi Municipal Cultural Relics and Tourism Bureau

Licheng County Museum

Cultural Relics Press

黎城楷侯墓地

張頷題

《黎城楷侯墓地》编委会

主编　张崇宁

执笔　张崇宁　韩炳华

张　欣　杨林中　赵晓辉

内容提要

2005年，位于山西省东南部的黎城县西关村田地中周代墓葬发现被盗，山西省考古研究所（今山西省考古研究院）派考古工作者进行调查和考古发掘。经过为期一年的考古工作，西关墓地共发现了92座墓葬，实际发掘了其中的10座。

墓葬均为南北向排列，车辆拆解随葬在墓葬中，未发现单独埋藏的车马坑。10座墓葬中有大型墓葬2座，均被盗，出土重要随葬品较少。墓葬形制均为带墓道的“甲”字形大墓。M1随葬车辆及殉人，残留器物仅为车马铜饰、铜兵器和少部分玉石器等。M10墓道中有大量殉牲，多达57具。尽管墓葬被盗，但是残留的玉器非常精美。M2、M3、M7、M8、M9为中型墓葬，其中M2和M3被盗，其余保存较好。其中最重要的为M7和M8，2座墓中均出土有铭文且组合完整的青铜器，从青铜器的铭文推断出黎城西关墓地是周代楷侯墓地。M4、M5、M6为小型墓葬，未被盗掘。

10座墓葬的时代跨度不大，均为春秋早期。M1和M10，墓葬规模较大，是该墓地中的最高等级贵族的墓葬，根据墓地中其他墓葬出土青铜器判断此2墓应该是楷侯墓葬。楷侯就是史书记载的黎侯，在周代是姬姓诸侯。黎侯在周代分封在晋东南地区，杂居戎狄之间，揭示了周代特殊的国家政治管理制度，因此这批资料是研究周代历史，特别是春秋早期历史的重要资料。墓地中有很多与商遗民文化有关系的现象，如楷侯宰的墓葬有腰坑，部分墓葬出土商式鬲和有商代风格的玉器等，显示了商遗民文化经过几百年后在太行山西麓仍有很强的影响力。

本报告附录对出土青铜器的材质工艺进行了科技研究，发现了黎城西关青铜器主要是铅锡青铜铸造的，青铜容器铸造时垫片使用复杂，青铜器铸造技术较成熟；对出土人骨的鉴定，确定了相关墓主人的性别和年龄，发现了该人群接近古中原类型，同时，在病理现象方面分析了一些疾病与造成疾病在饮食方面的原因，对动物骨骼的鉴定，确定了祭祀动物的种属，为周代祭祀用牲提供了科学的标本资料。

Abstract

A Zhou dynasty tomb located in Xiguan village, Licheng county, southeast of Shanxi Province, was illegally excavated and plundered in 2005. In order to prevent further destruction, Shanxi Provincial Institute of Archaeology conducted an archaeological investigation and excavation in this area. After a year's work, ninety-two tombs were discovered, ten of which were excavated.

In the cemetery, tombs are arranged in a north-south direction. Disassembled carriages are buried in tombs, while independent pits of carriages and horses not found. Excavated tombs include two large ones: M1 and M10. Both of them are in a "甲" shape which is with a passage leading to the grave. Unfortunately, very few valuable artifacts have been uncovered from the two tombs because of the former illegal excavation and robbing. In M1, carriages and human sacrifices are buried. Archaeologists have collected bronze decorations of carriages, bronze weapons and a small part of jades from it. M10 contains as many as fifty-seven sacrifices in its path. Although this tomb has been plundered, the remaining jades are exquisite. M2, M3, M7, M8 and M9 are medium-sized tombs, of which M2 and M3 are robbed, and the rest are well-preserved. M7 and M8 are the most significant, from which two integrated combinations of bronzes with inscriptions were unearthed. These inscriptions imply that Xiguan village is the cemetery of Marquises of Kai in Zhou dynasty. Additionally, three intact small tombs, M4, M5 and M6, were also excavated.

These 10 tombs are all dated to the early Spring and Autumn period, which means they were built in a short time span. As large tombs, M1 and M10 are inferred to be tombs of the highest-ranking nobles who should be Marquises of Kai, according to bronzes from Xiguan village cemetery. Marquises of Kai is recorded as Marquises of Li whose surname is Ji, the royal family name, and were enfeoffed in southeastern Shanxi and lived with Barbarians "Rong" and "Di" during Zhou dynasty. The discovery of the cemetery of Marquises of Kai reveals the particular national political management system of Zhou dynasty. It is a crucial site for studying the Zhou history, principally the history of the early Spring and Autumn period. Equally important, many phenomena which relate to the culture of Shang adherents can be observed in Xiguan village cemetery. For example, the tomb of Zai, who is one of Marquises of Kai, utilizes a waist pit, as well as some *Li* and jades in Shang style are uncovered from this cemetery. These materials indicate that the culture of Shang adherents have still influenced the Western foothill of Taihang Mountain strongly after hundreds of years.

While preparing the report, we examined the composition and manufacturing technique of unearthed bronzes. These bronzes are mainly cast by lead tin bronze and the adoption of gaskets on bronze container casting is sophisticated, suggesting that bronze casting techniques at Zhou dynasty is considerably mature. Furthermore, an identification was conducted for human bones. The result demonstrates the gender and age of relevant tomb owners and that their race is close to the type of Ancient Central Plains. Meanwhile, through a pathological test, we have learned the diseases the tomb owners suffered when they were alive and the dietary causes of diseases. Finally, species and genera of sacrificial animal bones were identified. This work provides scientific data for future sacrificial animal research of Zhou dynasty.

目 录

插图目录

第一章　绪论

一　自然地理概况

（一）地理位置

黎城县位于山西的东南部，上党盆地的东北部，太行山南端东麓，全县总面积1101平方千米，行政隶属长治市，其北邻左权、武乡两县，西为襄垣县，南部与潞城市和平顺县相接，东与河北涉县连接，翻过太行山向东即是。黎城西关墓地（黎城楷侯墓地）则位于黎城县的西关村。长邯高速公路从墓地西边穿过，而长邯铁路则从墓地东边穿过（图一；彩版一，1），其东北方向的“东阳关”（古称壶口关，即壶口故关，又称吾峪关，今吾儿峪）是山西通往

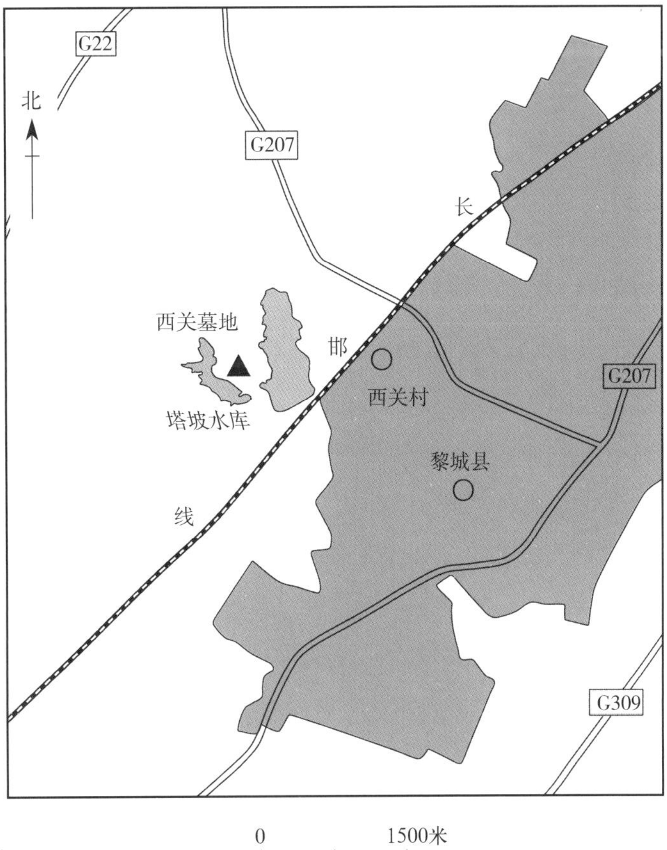

图一　黎城西关墓地位置示意图

河北邯郸的交通“咽喉”，过这个“咽喉”后，就是古代“太行八陉”之一的滏口陉。

（二）地貌特征

黎城县西北部为高山区和丘陵区，东南部为中低山区，两山之间为山间盆地，属于太行山中的山间小型盆地。境内山脉属太行山分支，山峰海拔多在1700米以上，最高峰“华树凹”海拔2012米。境内东、西部的丘陵海拔多在1000米以上，中部黄土覆盖较厚，南部有小型盆地，地势较平。境内有浊漳河（古称潞水）从县西南流过，在县境内长39.6千米；清漳河从县东北流过，在该县境内流程3.5千米。县城四周环山，是一处小盆地。整体地形为西高东低，处在太行山向河北平原延伸的山坡地段。

（三）古地理环境

县境内古地层有太古界、元古界、古生界和新生界，从古生界到新生界，分别含前震旦系变质岩、寒武系、奥陶系、石炭系、第三系和第四系，其余界系缺失。其中太古界岩层最古老，出露在南委泉以北地带，寒武系、奥陶系底层在该县四周均有出露，多呈带状分布。

（四）气候条件

黎城县为暖湿大陆性气候，春季干旱多风，夏季酷热多雨，秋季旱涝无常，冬季寒冷少雪，年均气温10.3℃，年降雨量568毫米，无霜期170～180天，霜冻期在每年10月上旬至来年4月上旬。

二 历史文化背景

（一）地理沿革

根据《黎城县志》记，黎城在春秋时期，属于黎侯国。从汉至两晋时期，属于潞县。北魏太平真君十一年（450年）废潞县，置刈陵县，这是黎城境内最早建县的记录。隋开皇十八年（598年）更名黎城县，此为以黎城名县之始。唐初，先属韩州，后属潞州，隶属河东道，天祐二年（905年）改为黎亭县，五代唐复名黎城县。宋属河东路潞州。宋天圣三年（1025年）迁县城于原县治东南4千米的白马驿，即今县城，熙宁五年（1072年）并入潞城县；元祐元年（1086年）复治黎城县，自此县名历代不改，今属河东南路潞州，贞祐三年（1215年）升涉县为崇州，黎城属之；贞祐四年（1216年）崇州复为县，黎城仍归潞州。元属晋宁路潞州。明代中前期属冀南道潞州，嘉靖八年（1529年）升潞州为潞安府，黎城属之。清属冀宁道潞安府。民国初（1912年）属山西冀宁道。《山西志辑要》：“疆域，东至河南涉县界四十里（河北涉县），西至襄垣县界四十里，南至潞城县界二十里，北至辽州（左权县）界百里；在府东北一百里”[1]。

[1] 黎城县志编纂委员会：《黎城县志》，中华书局，1994年。

（二）古文化遗存

根据山西省文物普查资料，黎城县境内商周时期的主要遗址有以下10余处[1]。

1. 东水洋遗址

位于西仵乡东水洋村西约200米，位于浊漳河北岸台地上。发现有商代的夹砂灰陶绳纹方唇束领鬲、泥质灰陶簋、深腹盆、罍等残片。

2. 赵店遗址

位于西仵乡赵店村西北约200米，位于浊漳河北岸台地上。断崖上暴露遗迹有灰坑等，采集有商代夹砂灰陶绳纹深腹圜底罐、泥质灰陶卷沿敞口深腹盆等残片。

3. 辛庄遗址

位于黎侯镇辛庄村西约150米。发现有商代的夹砂灰陶绳纹实足根鬲、深腹圜底罐；东周的泥质灰陶高柄浅盘豆等残片。

4. 下桂花遗址

位于黎侯镇下桂花村北约100米，断崖上暴露遗迹有灰坑11座。采集有商代泥质灰陶、夹砂灰陶和黄褐陶片，其纹饰有绳纹、方格纹，器形有方唇外翻鬲、深腹侈口圜底罐、小口广肩瓮、敞口弧腹盆等。

5. 西关遗址

位于黎侯镇西关西约1千米。采集有商代泥质灰陶绳纹小口矮领广肩瓮、罐等残片。该遗址就在西关墓地附近。

6. 陈村遗址

位于东高西低的台地上。采集有西周夹砂灰陶绳纹方唇束领鬲、泥质灰陶敞口弧腹盆、侈口深腹罐等残片。

7. 仁庄遗址

位于黎侯镇仁庄村东北约50米，采集有东周时期的泥质灰陶高柄浅盘豆、矮柄豆、方唇平折沿盆、绳纹深腹罐等残片。

8. 下村遗址

位于黎侯镇下村东约50米，采集有东周时期的泥质灰陶绳纹盆、罐、绳纹筒瓦等残片。

9. 麦仓遗址

位于黎侯镇麦仓村东北约300米，采集有东周时期的泥质灰陶高柄浅盘豆、绳纹小口高领罐、卷沿瓮等残片。

10. 北桂花遗址

位于黎侯镇北桂花村东约50米，采集有东周时期泥质灰陶绳纹盆、高柄豆等残片。

11. 南桥沟遗址

位于黎侯镇南桥沟村西南约50米，断崖上暴露遗迹有灰坑、陶窑等，采集有战国的泥质

---

[1] 国家文物局主编，山西省文物局编制:《中国文物地图集·山西分册》，中国地图出版社，2006年。第320～322页。

灰陶高柄浅盘豆以及汉代的圆唇卷沿盆等残片。

12. 隆旺遗址

位于程家山乡隆旺村西北约50米，采集有东周时期夹砂灰陶绳纹侈口深腹罐、泥质灰陶方唇平折沿盆等残片。

13. 路堡遗址

位于程家山乡路堡村南约100米，发现有商代的夹砂灰陶绳纹方唇束领鬲、罍、泥质灰陶深腹盆等残片。

14. 靳家街遗址

位于停河铺乡靳家街村西北约50米。2000年山西省考古研究所在配合长邯高速公路建设时对该遗址进行考古发掘约5000平方米，出土有东周时期泥质灰陶绳纹方唇平折沿盆、罐、豆等残片。

三　发现与发掘概况

（一）发现

2005年上半年，黎城县西关村塔坡水库的西南岸空地上发生大规模盗墓情况，黎城县政府对此非常重视，将此事上报到山西省文物局，山西省文物局安排山西省考古研究所派人到黎城县进行实地调查。

2005年秋，山西省考古研究所海金乐、张崇宁等前往黎城盗墓地点调查（彩版一，2）。通过调查发现，该被盗墓地所处的地界归属于黎城县西关村，该村的西南部有一片面积约10000平方米的塔坡水库，水库建于1958年。水库西岸高出水面10多米，被盗墓地就位于其西岸的坡地上，这个位置距县城不足1000米。该墓地东西长约77米，南北宽约100米，由于当地农耕的需要，古墓地所在位置已成阶梯状，墓地北部偏西为略高于墓地所在的耕地，东北部为断崖，断崖底部距墓地平面的高差约10米。再偏东即为水库；墓地西部为一条南北走向的乡村公路。这里沟壑纵横，水土流失严重。长邯高速公路G207从墓地北边穿过，长邯铁路则从墓地南边穿过，再加上国道309线（G309），三条道路一并汇集于东阳关。过东阳关，直下便到达河北涉县、邯郸。在调查中，这里发现了一些春秋晚期的灰坑和陶片，其器形有泥质灰陶绳纹小口罐、泥质灰陶素面短柄豆等。

在盗墓现场时，不足二十亩地的范围内分布的盗洞有30多个，盗掘情况十分严重（彩版二）。根据时任黎城县文博馆馆长赵满芳过去在盗墓现场采集的木炭屑以及残铜片（彩版三，1）分析，推测这里应该是一处西周时期的墓地。

2005年11月，山西省考古研究所在长治市文物旅游局、黎城县文化局以及县文博馆的大力协助下开始对被盗墓地进行考古钻探（彩版三，2），钻探历时两个月，至12月底结束。经考古钻探得知，墓地面积约为7700平方米，发现古代墓葬92座，其中，大型墓葬4座，中型墓葬20座，其余为小型墓葬。初步判断这是一处面积较大的古墓地，从墓葬的形制看，应该是诸侯一级。

（二）发掘

鉴于墓地的重要性和保护的紧迫性，山西省考古研究所于 2006 年 1 月对该墓地开展正式发掘。经先期调查和钻探得知，该地的古墓葬墓口均开在耕土层下，部分区域有厚约 30 厘米的扰乱层。又因为此次属于抢救性发掘，故未采取布探方的发掘方式，是直接揭取地表耕土层后进行发掘的。

根据发掘的情况分析，现存的墓口不同程度的受过扰动，叠压其上的扰土中，包含物最早的有春秋晚期的陶片，可辨识的有绳纹灰陶鬲、罐以及素面灰陶豆等。

由于发掘经费所限，且事先对此地情况不了解，在征得时任所领导同意的情况下，考古队决定在已探明的 92 座墓葬中有选择地进行发掘，选出大型墓 2 座、中型墓 5 座、小型墓 3 座，共 10 座。大型墓的编号为 M1、M10；中型墓的编号为 M2、M3、M7 ～ M9；小型墓的编号为 M4 ～ M6（图二）。经过发掘得知，大型墓均已被盗，M1 中仅残存椁室周边二层台

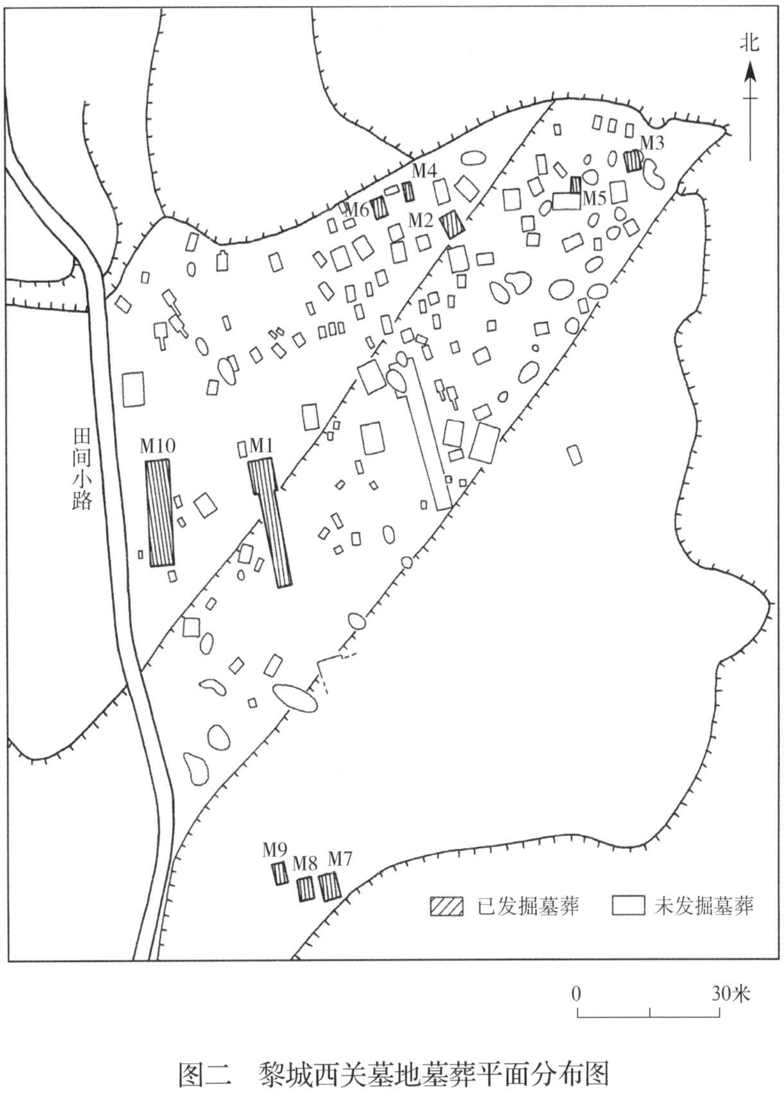

图二　黎城西关墓地墓葬平面分布图

上的车轮，以及墓道口的车衡，墓室内仅残存一小块棺的残痕；中型墓 M7 ～ M9 未遭盗扰，M2、M3 严重被盗；发掘的 3 座小型墓 M4 ～ M6 还保存完整。

本次考古发掘的领队是宋建忠，业务负责为张崇宁，后勤保障为杨林中。参加人员有长治市文物旅游局李永杰，黎城县王苏凌、赵满芳、赵小辉。技工有牛秀平、李全贵、冀保金、宋小兵、张立强、杨小川。从前期准备工作（包括钻探）2005 年 11 月初，至 2006 年 9 月 20 日发掘结束，野外考古工作历时近 11 月，实际发掘天数为 260 多天（彩版四、五）。发掘中间，国家文物局、山西省文物局、长治市人民政府、黎城县人民政府都提供了巨大的支持，领导专家亲自来现场指导，为该墓地的发掘保护完成提供了重要的帮助（彩版六）。

第二章　墓葬分述

一　M1

M1 位于墓地西部，西侧与 M10 相邻，两墓相距 16 米。现耕土下即见墓葬开口。

（一）墓葬形制

墓葬为“甲”字形，由墓道和墓室组成（图三；彩版七，1），方向为 165°。

墓道位于墓室南部，为长方形斜坡墓道，长 19、宽 3.2 米，墓道的斜坡很不平整，填土为五花土，土质松软，未见有夯筑现象。墓道东壁距墓口深 0.3 米处集中出现了一些长条状工具痕迹，长 1.8 ～ 2.4、宽 3.7 ～ 5.6、切入壁内深 7 ～ 12 厘米。

墓室为口大底小的斗形，墓口平面呈长方形，长 5.87、宽 4.75 ～ 4.85 米；墓底长 5.97、宽 4.85 米，墓室四壁不平整（彩版七，2）。墓室内填土为花土，土质较硬，部分位置有散布的石块，在距墓口深 1.06 米处分布有不均匀的夯土。墓室北部见夯筑现象，夯层厚 8 ～ 26 厘米，夯窝直径 5 厘米；接近墓道处的夯层厚 8 ～ 10 厘米；墓室中央有淤积痕迹以及塌陷现象，亦有不成层次的夯土块，此现象应是椁室腐朽后其上的填土重压塌陷所致。在整个墓室中，夯筑现象不普遍。墓室与墓道交界处发现有版筑痕迹，在距墓口深 0.89 米处开始出现夯筑现象，到深 1.7 米处，版筑痕迹消失，版痕共有五层，最上一层（第一层）不规整。自上而下，第一层残宽 0.2、第二层宽 0.2、第三层宽 0.18 ～ 0.2、第四层宽 0.19 ～ 0.21、第五层宽 0.06 ～ 0.22 米。版痕最下层底部距墓口 1.71 ～ 1.91 米，未抵达墓道底面。距墓口深 7.3 ～ 7.5 米处有生土二层台，台面呈不规整斜坡状，高 2.5 ～ 2.7、北部宽 0.8、南部宽 1.1、东部宽 0.9 ～ 1、西部宽 0.85 ～ 0.9 米；因椁室的搭建未紧贴于二层台壁面，故在椁室外围形成一个低于生土二层台的熟土二层台的台面，高 1.5、北边宽 0.55、南边宽 0.58、东边宽 0.5、西边宽 0.45 米，熟土二层台台面最高处距生土二层台台面最低点高差为 0.65 米。

墓室中央和西侧各有 1 个盗洞，墓道有 1 个盗洞，盗洞在到达墓底后向四周扩延，整个墓室被盗，葬具破坏严重，墓底大面积已见生土（图四）。

（二）随葬车及殉人

墓道与墓室交接处残存有三段车辀和车衡（彩版八，1），每件衡上的两件铜轭饰均在轭上，车舆部分可能已随同椁室塌陷而毁坏，未保留下来。东西两侧车辀头部向上弯曲，与衡相连，但连接方式不详，衡的两端均有轭，与衡的连接关系也不详，衡上方有轙，连接现象亦不详，

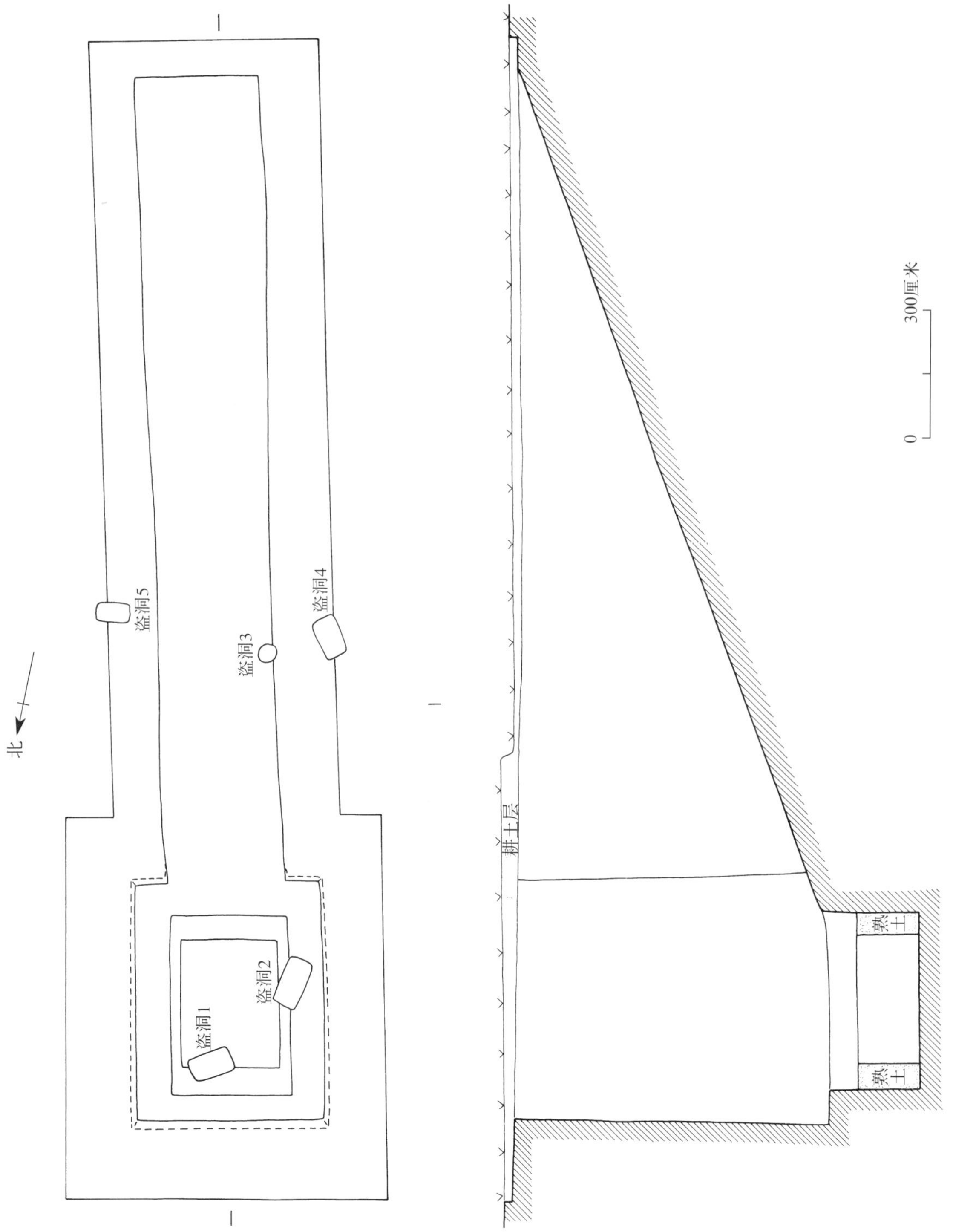

图三 M1平、剖面图

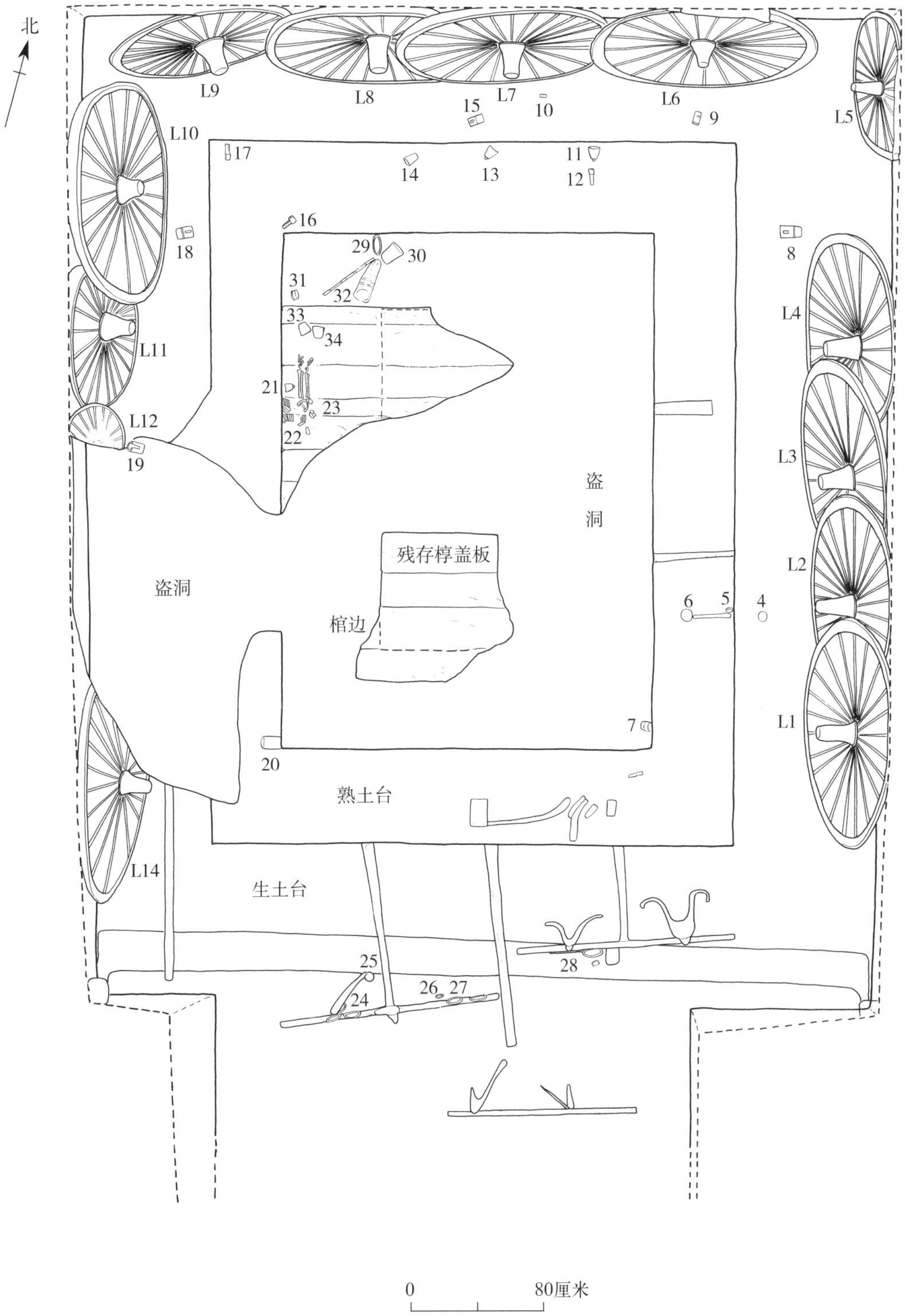

图四　M1墓室平面图

4、6、10、25、31～34.铜軛脚饰　5、24、26.铜环　7～9、14、15、18～20.铜车軎　11、13、21.铜铃　12、16、17.铜车辖　22.铜节约　23、27、29、30.铜軛首饰　28.残玉片

衡与軛、轙均有黑色髹漆，部分軛内侧軛垫尚存。

偏东侧者编号为辀 1；中间者编号为辀 2；偏西侧者编号为辀 3。

辀 1　头部向上弯曲，最高处距离墓道底部 0.42 米。车衡长 1.34、直径 0.05 米，双軛保存完整，軛角向外卷曲，略有变形，位于衡两端，高 0.4 ～ 0.43、軛角间距 0.1 ～ 0.15 米，衡上仅残存一圆环形轙，位于軛与辀头之间，直径 0.13 米，辀 1 残长 0.57、直径 0.05 ～ 0.06 米。

辀 2　与衡连接不上，已残断。车衡长 1.14、直径 0.05 米，右侧軛之軛首与右下角残缺，残高 0.4、軛两角间距 0.15 米，左侧軛残缺，辀残长 1.21、直径 0.06 ～ 0.08 米。

辀 3　头部向上卷曲，最末端呈圆饼状，最高处距墓道底部 0.6 米。车衡长 1.35、直径 0.05 米，衡两端之车軛部分存留，軛首上端以及双軛角之铜饰尚在原位，軛高 0.52、车辀残长 1.1、直径 0.05 ～ 0.07 米。

墓室四周东、北、西三面二层台上立摆 14 个车轮（彩版八，2），其中，西边靠近墓道口有盗洞，致使一车轮被毁，但残剩的轮牙尚依稀可见。完整的车轮存 13 个，残损车轮 1 个，故该墓车轮应共有 14 个，为 7 辆车。车轮因受周围土壤多年挤压全部变形，有些车毂已不在车轮中心，所有车轮已不是正圆形，车辐亦受损，长短不一，辐的横截面均呈“枣核”状。墓室东壁有车轮 5 个，北壁 4 个，西壁 5 个，由南向北，依次编号为 L1 ～ L14（图五、六）。

L1　东壁南端第一具，直径 1.08 ～ 1.4、轮牙高 0.05、厚 0.03、毂长 0.25、軧直径为 0.15、辖直径 0.08 米；辐呈扁长条状，共 22 条，残长 0.35 ～ 0.55 米，车轮已变形，辐与牙的连接处宽 0.015 米，与毂连接处宽 0.02 米，厚 0.01 米，由于变形，辐每根间距在 0.07 ～ 0.18 米，与毂的连接处每根间距在 0.01 ～ 0.02 米。因未对该车轮进行解剖，故辐两端分别插入牙与毂中的情况不详。

L2　东壁第二具，该车轮的一半插入 L1 背后，挤压变形，已呈椭圆形，直径为 1、轮牙高 0.05、厚 0.02 米；毂直径 0.14、长 0.25 米，辐残存 19 条，长 0.37 ～ 0.56 米，辐与牙连接处每根辐间距在 0.06 ～ 0.15 米，与毂连接处间距 0.01 米。其两端分别插入牙与毂的情况不明。

L3　东壁第三具，车轮的一半插入 L2 背后，直径 1.2、轮牙高 0.065、厚 0.035 米；毂的位置已不在轮中心，軧直径 0.155、长 0.24 米，辐可见者 16 条，长在 0.32 ～ 0.64 米，辐与牙连接处每根辐间距 0.07 ～ 0.2 米，与毂连接处为 0.01 米，辐两端分别插入牙与毂的情况不明。

L4　东壁第四具，车轮约三分之一插入 L3 背后，直径 1.05 ～ 1.15、轮牙高 0.05、厚约 0.02、毂軧直径 0.15、辖輨直径 0.1 米。车毂位移，毂长 0.2、辐长 0.32 ～ 0.65、辐与牙衔接处间距为 0.07 ～ 0.19 米。

L5　东壁北端第五具，直径 0.9、牙高 0.05、厚 0.04、毂軧直径 0.09、长 0.18 米，辐 20 条，长 0.32 ～ 0.43 米，每条辐与牙连接处的间距 0.05 ～ 0.12 米，与毂连接处间距 0 ～ 0.01 米，辐两端分别插入牙与毂的情况不明。

L6　北壁东端第一具，直径 1.07 ～ 1.1、牙高 0.05、厚 0.03、毂軧直径 0.17、长 0.17 米，辐 22 条，长度 0.44 ～ 0.63 米，辐与牙连接处的间距为 0.05 ～ 0.21 米，与毂的连接处间距为 0 ～ 0.01 米，辐两端分别插入牙与毂的情况不明。

L7　北壁第二具，直径 1.18 ～ 1.4、牙高 0.06、牙厚 0.03、毂直径 0.16、长 0.23 米，辐

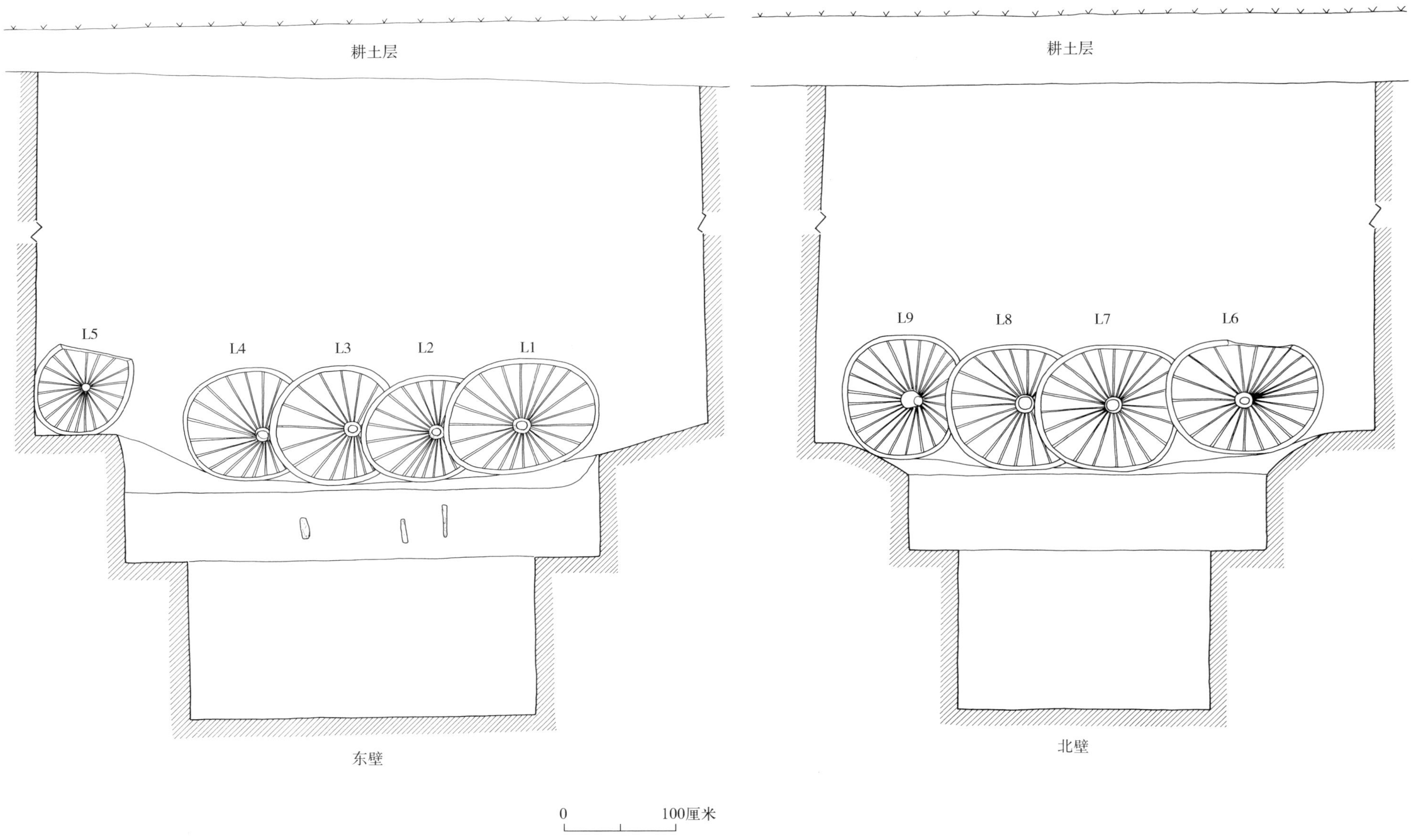

图五　M1东壁、北壁剖视图

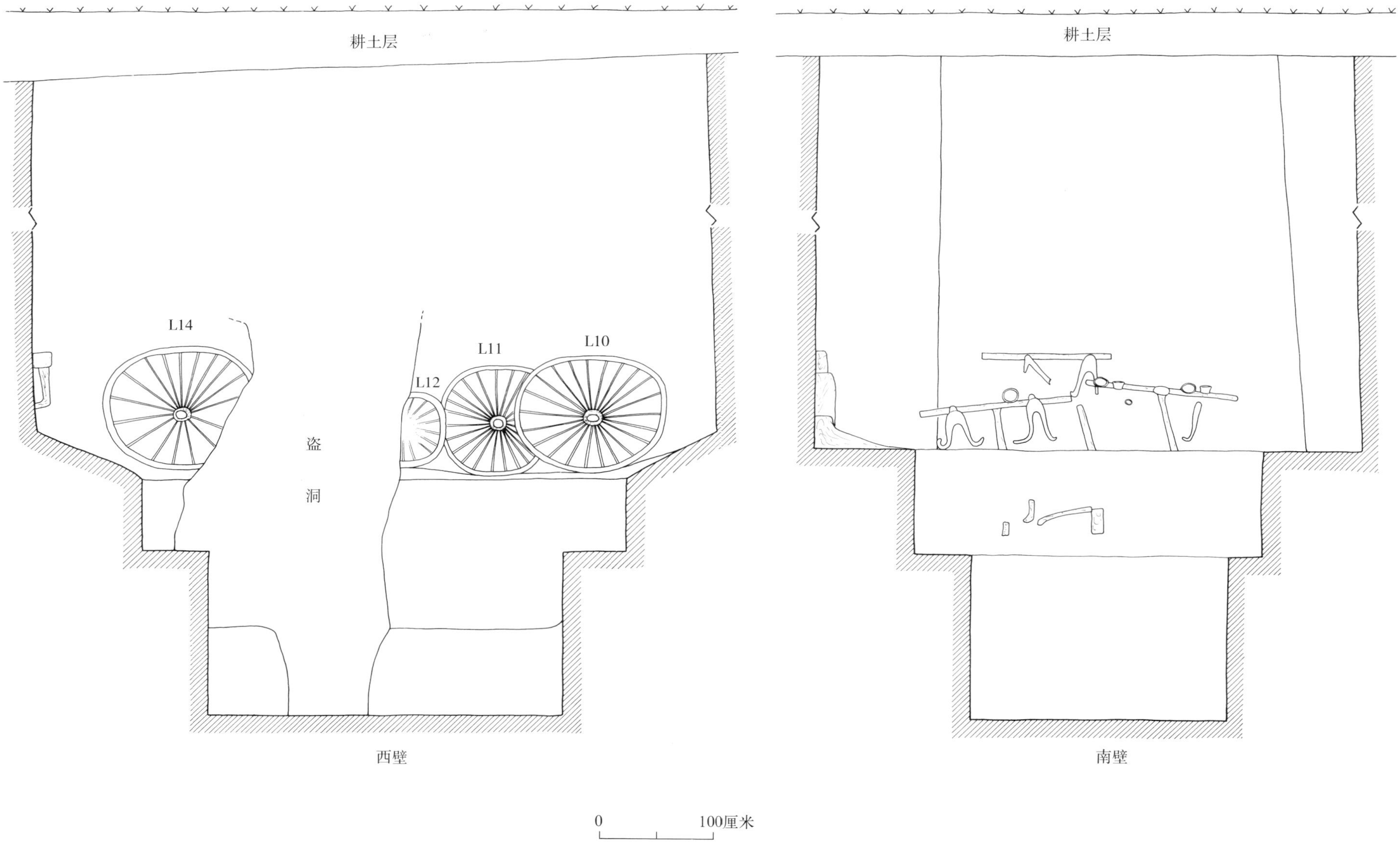

图六　M1 西壁、南壁剖视图

22 条，长 0.48 ～ 0.60 米，辐与牙连接处的间距为 0.11 ～ 0.20 米，与毂连接处为 0 ～ 0.01 米，辐两端分别插入牙与毂的情况不明。

L8　北壁第三具，直径 1.15 ～ 1.25 米，牙高 0.05、牙厚 0.03 米。毂軧直径 0.15、长 0.20 米。辐可见者 17 条，长度为 0.45 ～ 0.60 米，辐与牙连接处的间距为 0.13 ～ 0.18 米，与毂连接处的间距为 0 ～ 0.01 米，辐两端分别插入牙与毂的情况不明。

L9　北壁西端第四具，直径 1.14 ～ 1.2 米，牙高 0.05、牙厚 0.015、毂軧直径 0.19、长 0.21 米。辐 24 条，长 0.34 ～ 0.63 米，辐与牙连接处的间距为 0.07 ～ 0.15 米，与毂连接处的间距为 0 ～ 0.02 米，辐两端分别插入牙与毂的情况不明。

L10　西壁北端第一具，直径 1.3、牙高 0.06、牙厚 0.025、毂軧直径 0.16、辖直径 0.11、长 0.21 米，毂表面保留黑色漆皮。辐 22 条，长 0.50、辐与牙连接处间距为 0.14 米，与毂连接处间距为 0.01 米。插入牙与毂的情况不明。

L11　西壁第二具，变形后最大直径 1.11、最小直径 1.01、牙高 0.05、厚 0.02、毂軧直径 0.18、辖直径 0.08、辐与牙连接处间距为 0.06 ～ 0.17 米，与毂连接处间距为 0.01 米或挤在一起。两端分别插入牙与毂的情况不明。

L12　西壁第三具，仅存半具，直径 0.7、牙高 0.06 米，辐、毂均已不存。

L13　这个位置应该有一具，但因盗洞破坏面积宽度达 1.5 米，发掘时已经不存。

L14　西壁南端第五具，盗洞破坏约四分之一，直径 1.35、牙高 0.06、牙厚 0.025、毂直径 0.15、长 0.12 米，毂与辐表面保留黑色漆皮。辐 17 条，长 0.42 ～ 0.60 米，辐与牙连接处间距 0.11 ～ 0.22 米，与毂连接处间距为 0.01 米或挤在一起。辐两端分别插入牙与毂的情况不明。

墓道内出土 2 具儿童胫骨，均为站立状，因墓口开在扰土下，大部分骨骸已随扰土破坏而不存（彩版九，1）。墓道中段东西两侧接近地表处各发现一具殉人腿骨，呈站立状（彩版九，2）。

（三）葬具葬式

葬具为一椁一棺，因盗墓破坏，保存极差（图四）。

在墓室中间偏南部，椁盖板残存 4 块，东西向横置，每块宽 0.2 ～ 0.25 米，最北边的一块距椁室北壁 1.8 米，最南边的一块距椁室南壁 0.4 米；西北角，椁底板残存 7 块，宽 0.1 ～ 0.25 米，北边距椁室北壁 0.45 米，西边抵在椁室西壁上。椁板数量、椁室四壁以及椁室四壁与椁底板间结构均不详。

棺处在盗洞位置，破坏严重，残留不多，原有棺数量不详，只能断断续续看到部分棺的边缘线，如西北角和西南角。其距椁室西壁 0.6、北壁 0.45、南壁 0.59 米。棺盖高度已贴近椁底板，棺结构不清。

因墓葬被盗，葬式不明。

（四）随葬器物

随葬器物为青铜器、玉石器、蚌器，共 74 件（组）。其中青铜器 63、玉石器 8、蚌器 2

件（组）。二层台及墓道与墓室交接处放置有铜軏首饰、铜軏角饰、铜铃等，棺椁之间放置有铜节约、铜铃等，其他器物采集于盗洞及墓葬周围。

1. 青铜器

63 件（组），分别为铜軏首饰 4、铜軏脚饰 9、铜车軎 8、铜车辖 3、铜铃 5、铜马镳 4、铜泡 2、兽首形铜泡 1、铜方络扣 1、铜带扣 10、铜节约 4、牛首形铜饰 1、铜环 7、铜管 1、铜戈 1、残铜饰 1、残铜片 1 件（组）。

铜軏首饰　4 件。

分两类。

第一类　2 件。

M1：23、27，位于墓道与墓室交接处的軏上，车軏因是木质的，已朽，仅残存土质痕迹。形制、尺寸相同（图七，1；彩版一〇，1、2）。

M1：23，呈扁銎状，上端口外侈，口沿内折，下端正面斜内收，上下銎口截面均为椭圆形，接近上口部有两周凸棱，两凸棱间距 1 厘米，正、背两面中部各有一小孔，直径 0.15 厘米。出土时置于軏上。通高 6.4、上口径长 9.9、宽 4、下口径长 4.4、宽 4 厘米。

第二类　2 件。

M1：29、30，位于椁内北端。形制、尺寸相同（图七，2；彩版一〇，3、4）。

M1：29，呈扁銎状，上端口外侈，横截面呈枣核形，两端尖锐，中端鼓起，器形下端内收，下口呈椭圆形。接近上下口部位各有两周凹旋纹，正、背面中腰部各有一小孔。通高 8、

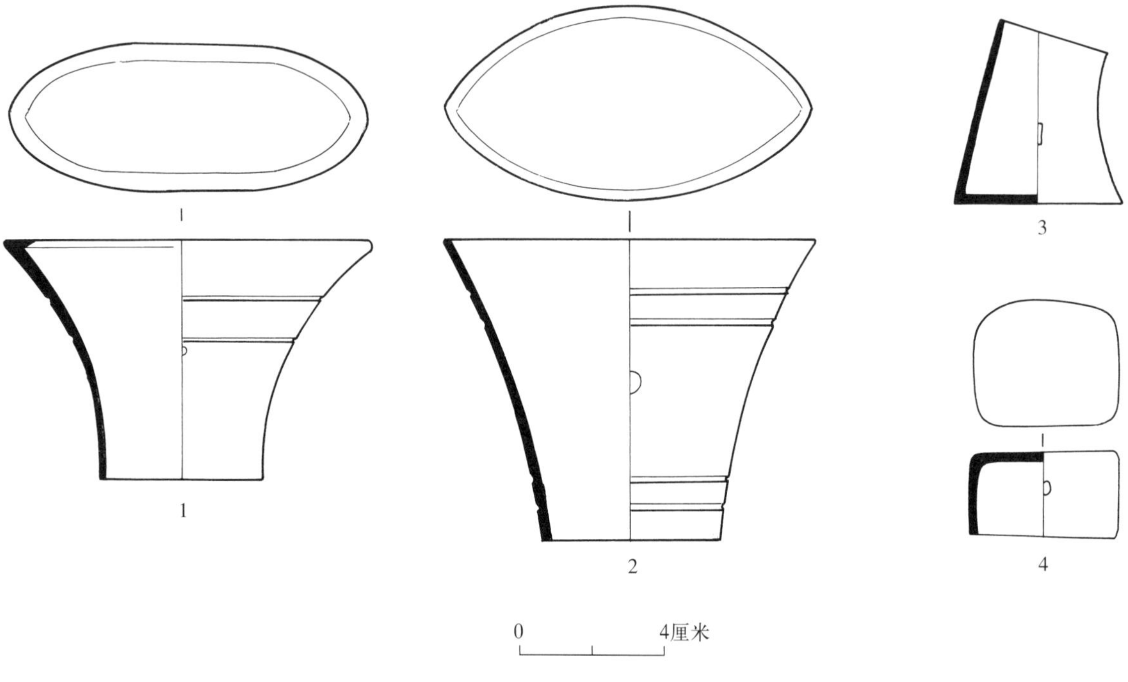

图七　M1 出土青铜器

1、2.铜軏首饰M1：23、29　3、4.铜軏脚饰M1：25、10

通宽 8、直径 0.6、上口径长 10、宽 5.2、下口径长 4.9 厘米。

铜軏脚饰　9 件。

分两类。

第一类　8 件。

M1：4、6、25、31、32、34、36、33，形制、尺寸相同。位于椁室北端和二层台以及墓道与墓室交接处的轭上。

M1：25，顶端封堵，直径较粗，中腰部弯曲，下端开口，直径较细，通体素面。高 5、下端直径 4.2、上端直径 2.6 厘米（图七，3；彩版一〇，5）。

第二类　1 件。

M1：10，位于墓室北端二层台上，为帽式，顶端封堵，圆角方形，下端开口，侧边一小孔。高 2.4、直径 3.4 ～ 4 厘米（图七，4；彩版一〇，6）。

铜车軎　8 件。

分三类。

散置于二层台和墓室东南部。

第一类　2 件。

M1：19、20，形制、纹饰、尺寸相同（彩版一一）。

M1：19，长直筒状，近车毂的一端较粗，开口，口沿一角残缺，上下方各有一长方形辖孔可贯通，外端较细，外缘头封堵，中腰部有凸棱两周，凸棱一端饰重环纹一周，末端饰变形蝉纹一周，封堵面饰变形夔龙纹。通长 10.9、外缘直径 4.8、近毂端直径 5.5、辖孔长 2.5、宽 1.8 厘米。车辖缺失（图八，1）。

第二类　2 件。

M1：7、8，形制、纹饰、尺寸相同（彩版一二，1、2）。

M1：8，长直筒状，近车毂的一端较粗，开口，口沿残缺一角，上下方各有一长方形辖孔可贯通，外端较细，外缘头封堵，封堵面中心洼陷，中腰部有较宽的凸棱两周，凸棱以外饰“公”字形纹饰一周，辖孔之间饰重环纹，封堵面饰火纹。通长 11.5、外缘直径 4、近毂端直径 5.4、辖孔长 3.5、宽 1.8 厘米。车辖缺失（图八，2）。

第三类　4 件。

M1：9、14、15、18，器形、尺寸、纹饰相同。长直筒状，近车毂的一端较粗，开口，口沿残缺一角，上下方各有一长方形辖孔可贯通，外端较细，外缘头封堵，封堵面中心洼陷，中腰部有较宽的凸棱两周，凸棱以外饰卷云纹一周，封堵面饰花瓣纹。通长 8、外缘直径 3.2、近毂端直径 4、辖孔长 2.5、宽 1.8 厘米（彩版一二，3、4、一三）。

铜车辖　3 件。

M1：12、16、17，散置于墓室内北部二层台上。形制、纹饰相同（彩版一四，1 ～ 3）。

M1：12，辖首为兽首形，两侧有孔可贯通，首背边、角均为弧形，辖首下方为长扁条状键。辖通长 9.5、辖首高 2.5 厘米。长 2.7、宽 2.6、键部长 6.7、宽 1.6 厘米。

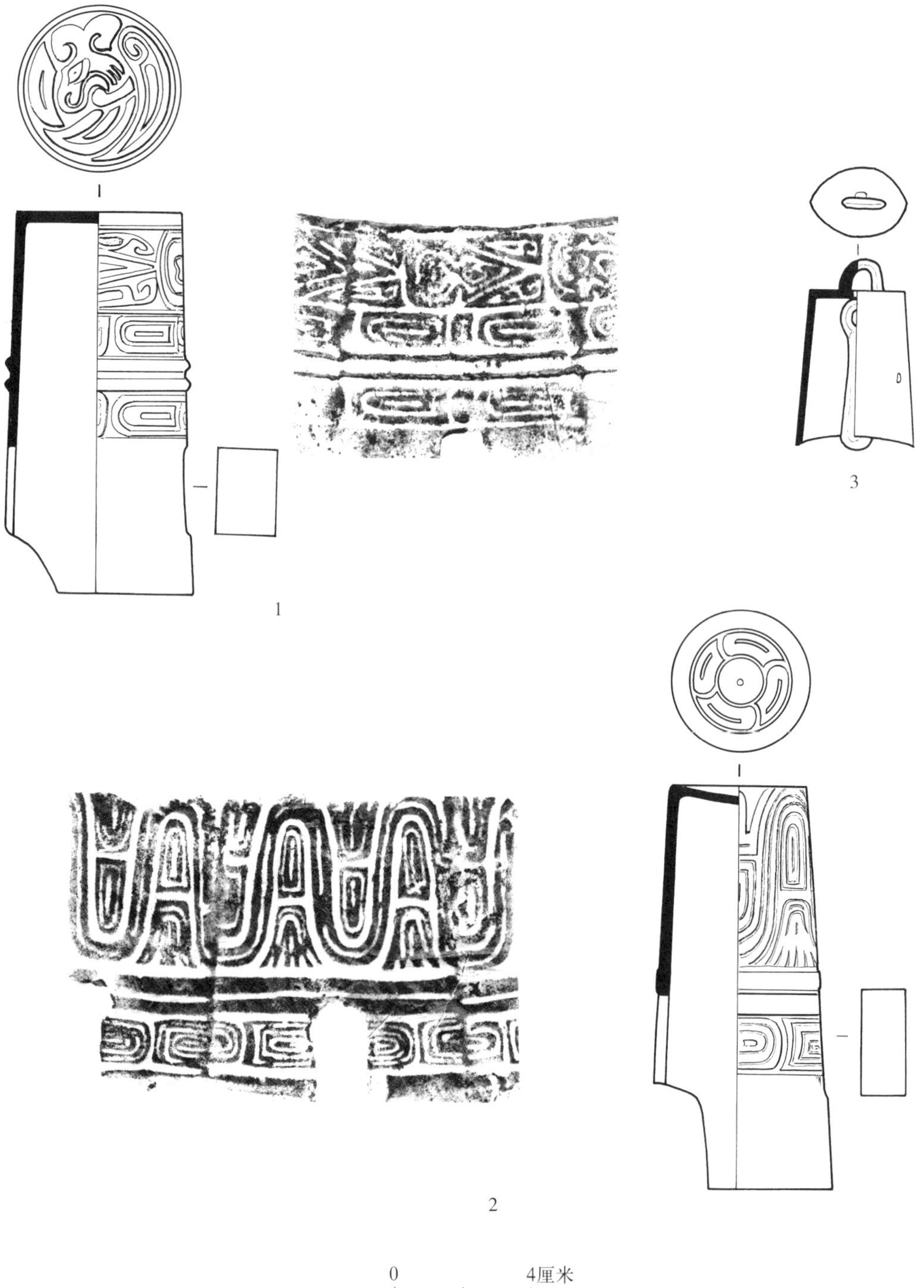

图八　M1出土青铜器

1、2.铜车軎M1∶19、8　3.铜铃M1∶35-2

铜铃　5件。

分三类。

位于墓室北端二层台和椁室西部以及室北部棺椁之间遭受盗扰的位置。铜铃形制下端口广，上端略收，类似纽钟，故铜铃各部位名称借用纽钟名称。

第一类　2件。

M1：11、13，位于墓室北部二层台上，器形、尺寸相同，铃体横截面呈椭圆形，中空，舞上有小桥形纽，纽下有小孔，于部呈凹弧形，两铣尖锐，器壁较薄，在枚与篆的位置饰斜直线纹，铃腔内铃舌无存，素面。通高5.7、纽高1.2、舞宽2.8、铣距3.8、铃舌长4.5厘米（彩版一四，4、5）。

第二类　1件。

M1：21，位于椁室西部，铃体横截面呈椭圆形，中空，舞上有小桥形纽，纽下有孔，于部呈凹弧形，两铣尖锐，器壁较薄，铃腔内有柱状舌，铃舌一端有环用以悬挂，纽与舌之间残留麻线痕迹，素面。通高5.7、纽高1.2、舞宽2.8、铣距3.8、铃舌长4.5厘米（彩版一四，6）。

第三类　2件。

M1：35-1、-2，位于墓室北部棺椁之间遭受盗扰的位置（彩版一五，1）。

M1：35-2，横截面为椭圆形，中空，内置铃舌，铃舌呈柱状，一端有环用以悬挂，下端外侈，舞上有纽，纽下有孔，纽与舌之间残留麻线痕迹，外壁素面。通高5.4、纽高0.9、舞宽2～2.7、铣距3.4 、舌长4.4厘米（图八，3）。

铜马镳　4件。

分两类。

第一类　3件。

M1：40-1～-3，其中1件残断（图九，1；彩版一五，2～4）。

M1：40-1，扁条状弧形，镳首卷曲，较宽，正面有纵向凸棱三道，背面有纵向排列的桥形纽两个。长11、宽1.4～2、厚0.8厘米，纽高0.9、长2厘米。

第二类　1件。

M1：盗洞·1，出土时残缺，扁条状弧形，镳首较直，较宽，正面有纵向凸棱三道，背

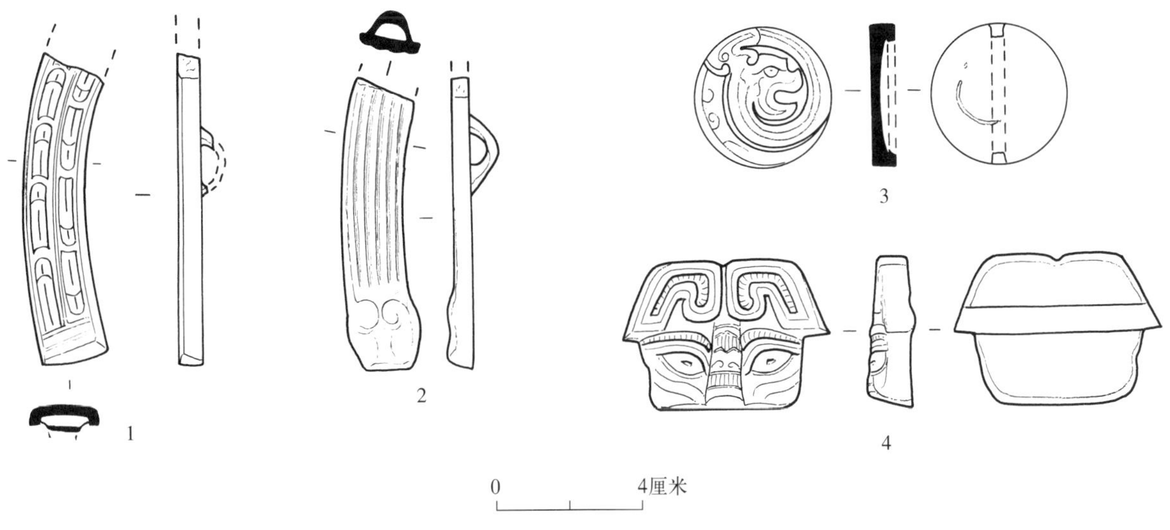

图九　M1出土青铜器

1、2.铜马镳M1：40-3、盗洞·1　3.铜泡M1：45-1　4.兽首形铜泡M1：46

面残留有纵向桥形纽一个。残长 7.7、宽 1.8 ～ 2、厚 0.5 ～ 0.8、纽高 0.8、长 2.2 厘米（图九，2）。

铜泡 2 件。

M1：45-1、-2，器形、尺寸相同（彩版一五，5、6）。

M1：45-1，圆形，个别部位随纹饰走向而镂空，背面中心较薄，背面有小横梁残迹，纹饰为卷曲夔龙纹。直径 3.9、厚 0.7 厘米（图九，3）。

兽首形铜泡 1 件。

M1：46，正面饰兽面纹，鼻、目突起，背面呈凹壳形，凹壳边缘置一扁条状横梁。长 5.7、宽 4、厚 0.8 ～ 1.3、背面横梁长 5.7、宽 0.7 厘米（图九，4；彩版一六，1）。

铜方络扣 1 件。

M1：37，方块形，中空，下端有口，上端封闭，背面亦有上下两个横排长方形孔，正面有纹饰，上部为横置突起于平面的绳索纹，下方两侧为纵排重环纹，中间为斜“回”字形纹。高 4.8、宽 3.7、厚 1.4、背面上方长方形孔长 3.1、宽 0.8 厘米，下方孔不规则（图一〇，1；彩版一六，2）。

铜带扣 10 件。

分两类。

第一类 8 件。

M1：47-1 ～ -8，形制相同，尺寸略有差别。圆柱状，中间略细用以系皮带，两端形似爵杯口沿之柱。长 3 ～ 4、直径 0.4 ～ 1.4 厘米（图一〇，2 ～ 4；彩版一六，3 ～ 6）。

第二类 2 件。

M1：48-1，长 3.4、直径 1.3 厘米（图一〇，5；彩版一七，1）。

M1：48-2，长 4.8、直径 1 厘米（图一〇，6；彩版一七，1）。

铜节约 4 组。

分三类。

第一类 1 组。

M1：38，共 28 件。位于墓室东北角棺椁之间，出土时锈蚀严重。分两种，一种为十字形空管，

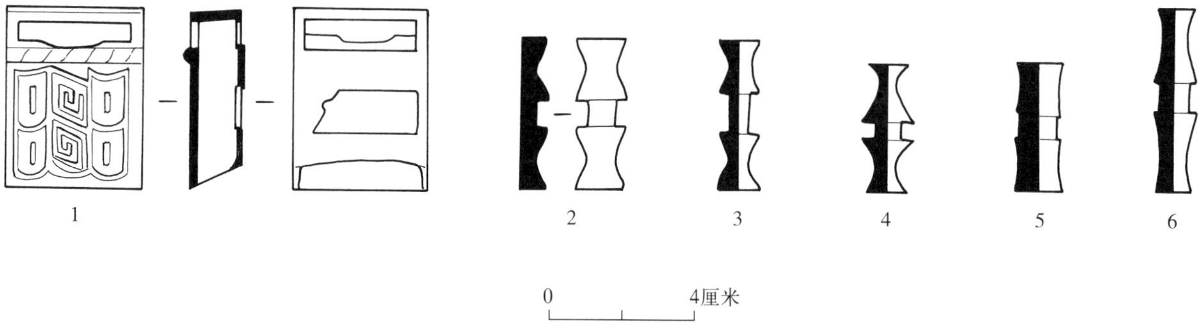

图一〇 M1 出土青铜器

1.铜方络扣M1：37 2～6.铜带扣M1：47-5、47-7、47-4、M1：48-1、48-2

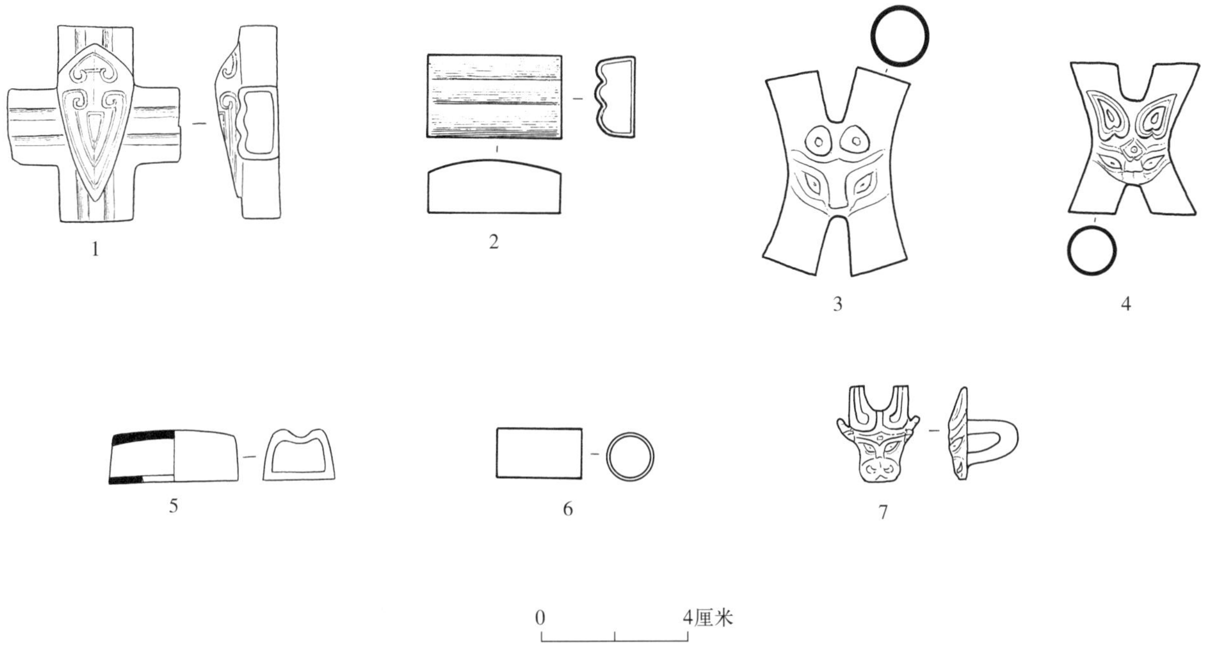

图一一　M1 出土青铜器

1～5.铜节约M1∶38-1、38-2、41-1、41-2、39-1　6.铜管M1∶43-1　7.牛首形铜饰M1∶44

四面各有一管状孔，呈十字形，分布于四面，背部镂空，孔皆可贯通。正面中心部位隆起，纹饰为蝉纹。M1∶38-1，长 5.1、宽 4.7、厚 1 ～ 1.7 厘米（图一一，1；彩版一七，2）。一种为立体长方形管，表面纵向起三道棱且横向拱起，两端有孔，可贯通。M1∶38-2，高 1.4、长 3.6、宽 2.2、管壁厚 0.15 厘米（图一一，2；彩版一七，3）。

第二类　1 组。

M1∶41，共 235 件。铜四出孔形节约。M1∶41-1，两端管孔呈“X”形四出管孔，中心合为一体，正面中心饰兽首纹。长 5.5、中腰部宽 2.7、两圆管内缘间距 0.8、外缘间距 3.9、厚 1.7 厘米（图一一，3、4；彩版一七，4）。

第三类　2 组。

M1∶22，共 4 件；M1∶39，共 5 件。形制相同，铜管状节约（彩版一八，1）。

M1∶39-1，立体长方形管，表面纵向起两道棱且横向拱起，两端和底部均有孔，可贯通。高 1.4、长 3.6、宽 2、管壁厚 0.2 厘米（图一一，5）。

铜管　1 组。

M1∶43。M1∶43-1，圆柱体，中空。长 2.2、直径 0.6、厚 0.1 厘米（图一一，6；彩版一七，5）。

牛首形铜饰　1 件。

M1∶44，片状，中心鼓起，背面垂直衔接一桥形纽，正面饰牛首纹，耳、目、鼻、角各在其位。长 2.5、宽 2.2、厚 0.5、纽高 1.4 厘米（图一一，7；彩版一八，2）。

铜环　7 件。

分三类。

第一类　3 件。

M1：5、24、26，形制相同。直径 4 厘米，环体截面为圆形，直径 0.5 厘米（图一二，1；彩版一九，1 ～ 3）。

第二类　2 件。

M1：50-1、-2，形制、尺寸相同。M1：50-2，直径 4.5、环体直径 0.8 厘米（图一二，2；彩版一九，4、 5 ）。

第三类　2 件。

M1：42、57，形制、尺寸相同。直径 4.8、环体横截面为方形，宽 0.8、环厚 0.4 厘米（图一二，3；彩版一八，3）。

铜戈　1 件。

M1：盗洞・2，援横截面呈菱形，援中间起脊，援上刃靠近栏处有一圆形穿。长胡，胡为两穿，长方形内，下角矩形内折。援锋残缺。残长 17.2、援残长 10、内长 6.9、阑长 11 厘米（图一二，4；彩版二〇，1）。

残铜饰　1 件。

M1：55，片状"C"形，纹饰为龙首。长 3.8、宽 3.9、厚 0.25 厘米（图一二，5；彩版二〇，2）。

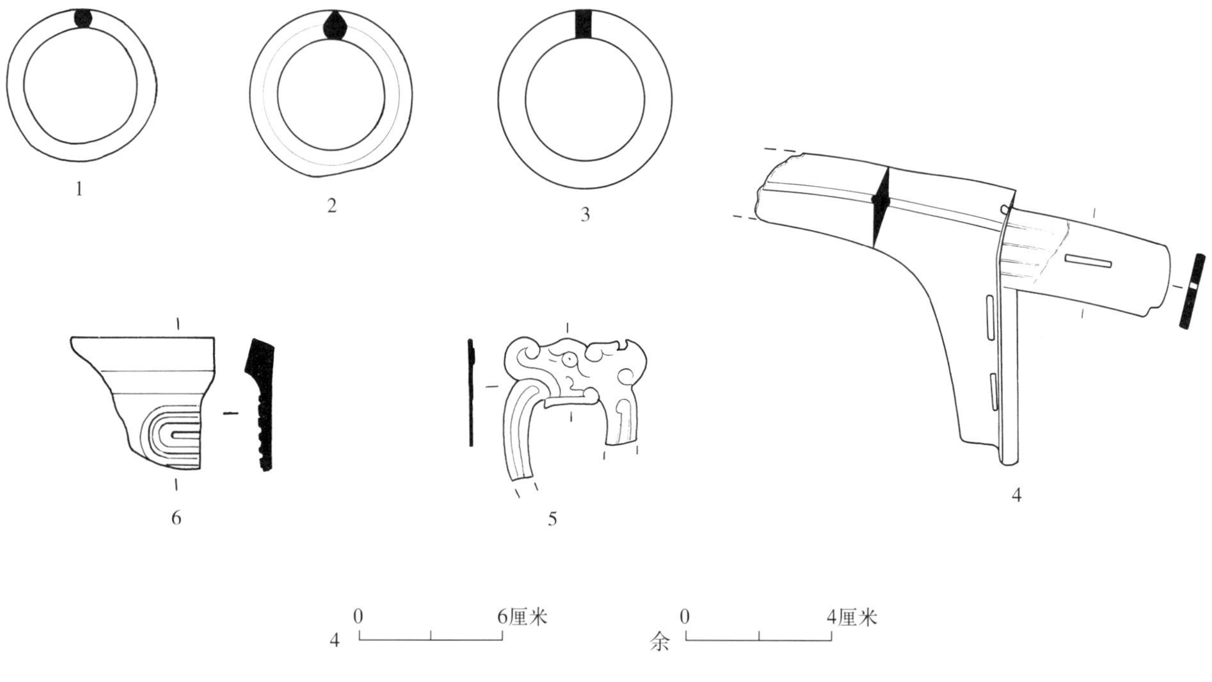

图一二　M1 出土青铜器

1～3.铜环M1：26、50-1、42　4.铜戈M1：盗洞・2　5.残铜饰M1：55　6.残铜片M1：49

残铜片　1件。

M1：49，残片，类似器物口沿，沿面斜折，沿下有重环纹。长3.5、宽3.9、厚0.2～0.8厘米（图一二，6；彩版二〇，3）。

2. 玉石器

8件（组），分别为玉片1、玉柄形饰2、玉戈残片1、残玉片3、石泡饰1件（组）。

玉片　1件。

M1：1，位于墓道填土内，扁方条状，质地软，青绿色，部分钙化，微透明，素面。长12.9、宽2.4～3.2、厚0.3厘米（图一三，1；彩版二〇，4）。

玉柄形饰　2组。

M1：2，共1件。扁方条状，质地软，微透明，青绿色，部分钙化，素面。长2.8、宽0.6、厚0.2厘米（图一三，2）。

M1：3，共12件。位于墓道填土内，与一具站立的儿童腿骨相伴，组成形式见图。长12、宽2.4～3.4、厚0.2厘米（彩版二〇，5）。

玉戈残片　1件。

M1：58，残存三角形援锋，两边缘出刃，锋尖残损，素面。残长4.6、宽5.5、厚0.7厘米（图一三，3；彩版二一，1）。

残玉片　3件。

M1：28、52-1、52-2（彩版二一，2、3）。

M1：28，位于墓室与墓道交接处，方形片状，残缺，素面。残长2.9、宽1.9、厚0.3厘米（图

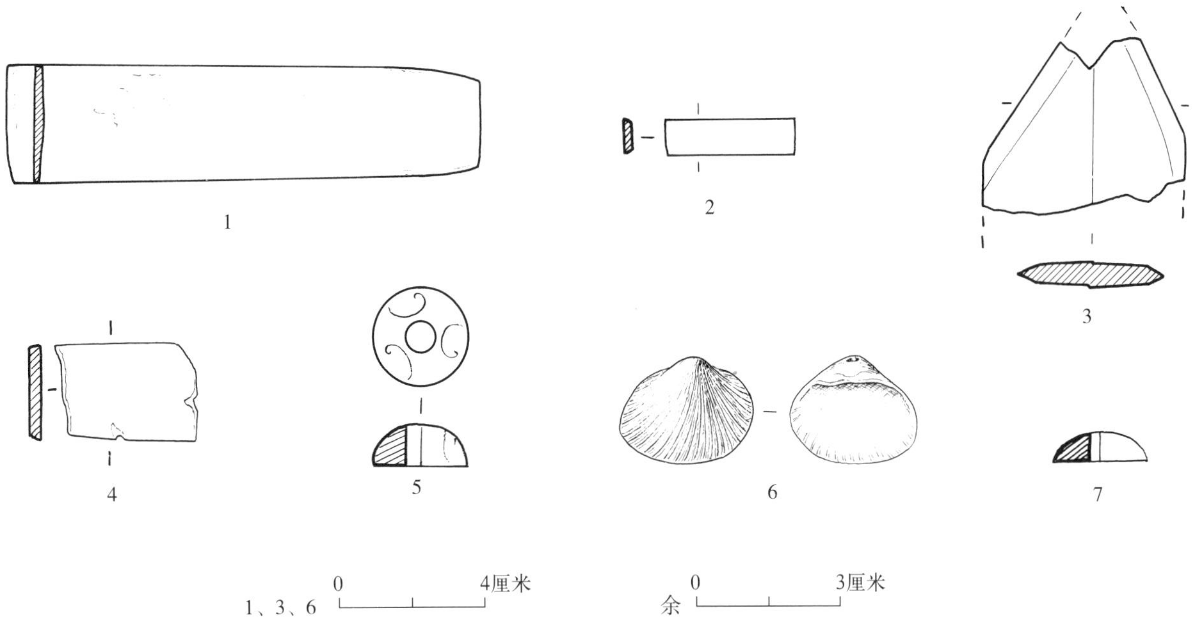

图一三　M1出土玉石器、蚌器

1.玉片M1：1　2.玉柄形饰M1：2　3.玉戈残片M1：58　4.残玉片M1：28　5.石泡饰M1：54　6.蚶M1：51-1　7.蚌泡饰M1：53

一三，4）。

石泡饰　1件。

M1：54，半球形，灰色，中心钻孔，孔周围三等分饰阴刻弧形线纹。高0.8、直径2厘米（图一三，5；彩版二一，4）。

3. 蚌器

2件（组）。分别为蚶1、蚌泡饰1件（组）。

蚶　1组。

M1：51，共20件（彩版二一，5）。M1：51-1，背部灰褐色，腔内部白色，扇形，顶部有钻孔，背部有放射形条状纹。长3.6、宽2厘米（图一三，6）。

蚌泡饰　1件。

M1：53，半球形，白色，中心钻孔，素面。高0.6、直径2厘米（图一三，7；彩版二一，6）。

二　M2

M2位于墓地北部，西北角与M4相邻。现耕土下即见墓葬开口。

（一）墓葬形制

墓葬为长方形竖穴土坑墓，方向345°（图一四；彩版二二）。

墓口平面呈长方形，墓口长4.8、宽3.3米；墓口至墓底深9.4米。墓壁不规整，墓口西北角以及北、东、西壁均有凹坑，部分位置可见水浸痕迹。距墓口2.9米处墓室四壁内收，此深度墓室长4.4、宽2.85米。距墓口7.15米处出现生土二层台，此深度墓室长4.85、宽3.3米，二层台距墓底2.4米。东、西、南、北二层台宽0.5、0.4、0.72、0.62米（图一五、一六）。

（二）随葬车

在墓室东西两侧二层台上各立放3个车轮，共6个。车轮已与车舆分离，椁盖板上有散乱的车舆部件，墓室中间由于塌陷和盗扰原因车舆已遭破坏，但从残留的痕迹看，在墓室南部残留有一个车的辀、衡、轭，墓室南部有车辀残痕，经现场清理，应为两个辀、衡、一对轭，叠压在一处。墓室北侧有车轸及车轴、伏兔。车舆部分已移位，向一侧平移0.022米，致使伏兔暴露在舆外。伏兔长、宽均为0.15米。两轮之间的轴直径最大为0.06米，伏兔下轴径为0.04米，轴残长1.52米。车轸残存尾部的一部分和右侧的一部分，分别为0.8、0.6米。衡残长0.9米，两条车辀分别残长0.65、0.9米。

东壁南端起车轮依次编号为L1～L3。

L1　保存比较完整，轮直径为1.1、轮牙高0.06、牙外缘厚0.016、毂直径为0.16、残长0.1、辐长0.46、内缘（与辐衔接处）厚0.022、辐插入牙深度为0.03、辐与牙接触部位辐宽0.014、辐与毂接触部位宽0.027米。

L2　残存半个车轮，毂的位置尚存，车轮直径1.25、牙高0.06、毂残存轮廓直径0.15、辐长

图一四　M2平面图

1.铜车辖　2.铜镞　3.蚶　4.铜饰　5.铜带扣　6.铜鱼

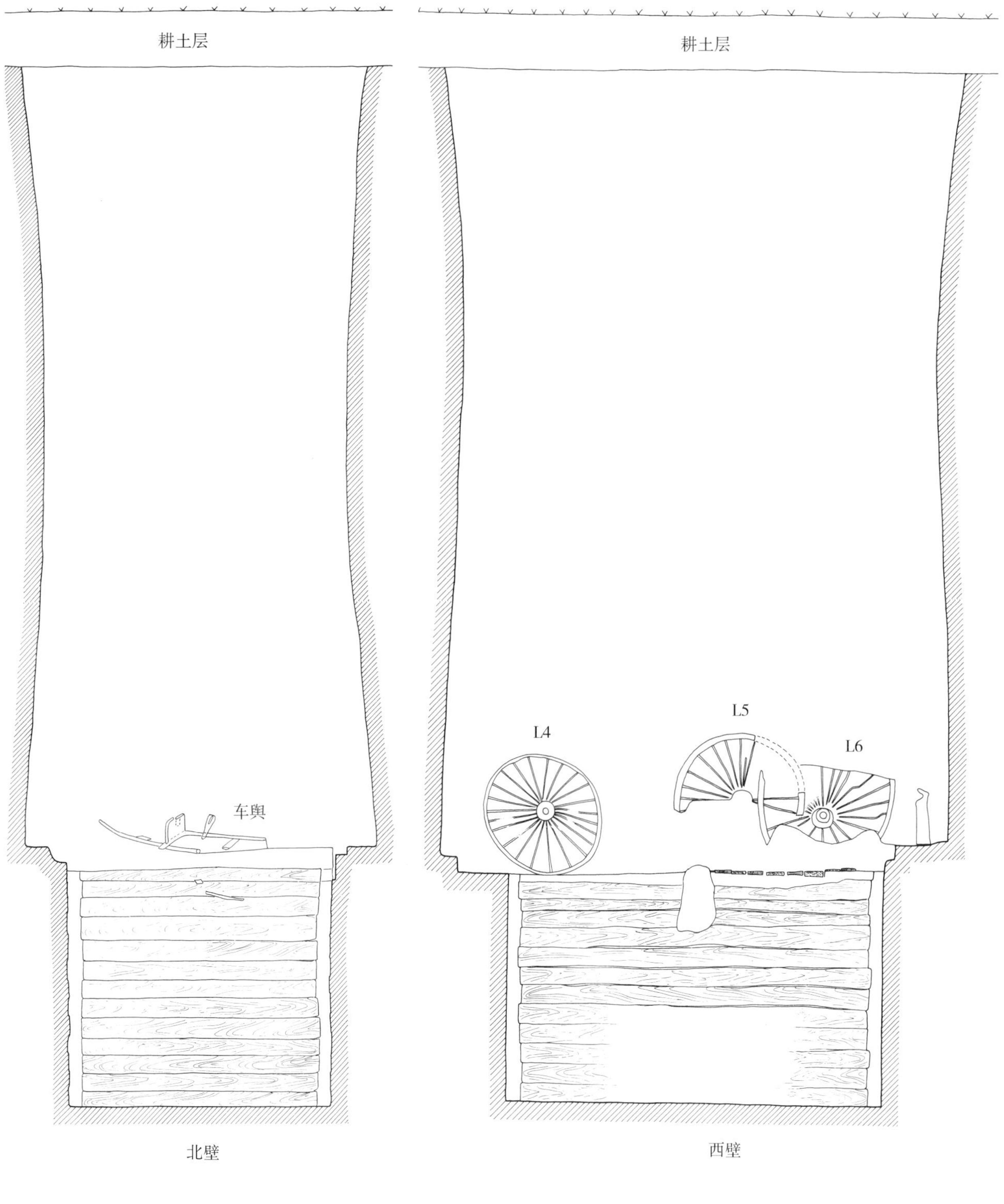

图一五　M2北壁、西壁剖视图

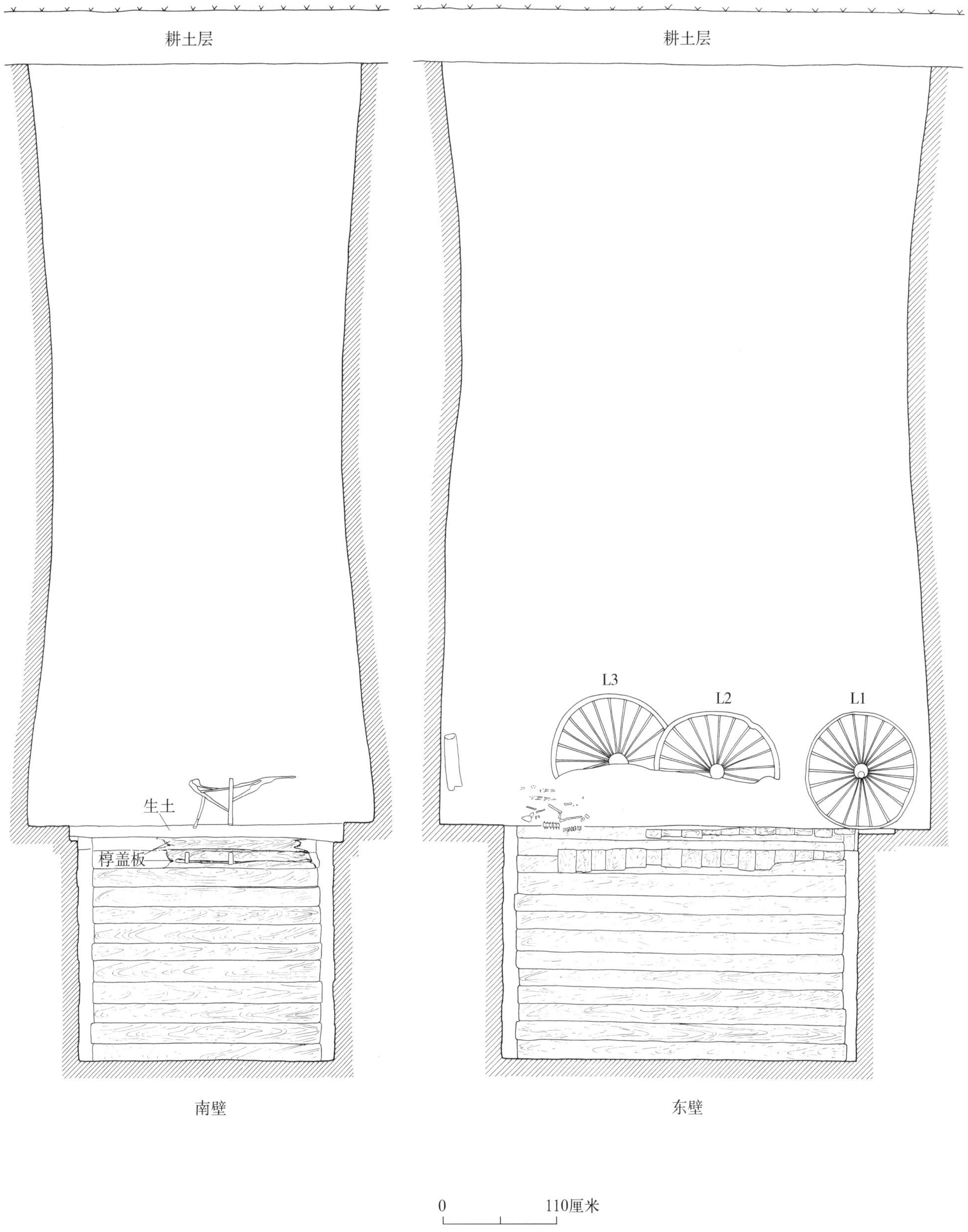

图一六　M2南壁、东壁剖视图

0.5米。

L3 残存半个车轮，轮直径1.23、牙高0.06、毂直径0.2、辐长0.54米。

西壁南端车轮依次编号为L4～L6。

L4 保存较为完整，略有变形，直径1.04～1.2、牙高0.06、毂直径0.18、辐长0.48米。

L5 仅残存整个车轮的四分之一部分，半径0.63、牙高0.06、毂直径0.2、辐长0.48米。

L6 仅残存毂两侧的一部分，轮的上部和下部均已残缺，轮直径1.23、轮牙高0.06、外缘0.016、内缘宽0.022米；辐入牙深0.03、辐与牙接触处辐宽0.014、辐与毂接触处宽0.027米。毂直径0.2、外端直径0.14、长处轮面0.2米。L6的毂保存状况是六个车轮中最完整的一个。

（三）葬具葬式

葬具为一椁三棺，墓葬被盗，致使墓室内棺椁破坏严重（图一七）。

椁室上端与椁室底部长均为3.52、宽2.45米。椁室口高度与二层台高度相同，椁室高2.13米。在发掘过程中东部椁盖板最先暴露，但椁盖坍塌后盖板残断，所有盖板只剩很少的一段，即长为0.6～0.7米。椁盖板由19块木板呈东西向横置在椁上，每块木板长2.45、宽0.15～0.21米。椁室东西壁壁板长3.28米，壁板两头距南北两壁0.11～0.13米，南北两壁椁板长2.5米。东壁和北壁由13块壁板叠压构成，西壁和南壁由12块壁板叠压构成，高在0.11～0.21米之间。椁底板因遭盗扰情况不明。

棺为三层，已被盗墓者拦腰挖断。外棺长2.65、宽1.25米。第一层棺盖由6块黑色木板呈东西向排列，残存厚度3～6毫米，每块宽0.17～0.28米（图一八）；第二层由4块木板组成，长2、总宽度0.88～0.9米（图一九）；第三层由4块木板组成，长1.85、总宽度0.85米。 从断面可看到棺盖距椁底板0.7米，棺东侧板厚度也可看到，但已朽成红褐色粉状。棺为三重，东侧立板外层厚度4.5厘米，中间层厚度4.5厘米，外层与中间层侧板间距约12厘米；内层厚度3.5厘米，中间层与内层间距8厘米；内棺底板距椁底板20厘米。

棺盖板上有覆盖物。由红色漆、编织物等构成，棺盖板层次不好分。外棺与中棺之间有一层编织物，编织物下是朱砂红漆，漆下为一层厚度约0.5～0.7厘米的土褐色木纹物质（彩版二三，1）。

棺内骨骸无存。

（四）随葬器物

随葬器物为青铜器、玉石器、骨器、蚌器、陶器，共150件（组），其中青铜器94、玉石器19、骨器3、蚌器31、陶器3件（组）。椁盖板上出土有铜扣，棺椁之间出土有铜车軎、铜车辖、铜镞、铜泡等，外棺盖板上出土有玉器、石片、蚶、石管、蚌片、铜鱼等，内棺出土串饰（彩版二三，2）。

1. 青铜器

共94件（组），分别为铜簋盖残片3、铜车軎4、铜马衔7、铜马镳4、铜车辖2、铜环3、

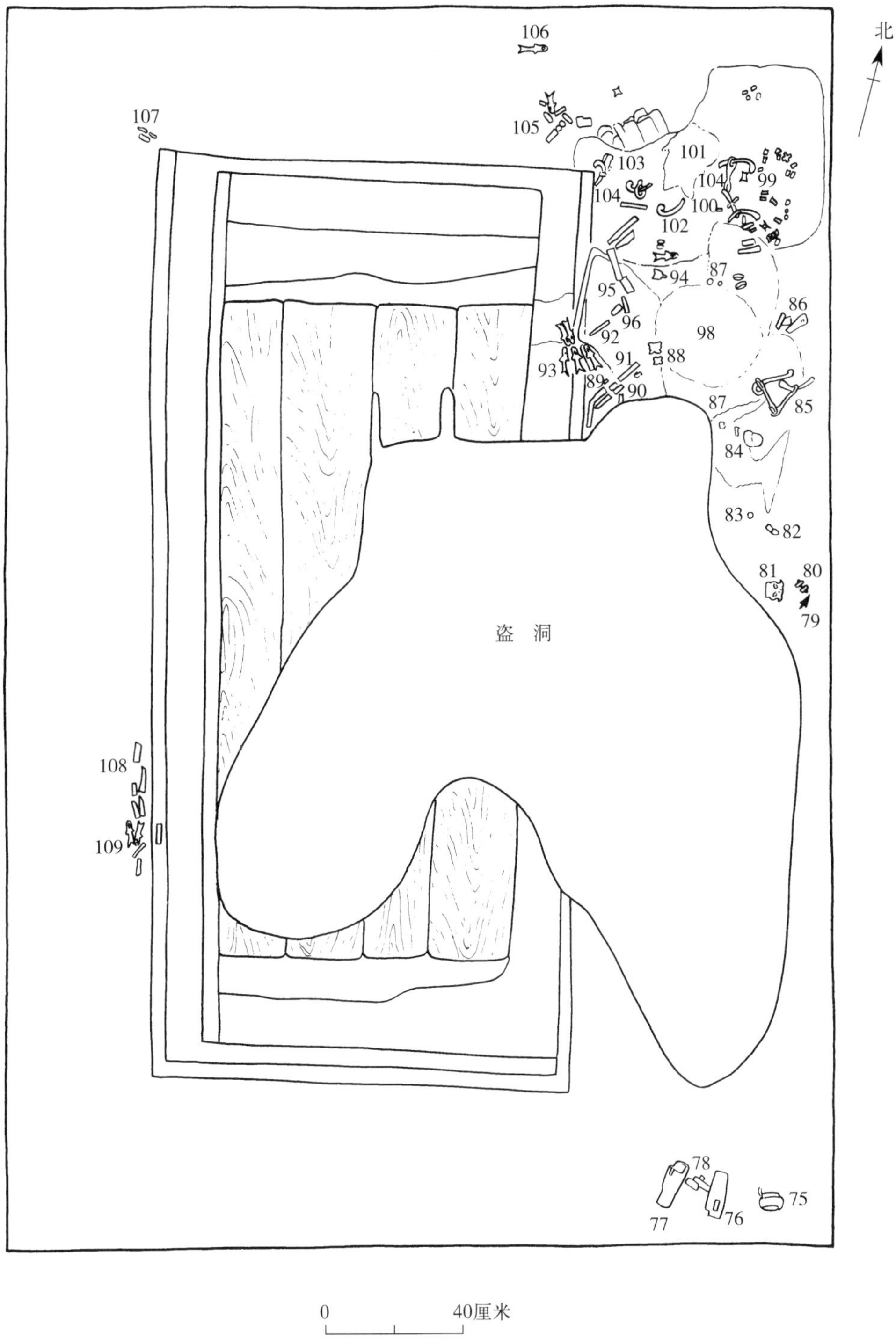

图一七　M2 棺椁之间平面图

75.陶罐　76、77.铜车軎　78.铜车辖　79.铜镞　80.铜带扣　81、88.兽首形铜泡　82～84.蚶　85、99、100、102～104.铜马镳、衔　86、92、95、105、107、108.蚌片　87.海贝　89、91.铜管状器　90.骨管　93、106、109.铜鱼　94.玉剑首　96.陶管　98、101.残铜片

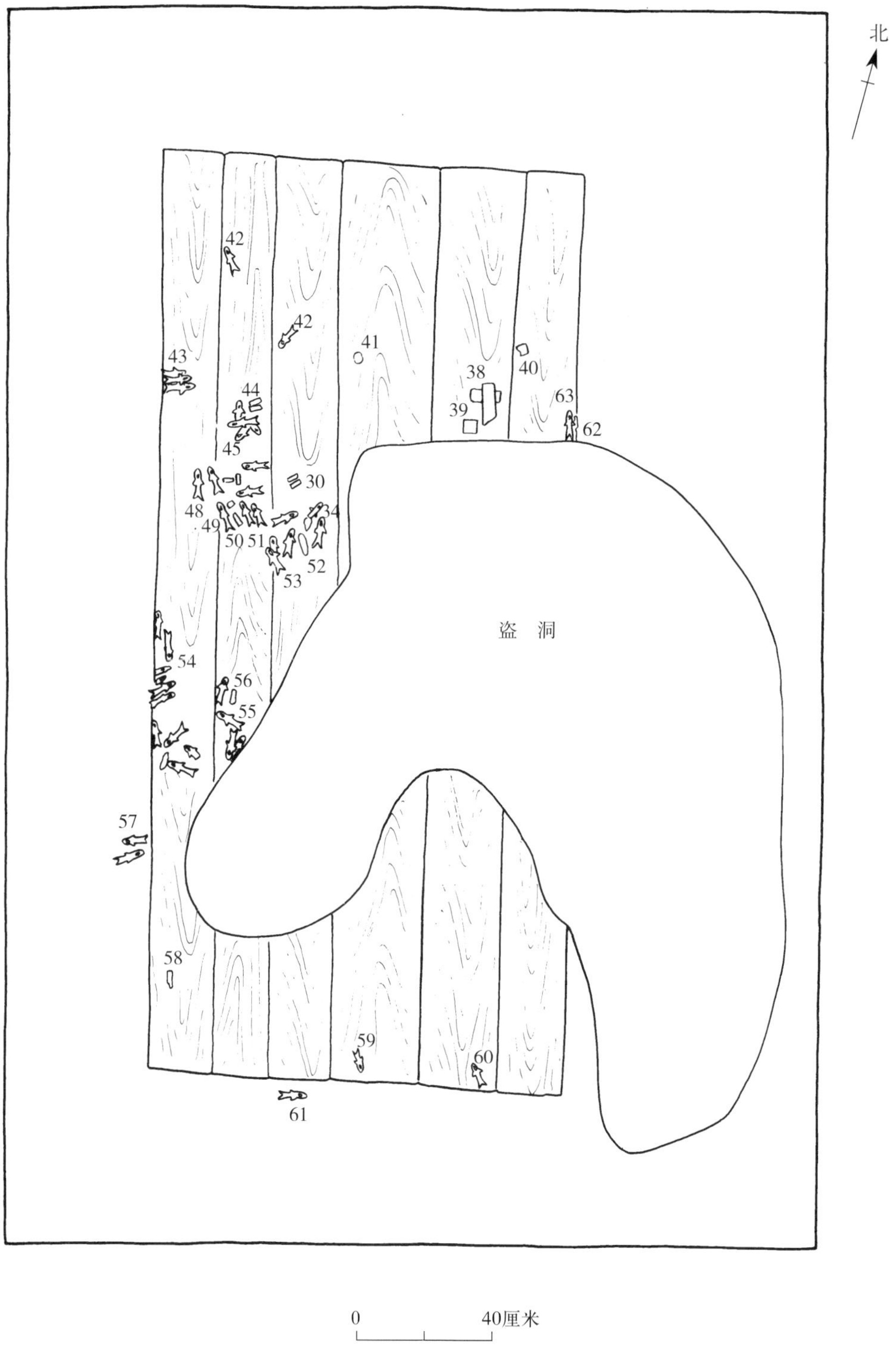

图一八　M2外棺平面图

30.骨棒　34、42～43、45、48～51、53～55、57、59～63.铜鱼　38、39.玉片形饰　40.石片　41.蚶　44、52、56、58.蚌片　50.石管

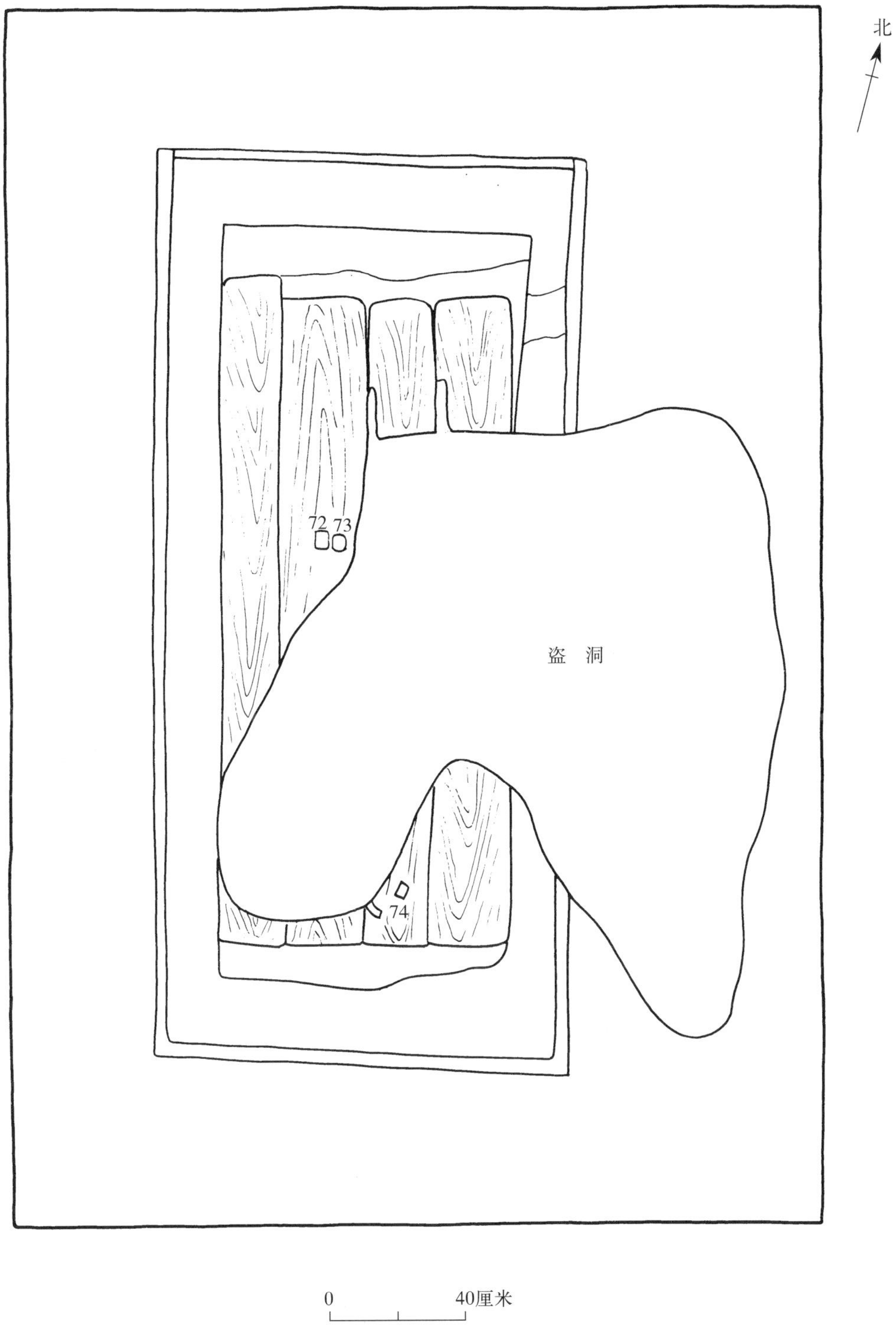

图一九　M2内棺盖板平面图

72、73.圆形铜饰　74.玉璜

铜镞3、兽首形铜泡4、铜带扣8、铜鱼49、铜管状器2、圆形铜饰2、铜环2、铜铃1件（组）。

铜簋盖残片　3件。

M2：23，仅存近口沿部位，残断为3截，其中两片可连接，另一片无茬口可连，其中一件饰窃曲纹。残高3.5厘米（彩版二四，1）。

铜车軎　4件。

分两类。

第一类　2件。

M2：10，长直筒状，近车毂的一端较粗，开口，上下各有一长方形辖孔可贯通，外端较细，外缘头封堵，中腰部有较宽的凸棱两周，凸棱以外饰“山”字形纹饰一周，封堵面饰火焰纹。通长6.5、外缘直径3.6、近毂端直径4.1、辖孔长1.5、宽0.6厘米。车辖缺失（图二〇，1；彩版二四，2）。

M2：20，形制、纹饰与M2：10相似。軎通长6.5、外缘直径3.5、近毂端直径4、辖孔长1.3、

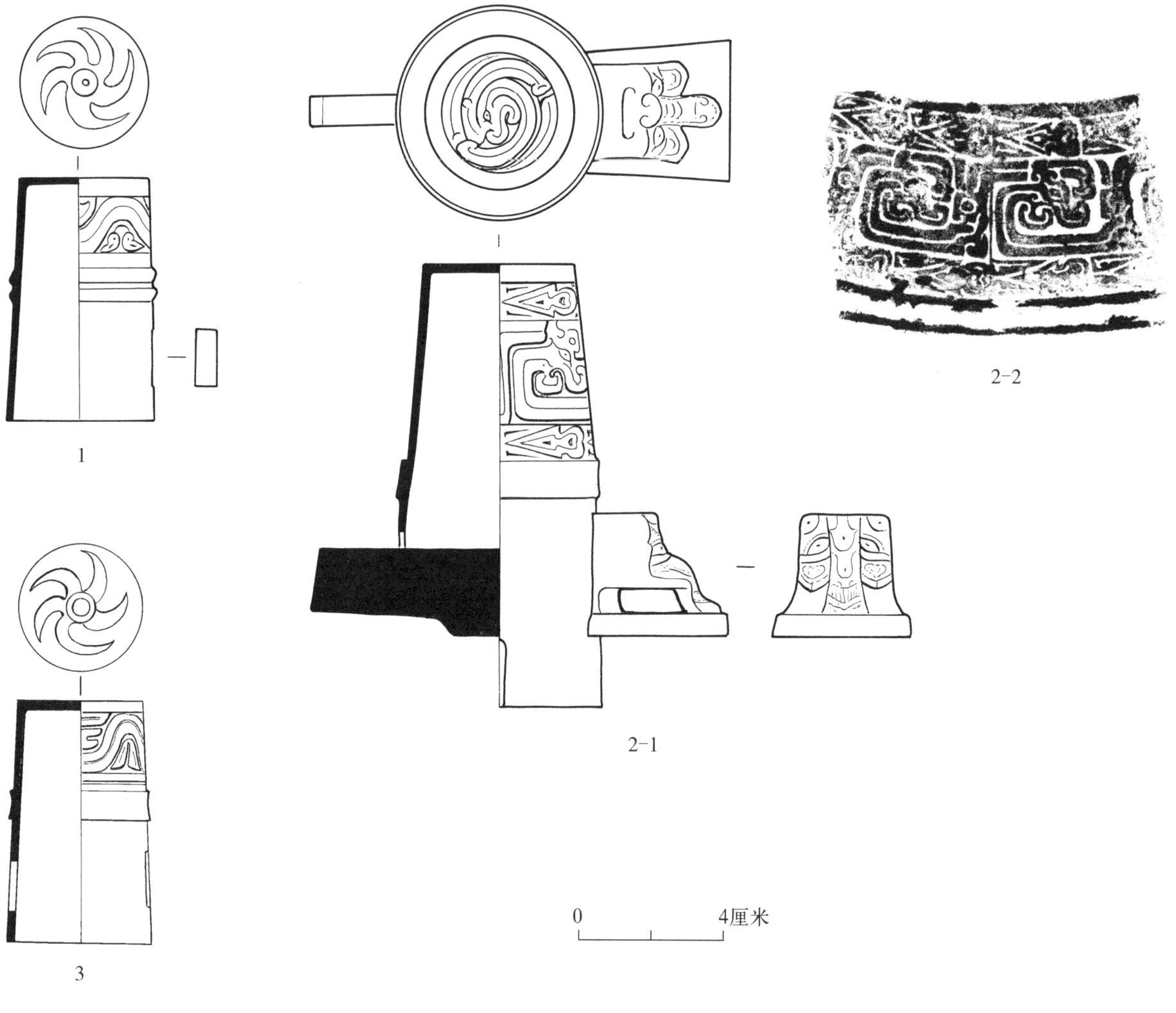

图二〇　M2出土铜车軎

1～3.铜车軎M2：10、76、20

宽 0.9 厘米（彩版二四，1）。

第二类　2 件。

M2：76、77，位于棺椁之间东南角。形制、纹饰、尺寸相同（图二〇，3；彩版二五）。

M2：76，长直筒状，近车毂的一端较粗，开口，上下各有一长方形辖孔可贯通，外端较细，外缘头封堵，中腰部有较宽的凸棱一周，凸棱以外饰夔龙纹，夔龙纹两侧饰横置的变形蝉纹，封堵面饰卷曲夔龙纹。軎通长 11.9、外缘直径 4.2、近毂端直径 5.8、辖孔长 2.3、宽 0.9 厘米（图二〇，2）。

铜车辖　2 件。

M2：1，辖首为虎头形，辖体为长条楔形。通长 11.4、辖首高 3.8、宽 3.3 ~ 3.6、厚 3 厘米（图二一，1；彩版二六，1）。

M2：78，辖首为兽首形，首两侧有孔可贯通，首背为斜方块形，辖首下为长扁条状键。辖通长 11.6、其中辖首高 3.8、长 3.3、宽 3.7、键部长 8、宽 2.3、厚 0.8 厘米（彩版二六，2）。

铜马衔　7 件。

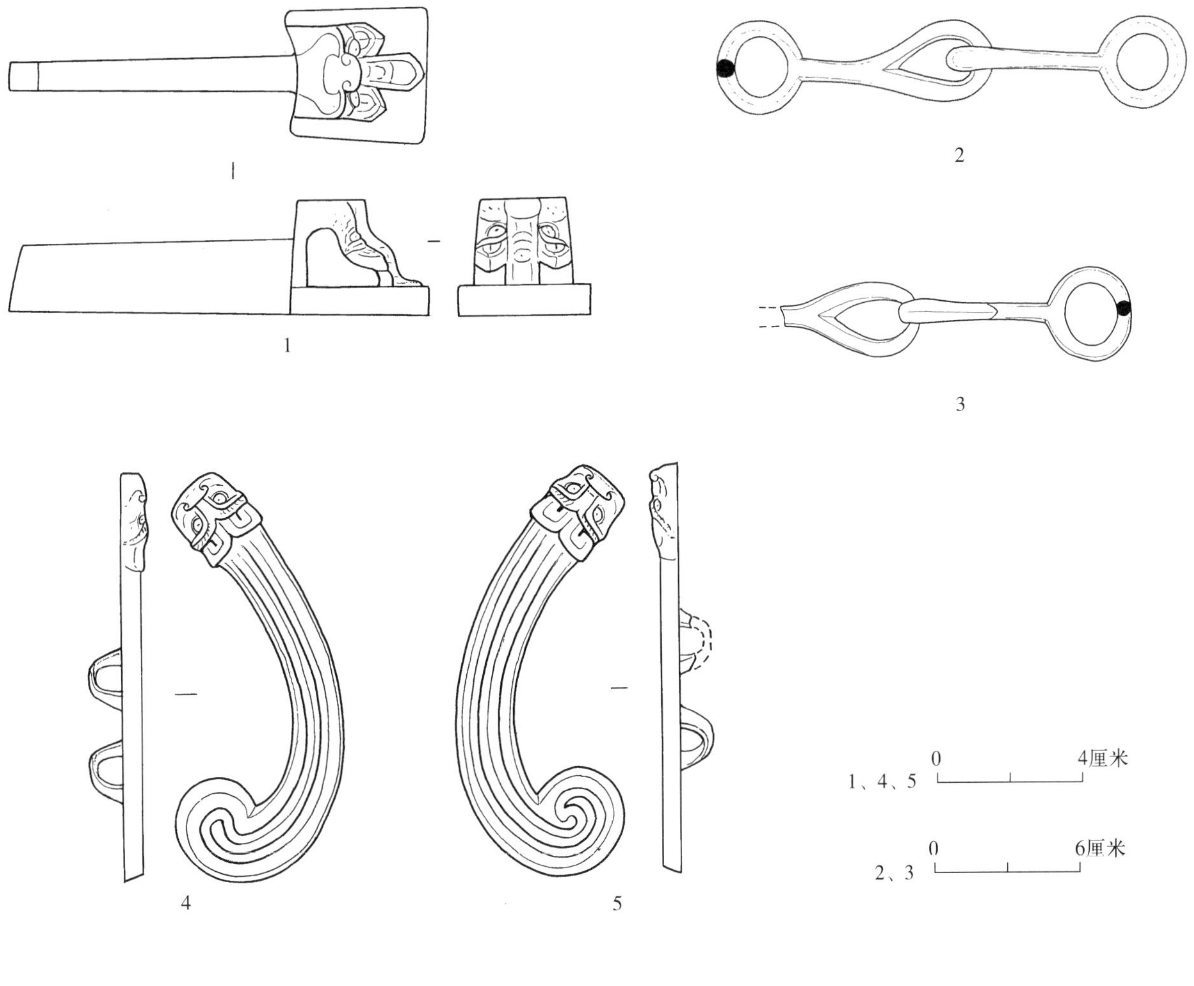

图二一　M2 出土青铜器

1.铜车辖M2：1　2、3.铜马衔M2：99、104-2　4、5.铜马镳M2：104-1、-3

M2：99、100、102、103-3、26、104-2（残）、85，形制相同，均为两节相扣组成链条形，每节呈椭圆形环状，所连接的两环为不规则环形，其中一节之双环呈 90º 扭转，M2：26 外端环呈 35° 弯曲（图二一，2、3）。

M2：99，通长 19.4、两端环直径 3.6 厘米。

铜马镳　4 件。

分两类。

第一类　2 件。

M2：103-1、-2，形制、纹饰均相同，扁条状弧形，镳首卷曲，较宽，正面为夔龙纹，龙首回顾，吐舌，背面有纵向排列的桥形纽两个。长 10.5、宽 1.7 ～ 3、厚 0.6、纽高 0.7、长 1.7 厘米。

第二类　2 件。

M2：104-1、-3，扁条状，弧形，一端为虎头纹饰，尾端卷曲，背面纵向排列两桥形纽。长 10.8、宽 1.6、厚 0.5、纽高 0.9、长 1.8 厘米（图二一，4、5）。

铜环　3 件。

M2：22，直径 5.4 ～ 5.5 厘米（彩版二六，3）。

M2：11，残，宽扁环，中间有凸棱一圈，外沿直径 7.6、内径 4.75、内外边沿厚 0.2、中间凸棱厚 0.3 厘米。

M2：33，环体圆度不规则，外径 4.4、内径 3 厘米（图二二，1）。

铜镞　3 件。

M2：2、79、21。

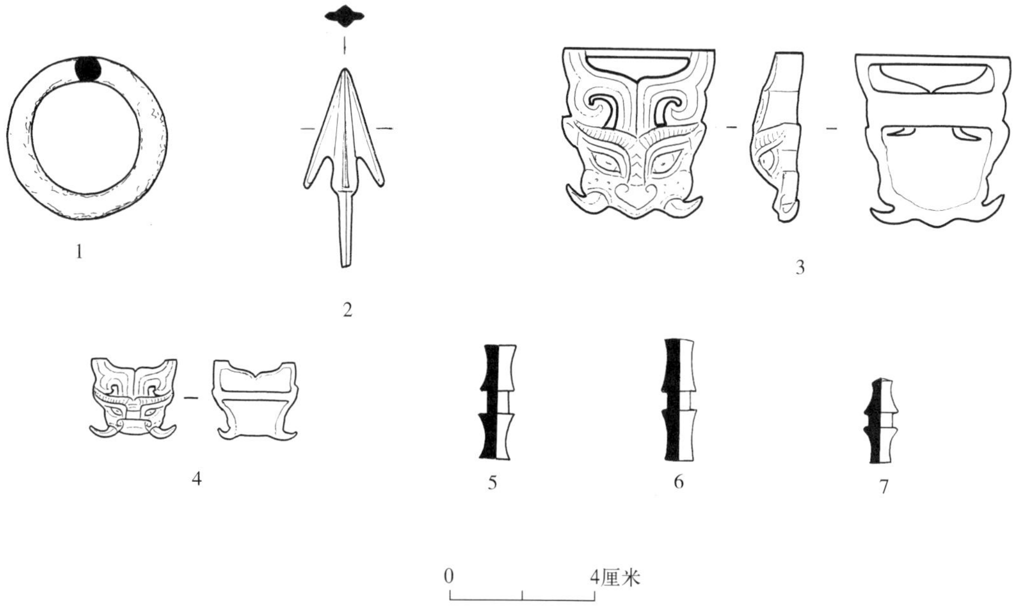

图二二　M2 出土青铜器

1.铜环M2：33　2.铜镞M2：79　3、4.兽首形铜泡M2：81、88-1　5～7.铜带扣M2：80-1、27-1、27-2

M2：79，位于棺椁之间东部。三角双翼形，从前锋至后锋为直线形，本横截面为菱形，脊较明显，铤横截面为菱形，近关处较粗。长5.4、两翼间宽2.4、铤长2厘米（图二二，2；彩版二六，4）。

兽首形铜泡 4件。

分两类。

第一类 2件。

M2：81、14，位于棺椁之间东部。形制相同（图二二，3；彩版二七，1、2）。

M2：81，正面纹饰为兽首，鼻、目突起，兽面双角上方置一横梁，背面呈凹壳形，凹壳边缘置一扁条状横梁，铜泡长4.5、宽4.2、厚0.8～1.3、背面横梁长3.7、宽0.9厘米。

第二类 2件。

M2：88-1、-2，位于棺椁之间东部（彩版二七，3、彩版二八，1）。

M2：88-1，正面纹饰为兽首，鼻、目突起，背面呈凹壳形，凹壳边缘置一扁条状横梁。长2.1、宽2.3、背面横梁长2.3、宽0.2厘米（图二二，4）。

铜带扣 8件。

M2：5，共2件。位于椁盖板上西南角。形制、尺寸相同（彩版二九，1）。

M2：5-1，圆柱状，两端呈亚腰形，形状类似爵口沿之柱，中间略细用以系皮带。长3、直径0.6～0.9厘米。

M2：80，共2件。位于棺椁之间东部。形制、尺寸相同（彩版二九，2）。

M2：80-1，圆柱状，两端呈亚腰形，形状类似爵口沿之柱，中间略细用以系皮带。长3、直径0.6～0.9厘米（图二二，5）。

M2：27，共2件。形制相同，尺寸不等（图二二，6、7）。

M2：27-1，圆柱状，两端呈亚腰形，形状类似爵口沿之柱，中间略细用以系皮带。长3.2、直径1厘米。

M2：24，共2件。

M2：24-1，兽首形，吻部上卷，两侧有獠牙，圆目，背面呈凹壳形，凹壳边缘置一扁条状横梁。长2、宽1.9厘米。

铜鱼 49件。

M2 ：6、12-1、15-1、34、42、43、45、47、48、49、50、51、53、54、55、57、59、60、61、62、63、93、106、109。形制相同，尺寸略有差别（彩版二九，3～6）。

M2：12-1，扁长条形，头端较宽，有穿孔，两侧有鳍，尾鳍岔开。长8.3、宽1～2.2厘米（图二三，1）。

M2：15-1，个体较上件大。长9.2、宽1.2～2.4厘米（图二三，2）。

M2：53-1，长8、宽1.2～2.4厘米（图二三，3）。

铜管状器 2件。

M2：89，“Y”形管，仅残存岔出的一支，另一支残缺，一面沿管壁有长条状孔三个，分叉部位有三角形孔一个。管长13.9、直径1.5厘米（图二三，4；彩版二八，2）。

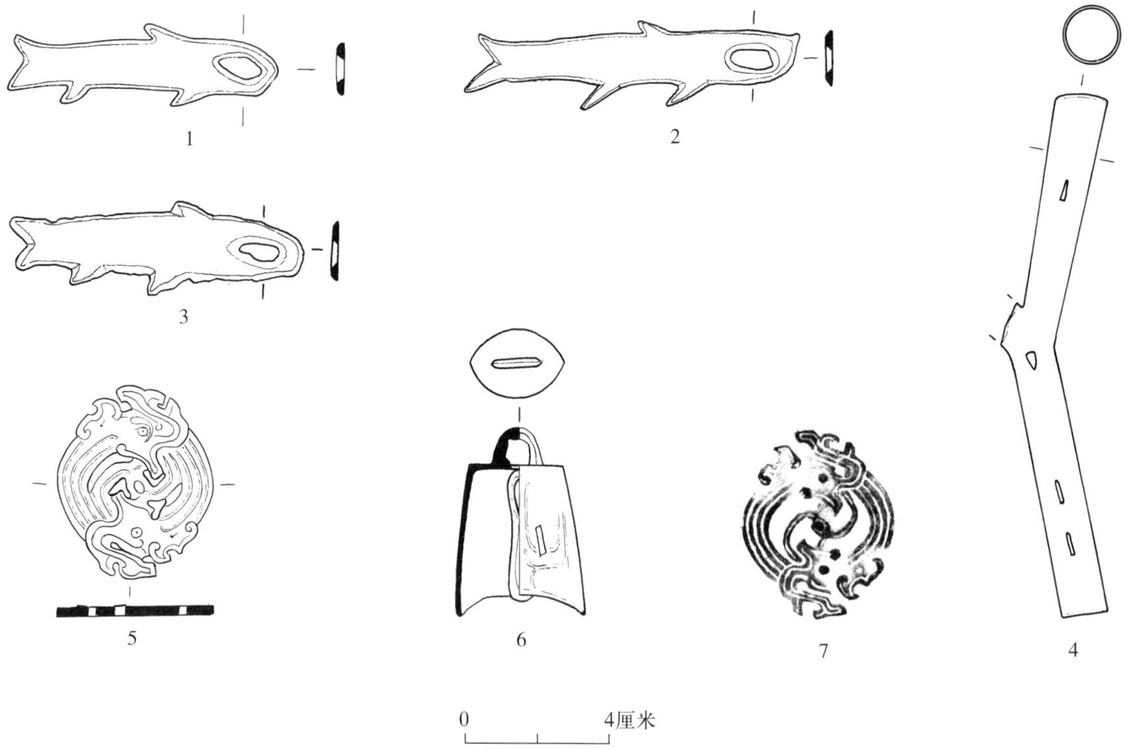

图二三　M2出土青铜器

1～3.铜鱼M2∶12-1、15-1、53-1　4.铜管状器M2∶89　5.圆形铜饰M2∶72　6.铜铃M2∶18　7.圆形铜饰M2∶73（拓片）

M2∶17，一端残，长圆管形，管壁一侧有长方形孔两个。残长8.4、直径1.1～1.3厘米（彩版二八，3）。

圆形铜饰　3件。

M2∶4、72、73，位于棺盖下西侧。形制、尺寸相同（图二三，7；彩版二八，4、5）。

M2∶72，薄片圆形，中心镂空，两端为两只回旋夔龙龙首，龙身部位有三道单刻凹线条纹。直径4.3～5.2、厚0.2厘米（图二三，5）。

铜铃　1件。

M2∶18，横截面为扁圆形，正面为梯形，形似编钟，顶端为平面，其上为桥形纽，纽下有孔与铜铃腔通，铃腔内悬挂铃舌，铃舌上端有孔，舌孔与桥形纽之间以麻绳连接，桥形纽上可见麻绳残留痕迹，铃周边有竖向镂空长条形孔四道，铃口两端尖锐。铃高5、铃壁厚0.1～0.2、口两角间距3.5厘米（图二三，6）。

2. 玉石器

共19件（组、套），其中玉串饰1、玉璜2、玉玦2、玉束发饰1、玉鱼形饰1、玉片形饰3、玉剑首1、石片1、石片饰1、石管6件（组、套）。

玉串饰　2组，为1套。

M2：64，共 33 件。其中绿松石管 4 件，玛瑙珠 27 件，玛瑙管 1 件，项后结 1 件。绿松石管，翠绿色，圆管状，长 1.4 ～ 2.2、直径 0.9 ～ 1.1 厘米。玛瑙珠，红色，短圆柱状，中心有孔，珠尺寸不等，高 0.4 ～ 1、直径 0.6 ～ 1 厘米。玛瑙管，红色，长圆柱状，中心有孔，高 2.8、直径 0.8 厘米。项后结，此件饰物位于项饰的最上方终端，发现于墓主人颈项后部，正方形玛瑙块，黄色，四角斜切，中心钻孔，阴刻凤鸟纹，长 3.3、宽 3.2、厚 0.5 厘米（图二四，1；彩版三〇）。

M2：65，共 37 件，其中绿松石珠 1 件，玉璜 1 件，黄色玛瑙管 3 件，红色玛瑙管 1 件，红色玛瑙珠 31 件。绿松石珠，翠绿色，扁圆柱状，长 1.3、直径 0.5 厘米。玛瑙珠，红色，圆柱状，高 0.4 ～ 1、直径 0.5 ～ 1 厘米，中心有不规则钻孔。玛瑙管，黄色，竹节状，长 2.2 ～ 2.6、直径 0.8 ～ 1.1 厘米，中心钻孔不规则。玉璜，片状弧形，质地软，灰白色不透明，钙化严重，两端边缘有扉棱且钻孔，表面饰凤鸟纹，两端外角距 10、内角距 6、宽 2.1、厚 0.3 厘米（图二四，2；彩版三一）。

M2：64、65 实际为一套串饰，分两组串联。

玉璜　2 件。

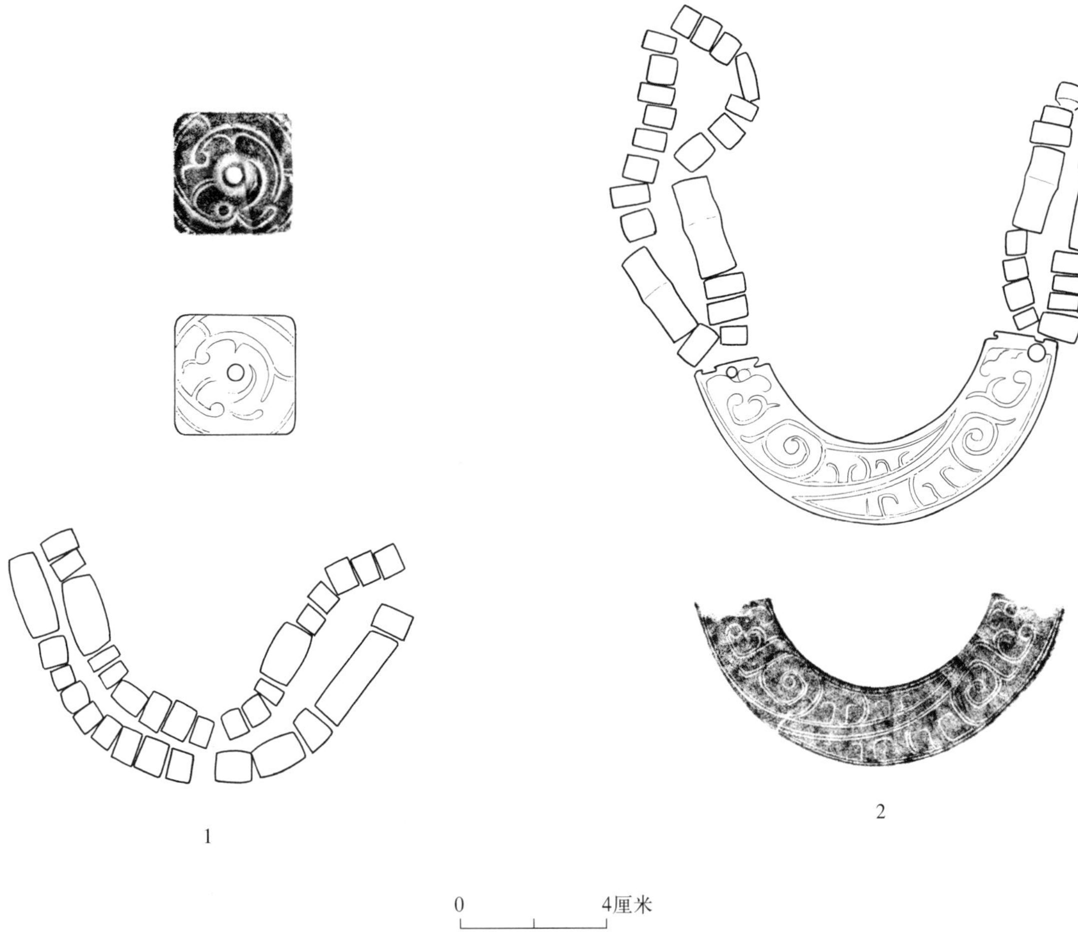

图二四　M2 出土玉串饰

1、2.玉串饰M2：64、65

M2：67，由碎片拼接而成，片状弧形，质地软，灰白色，不透明，出土时外边缘微残，素面。两端外角距 13.8、内角距 6.2、宽 3.6 ～ 3.8、厚 0.6 厘米（彩版三二，1）。

M2：74，片状弧形，出土时残缺一外角，质地软，灰色，微透明，外缘有扉棱，两端有穿孔，素面。弧度为 90°，内角距 6.1、宽 2.8、厚 0.2、两端穿孔直径 0.4 厘米（彩版三二，2）。

玉玦　2 件。

M2：70、71，两件形制、尺寸相同（图二五，1、2；彩版三二，3、4）。

M2：70，白色，微透明，质地软，片状圆形，中心有孔，一端有直线缺口，由外缘直通中心圆孔，素面。外缘直径 3.3、中心孔直径 0.9、厚 0.4、缺口长 1.1、宽 0.1 ～ 0.3 厘米。

玉束发饰　1 件。

M2：69，质地软，褐色，钙化严重，不透明，管状，两端开口，两端口直径不同，通体饰凸棱纹十道。长 4.35、直径 2.5 ～ 3.2、厚 0.25 厘米（图二五，3；彩版三二，5）。

玉鱼形饰　1 件。

M2：66，扁方条状，质地软，青绿色，部分钙化，微透明，头部用钻孔方式施鱼口和鱼目，尾端较薄，鱼鳃部位用阴刻线条饰网格纹，其余部位为素面。长 10.9、宽 2.15、厚 0.4 厘米（图二五，6；彩版三二，6）。

玉片　3 件。

M2：38、39、68，扁方条状，质地软，青绿色，部分钙化。

M2：38，出土时缺一角。长 12.8、宽 3.3 ～ 3.5、厚 0.15 厘米（彩版三三，1）。

M2：39，一端似为三角形，出土时尖端缺失，另一端缺失一角。残长 10.9、宽 4.5、厚 0.1 厘米（彩版三三，2）。

M2：68，出土时缺一角。长 6.4、宽 2 ～ 2.6、厚 0.1 ～ 0.3 厘米（图二五，4；彩版三三，3）。

玉剑首　1 件。

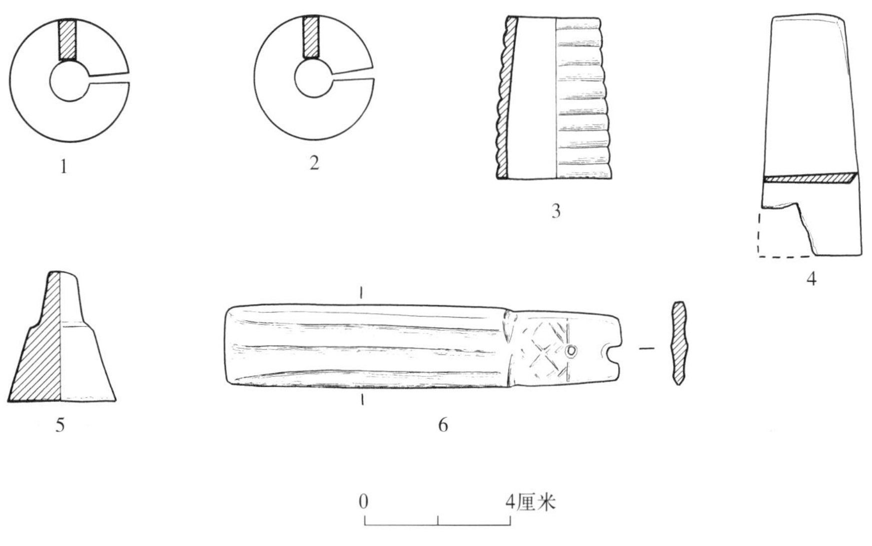

图二五　M2 出土玉石器

1、2.玉玦M2：70、71　3.玉束发饰M2：69　4.玉片M2：68　5.玉剑首M2：94　6.玉鱼形饰M2：66

M2：94，圆台形，上端一榫头，素面。通高3.5、末端直径3、与剑茎接触处直径1.7、榫头直径0.8～1厘米（图二五，5；彩版三三，4）。

石片　1件。

M2：40，黑色燧石，线状台面，打击泡一个，放射线较清楚，石片右边有两个片疤，疑为在使用中崩落的，石片左边缘胶结钙质。

石片饰　1件。

M2：13，出土时残缺。长条片状，一边有斜刃，一端残断，素面。残长8.3、宽1.6～2、厚0.1厘米（彩版三三，5）。

石管　6件。

M2：46（2件）、M2：50（2件）、M2：62（2件），形制相同，尺寸略有差异，圆柱体，中空，中段较粗，两端较细，灰色。

M2：46-1，长4.1、直径1、孔径0.2厘米。

3. 骨器

共3件。分别是骨管2、骨棒1件。

骨管　2件。

M2：90，圆管形，中空，管孔较细，管壁较厚，中段略粗，两端微细，素面。长3.7、直径0.7～1.1厘米（图二六，1）。

M2：21，中空，束腰，一端较细。长5、直径0.9～1.5厘米。

骨棒　1件。

M2：30，圆柱体，一端较细，通体有凹窝痕。残长5.6、直径0.7～1.1厘米。

4. 蚌器

共31件，分别为蚶17、蚌片11、海贝3件。

蚶　17件。

M2：3-1～-3、M2：28-1～-10、M2：41、M2：82、83-1、83-2，背部隆起，顶尖部位有人工钻孔，自然纹饰有两种，一种为灰褐色，一种为光面，白底褐色"V"字形花纹，腔内均为白色，扇形，顶部有钻孔，背部有突起的放射形条状纹。

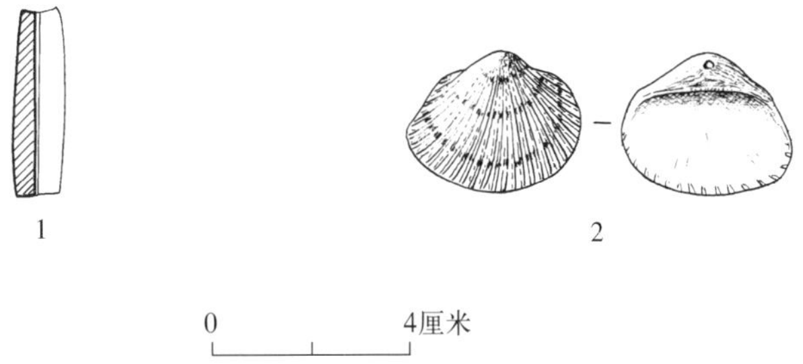

图二六　M2出土骨器、蚌器

1.骨管M2：90　2.蚶M2：3-1

M2：3-1，长 5.7、宽 7 厘米（图二六，2；彩版三四，1）。

蚌片　11 件。

M2：44、52、56、58、86-1、86-2、92、95、105、107、108，其中 M2：86 为片状长方形，其中一角斜切，一端有钻孔。长 7.1、宽 1.9、厚 0.6 厘米。

5. 海贝

3 件。

M2：87，自然形态，腹部有齿状缝隙，背部人工磨孔。长 2.5、宽 1.8 厘米。

6. 陶器

共 3 件。分别是陶鬲 1、陶罐 2 件。

陶鬲　1 件。

M2：9，位于棺椁间东北角，出土时已破损。质地为夹砂，灰色。器形为宽斜沿，束颈，稍有肩，弧裆，柱足，颈部素面，颈部以下均为绳纹，底部为戳印纹。自腹部至腿部有泥条附着的扉棱 3 处。通高 10.7 厘米（图二七，1；彩版三四，2）。

陶罐　2 件。

M2：8，位于盗洞，泥质灰陶，敞口，斜沿，圆唇，束颈，斜肩，腹部倾斜内收，底部残缺。素面。残高 8.5、口径 8.2 厘米（图二七，2；彩版三四，3）。

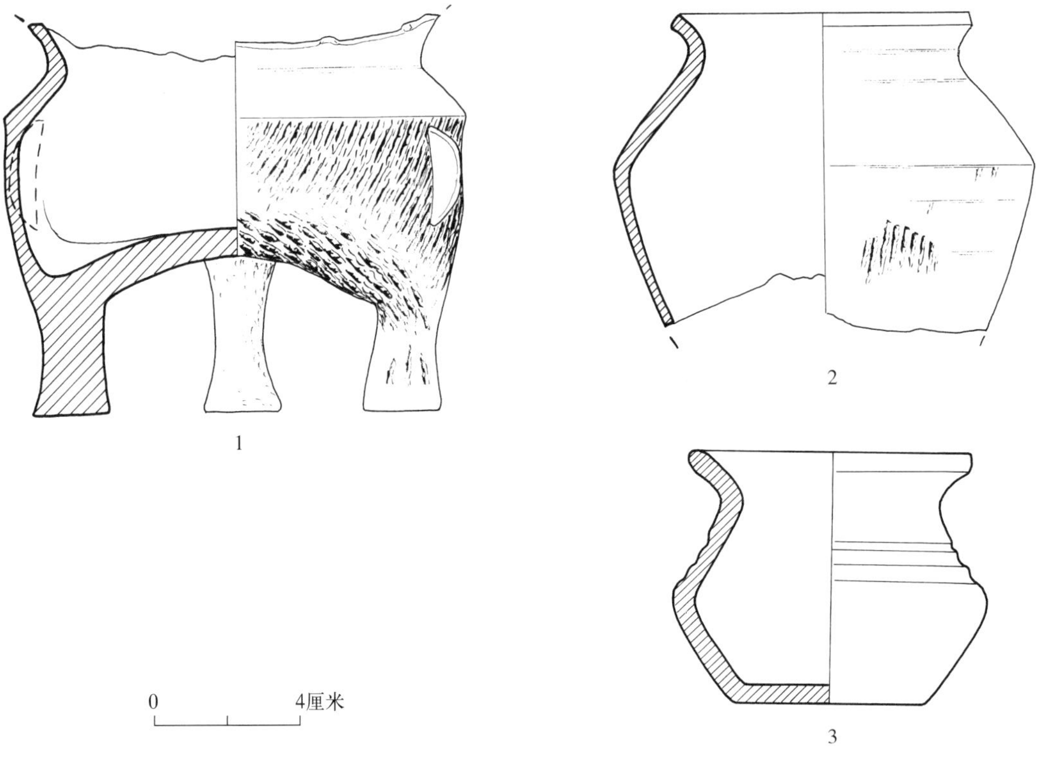

图二七　M2 出土陶器

1.陶鬲M2：9　2、3.陶罐M2：8、75

M2：75，位于棺椁间，东南角，泥质灰陶，微敞口，方唇，束颈，斜肩，腹部倾斜内收，平底。肩部有凹旋纹三道。高 6.7、口径 7.6、腹深 6.2、腹径 8.6 厘米（图二七，3；彩版三四，4）。

三 M3

M3 位于墓地东部，西侧与 M5 相邻。现耕土下即见墓葬开口。

（一）墓葬形制

墓葬为长方形竖穴土坑墓。方向正南北向（图二八；彩版三五）。

墓口平面呈长方形，墓口距地表 1 ～ 1.5 米，墓口长 4.7、宽 2.75 米，墓底距地表深 10 米。墓口被 4 个晚期灰坑打破，编号分别为 H2、H3、H4、H5，开口于耕土层下。H2、H5 两坑较为规整，并列位于 M3 东部，两座灰坑均打破 H3。H2 平面呈长方形，长 2、宽 1.6、深 0.96 米，土质疏松，灰色；H5 平面呈长方形，长 2.2、宽 1.6 米，土质为灰、黄色相杂，较疏松，含少量石块、红烧土块以及少量陶片。H3 基本将 M3 全部覆盖，打破 M3 的西壁和南壁，呈不规则圆形，东部被 H2、H5 打破，北部被 H4 打破，西部被 H6 打破，H3 底部不平整，最深处 4.2 米，其中出土有泥质绳纹灰陶罐、陶鬲、素面灰陶豆柄、陶拍等残陶片以及动物骨骼。在灰坑中普遍有木炭石块痕迹，其余灰坑均为灰色土。H4 位于 M3 北部，灰坑的南部被 H3 打破，未发现任何遗物。

墓壁不规整，东壁南端距墓口 0.80 米处有一大坑，直径 0.66 ～ 0.88、深 0.25 米，该坑 0.18 米下为东壁最上端的第一个脚窝。东壁与南壁的拐角处有两排脚窝，各有 7 个，直径 0.10 ～ 0.30、深 0.05 ～ 0.14 米（彩版三六）。

距墓口 7 米深处有生土二层台，台面长 5、南壁和北壁分别宽 3.3、3.5 米，口小底大。二层台以下墓室长 3.1、宽 2.5、深 3 米，二层台上部台面南部宽 0.4 米，然后向下 0.5 米后又向椁室中心延伸 0.5 米，总宽 0.9 米，呈台阶状；北壁二层台上部台面宽 0.4 米，然后向下 0.5 米，后向椁室中心延伸 0.6 米，总宽 1.1 米；二层台东壁台面宽 0.40 ～ 0.47、西壁宽 0.42 ～ 0.45 米（图二九、三〇）。

墓室被三个盗洞打破，1 号盗洞位于墓室西北角，直径为 0.75 ～ 0.88 米，2 号盗洞位于墓室中部偏北，平面呈长方形，长 0.60、宽 0.40 米，3 号盗洞洞口呈不规则状，口径为 0.40 ～ 0.65 米，深度均打破墓底，三个盗洞在打到椁盖板位置及以下时连成一片，椁盖板、棺木、椁底板以及西北角椁室立板均遭破坏。

（二）随葬车

在墓室东西两侧二层台上各放置 3 个车轮，共 6 个，均已变形。

L1 西壁南端第一个车轮，少部分遮挡在中间位置车轮之后，约三分之一随椁盖塌陷而损毁，辐 23 条，其中 14 条断。车轮直径 1.33、牙高 0.05、毂軧直径（与辐连接处）0.17、

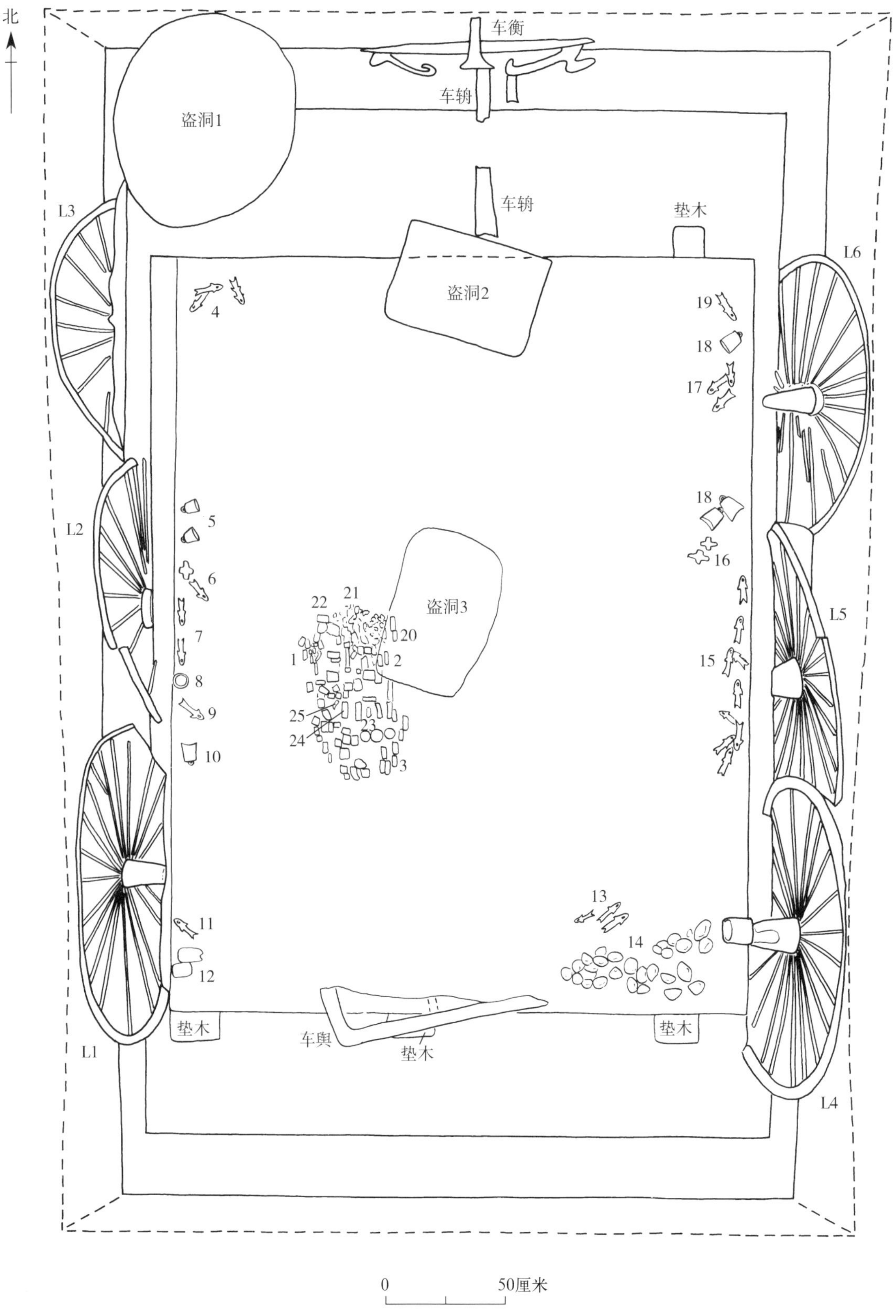

图二八　M3 平面图

1.铜马镳、衔　2.残铜件　3.铜节约　4、7、9、11、13、15、17、19.铜鱼　5、10、18.铜铃　6、16.陶管　8.铜环　12.残铜件　14.蚶　20.项饰　21.玉玦　22.残铜件　23.铜饰　24.玉片　25.玉璜

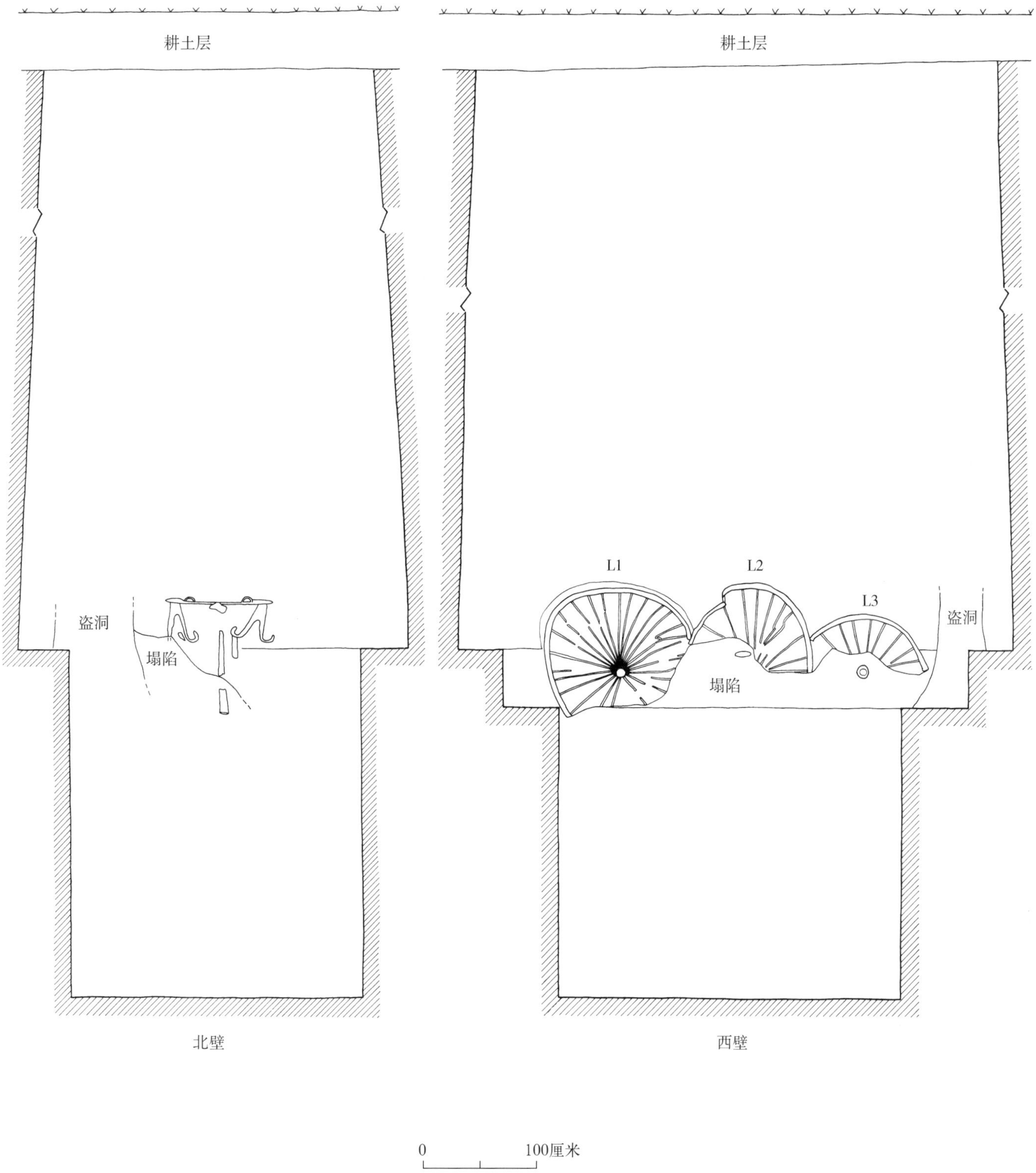

图二九　M3北壁、西壁剖视图

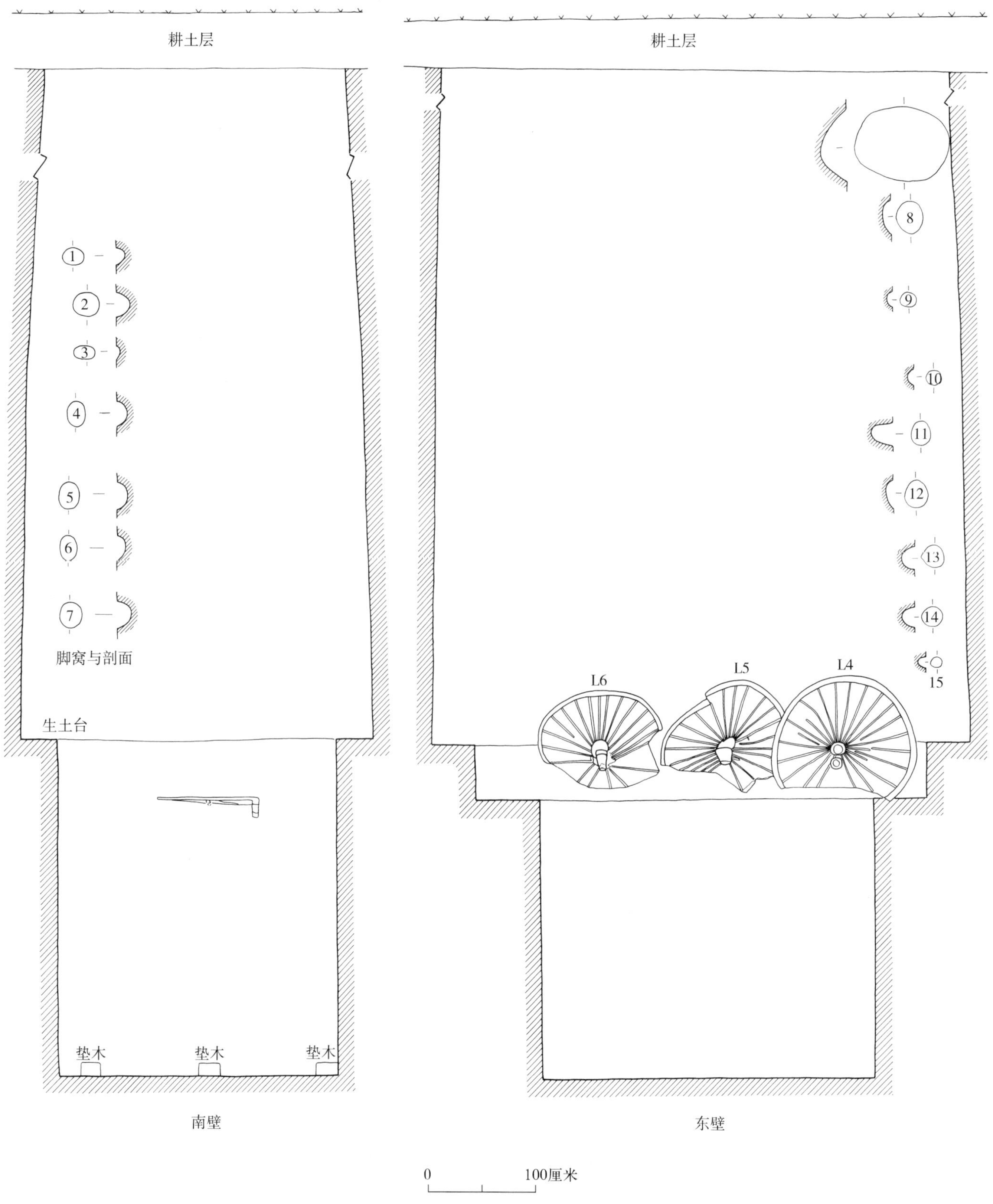

图三〇 M3南壁、东壁剖视图

辐长 0.60[1]、辐径 0.01 米。

L2　位于西壁中间二层台上，二分之一损毁，轮半径 0.65、毂軧直径 0.16 米。辐残存 21 条，辐直径 0.01、长 0.60、突出车轮面的残长 0.12 米。

L3　位于西壁北端，下半部分损毁严重，仅残存三分之一，毂已不存，车牙高 0.04 米。残存辐 8 条，皆与牙衔接，残长 0.24 ～ 0.31、辐直径 0.01 米。

L4　东壁南端第一个车轮，下部随椁盖板下陷而损毁，直径 1.33、牙高 0.07、牙厚 0.02、毂軧直径 0.15、辐长 0.57、辐直径 0.01、輨 0.10 米。

L5　中间第二车轮，下部损毁，轮牙断裂，轮毂变形，辐条散乱，轮直径 1.22、牙高 0.05、厚 0.02、毂軧径 0.20、辐残长 0.47、辐直径 0.01 米。

L6　南端第三车轮，轮北端遮挡中间车轮，轮下部轮牙、辐损毁较少，轮体基本保持正圆，毂輨截断下沉。车轮直径 1.35、牙高 0.07、牙 0.02、毂軧直径 0.15、辐长 0.58、辐直径 0.01、輨直径 0.10 米。

在原属椁盖板的位置发现有车舆、辀、衡、轭等残损部件。墓室北边椁盖板上残存车辀三段，分别长 0.20、0.40 米，辀首弯曲，残长 0.21 米。衡为长条形。长 0.97 米，衡两端上部置轙两个，轙为半环形插于衡上，轙外残存轭两件，均呈“人”字形，轭下端两脚卷起，东边的轭残高 0.35、西边轭残高 0.36 米。舆位于墓室南边椁盖板上，仅残存车舆后部以及左侧之轸框一段，后部轸框残长 0.90、左侧轸框残长 0.25 米（彩版三七）。

（三）葬具葬式

椁室长 3.1、宽 2.5、高 3 米，椁盖板整体向下塌陷至椁室口 0.20 米处，盖板痕迹仅存于椁室南部和东北角一小部分，最南端的三块盖板保存完好，长 2.4、宽 0.22 ～ 0.25 米，其余五块盖板每块宽 0.17 ～ 0.35 米。在椁室东北部残存两块盖板，宽 0.24、0.29 米（图三一；彩版三八，1）。北壁椁壁板由 8 块木板组成，整个壁板的西半段被盗洞从上至下打破，仅残留东半壁椁板，壁板东端距椁室东壁 0.20 米，残长 1.1 米左右，每块宽 0.18 ～ 0.35 米。第八块壁板东端下方有一纵向方形木块嵌在壁板中，高 0.11、宽 0.12 米（图三二）。西壁椁壁板由 6 块木板组成，整个壁板的北半段被盗洞自上而下打破，残存的南半段长度均为 1.8 ～ 1.9 米，每块宽 0.20 ～ 0.31 米（图三三）。南壁椁壁板由 11 块木板组成，壁板西端整体抵在椁室西壁上，东端整体距椁室东壁 0.10 米，长 2.3、每块宽 0.14 ～ 0.24 米。最下部即第 11 块壁板下有一宽 0.05 米椁底板，此现象在其他椁壁板下未发现，椁底板距墓底 0.10 米。底板下有 3 块纵向垫木，西端垫木紧贴椁室西壁，高 0.10、宽 0.22 米，东端垫木与整体壁板平齐，距椁室东壁 0.10 米，垫木高 0.12、宽 0.18 米，中间垫木高 0.11、宽 0.20 米，距东端垫木 0.92、距西端垫木 0.88 米（图三四）。

棺已遭盗墓者破坏，情况不明。

墓葬被盗，扰乱严重，人骨未存，葬式不明。

[1] 根据一条能与牙毂间连接完整的辐计算得出。

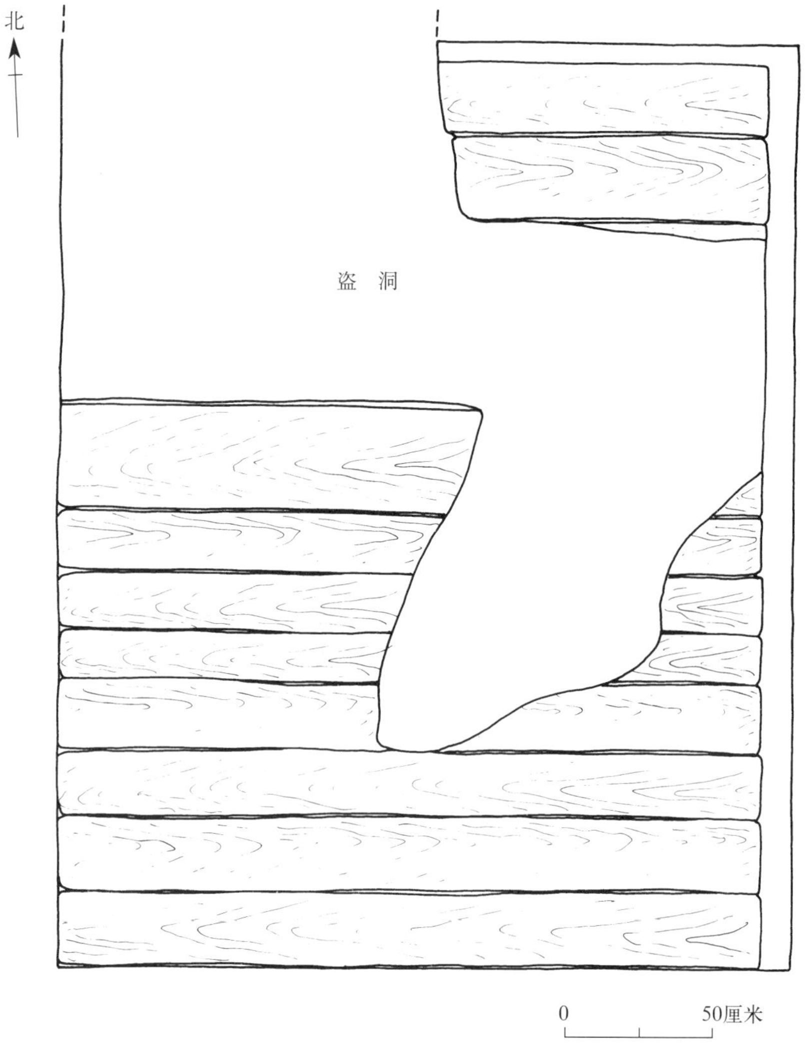

图三一　M3 椁盖板平面图

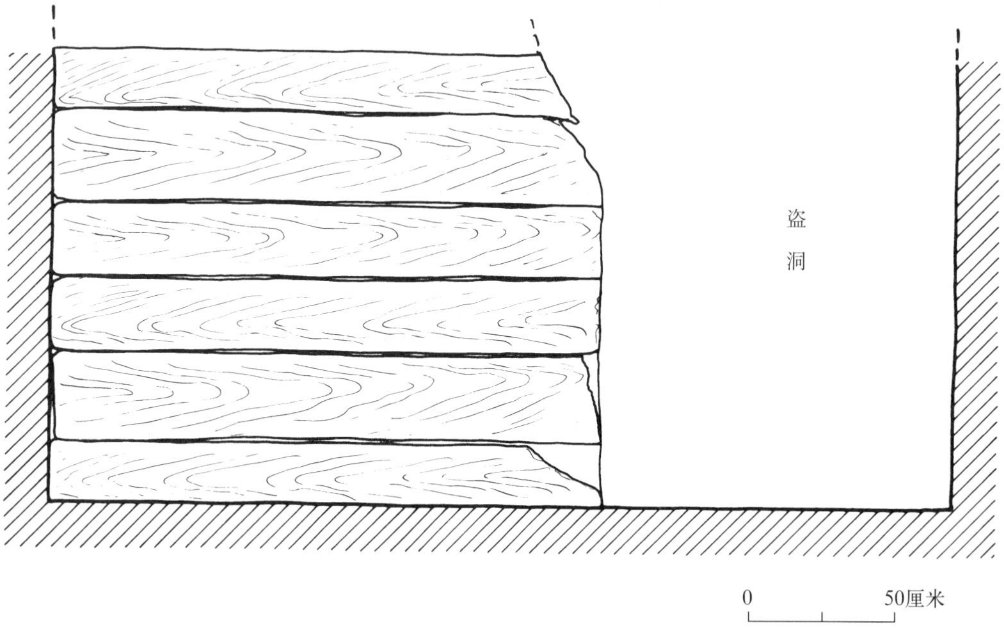

图三三　M3 椁板西壁剖面图

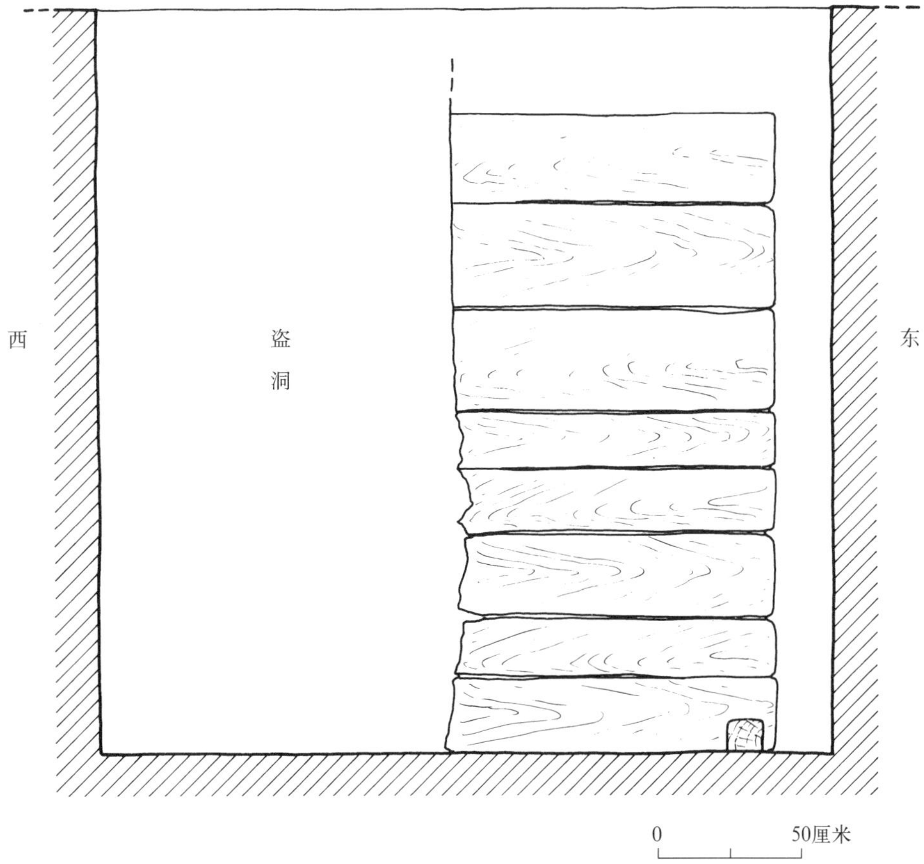

图三二　M3 椁板北壁剖面图

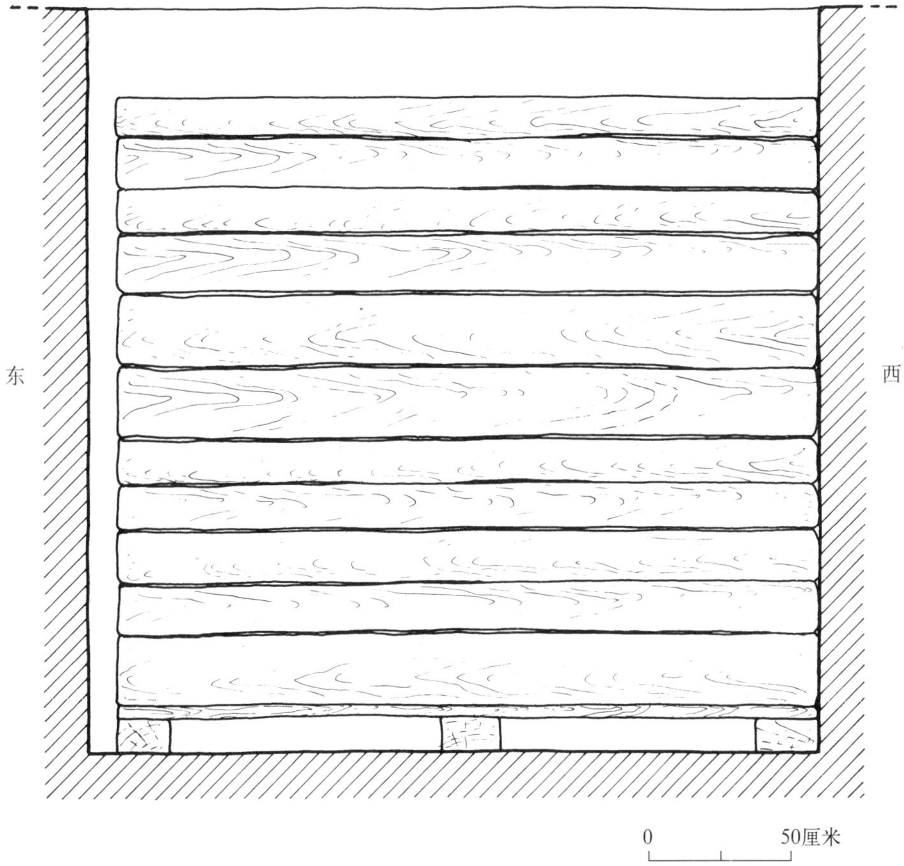

图三四　M3 椁板南壁剖面图

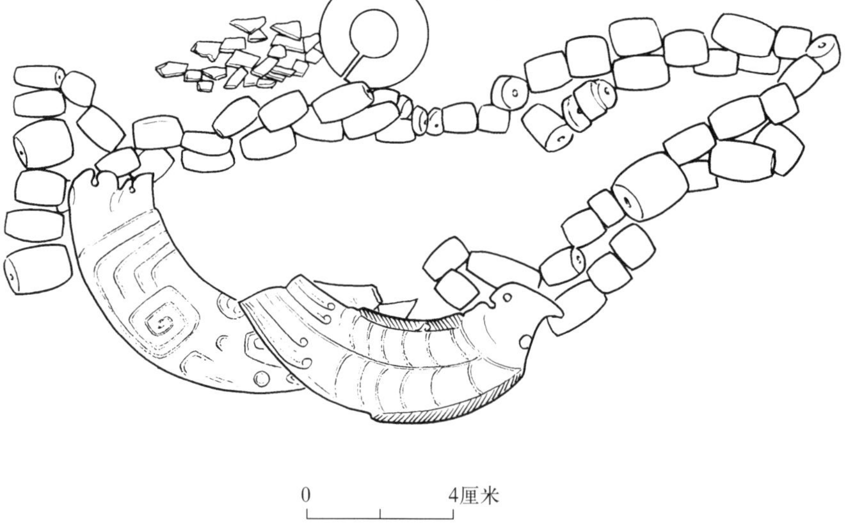

图三五　项饰、玉饰放置示意图

（四）随葬器物

随葬器物有青铜器、玉器、陶器、蚌器等，共112件（组）。其中青铜器53、玉器4、陶器11、蚌器44件（组）。在原属椁盖板的位置放置有车舆、軥、衡、軛等残损部件，在墓葬底部残存的位置散落部分铜马衔、铜鱼、铜铃、项饰、蚌器、陶饰（图三五；彩版三八，2）。

1. 青铜器

共53件（组），分别为铜铃6、铜马镳、衔1、铜节约1、铜鱼32、残铜件12、铜环1件（组）。

铜铃　6件。

M3：5，共2件（彩版三九，1）。

M3：10，位于棺底位置，横截面为扁圆形，正面为梯形，形似编钟，顶端为平面，其上为桥形纽，纽下有孔与铜铃腔通，铃腔内悬挂铃舌，铃舌上端有孔，舌孔与桥形纽之间以麻绳连接，桥形纽上可见麻绳残留痕迹，铃周边有竖向镂空长条形孔四道，铣部两端尖锐。铃高5.5、铣距3.5、纵向边长4.5、铃壁厚0.1～0.2厘米（图三六，1；彩版三九，2）。

M3：18，共3件，位于棺底位置（彩版三九，3）。

M3：18-2，横截面为扁圆形，正面为梯形，形似编钟，顶端为平面，其上为桥形纽，纽下有孔与铜铃腔通，桥形纽上可见麻绳残留痕迹，铃周边有竖向镂空长条形孔两道，铣部两端尖锐。铃高4.7、铣距3.7、纵向边长3.8、铃壁厚0.1～0.2厘米（图三六，2）。

铜马镳、衔　1组。

M3：1，衔为三节链条形，每节呈椭圆形环状，中间一节为“8”字形环，所连接的两端环之双环孔呈90º扭转，两端环孔中各插入一铜镳，镳为扁条状弧形，头部呈圆形，背面有两环，整体饰龙纹。衔长16.5、镳长11、宽1.7、厚0.7厘米（图三六，3；彩版四〇，1）。

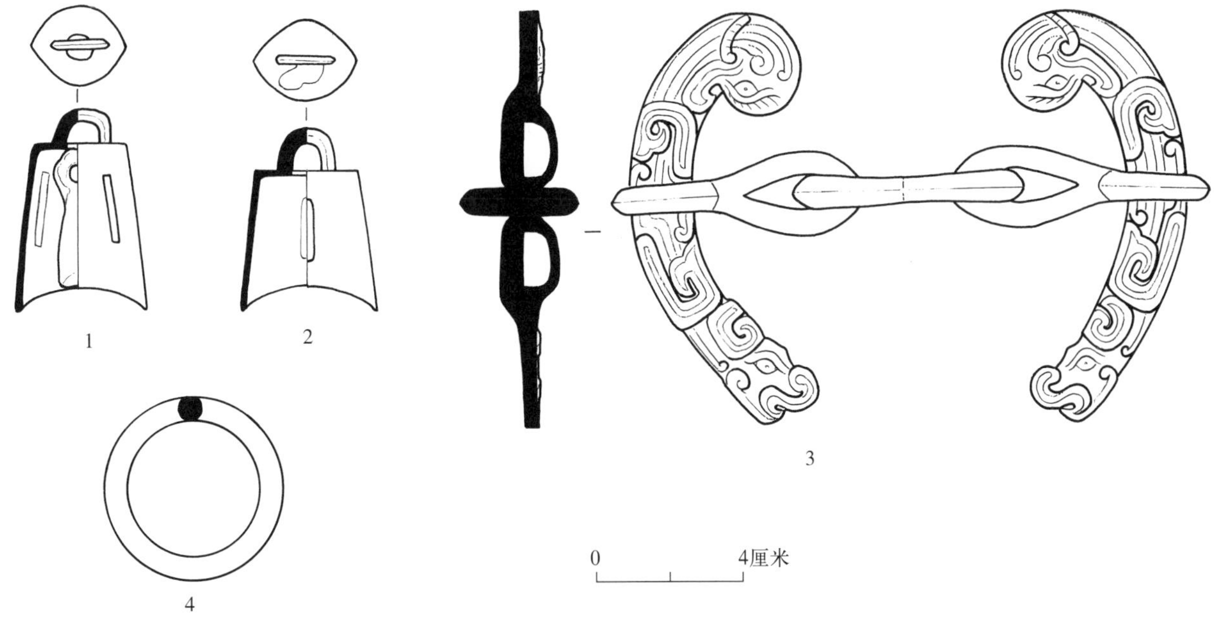

图三六　M3出土青铜器

1、2.铜铃M3∶10、18-2　3.铜马镳、衔M3∶1　4.铜环M3∶8

铜环　1件。

M3∶8，素面。直径4.9厘米（图三六，4；彩版四〇，2）。

铜节约　1件

M3∶3，为十字形管状，四个管状孔可互相贯通，正面中心纹饰为虎头形，背面透空。长3.4、宽3.4、厚1.6、管孔直径1厘米（图三七，1；彩版四〇，3）

残铜件　12件。

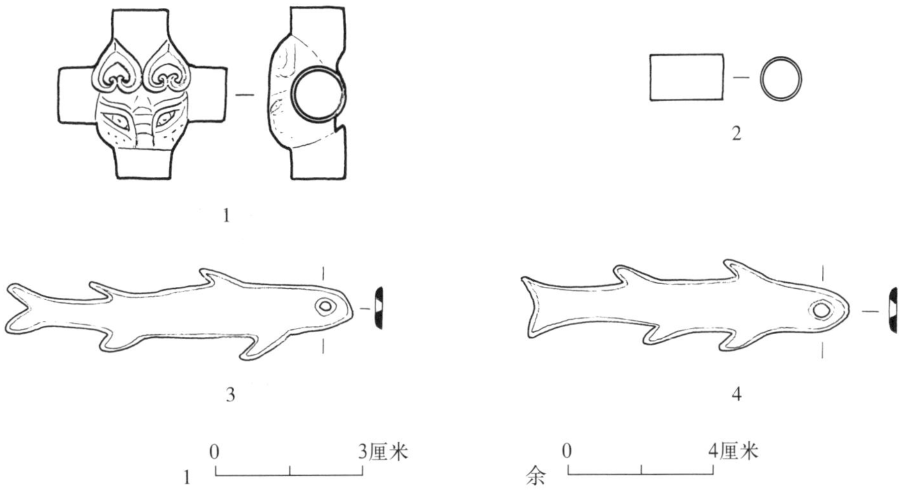

图三七　M3出土青铜器

1.铜节约M3∶3　2.残铜件M3∶2　3、4.铜鱼M3∶7-1、11-3

共 12 件。形制相同，尺寸略有差别。M3：2，7 件；M3：12，2 件；M3：22，3 件。

M3：2，圆柱体，中空，素面。长 2、直径 1.2 厘米（图三七，2；彩版四一，1）。

铜鱼 32 件。

M3：4-1 ～ 4-5、7-1 ～ 7-3、9-1 ～ 9-3、11-1 ～ 11-4、13-1 ～ 13-4，15-1 ～ 15-8、17-1 ～ 17-3、19-1、19-2，形制相同，尺寸略有差别（图三七，3、4；彩版四一，2、3）。

M3：11-3，扁长条形，头端较宽，有穿孔，腹、背部鳍各两个，尾鳍岔开，素面。长 9、宽 1 ～ 2.2、厚 0.2 厘米。

2. 玉石器

共 4 件（组），分别为项饰 1、玉玦 1、玉璜 1、玉片 1 件（组）。

项饰 1 组。

M3：20，由于墓葬被盗，这组项饰保存不完整，残存 62 件。其中，玛瑙珠 39 件，绿松石珠 2 件，玉管 10 件，玉珠 7 件，玉片形饰 2 件，鱼形玉璜 1 件，凤鸟形玉璜 1 件。玛瑙珠尺寸不等，红色，微透明，圆片形或圆柱形，高 0.4 ～ 1.75、直径 0.7 ～ 1.5 厘米。绿松石珠，翠绿色，扁圆柱形，高 1、直径 0.6 厘米。玉管，白色，微透明，形制两种，一种为直管形，一种为中腰鼓起形，均为两端钻孔，长 1.1 ～ 1.9、直径 0.5 ～ 0.9 厘米。玉珠为圆珠形或扁圆珠形，白色，微透明，有钙化现象，两端钻孔，直径 1 厘米。玉片形饰，白色，微透明，有钙化现象，形制为片状圆形，中间起脊，两侧渐薄，顺起脊方向两端磨出小平面并钻孔贯通，素面，长 1.7 厘米。玉璜，位于项饰最下端，质地软，灰绿色，微透明，有钙化现象，弧条形片状，两种形制，一种为鱼形玉璜，口、目、鳞、鳍各具其形，鳞、鳍、尾纹饰为单线条阴刻，吻部上翘，吻部与尾部钻孔，用以穿线连接玛瑙珠，吻部至尾部长 8.8、宽 2.8、两端孔径 0.4 厘米。凤鸟形玉璜，灰绿色，微透明，钙化较严重，鸟首部形状不明显，翅、尾部纹饰为单线条阴刻，类似羽状，吻部钻孔一个，尾部钻孔四个，吻部与尾部均镂空透雕。鸟首至尾长 10.2、宽 2.45、钻孔直径 0.3 ～ 0.4 厘米（图三八，1；彩版四二）。

玉玦 1 件。

M3：21，白色，微透明，质地软，片状圆形，中心有孔，一端有直线缺口由外缘直通中心圆孔，素面。外缘直径 2.8、中心孔直径 1、厚 0.2、缺口长 0.9、宽 0.1 ～ 0.2 厘米（图三八，2；彩版四一，4）。

玉璜 1 件。

M3：25，软玉，弧条形。长 8、宽 2、两端孔径均为 0.4 厘米（图三八，4；彩版四一，5）。

玉片 1 件。

M3：24，扁方条状，质地软，青绿色，部分钙化，出土时缺一角，一端宽一端窄，窄端一侧有一半圆形缺口，素面。长 13.8、宽 2.9 ～ 3.4、厚 0.25 厘米（图三八，3；彩版四一，6）。

3. 蚌器

共 44 件，均为蚶。

蚶 44 件。

M3：14-1 ～ -44。

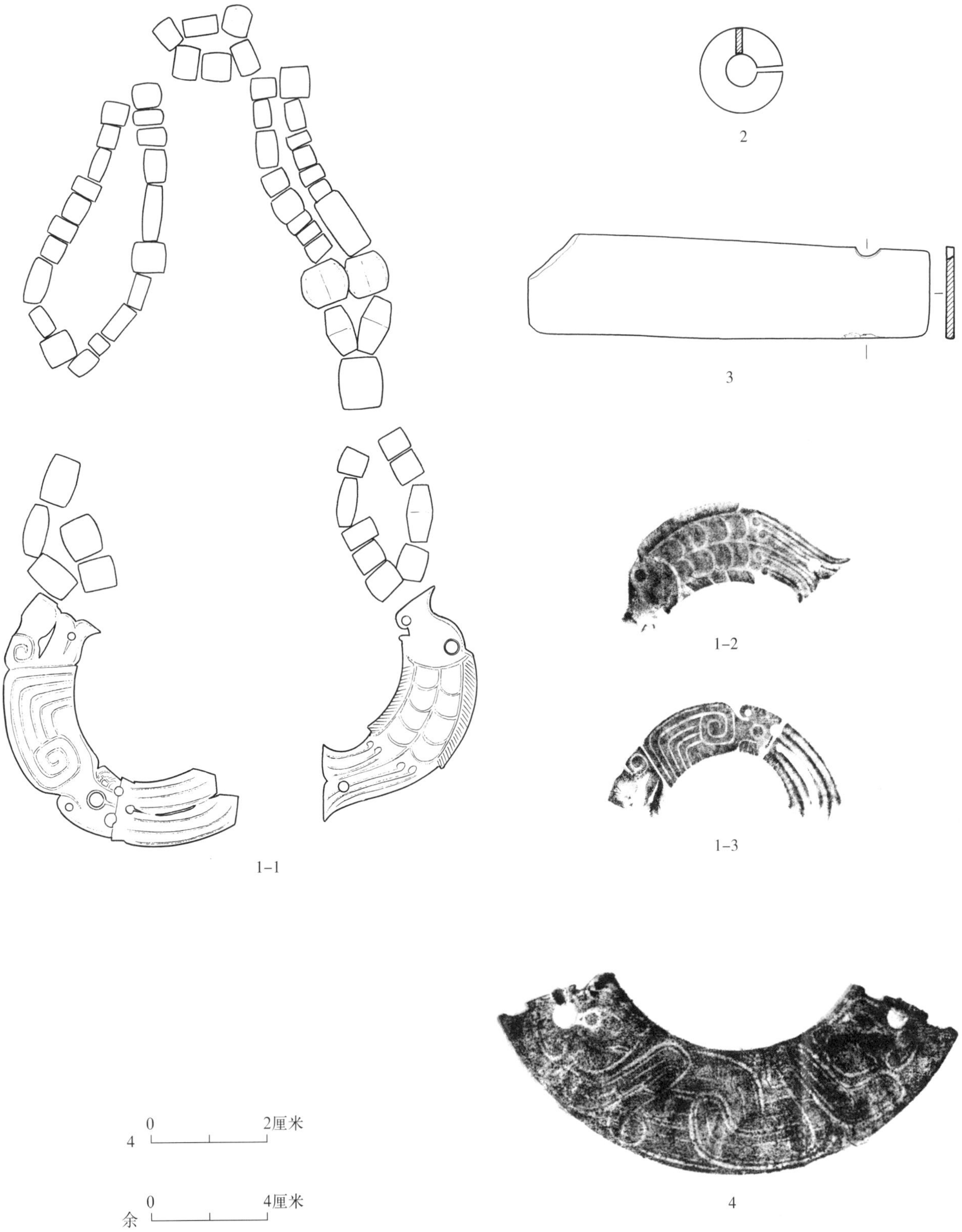

图三八　M3出土玉石器

1.项饰M3∶20　2.玉玦M3∶21　3.玉片M3∶24　4.玉璜M3∶25（拓片）

M3：14-1，背部隆起，灰褐色，腔内为白色，扇形，顶部有钻孔，背部有突起的放射形条状纹。长 4.5、宽 3.5 厘米（图三九，1；彩版四三，1）。

4. 陶器

共 11 件，分别为陶鬲 1、陶管 10 件。

陶鬲　1 件。

M3：盗洞，夹砂灰陶，敞口，斜沿，沿面凹旋纹一周，束颈，腹部微鼓，弧裆，三足微内收。颈部素面，腹部至足部饰绳纹。通高 10.3、口径 13.2、腹径 13.2、腹深 7.2 厘米（图三九，2；彩版四三，2）。

陶管　10 件。

M3：16-1 ～ 16-6、6-1 ～ 6-4（彩版四三，3、4）。

M3：16-1，泥质，黑色，外表磨光，管状，中端稍粗，两端较细，有口可贯通。长 3.6、中端直径 1.1 厘米（图三九，3）。

M3：6-1，泥质，黑色，外表磨光，棱状，中端稍粗，中有穿孔。长 4.6、中端直径 1.8 厘米（图三九，4）。

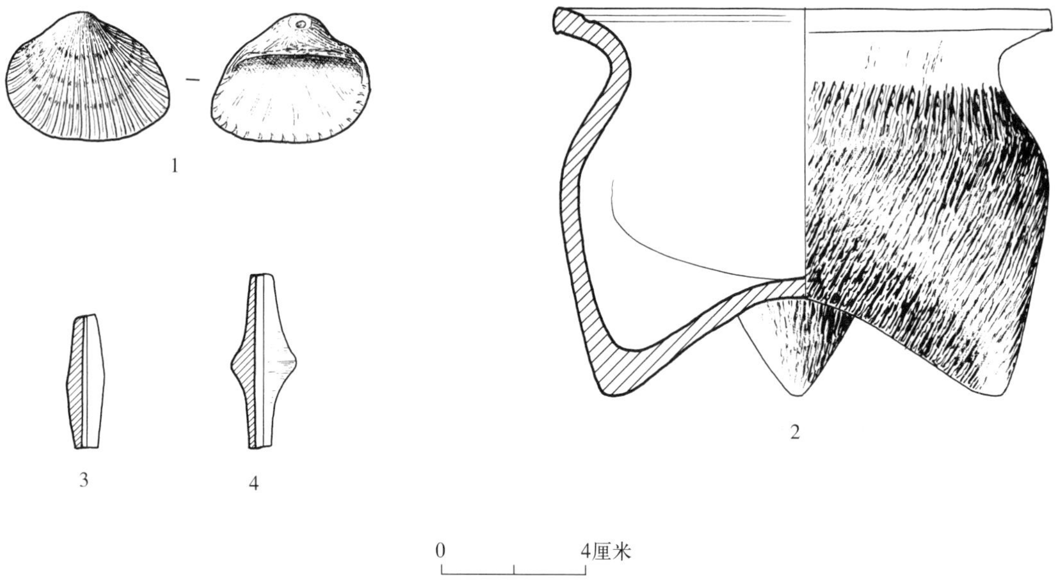

图三九　M3 出土蚌器、陶器

1.蚶M3：14-1　2.陶鬲M3：盗洞　3、4.陶管M3：16-1、6-1

四　M4

M4位于墓地北部，西侧与M6相邻。现耕土层下即见墓葬开口。

（一）墓葬形制

墓葬为长方形竖穴土坑墓，方向为20°（图四〇；彩版四四，1）。

图四〇　M4平面图

20.玉戈　21.铜鼎　22.铜车軎、辖　23～26.兽首形铜泡　27.玉片

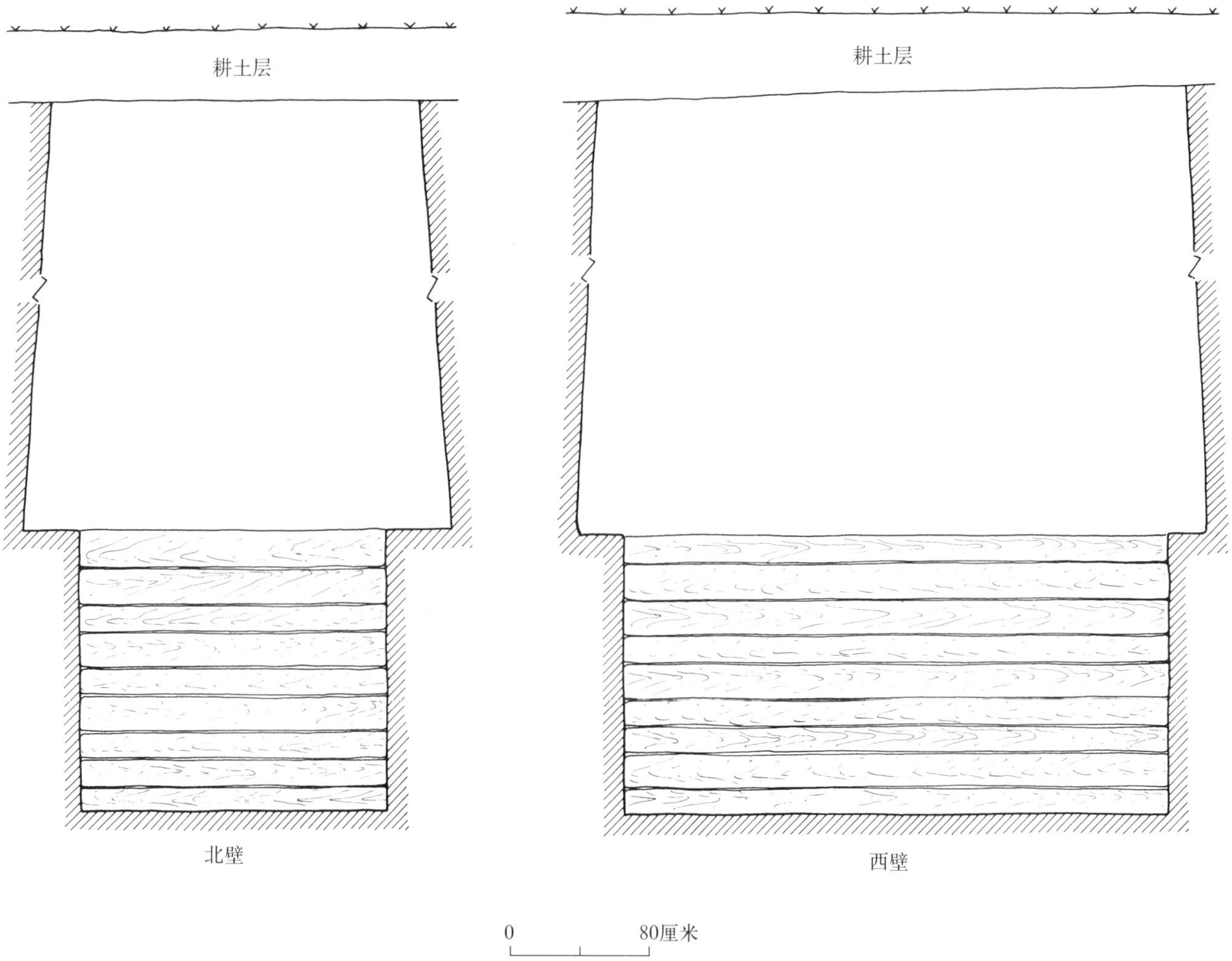

图四一　M4四壁剖视图

墓口平面呈长方形，墓口长3.33、宽2.1米；口小底大；墓口距地表深0.40～0.50米。墓壁不规整，墓内有生土二层台，二层台面墓圹长3.52、宽2.47米，二层台台面以下内边长3.1、宽1.75、深1.55米。二层台以下墓壁垂直。二层台东西南北壁分别宽0.35、0.38、0.22、0.18米（图四一、四二）。

（二）随葬车及殉牲

在塌陷的椁盖板上残存有车的部件，二层台的西北角残存轭1件，残长0.48米，车辀1件，残长2.17、直径0.06米，已弯曲，在椁盖板南端残存车轸一小段，西部二层台上残存车毂1件，残长0.24、直径0.13米，轮牙散乱。

在墓室东部填土中发现有狗的骨骼，骨骼保存位置的高度最高处距墓口4.4米，最低处距墓口5.3米，较为散乱（彩版四四，2）。

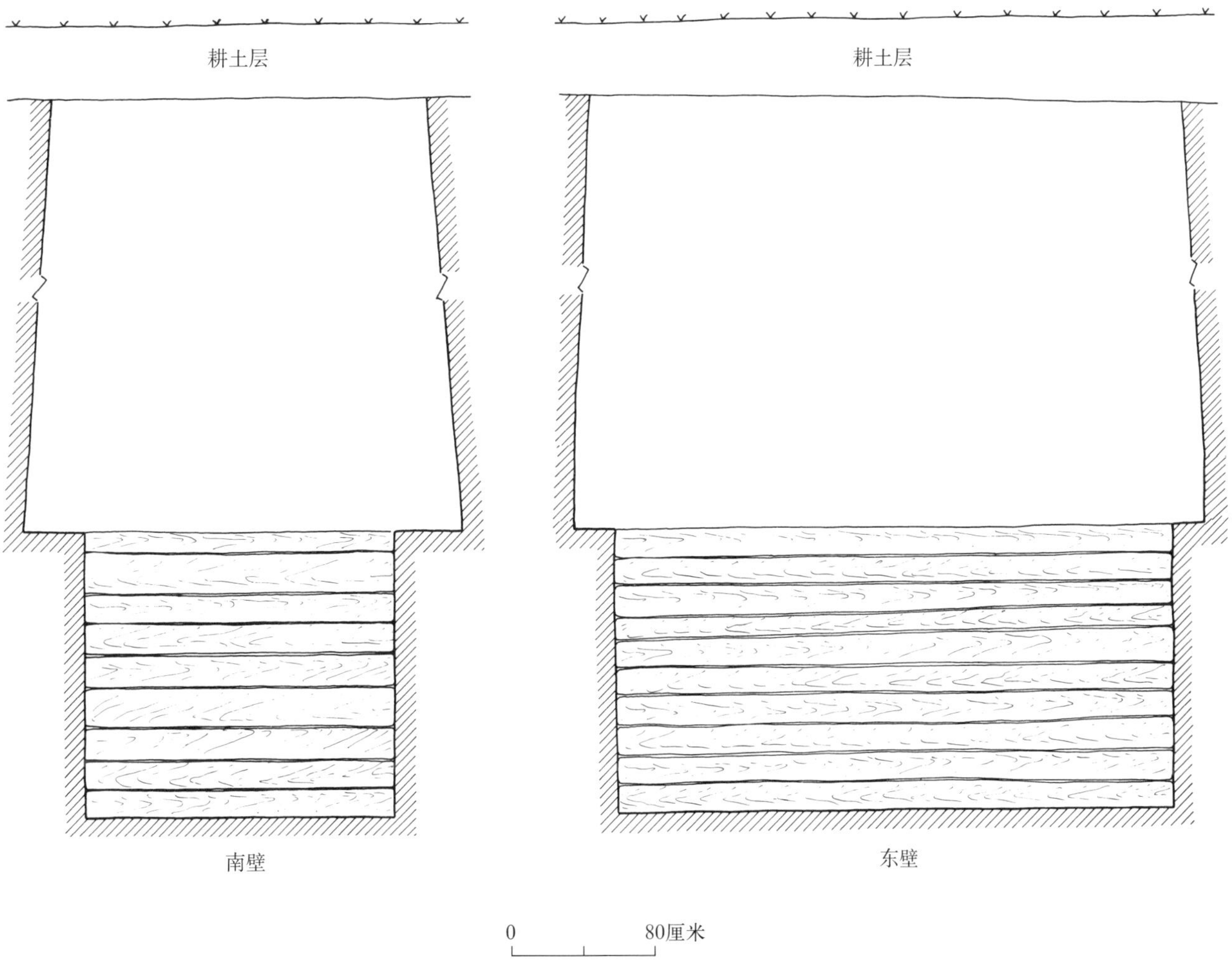

图四二　M4四壁剖视图

（三）葬具葬式

根据朽痕可判定葬具为木质一椁一棺。

椁盖板由12块长方形木板呈南北向横置于椁上，每块宽0.15～0.28米（图四三）；在椁盖板的高度有10块黑色的南北纵向木痕，宽1.25～1.42米；椁室西壁由9块壁板构成，长3.12、每块高0.13～0.22米，东壁由10块壁板构成。长3.17、每块高0.13～0.22米，南壁和北壁均由9块木板构成，长1.75、每块高0.15～0.23米；椁底板长3.1、宽1.75米，由7块木板组成，每块木板宽0.15～0.25米，每块木板之间有0.04～0.06米的间隙（彩版四五，1）。

棺长2.22、宽0.94、北端和南端分别高0.64、0.47米（图四四；彩版四五，2）。

棺内发现头骨1具，面向东。经人骨鉴定疑似为男性，年龄约为25岁。

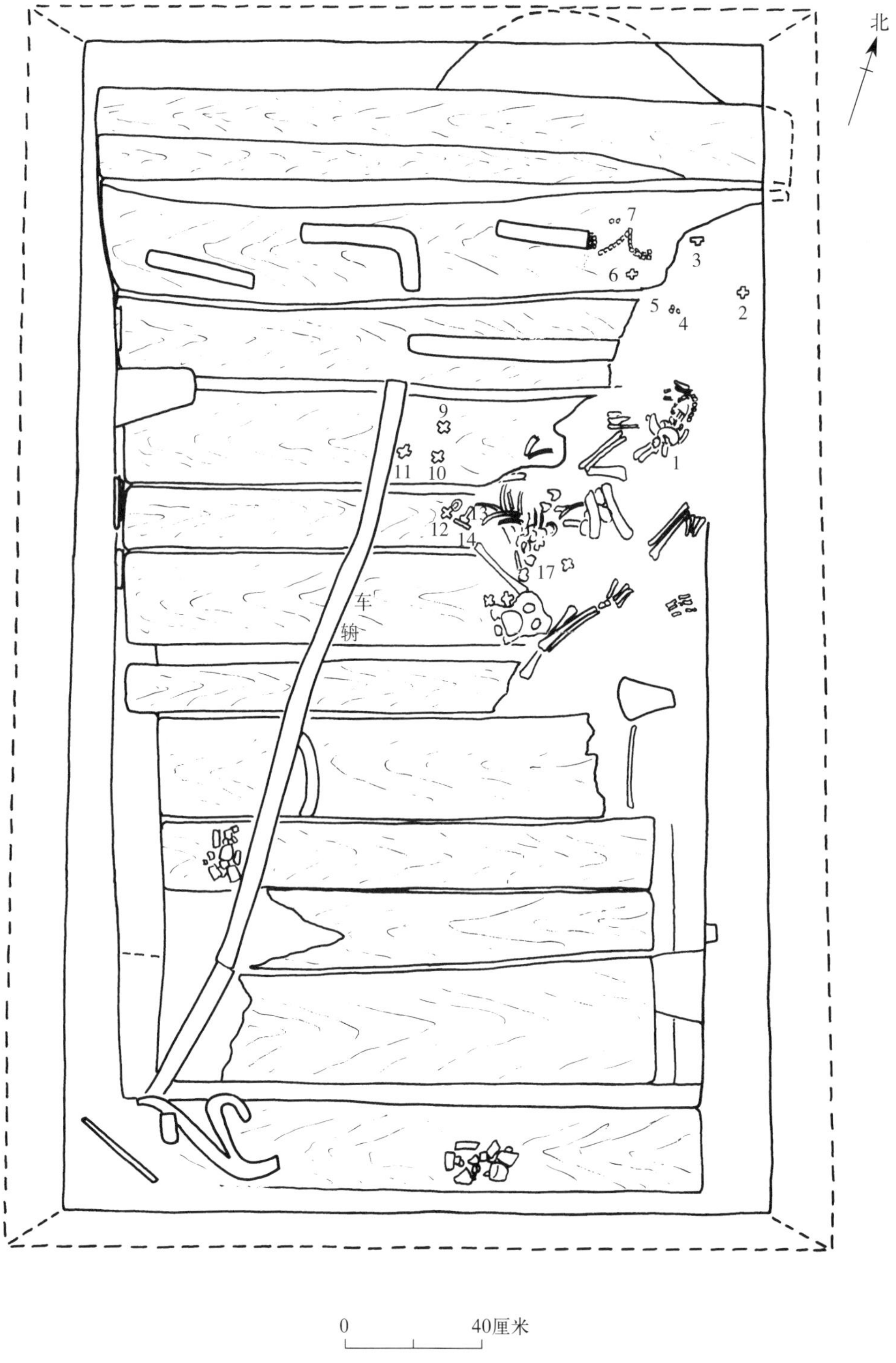

图四三　M4椁盖板平面图
1.填土殉狗　2～7、9～13、17.铜节约　14.铜镳、衔

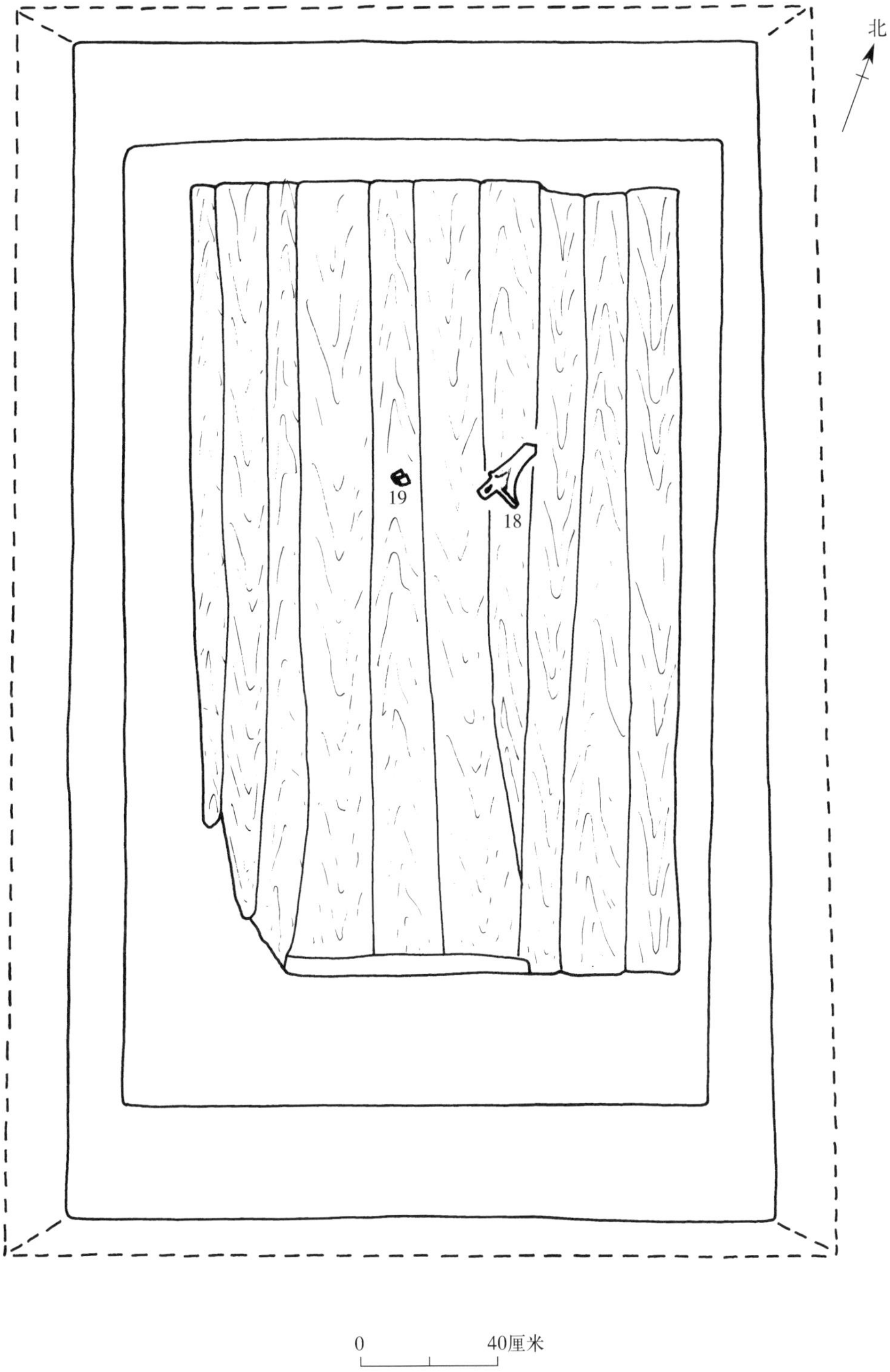

图四四　M4棺盖板平面图
18.铜戈　19.蚌饰

（四）随葬器物

随葬器物有青铜器、玉器、蚌饰，共27件（组）。其中青铜器21、玉器4件、蚌饰2件（组）。椁盖板上放置有铜节约，棺盖板上放置有铜戈、蚌饰，椁底板东部放置有铜鼎、铜车軎，棺内头骨旁放置有玉戈、玉片（图四〇；彩版四六，1）。

1. 青铜器

共21件（组），分别为铜鼎1、铜戈1、铜车軎、辖2、铜节约12、铜马镳、衔1、兽首形铜泡4件（组）。

铜鼎　1件。

M4：21，折沿，立耳，圜底，三蹄足。腹上部饰重环纹，腹中部饰凸旋纹一道，底部有三角形范痕。通高21、口径21、耳高4.8、腹深10、足高9.4厘米（图四五，1；彩版四七）。

铜戈　1件。

M4：18，援锋呈圭状中腰部略收，援两侧有三叠层的脊，靠近阑处有一圆形穿，短胡，胡为三穿，内部为长方形，中心部位一菱形穿。通长22.2、援长15、内长6.9、阑长11厘米（图四五，2；彩版四六，2）。

铜车軎、辖　2件。

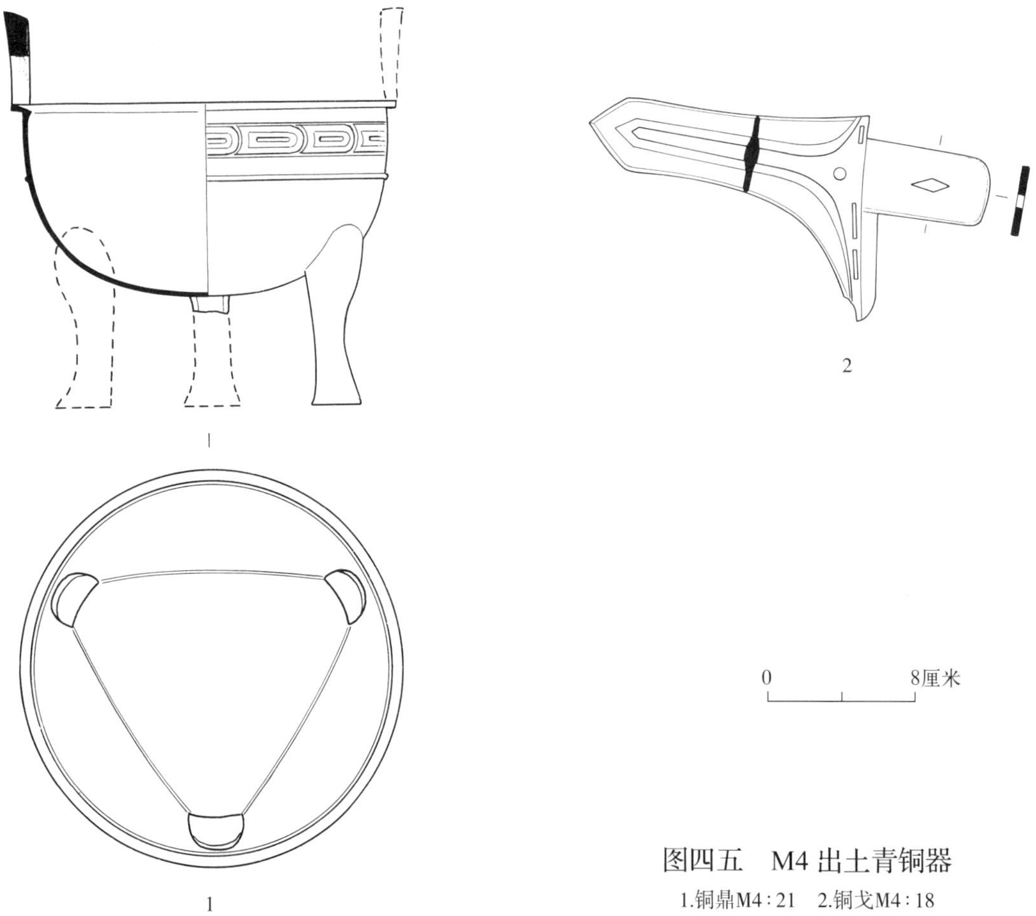

图四五　M4出土青铜器

1.铜鼎M4：21　2.铜戈M4：18

M4：22-1、-2（彩版四六，3、4）。

M4：22-1，长直筒状，近车毂的一端较粗，开口、上下方各有一长方形辖孔可贯通，外端较细，外缘头封堵，中腰部有较宽的凸棱一周，凸棱纹外端车軎横截面为纵向十三面体。軎通长9.7、外缘直径3.9、近毂端直径5.1、辖孔长2.3、宽0.9厘米。辖首为多棱体，首两侧有孔可贯通，首背为方块形，辖首下方为长扁条状键。辖通长11.3、辖首高3.4、宽3.1～3.4、长3.3、键部长8、宽2.3、厚0.8厘米（图四六，1）。

铜节约 12件。

M4：2～7、9～13、17。两种形制，一种为四出交叉形，一种为十字形（彩版四八、四九）。

M4：9，四出交叉形，两端管孔呈叉形，中心合为一体，四孔可互相贯通，正面中心隆起，饰兽面纹。长3.8、中腰部宽2、两圆管内缘间距0.9、外缘间距3.5、直径1.3厘米（图四六，2）。

M4：13，十字形空管，四面各有一管状孔呈十字形分布于四面，背部镂空，孔皆可贯通。正面中心部位隆起，纹饰为蝉纹。长3.7、宽3.4、直径1.1厘米（图四六，3）。

M4：2，形制与上同，正面隆起部位为兽面。长3.5、宽3.5、直径1厘米（图四六，4）。

铜马镳、衔 1组。

M4：14，位于墓室北部椁盖板以上的填土中，衔为三节链条形，每节呈椭圆形环状，中

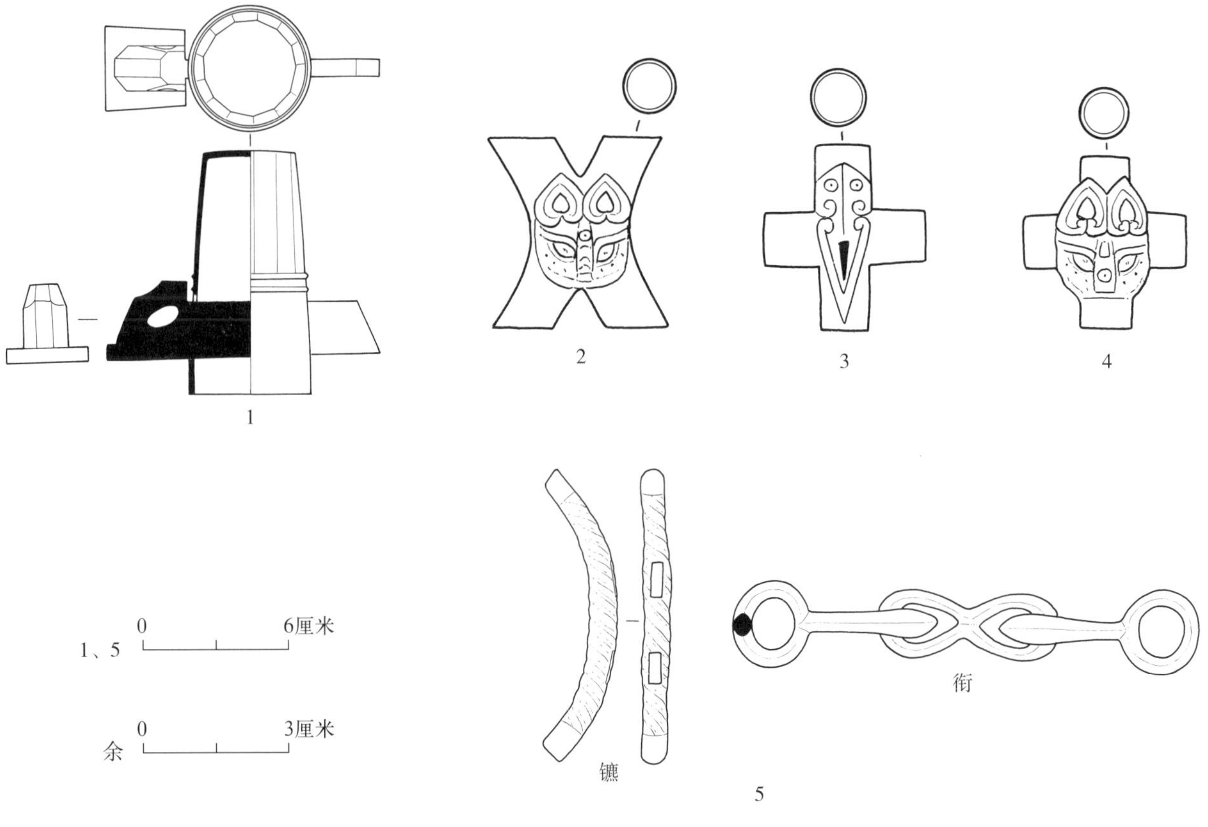

图四六 M4出土青铜器

1.铜车軎、辖M4：22-1 2～4.铜节约M4：9、13、2 5.铜马镳、衔M4：14

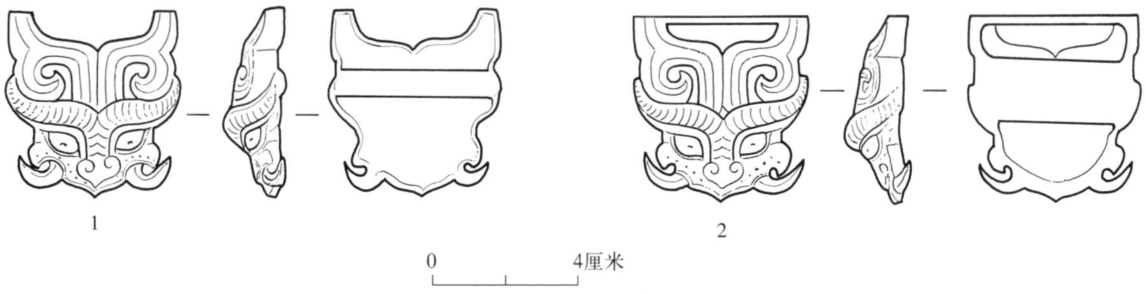

图四七　M4 出土兽首形铜泡
1、2.兽首形铜泡M4：24、23

间一节为"8"字形环，所连接的两端环之双环孔呈 90º 扭转，两端环孔中各插入一铜镳，镳为圆柱状弧形，中段有长方形孔两个，中段饰绞索纹，两端素面。衔长 19.2、镳长 11.8、镳中段孔长 1.7、宽 0.6 厘米（图四六，5；彩版五〇，1）。

兽首形铜泡　4 件。

分两类（彩版五〇，2）。

第一类　2 件。

M4：23、25，形制、纹饰相同。正面纹饰为兽首，鼻、目突起，兽面双角突起，顶部有横梁。背面呈凹壳形，凹壳边缘置一扁条状横梁。高 4.5、宽 4.8、厚 0.6 ～ 1.7、背面横梁长 4.7、宽 1.7 厘米（图四七，2）。

第二类　2 件。

M4：24、26，形制、纹饰相同。正面纹饰为兽首，鼻、目突起，兽面双角突起，顶部无横梁。背面呈凹壳形，凹壳边缘置一扁条状横梁。高 5、宽 4.6、厚 0.8 ～ 1.8、背面横梁长 4.5、宽 0.8 厘米（图四七，1）。

2. 玉石器

4 件，分别为玉戈 1、玉片 3 件。

玉戈　1 件。

M4：20，软玉，白色与褐色相间，微透明，素面，锋端尖锐，两侧刃面不对称，一侧较直，一侧呈弧形，内端较宽，亦呈弧形。长 27.7、宽 8.4、厚 0.5 厘米（彩版五〇，3）。

玉片　3 件。

M4：27，共 3 件（彩版五〇，4）。

M4：27-3，残碎玉片，看不出原来器形。软玉，白色，微透明，钙化。残长 3.4、宽 4.2、厚 0.8 厘米（图四八）。

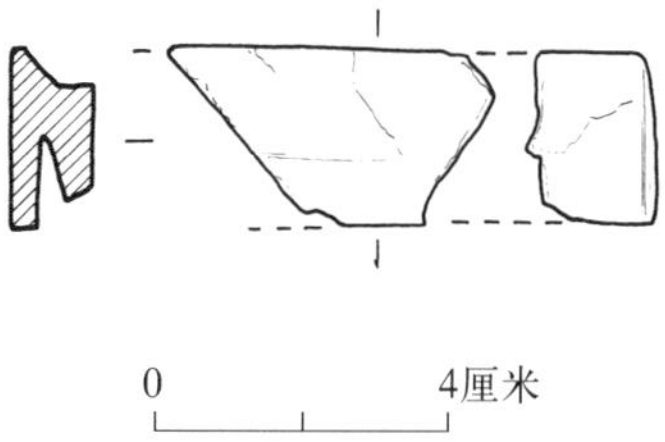

图四八　M4 出土玉片 M4：27-3

3. 蚌器

共 2 件（组），均为蚌饰。

蚌饰　2 组。

M4：19，已成粉末，未整理。

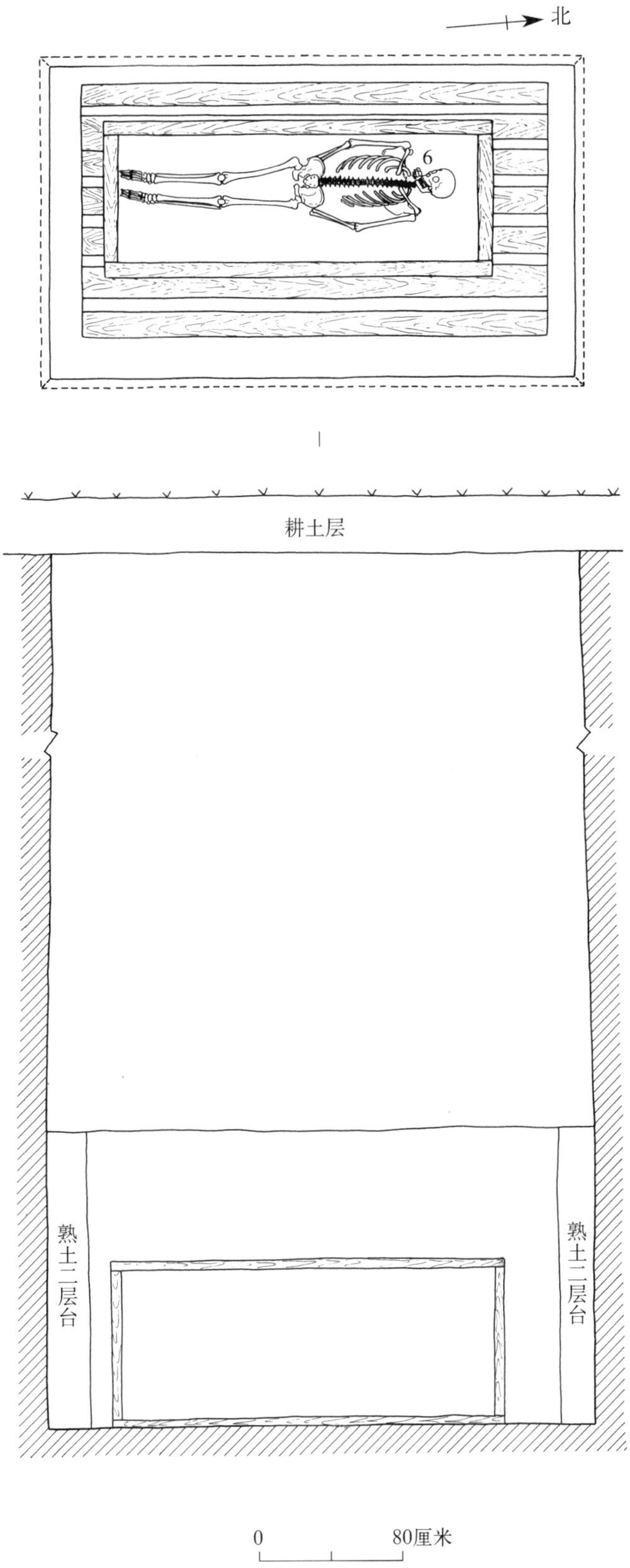

图四九 M5平、剖面图
6.玉片

五 M5

M5位于墓地西部，东部与M3相邻，现耕土层下即见墓葬开口。

（一）墓葬形制

墓葬为长方形土坑竖穴墓，方向为5°（图四九；彩版五一）。

墓口平面呈长方形，墓口长2.9、宽1.7、墓口距地表深度为0.3、墓口距墓底深4.7米。距墓口3.1米有熟土二层台，二层台台面位置墓框长3、宽1.8米，二层台台面以下内边长2.6、宽1.35、深1.6米。北部宽0.2、南部宽0.23、东部宽0.28、西部宽0.15米。墓口至二层台，口小底大，二层台以下墓壁垂直（图五〇）。

（二）葬具葬式

根据朽痕可判定葬具为木质一椁一棺。

与二层台齐平处可见椁室，长度、宽度、高度皆与二层台内壁相同。椁盖板中部塌陷，由14块长条形木板呈东西向横置于椁上，每块长度与椁室宽度相等，每块宽0.15～0.25米（图五一）。

椁室四壁木板紧贴二层台内壁，四壁立板情况不明，长度、宽度、高度皆与二层台内壁相同；椁底板由7块长方形木板组成，长度与椁室长度相等，每块底板之间间距为0.05～0.08米，每块底板的宽度为0.12～0.17米。

棺为单层，长2.15、宽0.85、高

图五〇　M5 南壁剖视图

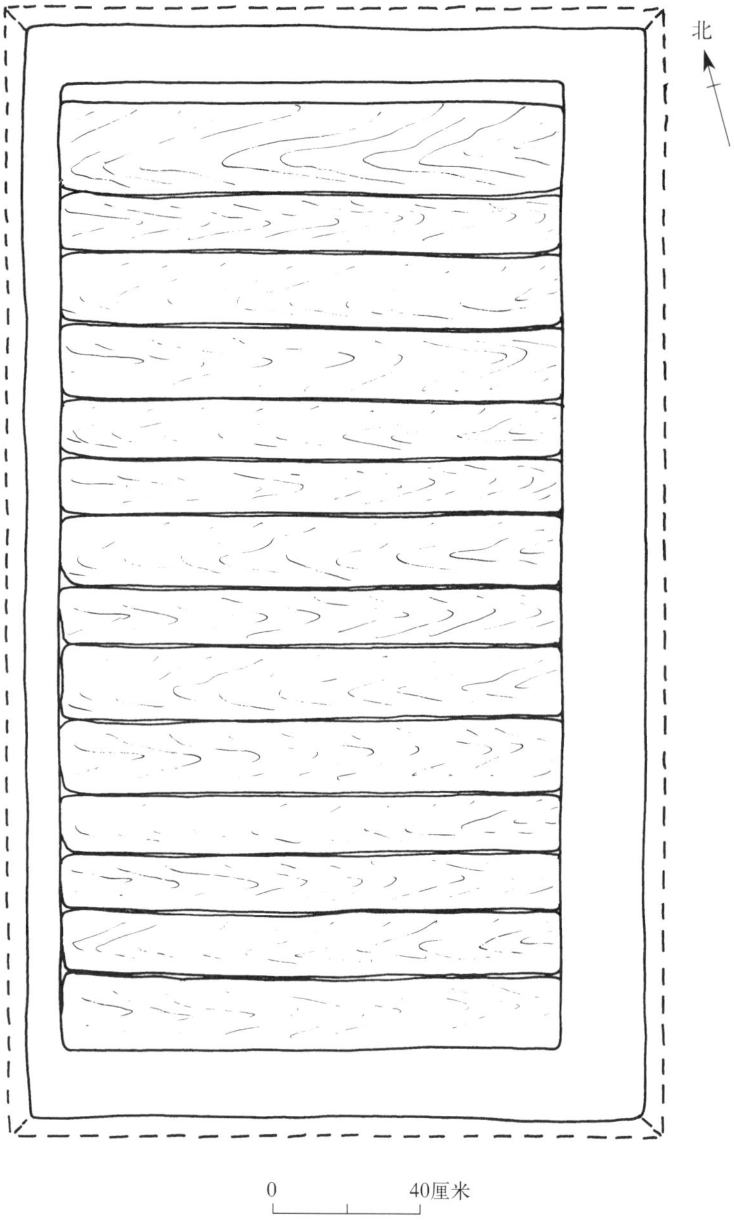

图五一　M5 椁盖板平面图

0.85 米。棺盖板由 3 条衬木横贯 6 块长条形木板而成，棺盖板长宽与棺的长宽相等，每块木板宽度在 0.11 ～ 0.15 米。衬木长 0.85、宽 0.06 米，北端衬木距盖板北端边沿 0.46 米，距中段衬木 0.55 米，南端衬木距盖板南端边沿 0.39 米（图五二；彩版五二，1）。立板由 2 条衬木连接 6 块长木而成，长 2.15、高 0.8、厚 0.05 ～ 0.06 米（根据土质土色痕迹）。衬木长 0.8、宽 0.05 米，两衬木间距离为 1.25 米，两衬木分别距棺两端 0.4 米。在棺的东部和南部的侧立板上端发现衬木的断面为燕尾状。

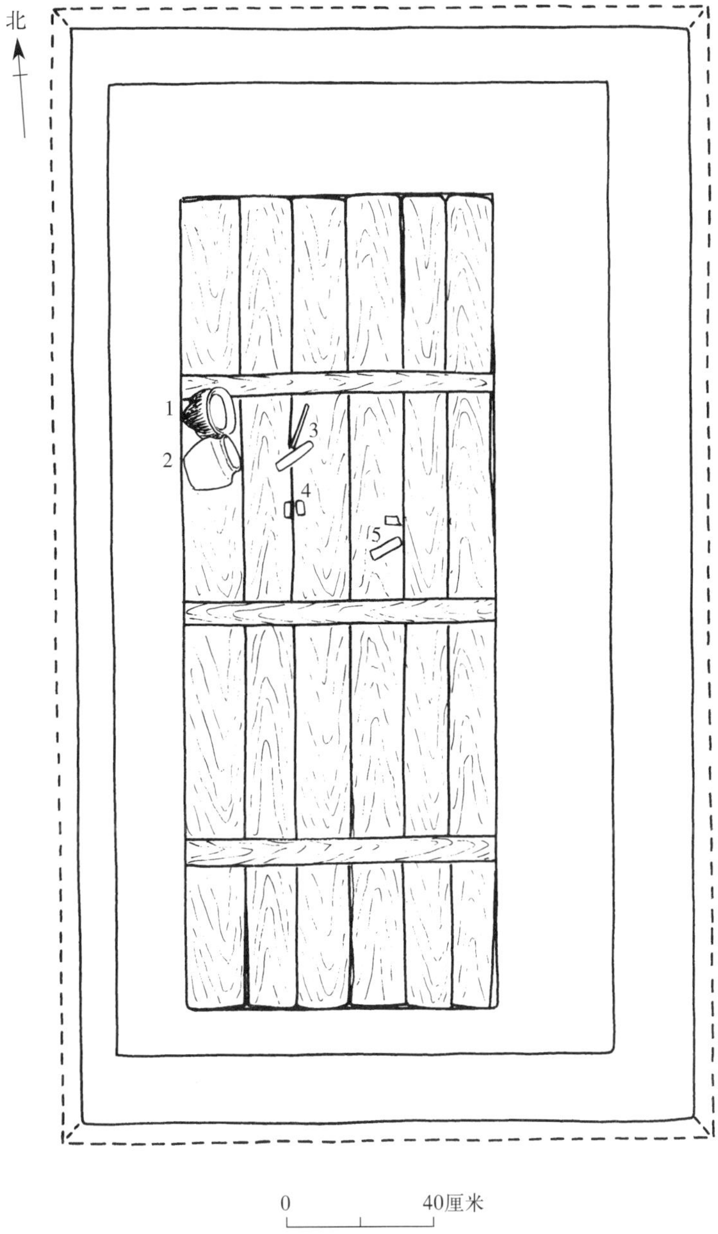

图五二　M5 棺盖平面图
1.陶鬲　2.陶罐　3.骨条形饰　4、5.玉片

棺底板，由三层纵向垫木支撑 4 块木板组成，长 2.04 米，每块宽度在 0.11 ～ 0.23 米，底板厚度不详，高度位于整个棺体中部，距棺上口 0.4 米，距椁底板 0.4 米（图五三；彩版五二，2）。

棺内发现人骨架 1 具，仰身直肢，头向北，面向上，双臂舒展，贴于身体两侧。性别、年龄不详。

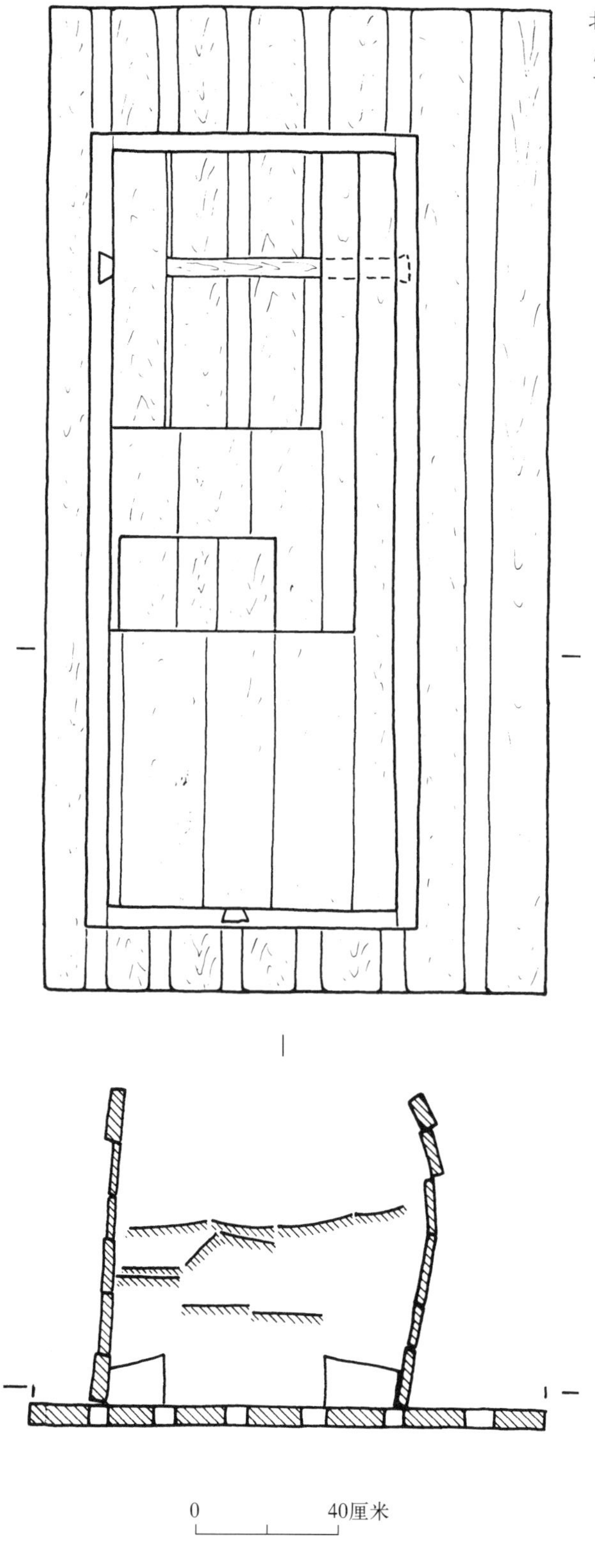

图五三　M5椁底板、内棺平、剖面图

（三）随葬器物

随葬器物有玉石器、骨器、陶器，共 10 件，其中玉石器 6 件、骨器 2 件、陶器 2 件。骨器、陶器放置于棺椁之间，玉器放置于棺椁之间和棺内墓主人身体周围。

1. 玉石器

6 件，均为玉片。

玉片　6 件。

M5∶4，共 2 件（彩版五三，1、2）。

M5∶4-1，扁长方条状，一端较宽一端较窄，素面，质地软，青绿色，部分钙化，出土时残缺。长 9.7、宽 1.9 ～ 2.4、厚 0.2 厘米。

M5∶5，共 2 件（彩版五三，3、4）。

M5∶5-1，扁长方条状，质地软，青绿色，微透明，部分钙化，出土时残缺，表面不平整，素面。长 10.1、宽 2.9、厚 0.2 厘米。

M5∶6，共 2 件。出土时残碎为 22 块，经修复，复原成为一件长条状玉片（彩版五四，1）。

M5∶6-2，质地软，青绿色，微透明，部分钙化。长 14.3、宽 2.3 ～ 2.9、厚 0.3 厘米（图五四，1；彩版五三，5）。

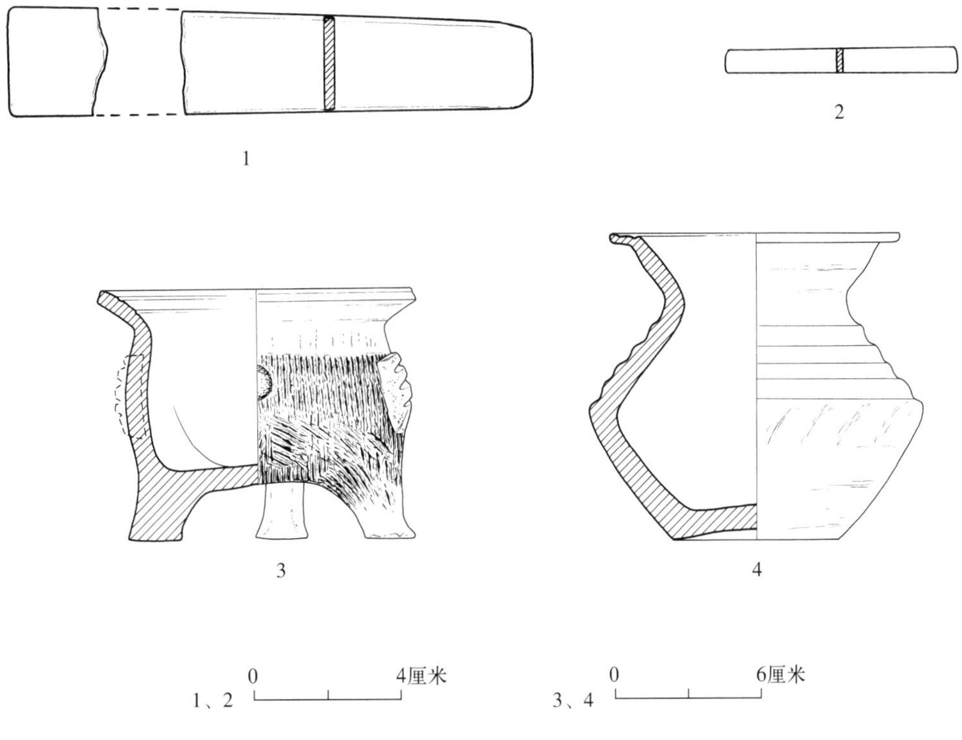

图五四　M5 出土随葬器物

1.玉片M5∶6-2　2.骨条形饰M5∶3-2　3.陶鬲M5∶1　4.陶罐M5∶2

2. 骨器

2 件，均为骨条形饰。

骨条形饰 2 件。

M5：3，共 2 件（彩版五四，2、3）。

M5：3-2，白色扁长条形，素面。长 6.4、宽 0.7、厚 0.2 厘米（图五四，2）。

3. 陶器

2 件，其中陶鬲 1、陶罐 1 件。

陶鬲 1 件。

M5：1，夹砂灰陶，敞口，斜沿，沿面凹旋纹两周，束颈，腹微鼓，腹部位于三足上方，扉棱三个，两扉棱间有圆泥饼三个，平裆，三足外撇，平足底。颈部隐约可见抹平的绳纹，腹部至足部饰绳纹。高 10、口径 12.6、腹径 11.5、腹深 8.1 厘米（图五四，3；彩版五五，1）。

陶罐 1 件。

M5：2，泥质灰陶，敞口，平沿，口沿平面有凹旋纹一周，束颈，鼓腹，下腹部内收，凹底。上腹部有凹旋纹四道，下腹部素面。高 12.2、口沿外缘直径 12.1、内缘直径 9.5、颈部直径 7.5、腹径 13.9、底径 7 厘米（图五四，4；彩版五五，2）。

六 M6

M6 位于墓地北部，M4 西侧，现耕土层下即见墓葬开口。

（一）墓葬形制

墓葬为长方形土坑竖穴墓，方向为 340°（图五五；彩版五六）。

墓口平面呈长方形，墓口距地表 1 米，墓口长 3.5 ～ 3.65、宽 1.94、深 5.35 米。距墓口 3.85 米处有生土二层台，二层台以下深 1.5 米，北部宽 0.25、南部、西部及东部均宽 0.35 米，墓壁不规整，北壁、东壁有垮塌现象，墓壁东台面宽 0.42 米，南角有不规则竖坑，凹陷入壁（图五六、五七）。

（二）随葬车及殉牲

在墓室西侧二层台上立放两个车轮，保存不全。两个车轮相互重叠，背后的一个只暴露上部一段轮牙以及 8 条与牙相接处的辐，牙高 0.065 米，每条辐的间距为 0.14 ～ 0.15 米。另外一个接触二层台部位残损，车轮直径 1.39、轮牙高 0.065 米，厚度不详，毂直径 0.18、外端直径 0.075、长 0.26 米，辐 22 条。长 0.57 米，由于变形，辐与牙交接部位每根辐间距不等，最大距离 0.2、最小距离 0.11 米。

在东西两壁接近二层台高度的填土中葬有犬骨两具。

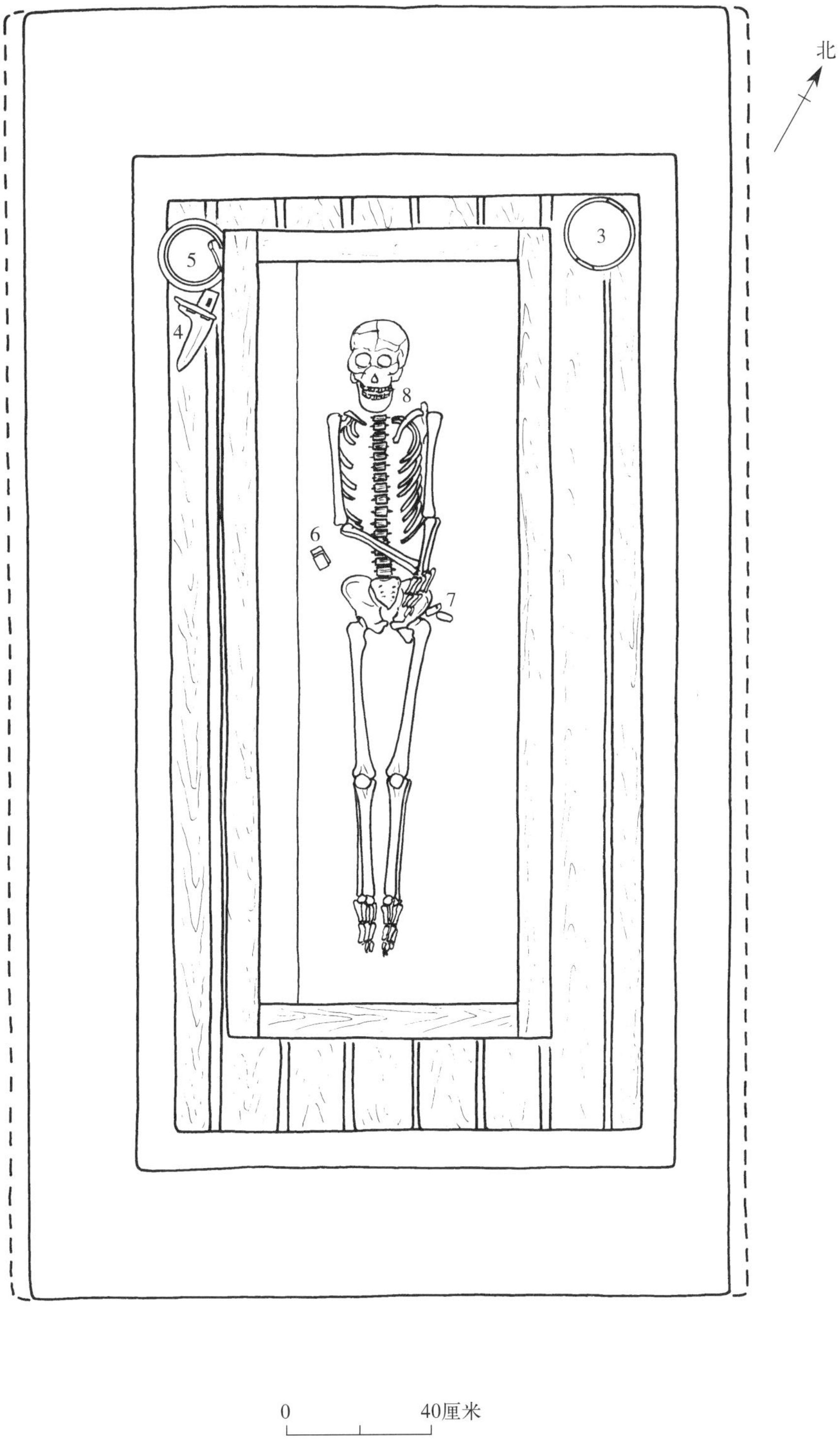

图五五　M6平面图

3.铜鼎　4.铜戈　5.陶鬲　6.玉片　7.玉珠　8.玉饰件

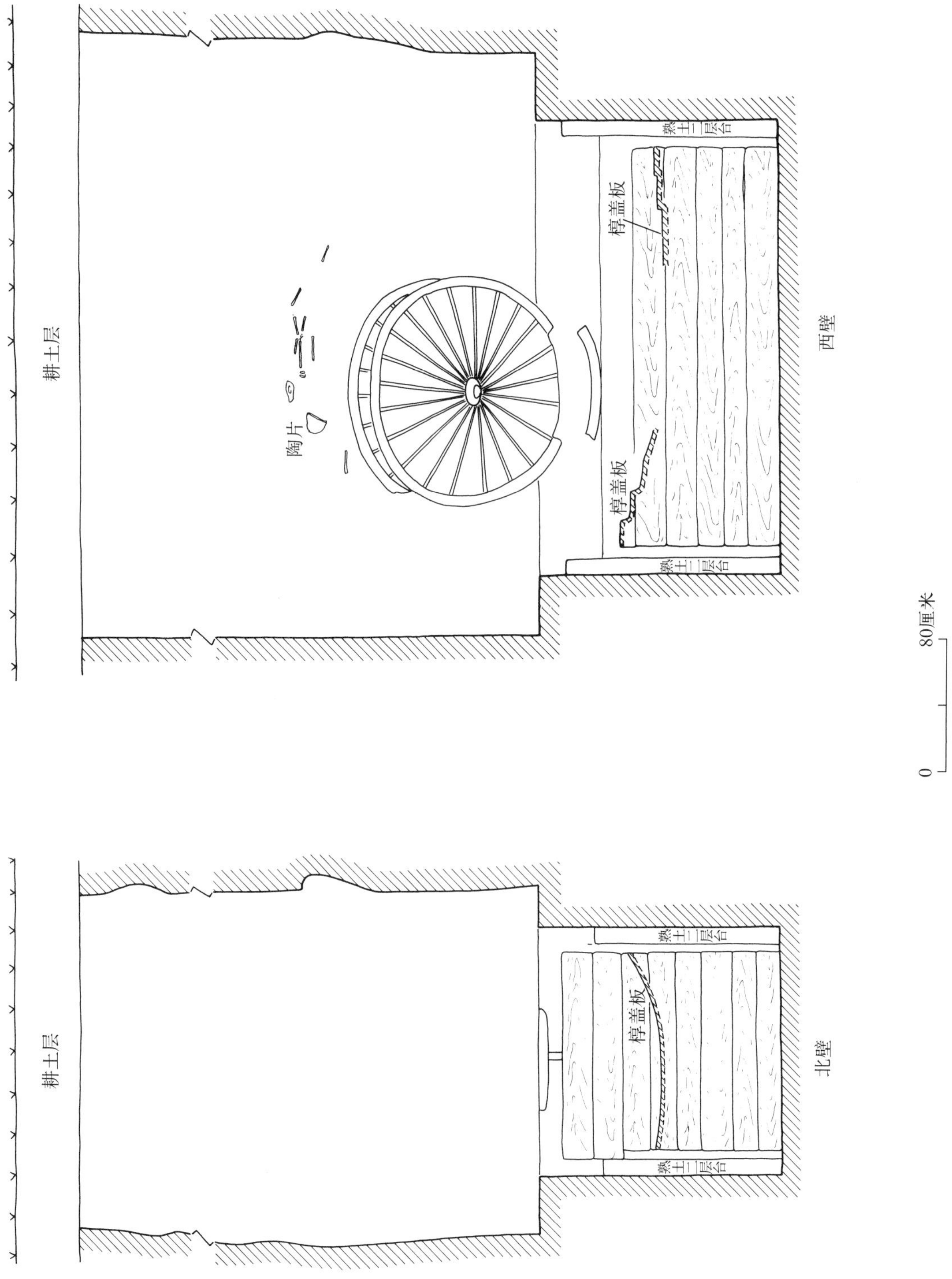

图五六　M6北壁、西壁剖视图

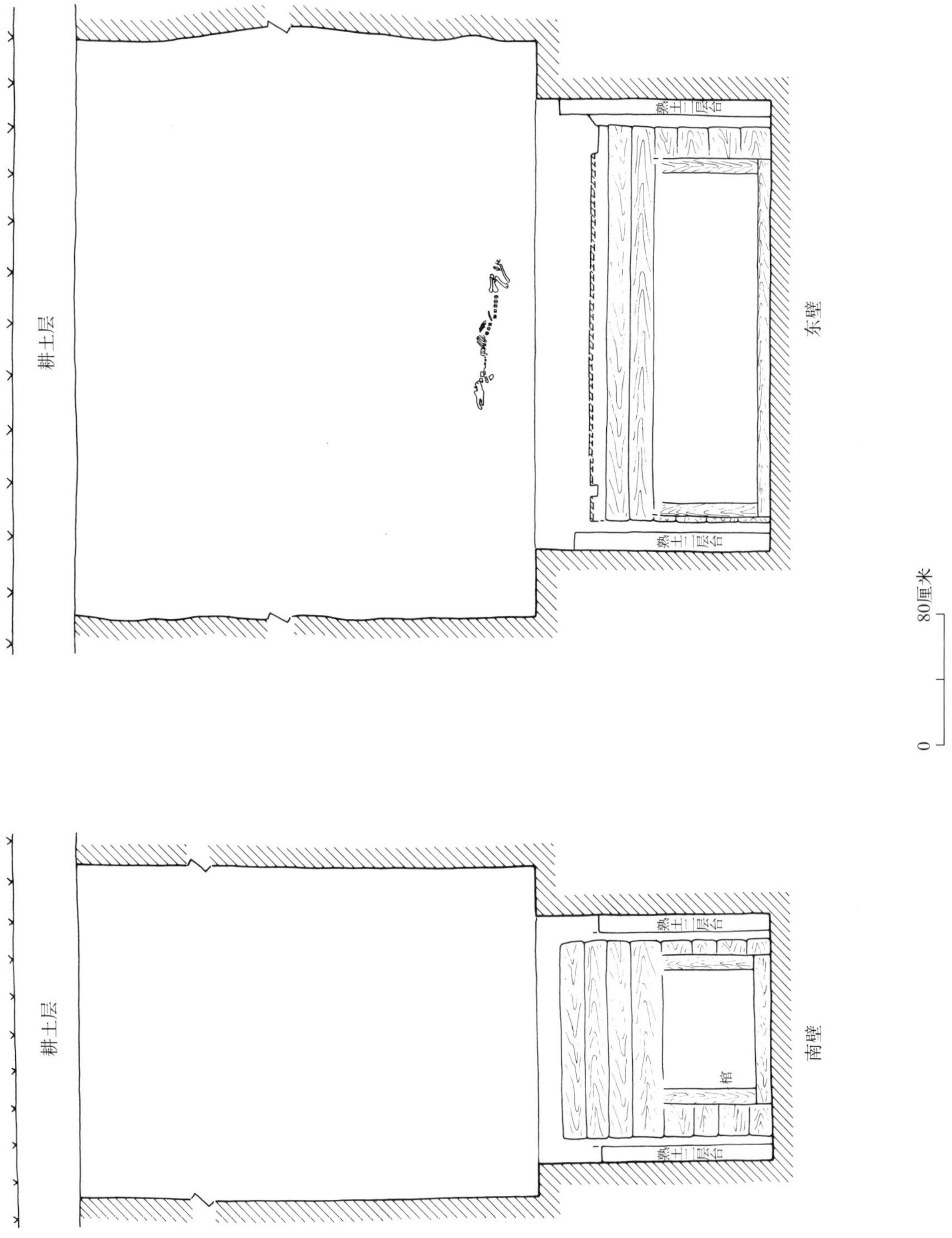

图五七　M6南壁、东壁剖视图

（三）葬具葬式

根据朽痕可判定葬具为木质一椁一棺（图五八；彩版五七，1）。

椁室置于二层台以下墓框内，距二层台平面 0.15 米，椁室长 2.75、宽 1.43 米，根据墓壁

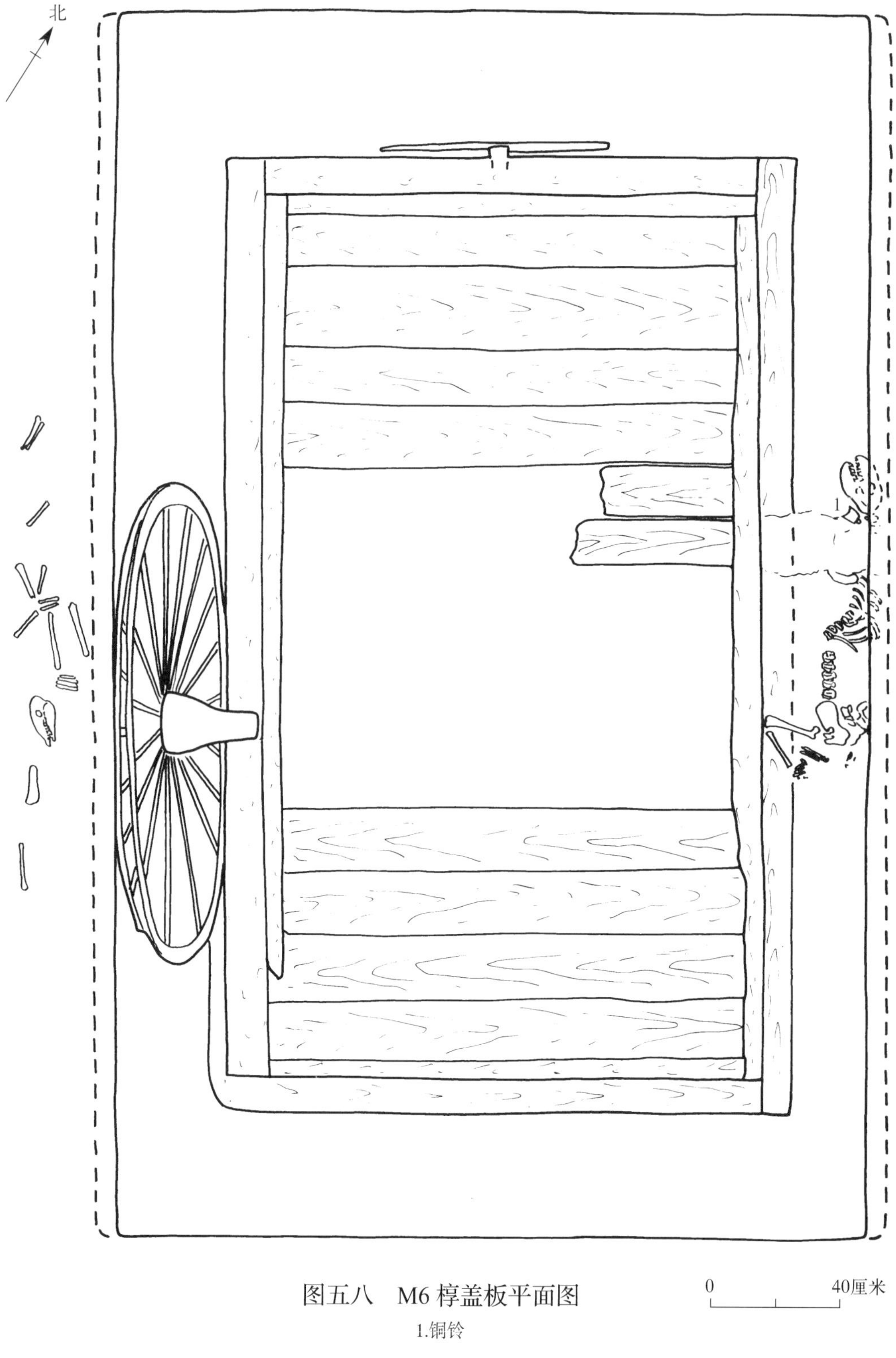

图五八　M6 椁盖板平面图

1.铜铃

残留痕迹隐约可看到，东壁残高1、西壁残高1.15、南壁残高1.35、北壁残高1.45米。椁盖板与二层台高度相等，由长条形木板呈东西向横置于椁上，不均匀塌陷，南北两端保存较高位置，中间部位塌陷较深，且保存状况不好。残存13块，残长多数为1.25米，由北向南第一块宽0.08、第二块0.15、第三块0.24、第四块0.16、第五块0.18米，第六块宽0.16、残长0.35米，第七块宽0.14、残长0.44米，第八块宽0.19、第九块0.17、第十块0.19、第十一块0.17、第十二块0.05米。

椁室西壁板残存5块，长度为2.4米，上端残存第一块高0.2、第二块0.2、第三块0.15、第四块0.15、第五块0.19米；椁室北壁板8块，最上端2块长1.25米，其西端压在西壁椁板上，以下6块长度均为1.2米，最上端第一块高0.19、第二块0.19、第三块0.175、第四块0.15、第五块0.15、第六块0.2、第七块0.15、第八块0.15米；椁室南壁板8块，长度全部为1.2米，最上端距离二层台0.15米，第一块高0.15、第二块0.16、第三块0.14、第四块0.2、第五块0.2、第六块0.15、第七块0.2、第八块0.16米；椁室东壁板6块，全部长度为2.4米，最上端距离二层台0.45米，第一块高0.15、第二块0.15、第三块0.14、第四块0.19、第五块0.2、第六块0.2米。

椁底板由8块南北向长方形木板铺成，长度全部为2.55米，从西向东第一块宽0.1、第二块0.16、第三块0.15、第四块0.16、第五块0.16、第七块0.15、第八块0.1米，每块底板之间有缝隙为2～3厘米。

棺为单层，长2.2、宽0.9、高0.7米。其结构为头脚端的两块挡板的端头抵在东西两侧侧板端头上，棺盖由4块木板组成，中段残损。长度为与棺长度相等，西边第一块宽0.15、第二块0.27、第三块0.26、第四块0.20米；四周立板厚0.09米（图五九；彩版五七，2）。

棺内发现人骨架1具，仰身直肢，头向北，面向上，右下臂折向左臂。

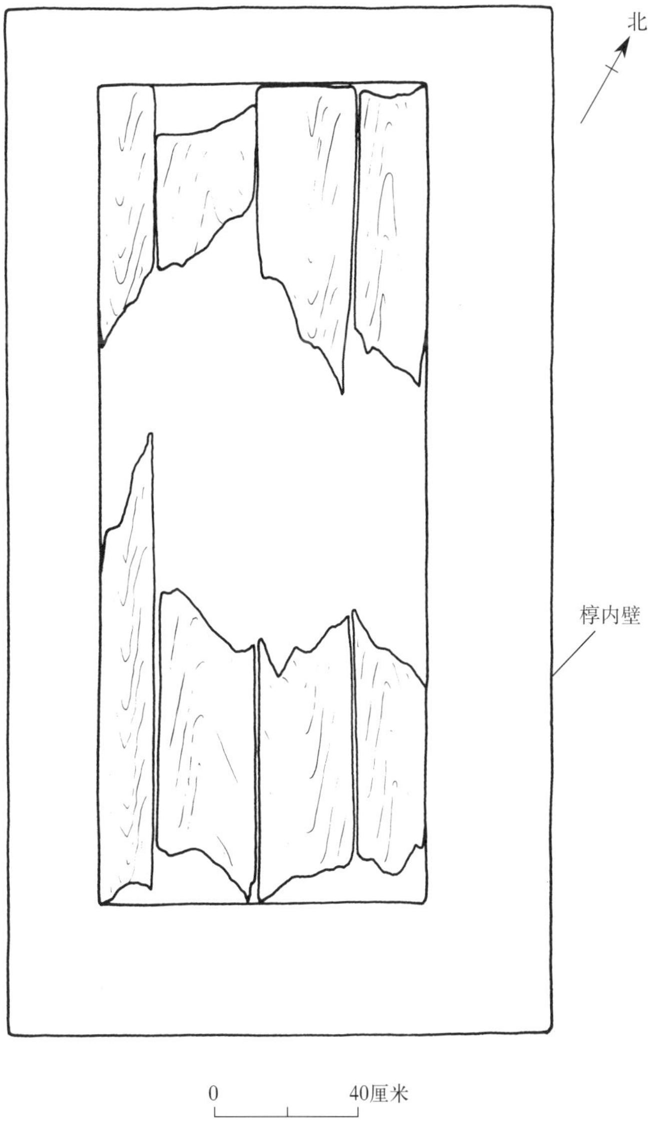

图五九　M6棺盖板平面图

经人骨鉴定为男性，年龄在 40 ～ 45 岁之间。

（四）随葬器物

随葬器物有青铜器、玉石器和陶器，共 27 件。其中青铜器 3、玉石器 23、陶器 1 件。

1. 青铜器

3 件，分别为铜鼎 1、铜戈 1、铜铃 1 件。

铜鼎　1 件。

M6：3，折沿，圜底，立耳，三蹄足。双耳微外撇，通体素面，底部有范痕。通高 17.3、口径 18.7、腹深 6.3、耳高 3.7、足高 6.2 厘米（图六〇，1；彩版五八）。

铜戈　1 件。

M6：4，援锋部呈圭状，中腰部略窄，胡部近栏处三穿，内部一穿。通长 21.3、援长 14.8、援宽 3、内长 6.4、宽 3.4、胡长 7.4 厘米（图六〇，2；彩版五九，1）。

铜铃　1 件。

M6：1，横截面为扁圆形，正面为梯形，形似编钟，顶端为平面，其上为桥形纽，纽下

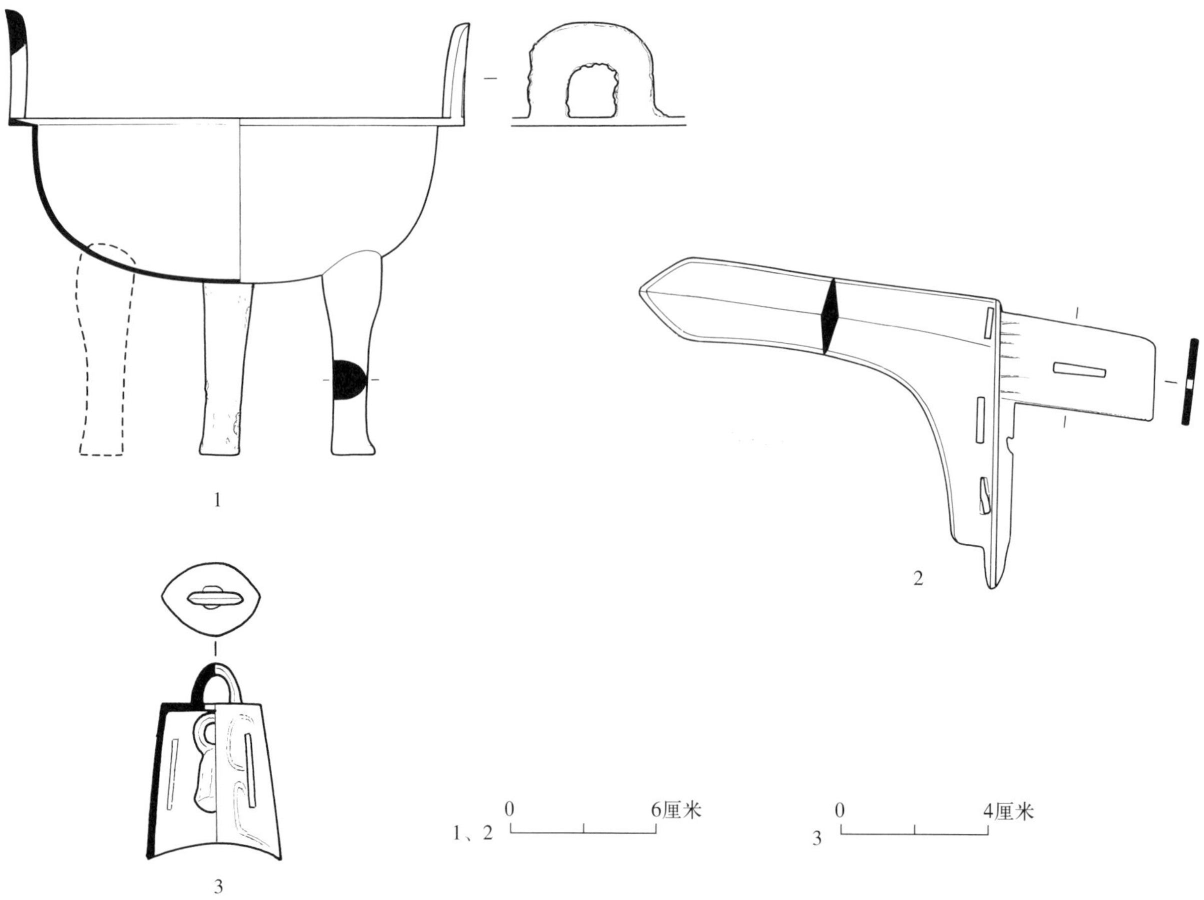

图六〇　M6 出土青铜器

1.铜鼎M6∶3　2.铜戈M6∶4　3.铜铃M6∶1

有孔与铜铃腔通，铃腔内悬挂铃舌，铃舌上端有孔，舌孔与桥形纽之间以麻绳连接，桥形纽上可见麻绳残留痕迹，铃周边有竖向镂空长条形孔四道，铣部两端尖锐。铃高 5.4、纵向边长 4.3、铃壁厚 0.1 ～ 0.2、口沿两角间距 3.75 厘米（图六〇，3；彩版五九，2）。

2. 玉石器

23 件，分别为玉片 3、串饰 3、玉饰件 17 件。

玉片　3 件。

M6：6，共 3 件。位于棺内墓主人右臂处（彩版五九，3 ～ 5）。

M6：6-1，扁长方条状，质地软，青绿色，微透明，部分钙化，出土时完整，表面光洁，素面。长 11.35、宽 2.7、厚 0.3 厘米（图六一，1）。

串饰　3 件。

M6：7，共 3 件。其中，玉管形珠 1 件，玉坠形饰 1 件，玉方管 1 件（彩版六〇，1 ～ 3）。

M6：7-1，玉管形珠，中心钻孔通两端，中腰鼓起。长 2、直径 1、孔径 0.2 厘米（图六一，2）。

M6：7-2，玉坠形饰，菱形。长 2.6、宽 1.8、厚 0.6 厘米（图六一，3）。

M6：7-3，玉方管，中心钻孔，通两端。长 2.3、宽 0.8、厚 0.5 厘米（图六一，4）。

玉饰件　17 件。

M6：8，共 17 件。其中长方形玉片 2、玉珠 3、玉锥形器 3、龙形玉饰 1、玉玦 8 件（图六一，5 ～ 10；彩版六一、六二）。

M6：8-1，长方形玉片。扁长方形，青绿色，微透明，部分钙化，残损严重，一端略宽。

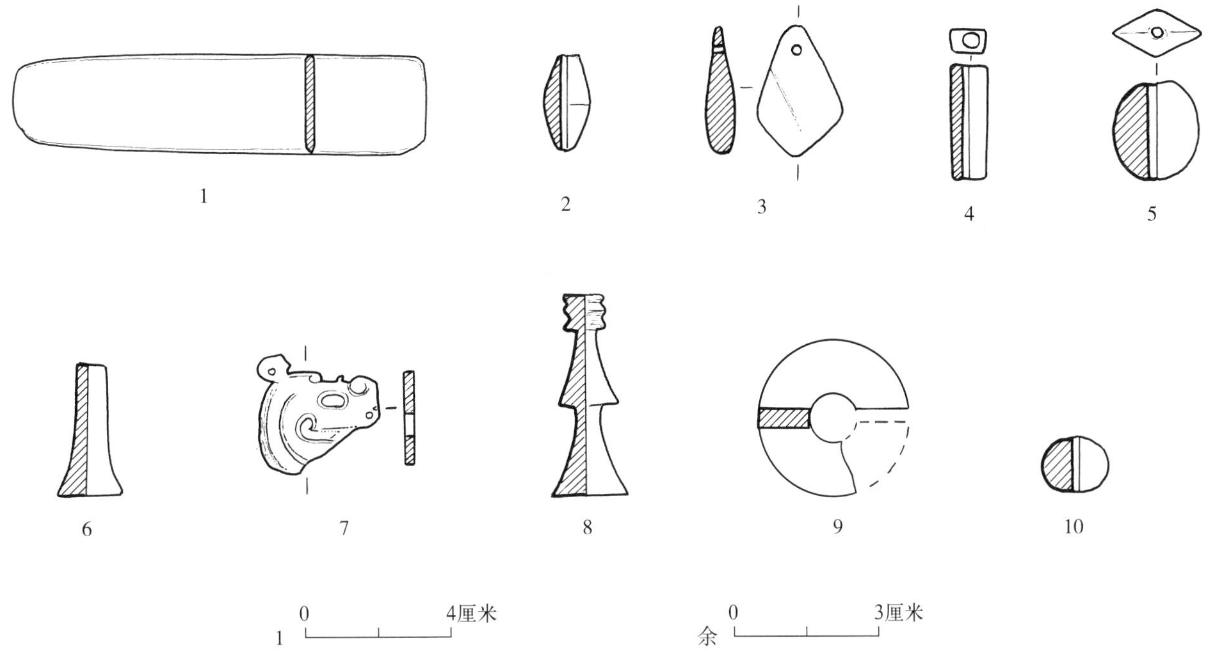

图六一　M6 出土玉器

1.玉片M6：6-1　2.玉管形珠M6：7-1　3.玉坠形饰M6：7-2　4.玉方管M6：7-3　5、10.玉珠M6：8-2、-17　6、8. 玉锥形饰M6：8-4、-6　7.龙形玉饰M6：8-5　9.玉玦M6：8-9

长 10.9、宽 2.6 ～ 3.2、厚 0.2 厘米。

M6：8-7，长方形玉片。薄片状，两端近边缘处各有凹槽一道。长 2.6、宽 1、厚 0.15 厘米。

M6：8-2，玉珠。圆珠形，立向中间钻孔，横截面中间凸起，两侧渐薄，为菱形，直径 1.8、厚 1、孔径 0.1 厘米（图六一，5）。

M6：8-17，玉珠。圆珠形，中心钻孔。直径 1.4、孔径 0.2 厘米（图六一，10）。

M6：8-4，玉锥形饰。圆柱形，一端逐渐外敞。残长 2.6、直径 0.6 ～ 1.4 厘米（图六一，6）。

M6：8-6，玉锥形饰。一体分三段，两段呈喇叭形，一段呈圆柱形，周围起三周凸棱。长 4、直径 0.8 ～ 1 厘米（图六一，8）。

M6：8-13，玉锥形饰。圆柱体，中间束腰，残高 1.2、直径 0.6 ～ 1 厘米。

M6：8-5，龙形玉饰。片状，吻部上卷，角部有钻孔。残长 2.4、宽 2.1、厚 0.2 厘米（图六一，7）。

M6：8-15，玉玦。中心有孔，一端有缺口。直径 1.7、内径 0.6、缺口宽 0.2、长 0.5、厚 0.2 厘米。

3. 陶器

1 件，为陶鬲。

陶鬲　1 件。

M6：5，夹砂灰陶，敞口，斜沿，沿面凹旋纹两周，束颈，鼓腹接近底部，三足已退变为器底，但器底仍以微不足道的三足形式支撑着三个点，三足平底微内凹。口沿外围素面，腹部至足部饰绳纹。高 8.8、口径 13.7、腹径 13.6、腹深 8.2 厘米（图六二；彩版六〇，4）。

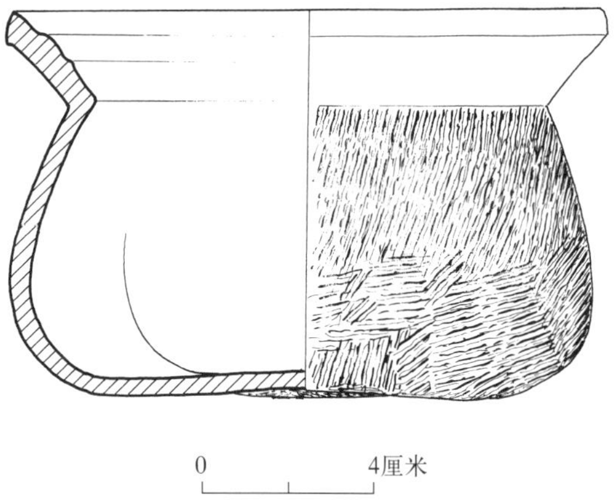

图六二　M6 出土陶鬲 M6：5

七　M7

M7 位于墓地南端，现耕土下即见墓葬开口。

（一）墓葬形制

墓葬为竖穴土坑墓，方向 348°（图六三；彩版六三）。

墓口平面呈长方形，墓口长 5.2、宽 4.5 米；墓底长 3.6、宽 2.6 米，墓口至墓底深 9.65 米。距墓口 7.75 米处有生土二层台，台面呈不规整斜坡状，北部宽 0.55、南部及东部均宽 0.7、西部宽 0.6 米；墓室南壁二层台台面以上有壁龛一处，不规整，高 0.85、宽 1.1、深入墓壁 0.1 米，用以存放随葬品（彩版六四）。

在墓室西北角发现有底大上小的方形柱，上绘红黑相间的竖条纹。在方柱体底部有两条

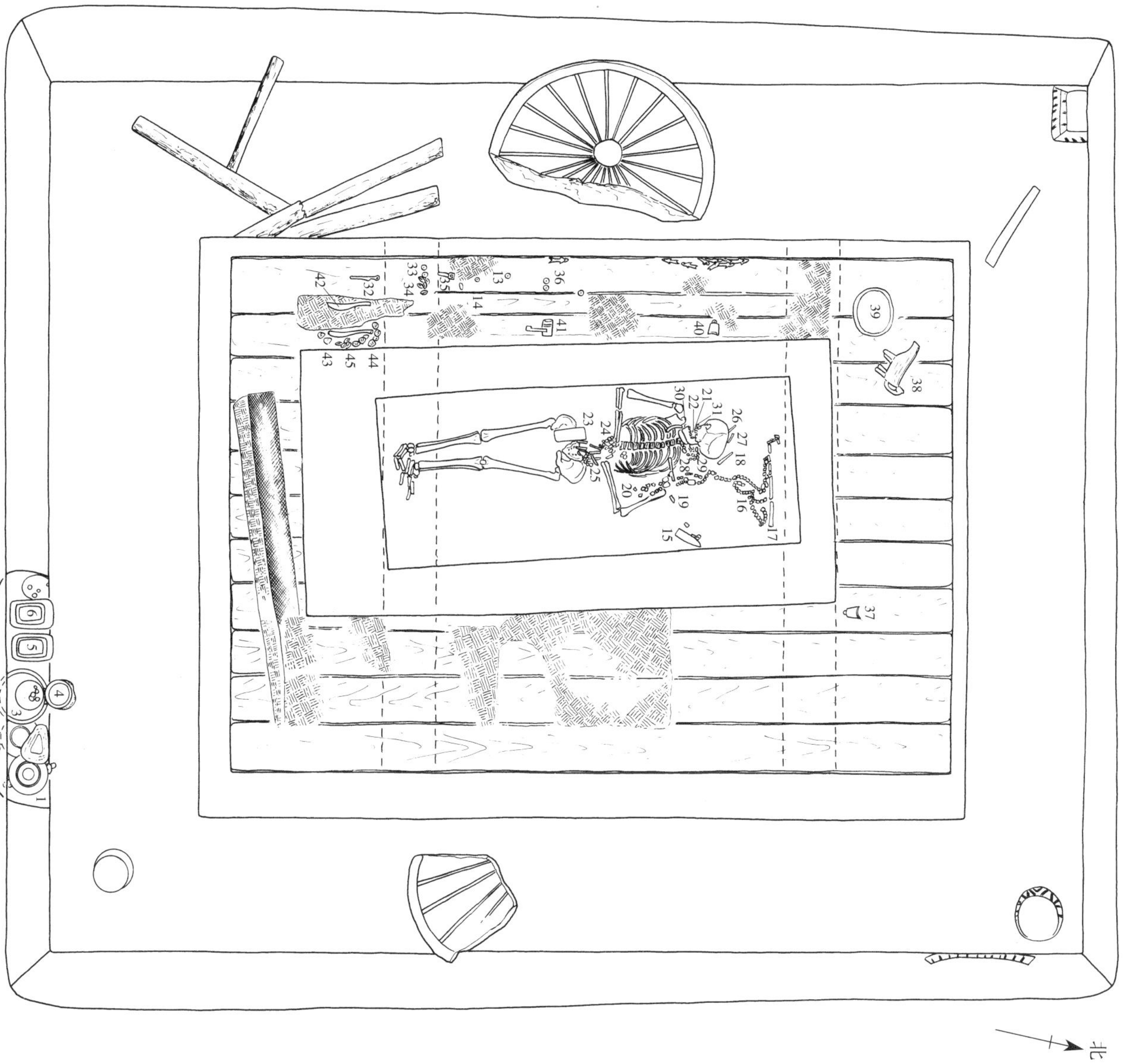

1
2
3
4
5
6
13
14
15
16
17
18
19
20
21
22
23
24
25
26
27
28
29
30
31
32
33
34
35
36
37
38
39
40
41
42
43
44
45
北

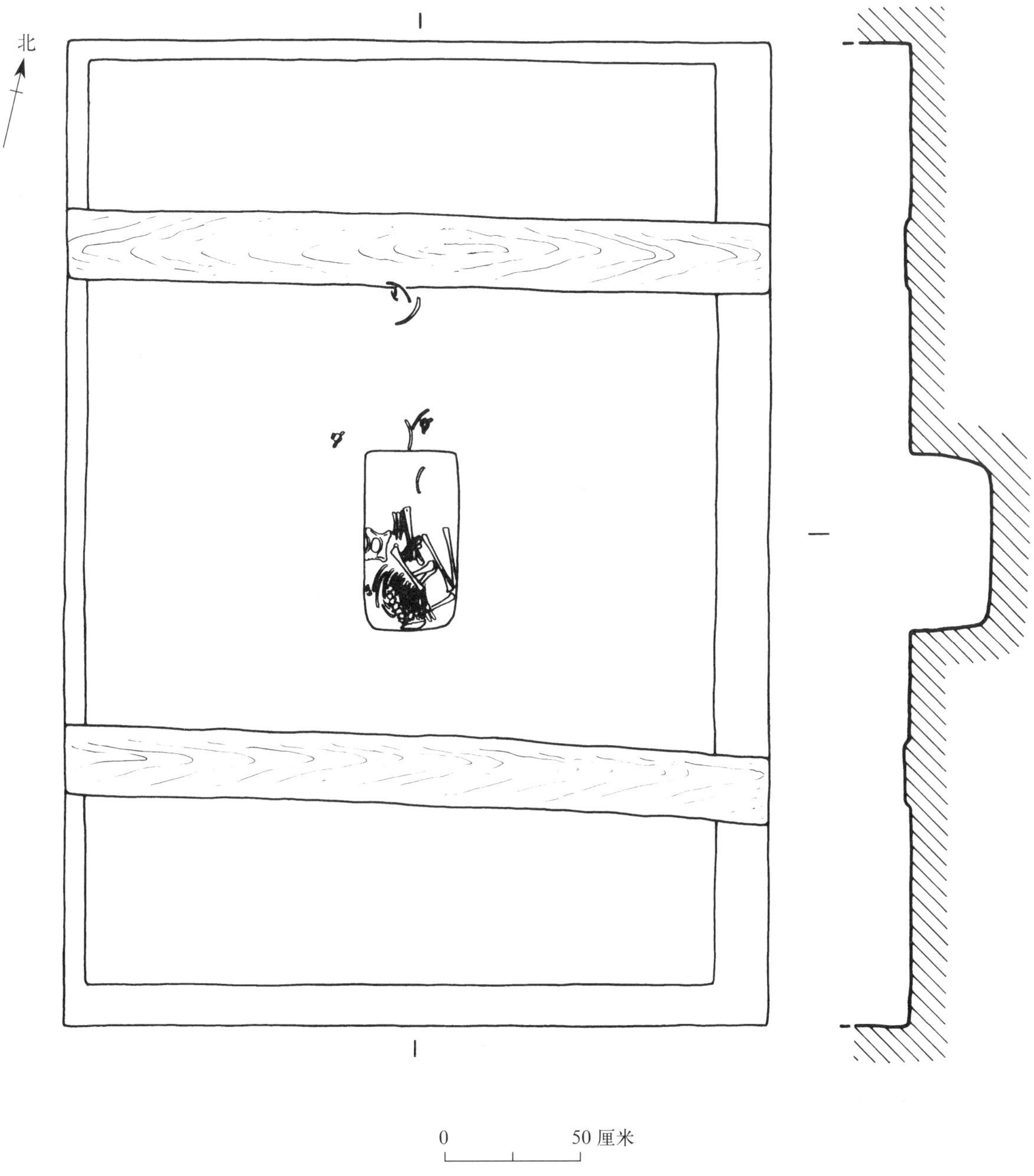

图六五　M7 腰坑平、剖面图

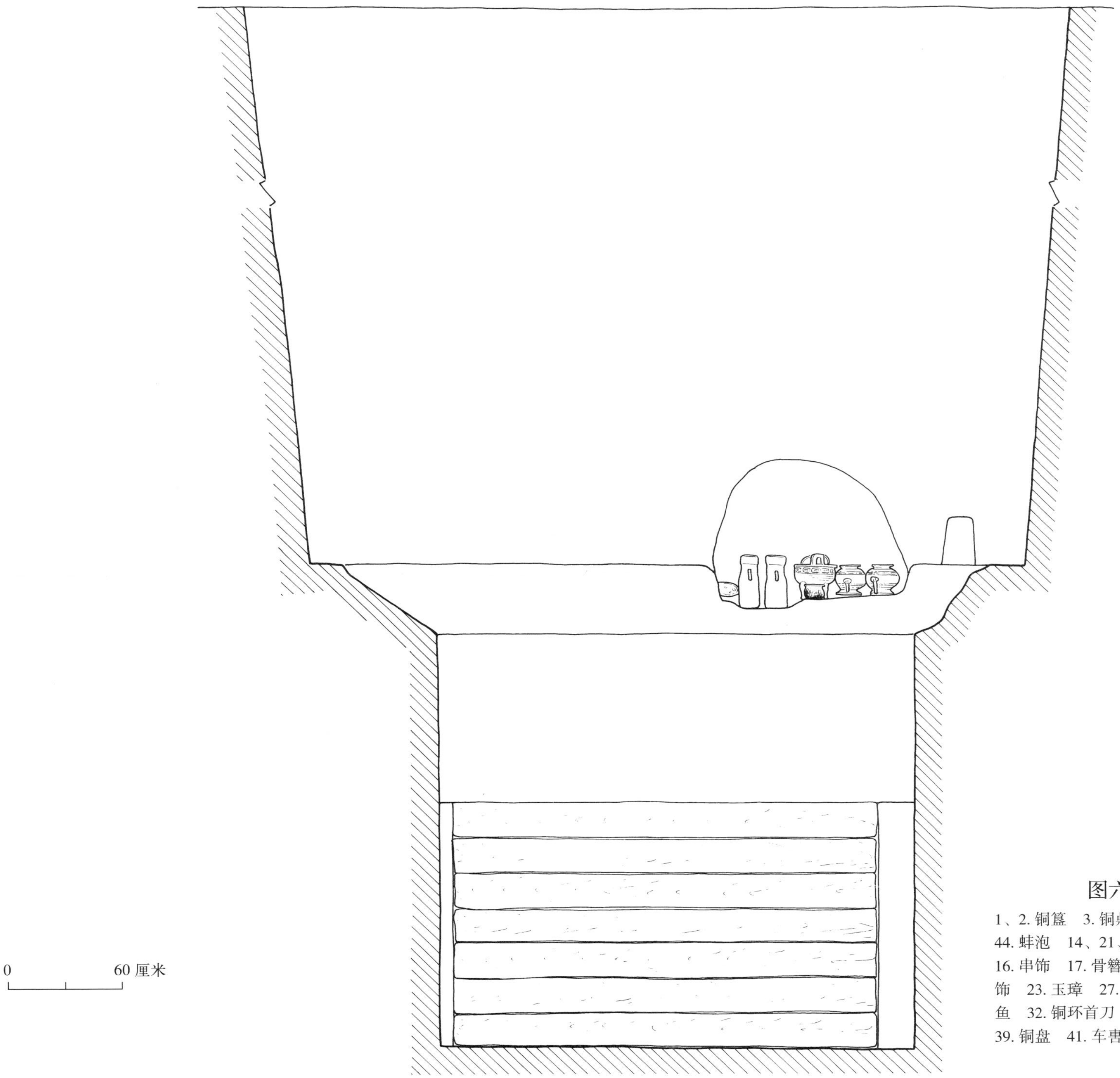

图六三　M7 平、剖面图

1、2. 铜簋　3. 铜鼎　4. 陶鬲　5、6. 铜壶　13、33、36、44. 蚌泡　14、21、24、25、34、45. 海贝　15、22. 玉片　16. 串饰　17. 骨簪　18、26. 玉柄形饰　19. 蚌片　20. 玉饰　23. 玉璋　27. 玉蚕　28. 项饰　29、31. 玉玦　30. 玉鱼　32. 铜环首刀　35. 铜车辖　37、40. 铜铃　38. 铜匜　39. 铜盘　41. 车軎　42、43. 铜匕

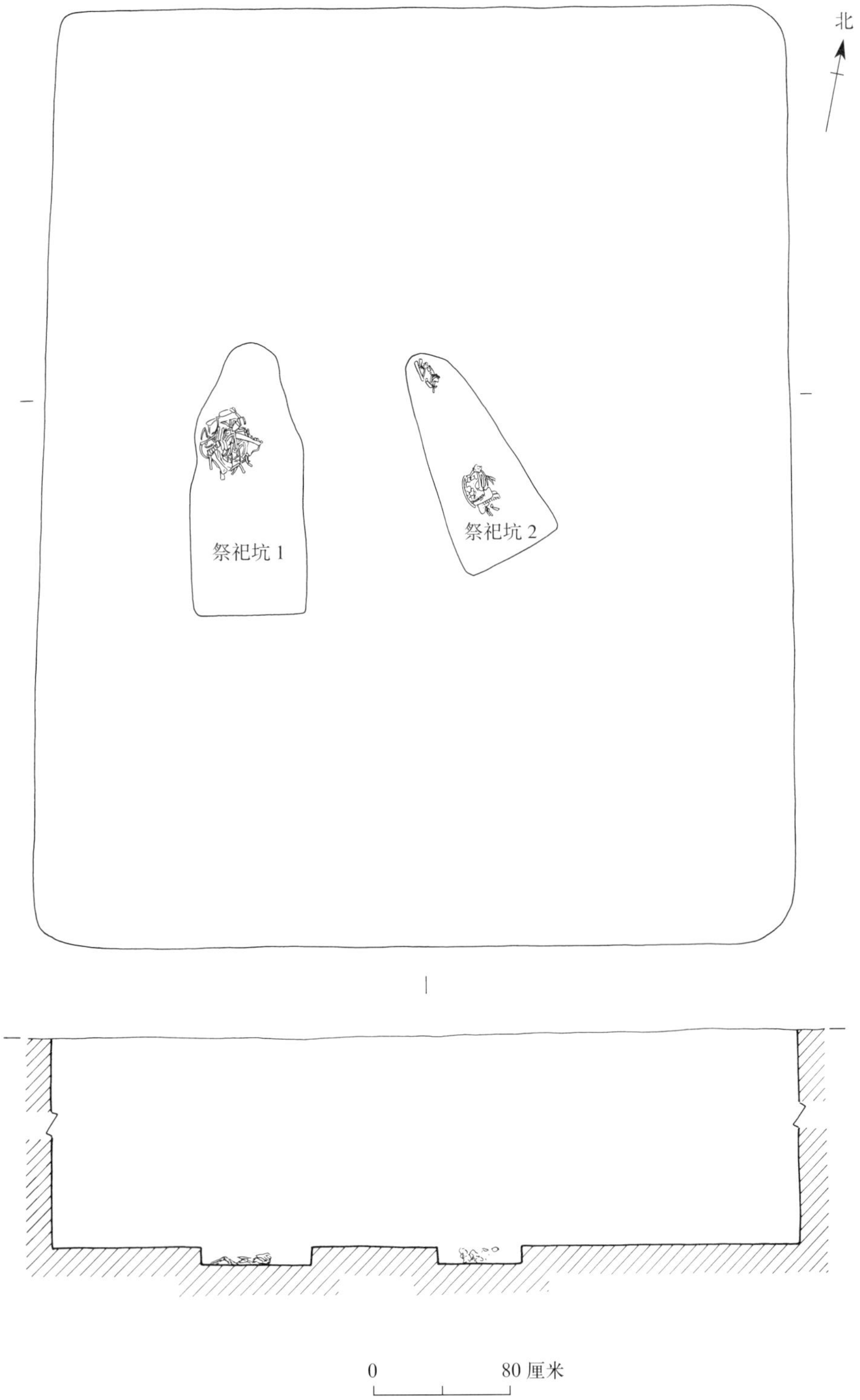

图六四　M7 祭祀坑平、剖面图

与墓葬北壁平行的圆形长条，放置于北部二层台上，残长 0.1 米，隐约可见有红黑两色相间的彩绘痕迹；在墓室北壁上与柱体顶端高度相同的位置有红黑相间的彩绘现象；东北角柱体上端为圆柱体，下端为方柱体，柱体绘有红黑相间的三角形条纹；东南角为一个圆形柱，用途不明。

（二）随葬车及殉牲

在墓室东西两侧二层台上立放两个车轮，保存不全，车轮直径 1.05、牙高 0.06、毂直径 0.14 米，辐残存 20 条，每条长 0.4 米，与牙交接处每根辐间距 0.11 ～ 0.15 米。

在距墓口 2.00 米深处有祭祀坑两个，1 号坑位于墓室东侧，方向与 M7 相同，平面为不规则长条形，坑底较平，坑长 1.5、宽 0.67、深 0.1 米，内葬犬骨一具；2 号坑位于墓室中央，西北—东南向，平面呈不规则三角形，坑底较平，坑长 1.28、宽 0.65、深 0.09 米，内葬犬骨两具（图六四；彩版六五，1）。

墓室底部中央有长方形腰坑一处，长 0.66、宽 0.34、深 0.3 米，其中发现犬骨一具（图六五；彩版六五，2）。

（三）葬具葬式

根据朽痕可判定葬具为木质一椁双棺（图六六、六七）。

距二层台平面以下 1.35 米处见到椁室，椁室长 3.6、宽 2.6、高 1.4 米。椁盖板由 15 块长方形木板呈南北向横置于椁上，每块宽 0.15 ～ 0.29 米（图六八；彩版六六，1）；椁室四壁皆由七块壁板叠压构成，每块厚 0.08 ～ 0.2、高 0.2 米；椁底板由 11 块纵向排列的长条木板铺成，宽 0.19 ～ 0.26 米，厚度不详；椁底板下见衬木两根。长 2.6、宽 0.24 米，两条衬木相距 1.63、

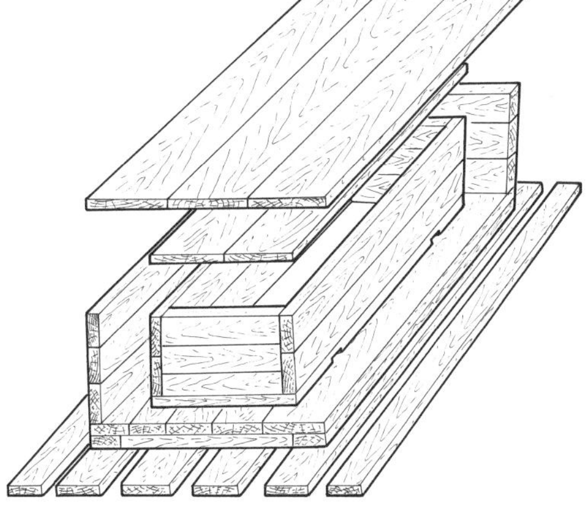

图六六　M7 椁底板和内外棺示意图

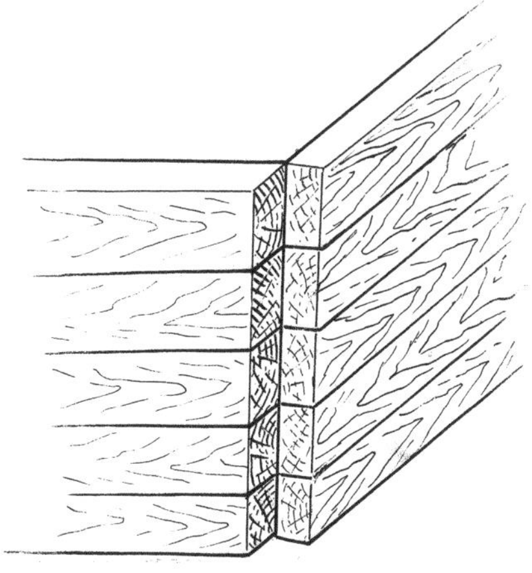

图六七　M7 椁立板和挡板示意图

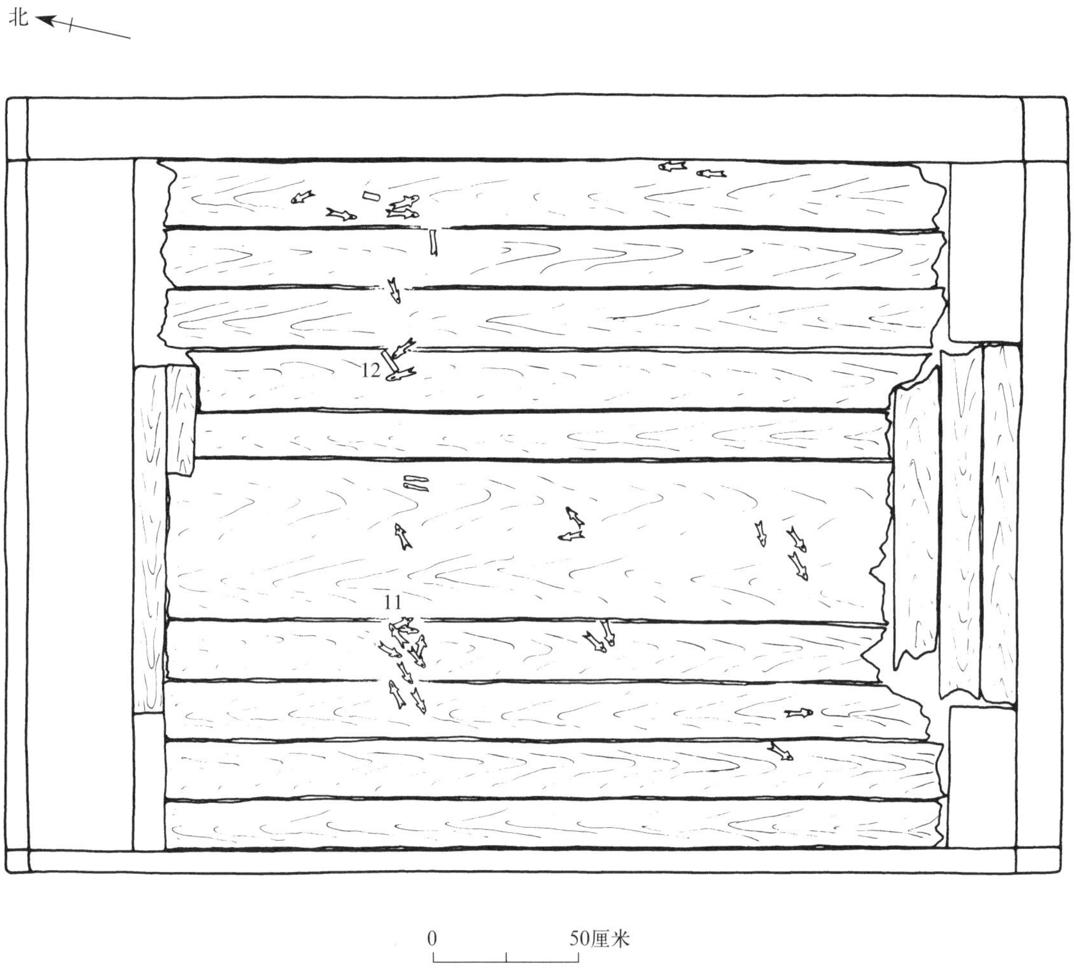

图六八 M7 椁盖板平面图

11.铜鱼 12.蚌片

残存厚度为 0.03 米（图六九；彩版六六，2）。

棺为双层，棺盖板上保存部分苇席痕迹，出土时棺体保存高度距椁底板为 0.65 米，东西两侧板向外倒塌，南端挡板也有向外倒塌现象。由于倒塌所致，棺盖板与棺侧板较难区分，故棺盖板以及棺侧板数量与结构均不详。

外棺底板由 6 块并列组成，长 2.61 ～ 2.66、宽 1.2 米，每块宽 0.16 ～ 0.22 米。外棺两块挡板横置于外棺南北两端，残长 0.84、北端宽 0.20、南端宽 0.15 米。六块底板间由两根衬木条横贯其间，衬木长 1.2、北端衬木宽 0.075、南端衬木条宽 0.07 米，北端木条距外棺北边沿 0.67 米，南端木条距外棺南边沿 0.064 米（彩版六七，1）。

外棺底板下有长方形框架一具，长 2.67、宽 1.23 米。由 4 块木板组成，南北两地木板夹在东西两侧木板内，东西木板各长 2.67、宽 0.17 米；南北两端木板各长 0.92、宽 0.11 ～ 0.14 米。东侧框架木板上残留有突出的方形隼头 3 枚，长宽均为 0.06 米，北端的榫头距木板北端头 1.08

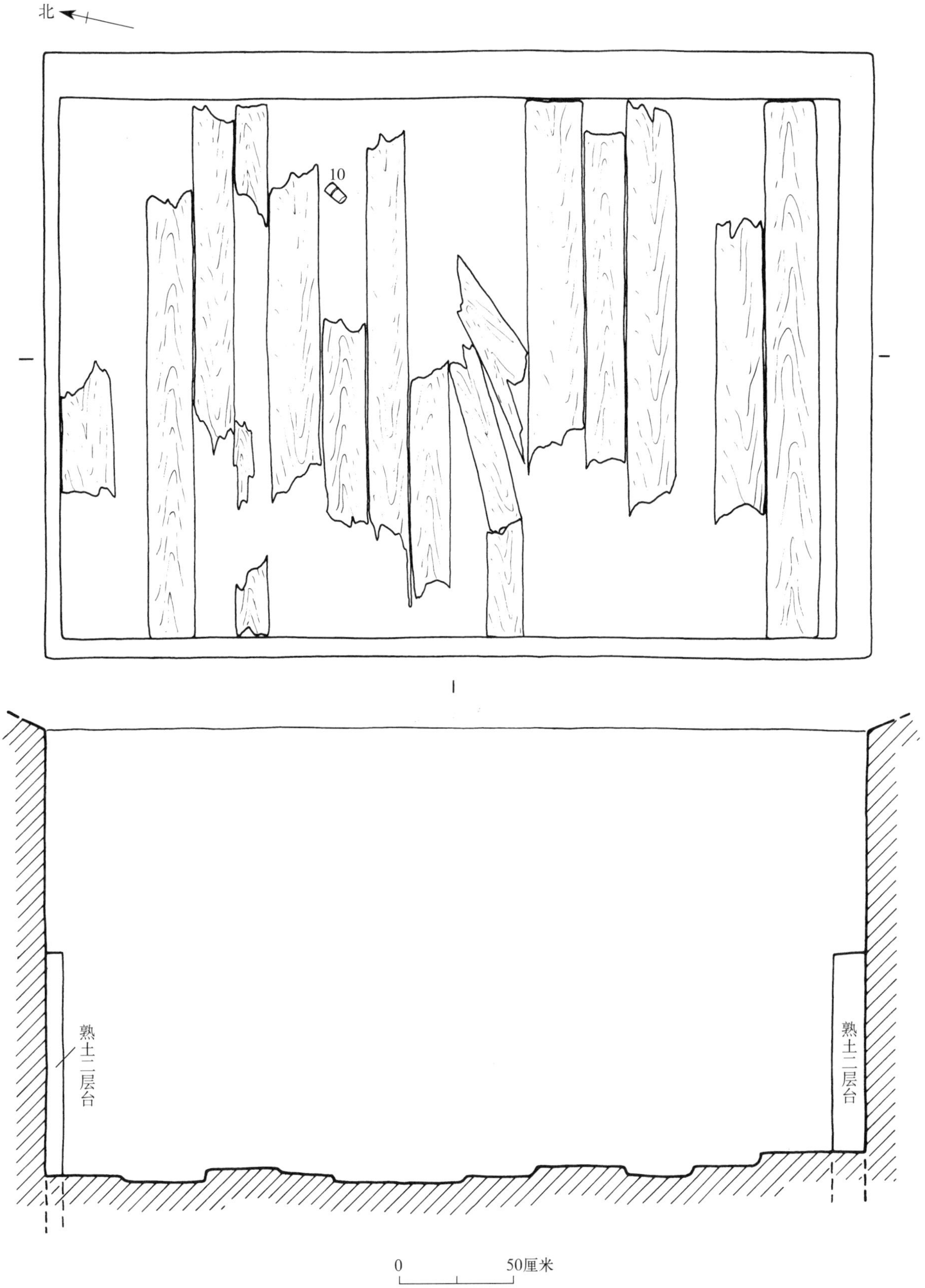

图六九　M7椁底板平、剖面图
10.铜车軎

米，南端榫头距木板南端头 1.02 米，中间榫头距南端榫头 0.25 米。框架之下横置 3 道麻绳，南北两端分别由 3 股组成，中段由 2 股组成，南端麻绳距框架南端头 0.48 米，北端麻绳距框架北端头 0.40 米，中段麻绳距北端麻绳 0.66 米（图七〇）。

内棺底板由 4 块并列组成，长 1.98、宽 0.74 米，每块宽 0.15 ～ 0.20 米。四块底板间由两根衬木条横贯其间，衬木长 0.74、宽 0.05 米，北端木条距内棺北边沿 0.34 米，南端木条距内棺南边沿 0.34 米。

棺内发现人骨架 1 具，仰身直肢，两臂弯曲，双手交于腹部，面向西侧。经人骨鉴定为男性，年龄在 20 ～ 25 岁之间。

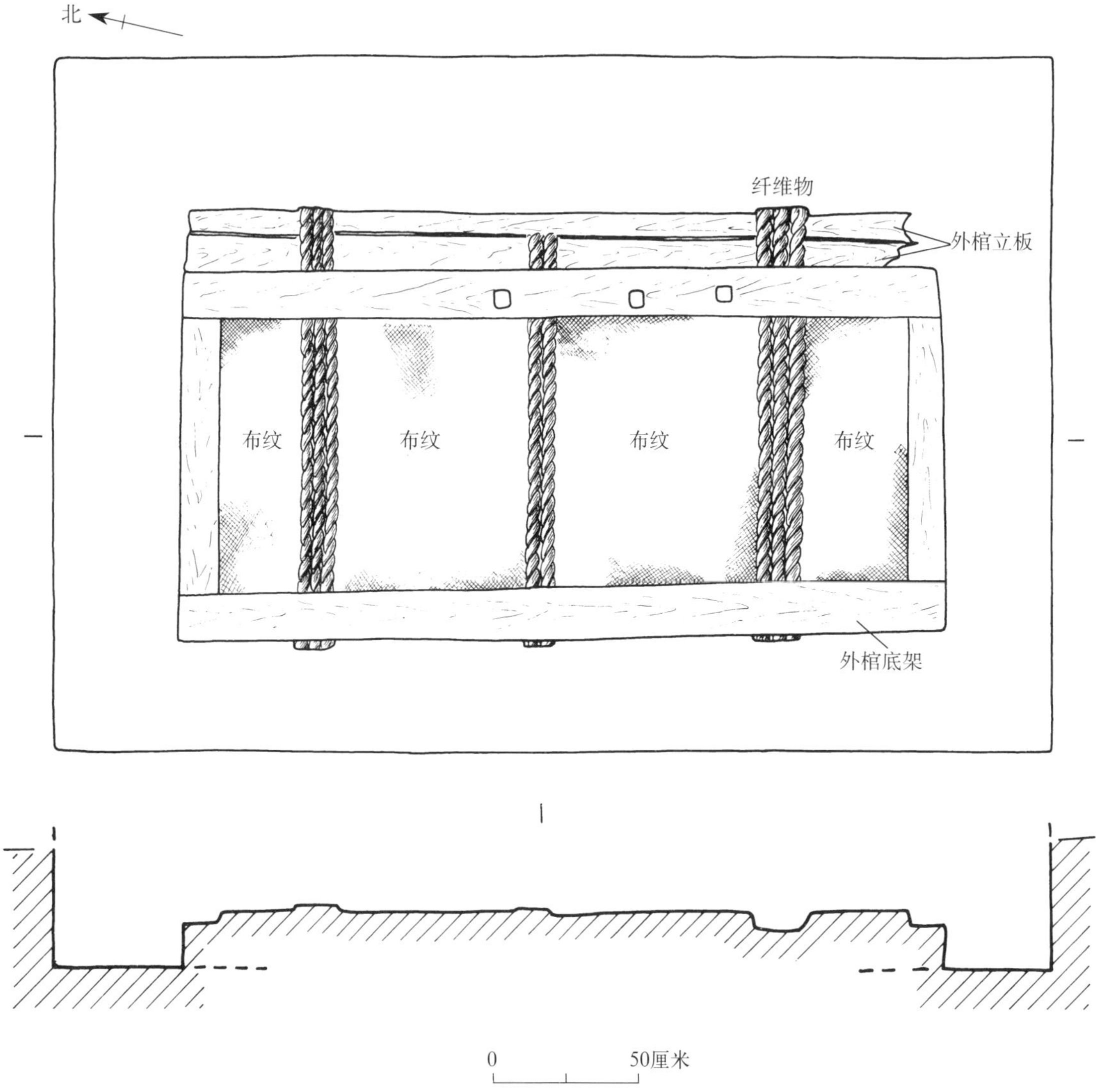

图七〇　M7 棺底板示意图

（四）随葬器物

随葬器物为青铜器、玉石器、骨器、蚌器、陶器等，共 45 件（组），其中青铜器 16、玉石器 12、骨器 3、蚌器 6、海贝 6、陶器 2 件。二层台上的壁龛内放置铜鼎、簋和壶以及陶

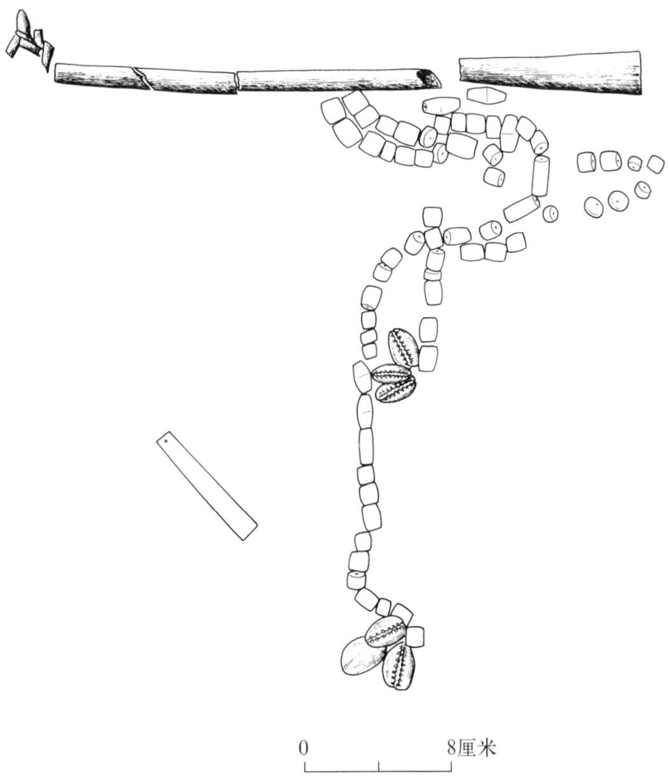

图七一 M7玉串饰放置示意图

鬲等；椁棺之间放置铜盘和匜等；棺内墓主人身体周围放置玉器等（图七一；彩版六七，2）；墓葬填土中出土骨器等。

1. 青铜器

16件（组），分别为铜鼎1、铜簋2、铜壶2、铜盘1、铜匜1、铜匕2、铜车軎2、铜车辖1、铜铃2、铜环首刀1、铜鱼1件（组）。

铜鼎 1件。

M7：3，斜折沿，立耳，半球形腹，圜底，三蹄足。腹部饰横鳞纹，下饰凸旋纹一周。通高23.6、口径24.6、腹深11.2、耳高6、足高10.4厘米，重3025克（图七二，1；彩版六八）。

铜簋 2件。

M7：1、2，形制、纹饰相同，尺寸接近。盖体呈覆碗形；器身为敛口，鼓腹，腹部两侧有龙首垂珥形耳，腹部下为喇叭状圈足，圈足上饰三虎首形矮足。盖上部为瓦棱纹，接近口缘部饰横鳞纹；腹上部饰横鳞纹，下部饰瓦棱纹；圈足饰横鳞纹。

M7：1，盖口直径16.3、盖捉手直径9.3厘米；通高18.2、口径15、腹径18.8、腹深9.4、双耳外缘间距27.7、足高2.4厘米，重3395克（图七二，2；彩版六九）。

M7：2，盖口直径16.3、盖捉手直径9.3厘米；通高17.4、口径15.3、腹径18.4、腹深9.4、双耳外缘间距27.5、足高2.2厘米，重3325克（彩版七〇、七一）。

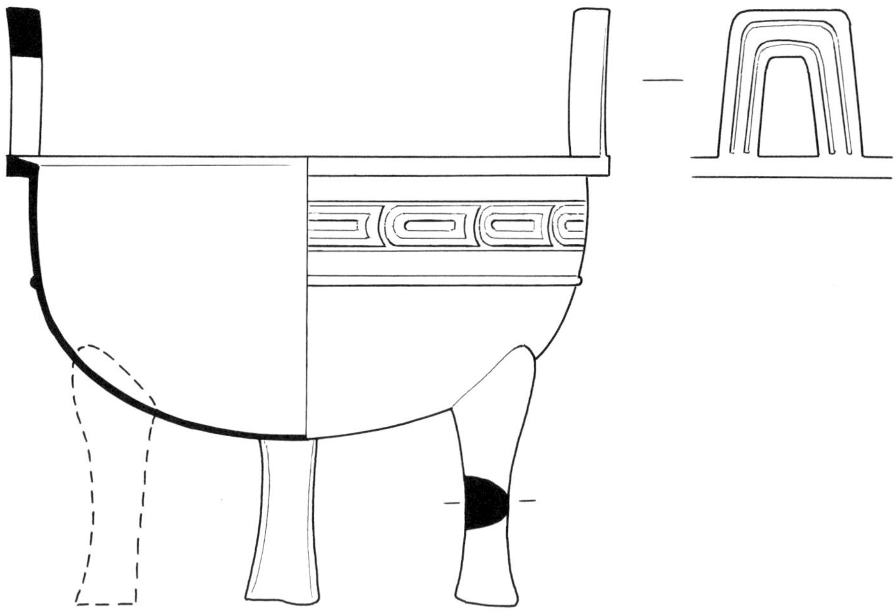

1

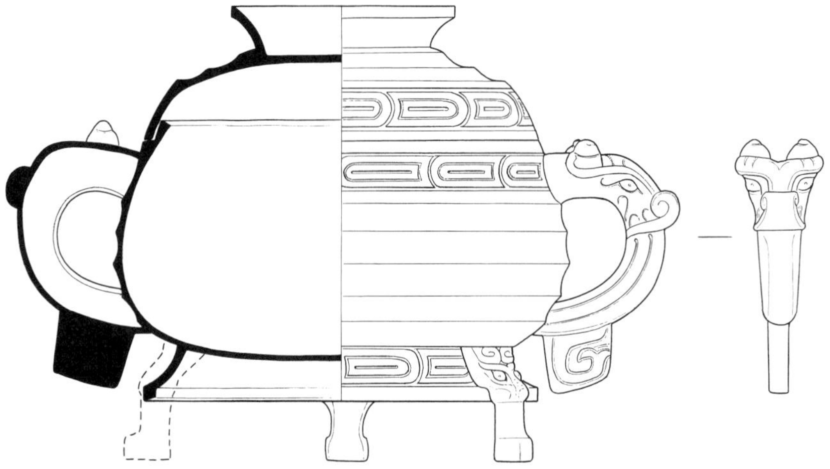

2

图七二　M7出土青铜器

1.铜鼎M7∶3　2.铜簋M7∶1

铜壶　2件。

M7∶6、5，形制、纹饰相同，尺寸接近。壶盖上方有圆角方形捉手，与壶口接口处有榫口。壶身方体，颈部内敛，壶颈部两侧有竖管状耳，弧腹下垂，圈足外侈。

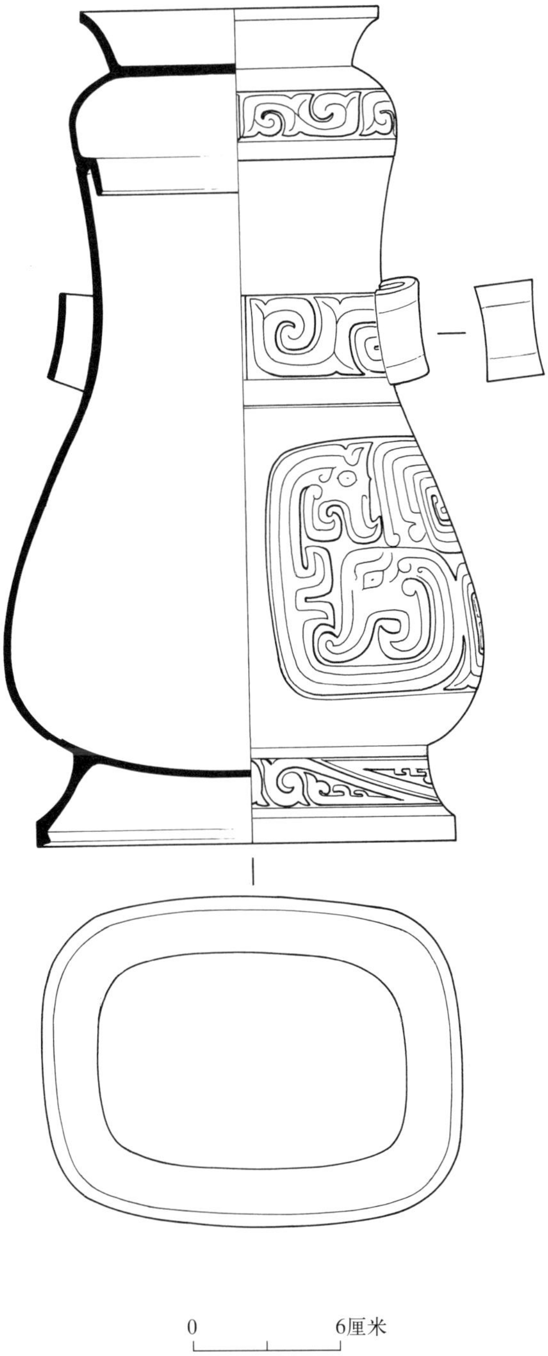

图七三　M7 出土铜壶 M7：6

M7：6，通高 33.4、口径 13、腹径 19.5、圈足径 13.3 ～ 17.3 厘米，残重 4000 克（图七三；彩版七二、七三）。

M7：5，通高 33、口径 13、腹径 20、圈足径 14.4 厘米，重 4085 克（彩版七四）。

铜盘　1 件。

M7：39，窄斜折沿，敞口，浅腹，外腹底有加强筋，圈足外侈。口沿下饰横鳞纹。盘内底部铸有铭文 4 行 23 字："中（仲）丂（考）父不录（禄）季 / 妇嵩（端）誓遣尔 / 盘匜壶两簋两 / 鼎永害（匄）福尔后"。通高 11.4、口径 33.2、腹深 4.9、圈足高 3、圈足底径 25.6、耳高 7 厘米，重 3675 克（图七四；彩版七五）。

铜匜　1 件。

M7：38。长槽流略窄，口较直上扬，口沿下饰窃曲纹。深腹圜底，四扁兽形足，后部有龙形鋬。通高 12.9、通长 24.5、宽 10.5、腹深 5.4、足高 4 厘米，重 950 克（图七五；彩版七六）。

铜匕　2 件。

M7：42、43，形制、尺寸相同。

M7：42，勺部呈桃叶形，柄部弯曲，銎为管状。通长 20、宽 3.9、銎直径 2 厘米（彩版七七，1）。

铜车軎　2 件。

M7：10、41，形制、纹饰相同，尺寸接近。长直筒状，近车毂的一端较粗，开口，上下方各有一长方形辖孔可贯通，外端较细，饰变形龙纹一周，外缘头封堵。

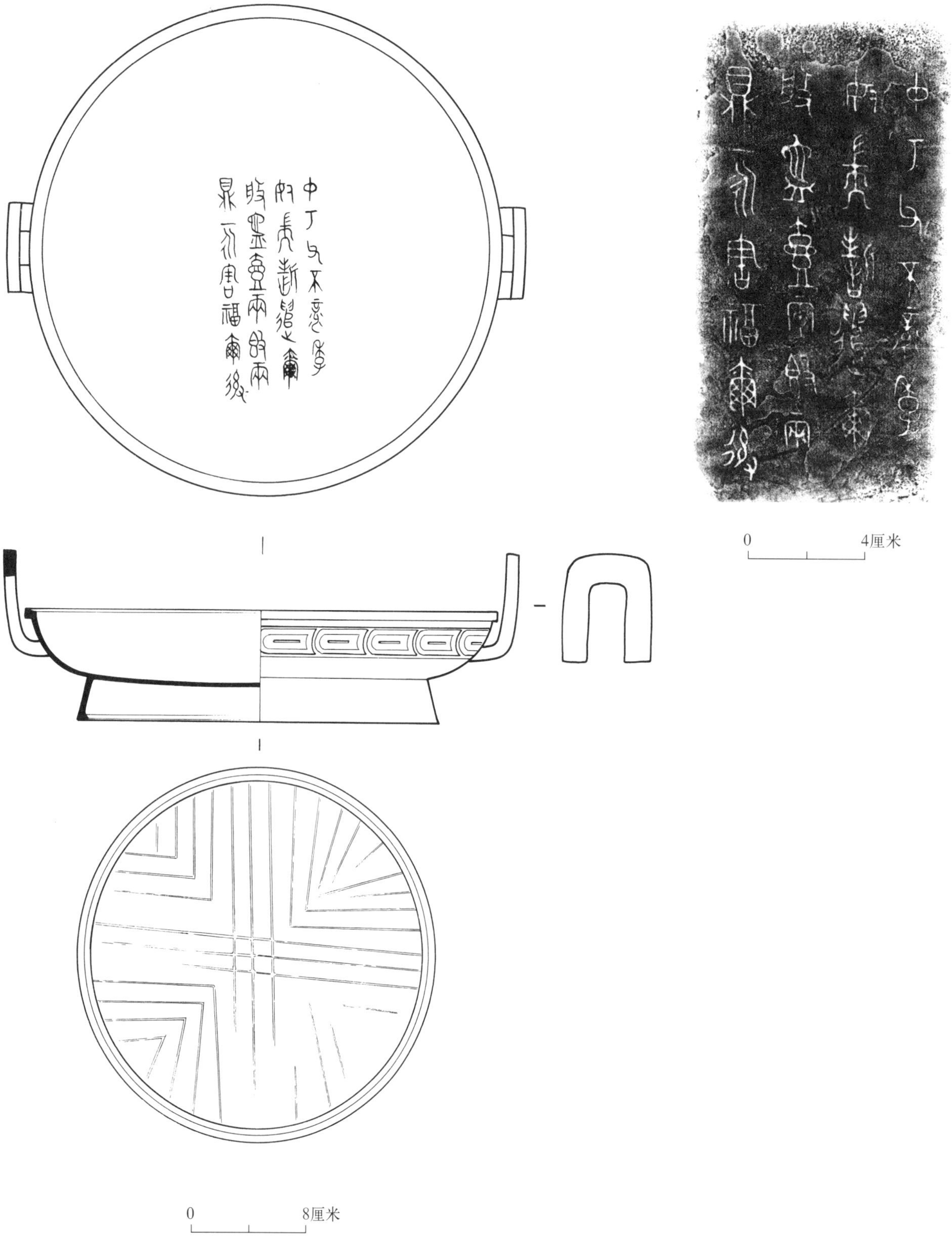

图七四　M7出土铜盘M7：39

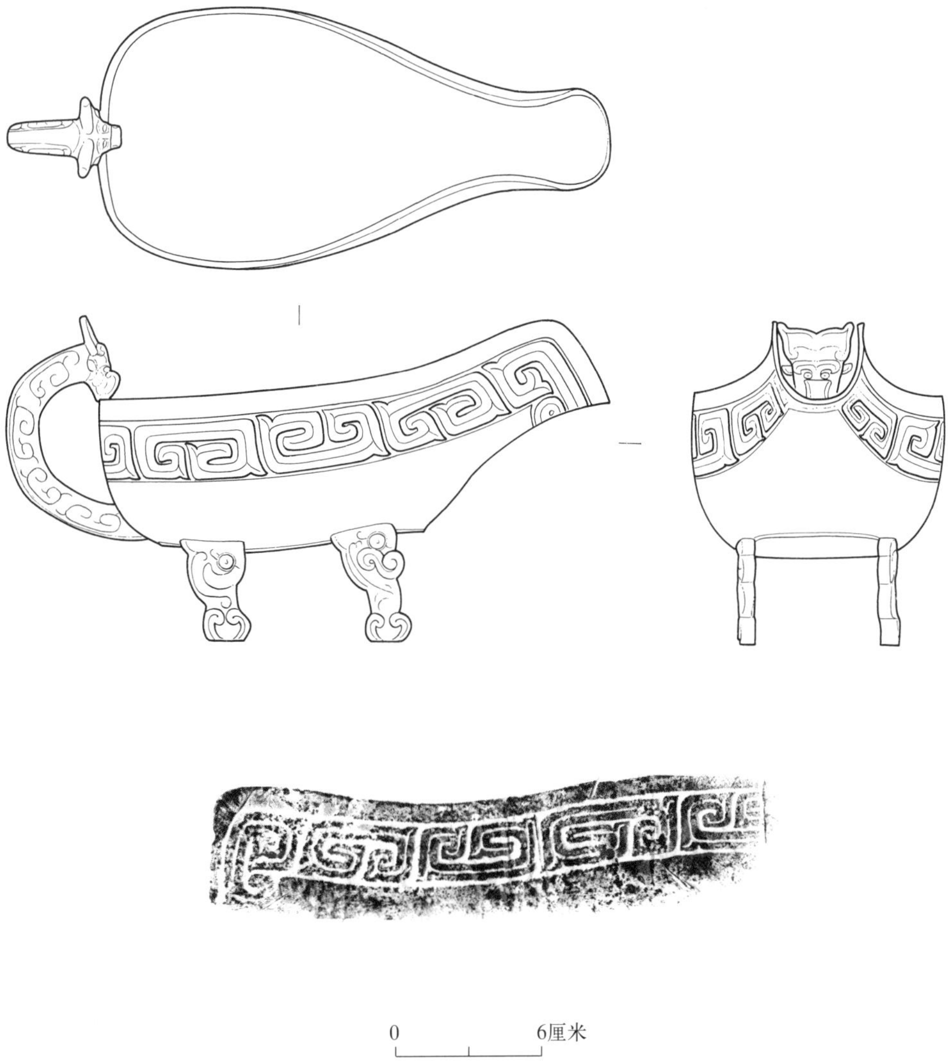

图七五　M7 出土铜匜 M7：38

M7：10，軎通长 7.9、外缘直径 3.2、近毂端直径 4、辖孔长 2、宽 0.8 厘米（图七六，1；彩版七七，2）。

M7：41，軎通长 8、外缘直径 3.3、近毂端直径 4、辖孔长 1.9、宽 0.7 厘米。

铜车辖　1 件。

M7：35，辖首为兽首状，首两侧有孔可贯通，首背为方块形，方块下方呈弧形，辖首下方为长扁条状键。通长 8.2 厘米（图七六，4；彩版七七，3）。

铜铃　2 件。

M7：37、40，形制、纹饰、尺寸相同。

M7：37，横截面为合瓦形，顶端为平面，其上为桥形纽，纽下有孔与铃腔通，铃腔内悬挂铃舌，铃舌上端有孔，舌孔与桥形纽之间以麻绳连接，桥形纽上可见麻绳残留痕迹，铃周

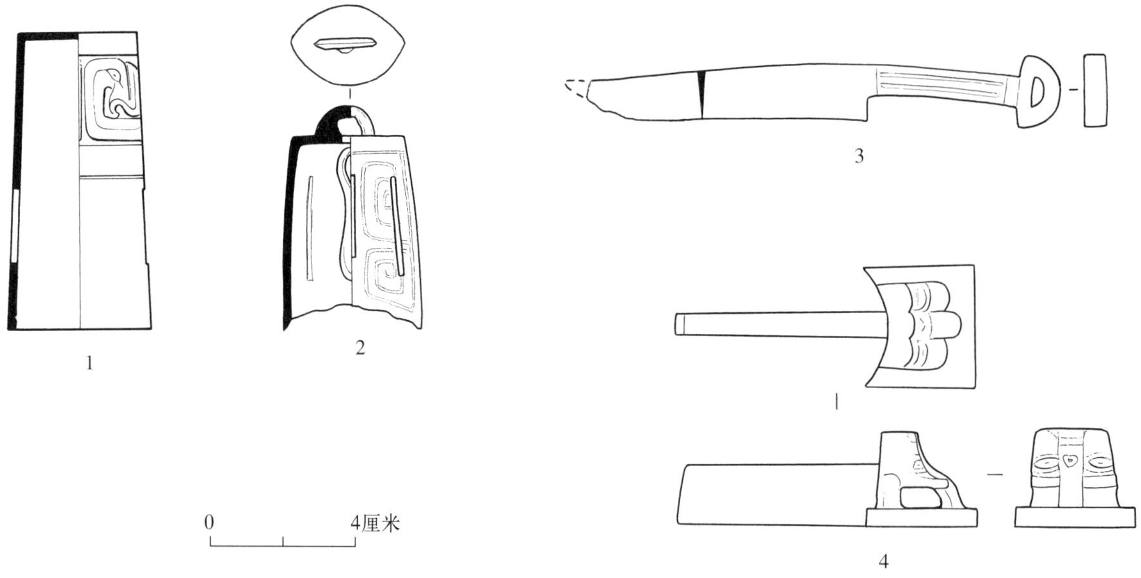

图七六　M7 出土青铜器

1.铜车軎M7∶10　2. 铜铃M7∶37　3. 铜环首刀M7∶32　4.铜车辖M7∶35

边有竖向镂空长条形孔四道，铃面饰曲线回纹，铣部两端尖锐，两锐角之间边沿呈不规整弧形。铃高 6、纵向边长 5.3、铃壁厚 0.1 ～ 0.2、口沿两角间距 3.3 厘米（图七六，2；彩版七七，4）。

铜环首刀　1 件。

M7∶32，刀首呈半环形，刀刃锋部残缺，刀背微拱。长 12.9、刃宽 1.5、刀背厚 0.2 厘米（图七六，3；彩版七七，5）。

铜鱼　1 组

M7∶11，共 30 件。M7∶11-1，鱼目为穿孔，尾部岔开。长 7.2、宽 2.2、厚 0.2 厘米。

2. 玉石器

12 件（组），分别为项饰 1、串饰 1、玉璋 1、玉片 2、玉玦 2、玉柄形饰 2、玉蚕 1、玉鱼 1、玉饰 1 件（组）。

项饰　1 组。

M7∶28，共 149 件。其中玛瑙珠 142 件，玉牌饰 6 件，项后结 1 件。玛瑙珠，红色，微透明，圆片形或圆柱形，尺寸不等，直径 0.45 ～ 0.8、高 0.2 ～ 0.75 厘米。玉牌饰，白色或青绿色，微透明，无钙化现象，形制为马蹄形，一端为圆弧形，另一端作并排两个凹缺，两端边缘各有两个穿线孔斜穿玉牌背面，用以穿线连接玛瑙珠，正面纹饰为阴刻单线条莲花瓣纹，长 3.1、宽 1.9 厘米。项后结，白色微透明，无钙化现象，残为半截，呈方形片状，中段有两组以三道凸棱组成的横线纹，两端各出三片花瓣，每瓣表面均沿花瓣造型施阴刻线纹三道，花瓣顶端至背面有斜对钻孔 4 个，用以穿线连接玛瑙珠，长 2.75、宽 2.1 厘米（图七七，1；彩版七八）。

串饰　1组。

M7：16，共77件。其中玛瑙珠57件，玉管8件，玉珠7件，贝壳饰5件。玛瑙珠，红色或黄色，微透明，圆柱形，中心有不规则孔，尺寸不等，直径0.7～1.2、高0.5～1.6厘米。玉管，位于玛瑙珠之间，白色，微透明，无钙化现象，管状，中腰段凸起，中心钻孔，素面，直径0.5～0.95、长1.7～2.3厘米。玉珠，位于玛瑙珠之间，白色，微透明，无钙化现象，圆珠形，中心钻孔，尺寸不等，直径0.9～1.1厘米。贝壳饰，位于串饰两端，白色，背部隆起，磨制出孔，腹部齿状口，尺寸不等，长2.4～2.9厘米（图七七，2；彩版七九）。

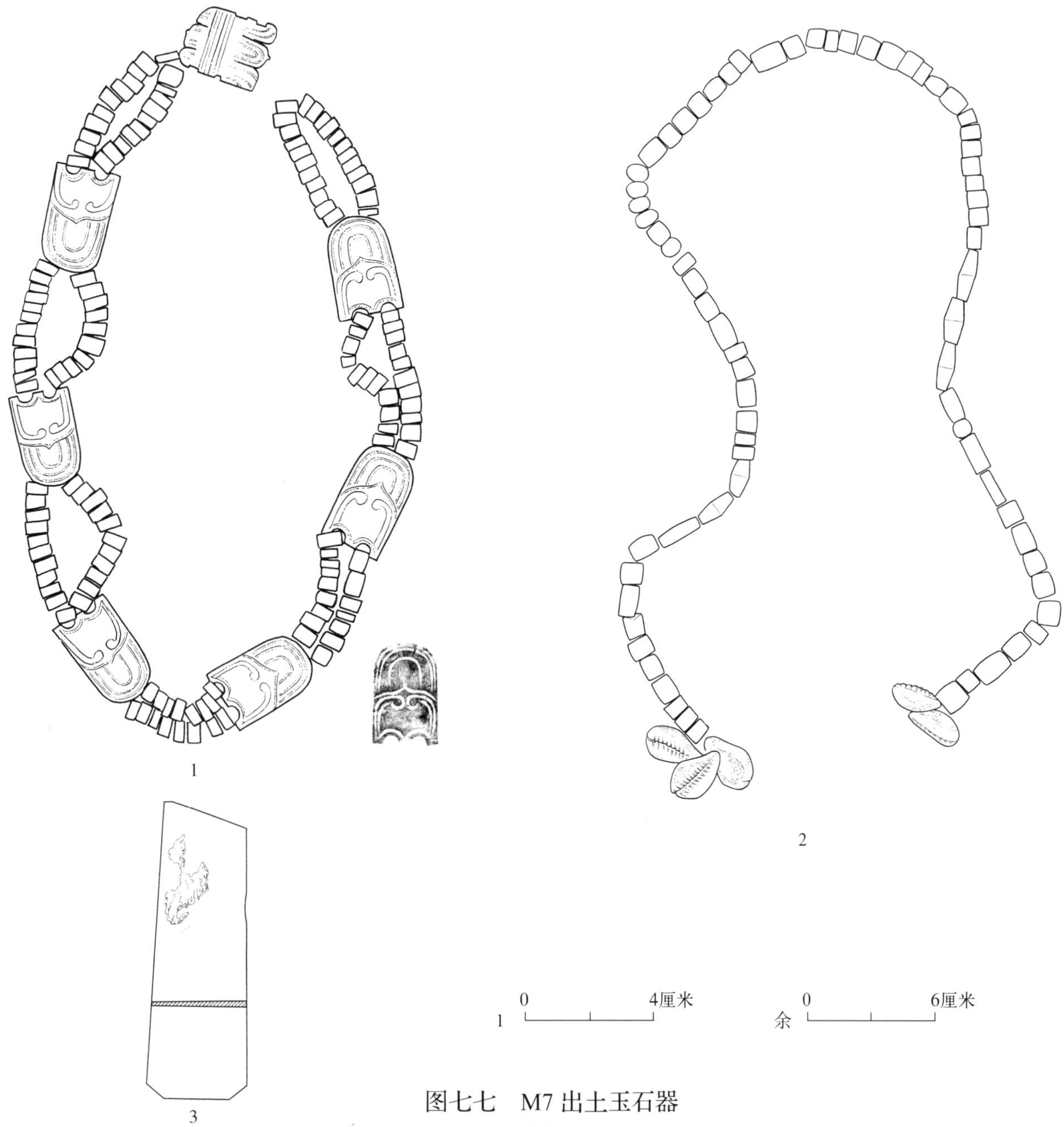

图七七　M7出土玉石器

1.玉项饰M7：28　2.串饰M7：16　3.玉璋M7：23

玉片　2件。

M7：15。长方形片状，一端较窄，四角磨圆。长12.8、宽2.4～3.1、厚0.2厘米（彩版八〇，1）。

M7：22。质地软，深绿色，长方形。一端缺角，上有圆孔。长5.5、宽2.5厘米。

玉蚕　1件。

M7：27，长条状，横截面为三角形，蚕头部双目为孔，可贯通，通身饰阴刻斜道纹。通长4.7、宽0.5厘米（彩版八〇，2）。

玉璋　1件。

M7：23，长方形片状，一端较窄，端头呈斜刃状，另一端较宽，两角呈斜角状。长13.5、宽3.9～4.7，厚0.3厘米（图七七，3；彩版八〇，3）

玉玦　2件。

M7：29，质地软，白色，微透明，钙化，片状圆形，中心有孔，一端有直线缺口由外缘直通中心圆孔，素面。外缘直径2.5、中心孔直径0.9、厚0.1、缺口长0.8、缺口宽0.1～0.2厘米（彩版八〇，4）。

M7：31，白色，微透明，质地软，白色，微透明，钙化，片状圆形，中心有孔，一端有直线缺口由外缘直通中心圆孔，素面。外缘直径2.5、中心孔直径0.9、厚0.3～0.7、缺口长0.8、缺口宽0.1～0.2厘米（彩版八〇，5）。

玉柄形饰　2件。

M7：18，质地软，白色，微透明，钙化，扁长条状，本端较方正，末端窄而圆钝，末端边缘有孔，穿透正背面，正面接近本端位置有凸棱两道，背面为素面。通长7.6、宽0.9～1.1、厚0.2～0.4厘米（彩版八一，1）。

M7：26，质地软，白色，微透明，钙化，扁长条状，本端较方正，末端窄而圆钝，末端边缘有孔，穿透正背面，正面接近本端位置有凸棱两道，背面为素面。通长7.6、宽0.9～1.1、厚0.2～0.4厘米（彩版八一，2）。

玉鱼　1件。

M7：30，鱼首为方形，鱼身弯曲，鱼尾呈“T”形，雕分尾的凹槽。长10、宽1厘米（彩版八一，3）。

玉饰　11件。

M7：20，多数为长方形，有的缺角，有的有凹线纹（彩版八一，4）。

3. 骨器

3件，其中骨簪2、骨锥1件。

骨簪　2件

M7：17-1、-2（彩版八一，5、6）。

M7：17-2，骨质，圆柱体，簪首外敞，尾部残损，接近尾部有三道凹旋纹。残长20.7、直径1～1.9厘米。

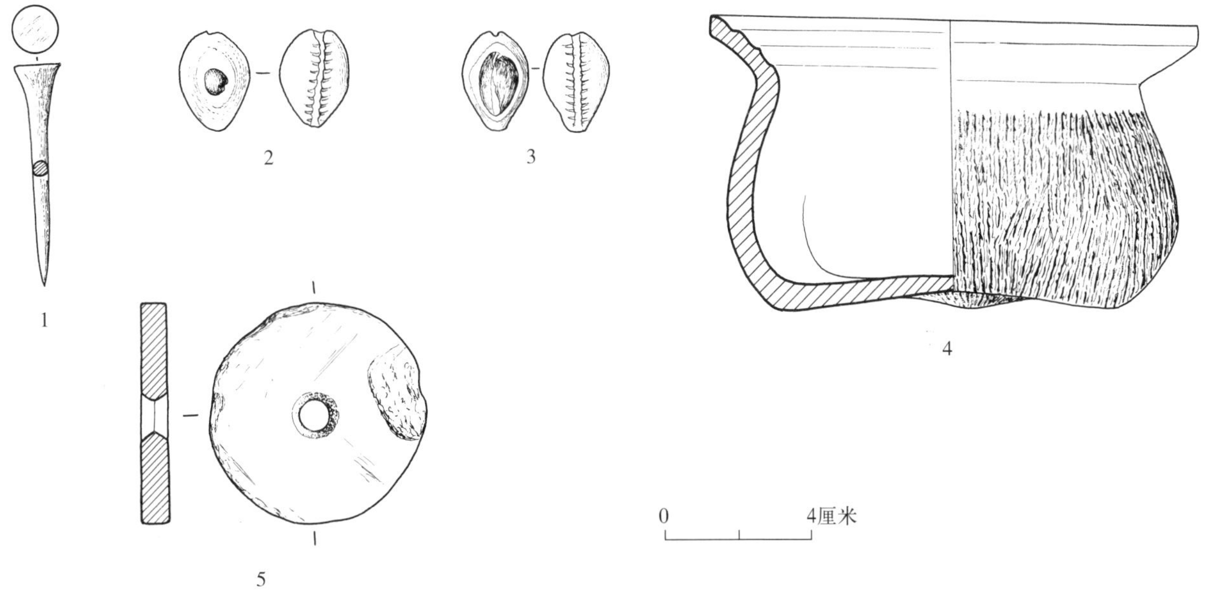

图七八　M7出土随葬器物

1.骨锥M7∶46　2、3.海贝M7∶21-1、24-1　4.陶鬲M7∶4　5.陶纺轮M7填土∶1

骨锥　1件。

M7∶46，骨质，圆柱形，锋端尖锐，尾部呈喇叭状。通长5.9、尾端直径1.3、中段直径0.4厘米（图七八，1；彩版八二，1）。

4.蚌器

6组，其中蚌泡4、蚌片2组。

蚌泡　4组。

M7∶7，共4件。

M7∶13，共2件（彩版八二，2）。M7∶13-2，直径2.6、孔径0.5、厚0.8厘米。

M7∶33，共3件。

M7∶36，共3件。

蚌片　2组

M7∶19、M7∶12。

5.海贝

6组。

白色，中空，背部隆起，钻孔可通腔内，腹部为齿形。

M7∶14，共1件。

M7∶21，共29件（彩版八二，3）。M7∶21-1，长2.6、宽2厘米（图七八，2）。

M7∶24，共38件（图七八，3；彩版八二，4）。

M7∶25，共8件。

M7∶45，共9件。

M7：34，共5件。

6. 陶器

2件，其中陶鬲1、陶纺轮1件。

陶鬲　1件。

M7：4，夹砂灰陶，敞口，斜沿，沿面饰凹旋纹两周，束颈，鼓腹接近底部，三足已退变为器底，平底微内凹。口沿外围素面，腹部至足部饰绳纹。通高7.7、口径13.3、腹径12.4、腹深6.8厘米（图七八，4；彩版八二，5）。

陶纺轮　1件。

M7填土：1，泥质灰陶，圆饼形，中心钻孔，略残，素面。直径6、孔径1.4、厚0.8厘米（图七八，5；彩版八二，6）。

八　M8

M8位于墓地南端，在M7、M9两墓之间。耕土层下即见墓葬开口。

（一）墓葬形制

墓葬为竖穴土坑墓，方向335°（图七九；彩版八三）。

平面呈长方形，墓口长4.25、宽3.1米；墓底长4、宽2.5～2.75米；墓底距地表深9.9米。墓壁较光滑，西壁、南壁上有早期被水冲刷的现象。在距地表7.2米处有生土二层台，东、西、北三侧二层台各宽0.35米，南侧宽0.2米。

（二）随葬车及殉牲

在M8东西两侧二层台上发现六个车轮，车轮分别立放，保存基本完整。

椁底板下有不规则长方形腰坑一处，长0.77、宽0.3、深0.2米，腰坑北边缘距墓室北壁椁立板0.95米，西边缘距墓室西壁椁立板0.82米。坑内葬犬一只（图八〇；彩版八四）。

（三）葬具葬式

根据朽痕可判定葬具为木质一椁双棺。

椁室长3.9、宽2.7、高2.15米，距地表8.2～8.6米。椁盖板中间坍塌下陷，偏东部下陷面距二层台平面高差为1米；偏西部下陷面距二层台平面高差为1.4米。椁盖板由16块木板横向铺排而成，盖板残长2.4～2.45、每块宽0.1～0.3米（图八一；彩版八五，1），椁盖板上偶见苇席残片；椁室四壁板无塌损现象，东壁、西壁、南壁均由12块壁板叠压构成，北壁由11块壁板叠压构成，每块宽0.1～0.3米。椁底板保存完整，由12块长条形木板铺成，长3.7、宽2.3、每块宽0.13～0.18、厚0.07米，椁底板下未置枕木，直接接触墓底生土（彩版八五，2）。

棺为双层，仅存木板痕迹。

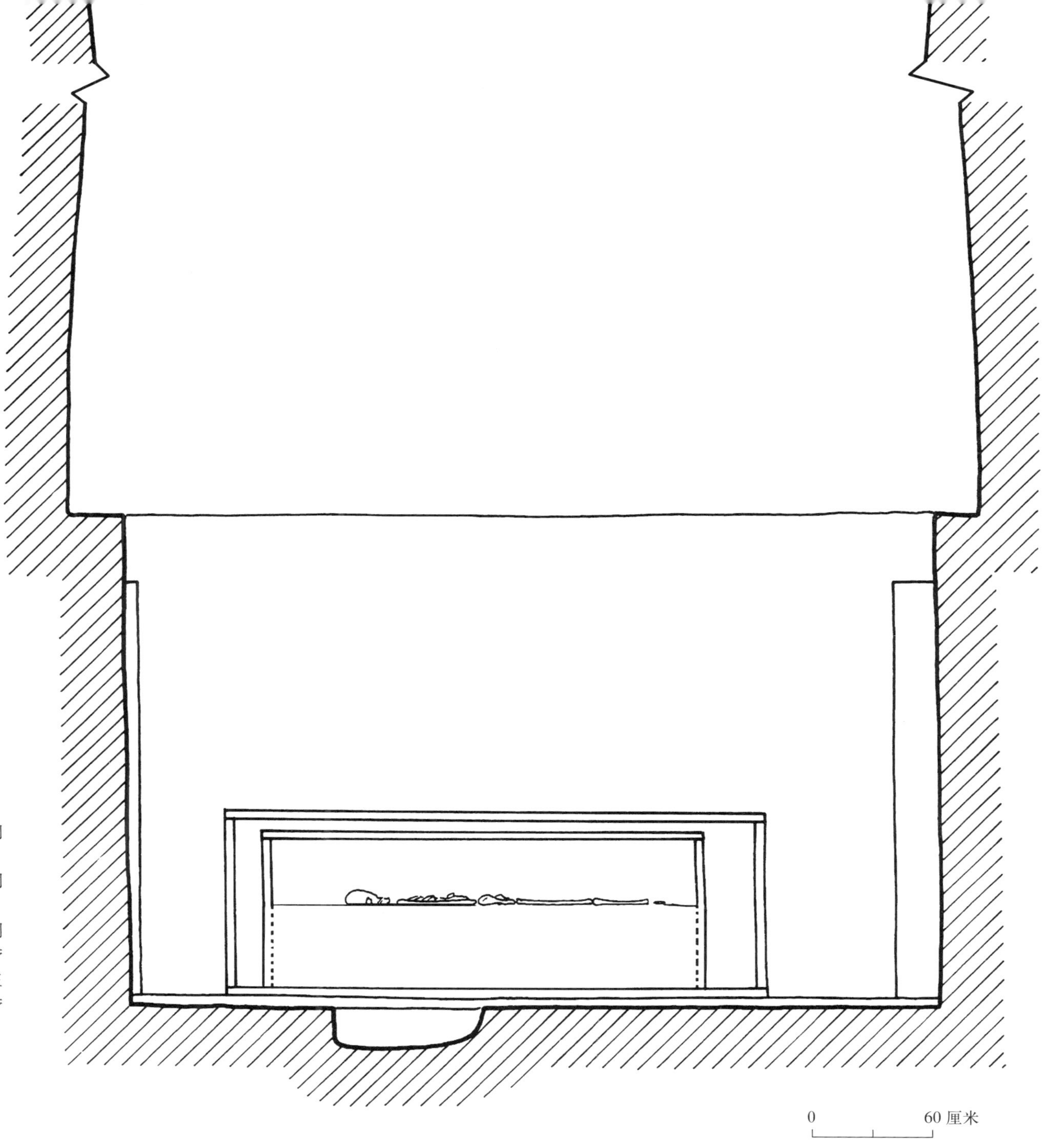

图七九　M8平、剖面图

2、10、11、34、37、43～46、60. 铜铃　5、17. 铜匕　7、12. 铜壶　8、41、52、62、68、73. 陶管　13. 铜鼎　14、20. 蚌泡　15. 陶鬲　16. 铜甗　18、19. 铜簋　35、36. 铜车軎、辖　38、59、61. 铜饰　39、69、70、97. 蚶　40、51、67、71、94. 铜鱼　42、78、89. 海贝　47～50. 铜銮铃　53. 铜矛　54、56. 兽首形铜泡　55. 铜管　57、96. 铜节约　58. 铜镳、衔　63、93. 铜环　64. 铜戈　65. 铜匜　66. 铜盘　72. 蚌鱼　74、75. 骨镳　76、77、79. 铜带饰　80、81. 玉握　82、83. 龙形佩　84、85. 玉璧　86. 玉玦　87. 玉片　90. 玉璜　91. 玉鱼形饰　92. 石管　95. 铜带扣　98. 蚌饰

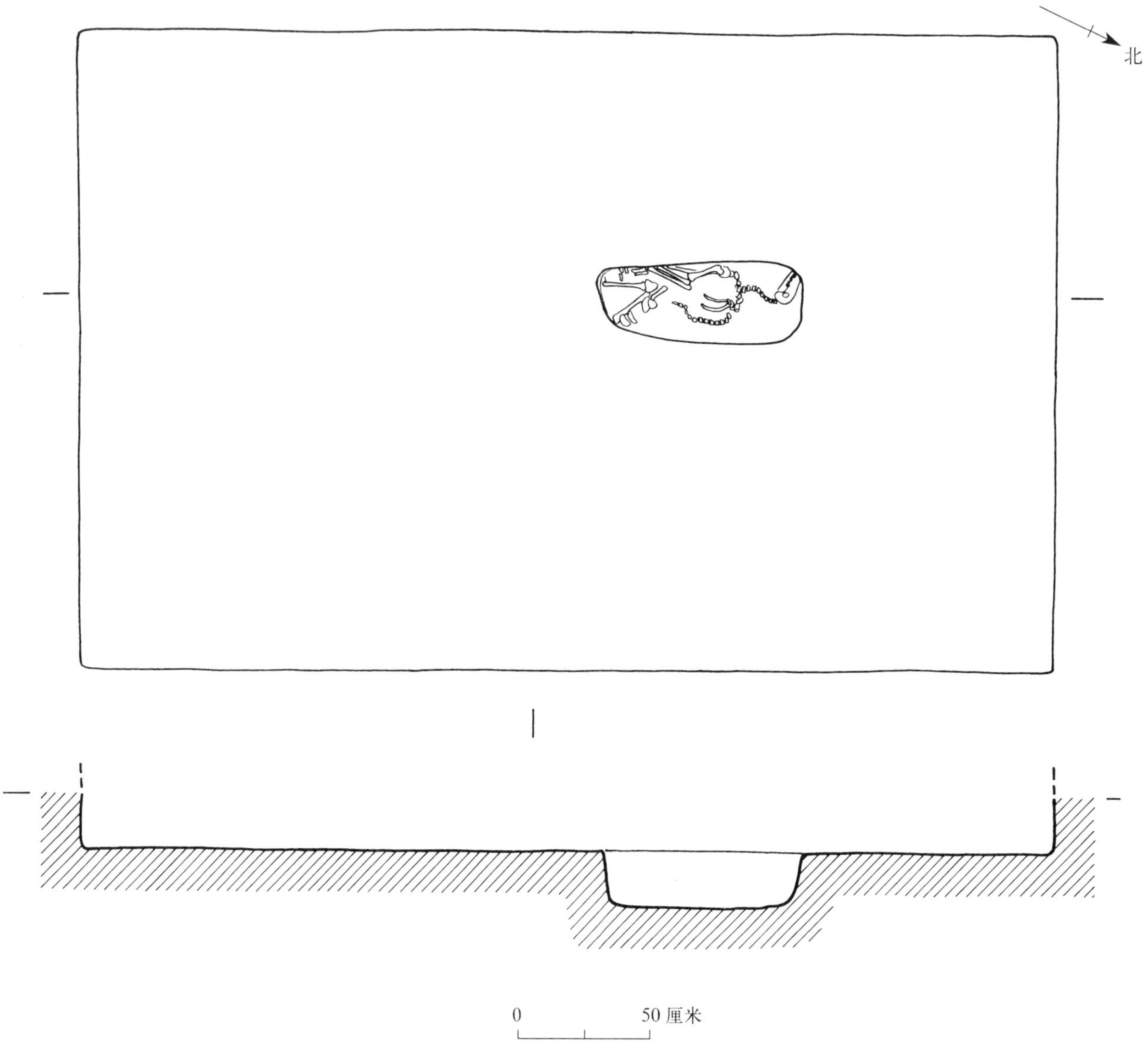

图八〇　M8 腰坑平、剖面图

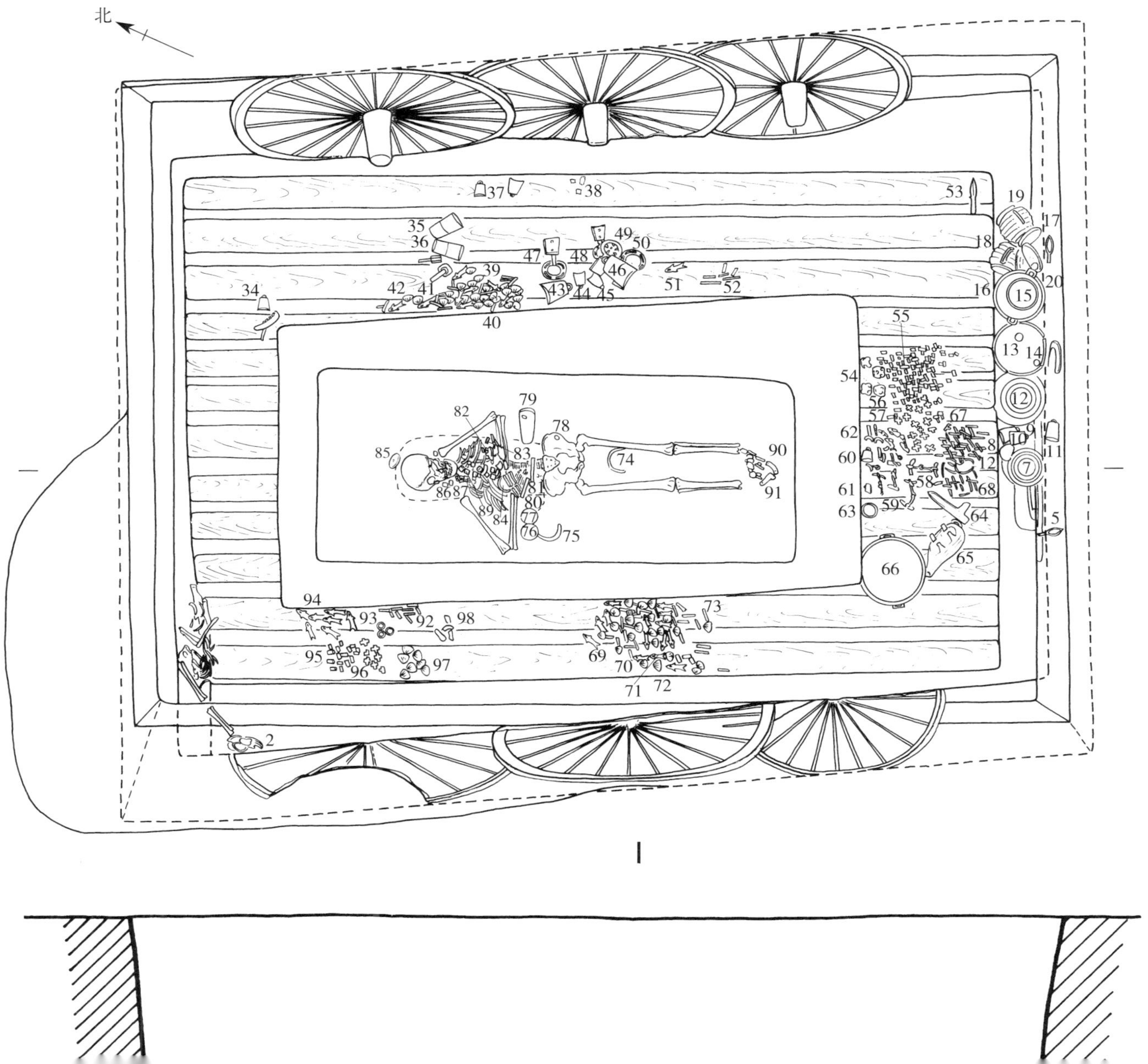
北

图八一　M8 椁盖板平面图
3.铜车軎、辖　4.铜铃

外棺长 2.67、宽 1.27 ～ 1.4、保存高度 0.98 米。外棺盖板上残留一层苇席痕迹，席面上可见不完整的黑、红、白色图案；苇席之下有一层编织物痕迹，其下即为棺盖板。外棺盖板由 6 块黑色木板纵向排铺而成，每块宽 0.15 ～ 0.2 米（图八二；彩版八六，1），仅存极薄的一层黑色木板痕迹，与内棺盖板之间为一层厚薄不均的淤积土。

外棺盖板上头端和脚端横向排列两道绳索痕迹，保存状况很差，每道绳索痕迹约为 3 股，宽 0.15 ～ 0.2 米。外棺东西两侧可见立板，其中东侧立板由 4 块木板组成，每块宽 0.2 ～ 0.3、厚 0.04 米，有 2 条纵向衬木贯串其间，衬木宽 0.05 米，两条衬木相距 1.46 米，各自距立板两端头均为 0.52 米（图八三，1）；西侧立板上部略有不规整向内倾现象，应属于外力挤压形成，木板数量、尺寸不清楚；外棺北端挡板东西长 1.2、残高 0.56 米，仅存上下排列的 3 块木板，木板宽 0.1 ～ 0.26 米（图八三，2）；外棺南端挡板东西长 1.3、残高 0.98 米，由上

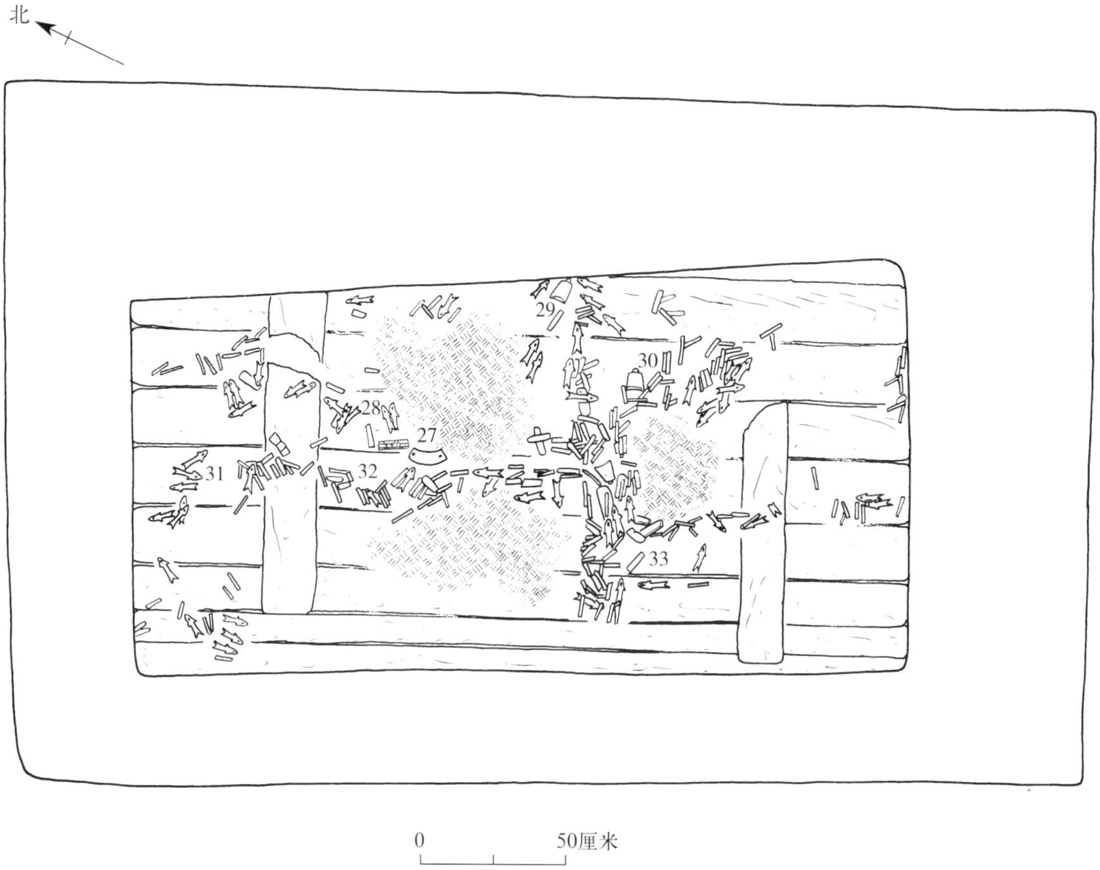

图八二　M8 外棺盖板平面图

27.玉璜　28.玉柄形饰　29、30.铜铃　31.铜鱼　32、33.铜管

下排列的 5 块木板组成，木板宽 0.15 ～ 0.25 米。南北挡板中段分别见宽 0.06 米的木带一条，贯串挡板之间（图八三，3）。由于棺木腐朽所致，清理过程仅在两个不同高度中发现侧立板与堵头的结构情况；外棺南堵头在距椁底板高 0.6 米时，西侧立板抵在南部挡板上；在距椁底板 0.35 米时，东南角情况是南挡板有榫卯插入东侧立板南端。外棺底板现存厚度为 0.04 米。

外棺盖板与内棺盖板之间有 14 厘米厚的淤土。淤土下发现编织物痕迹（图八四；彩版八六，2），在这层纺织物痕迹之下，紧贴内棺盖板上头足两端和中腰部位出现三道白色绳索痕迹，绳索痕迹似由两股绳组成，宽 0.1 ～ 0.15 米（图八五，1；彩版八七，1）。

内棺长 2.2、宽 0.85、高 0.8 米。内棺盖板由 4 块木板组成，每块宽 0.18 ～ 0.25 米（图八五，2；彩版八七，2）。内棺东立板高 0.72 米，由 3 块木板上下叠压而成，木板宽 0.18 ～ 0.25、厚 0.06 米（图八六）；内棺北挡板高 0.72、长 0.85 米，由 3 块木板上下叠压而成，木板宽 0.2 ～ 0.25 米，中段有宽 0.05 米竖向木带贯串挡板。在内棺西南角，发现内棺南挡板与东侧立板的结构为：南挡板插入东侧立板约 1 厘米，而东侧立板端头超出挡板 4 厘米；

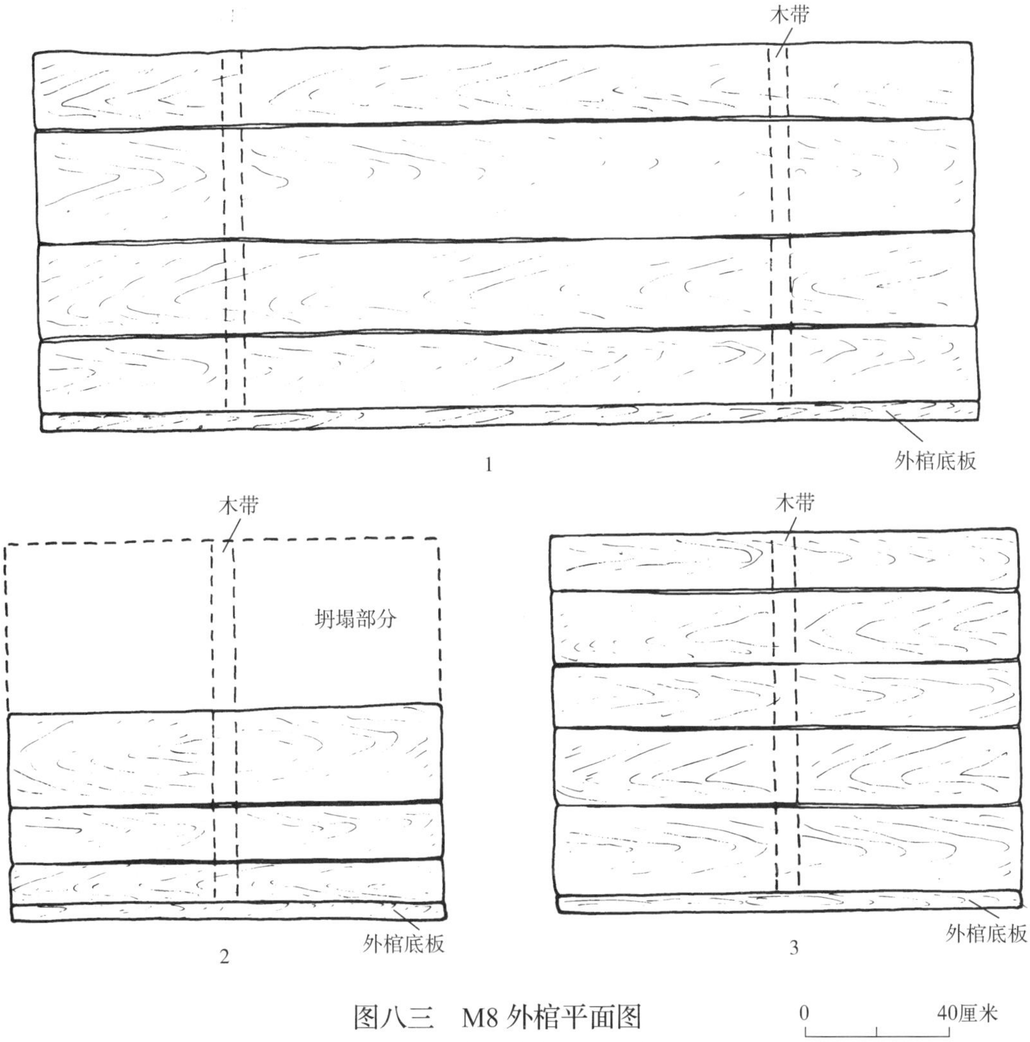

图八三　M8 外棺平面图

1.M8外棺东侧板　2.M8外棺北端堵头　3.M8外棺南端堵头

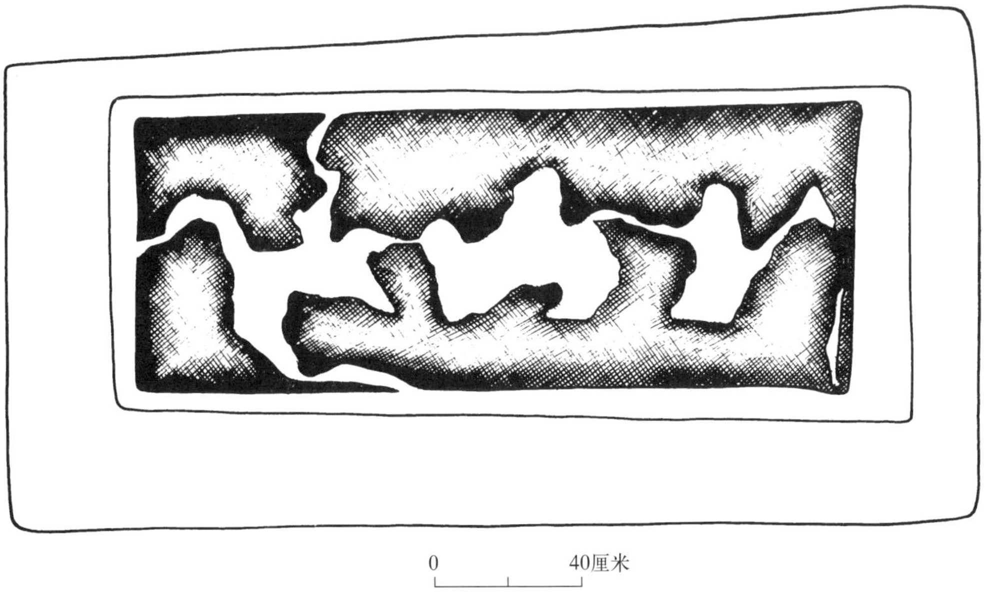

图八四　M8 内棺盖板上编织物平面图

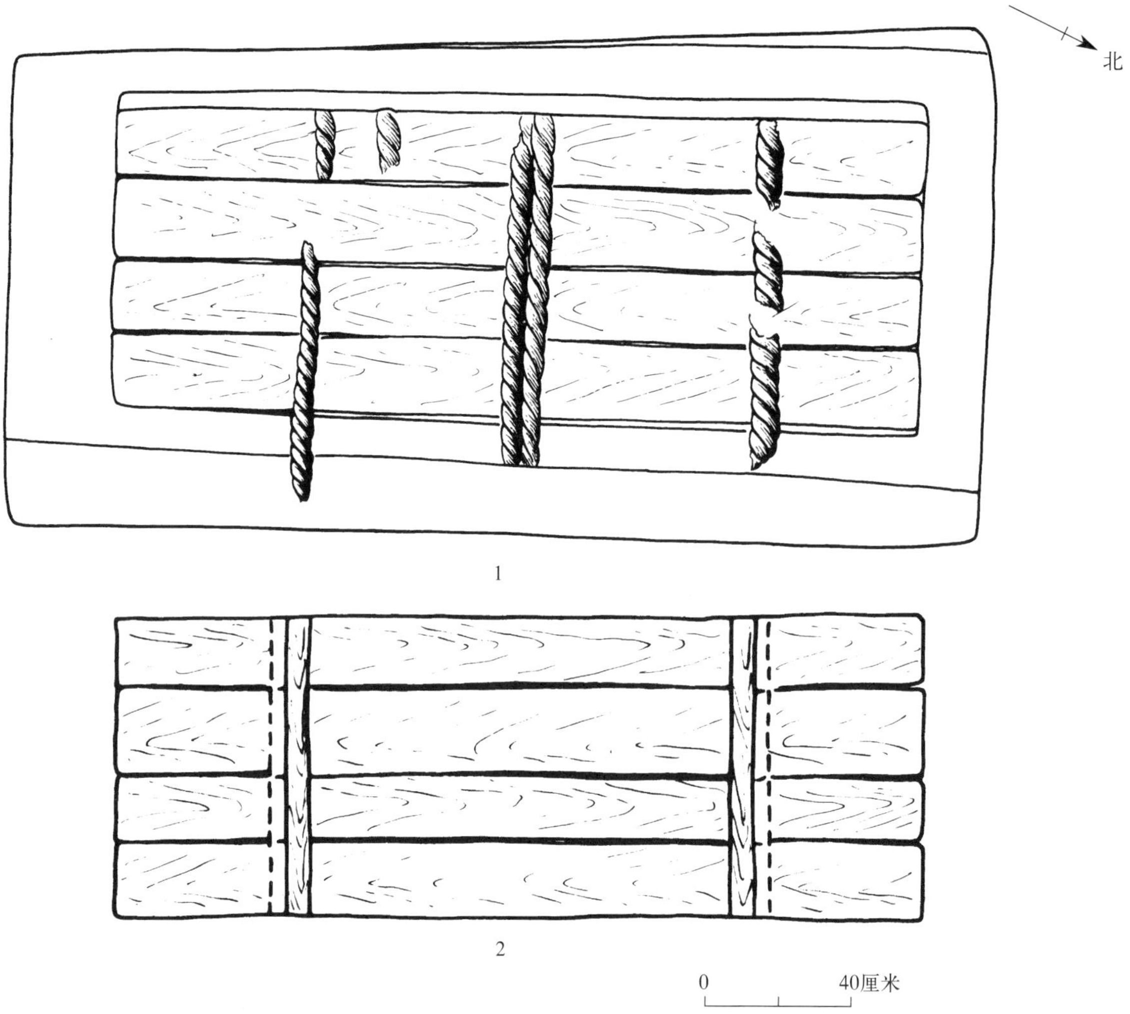

图八五　内棺盖板平面图

1.M8内棺盖板（俯视）　2. M8内棺盖板（仰视）

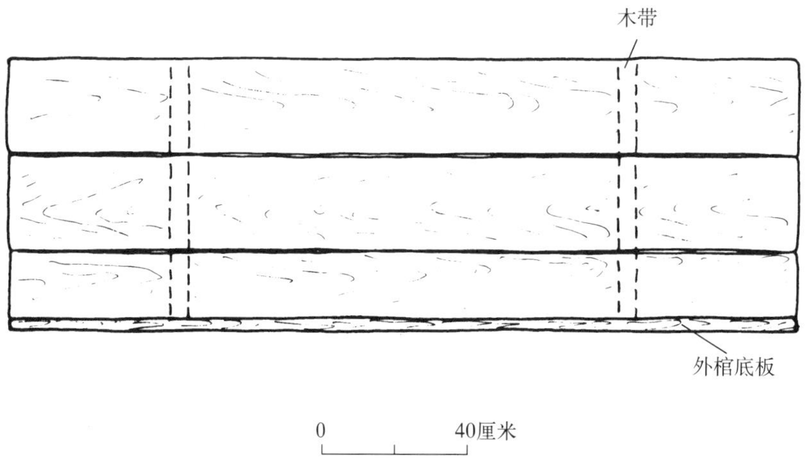

图八六　M8 内棺东侧板平面图

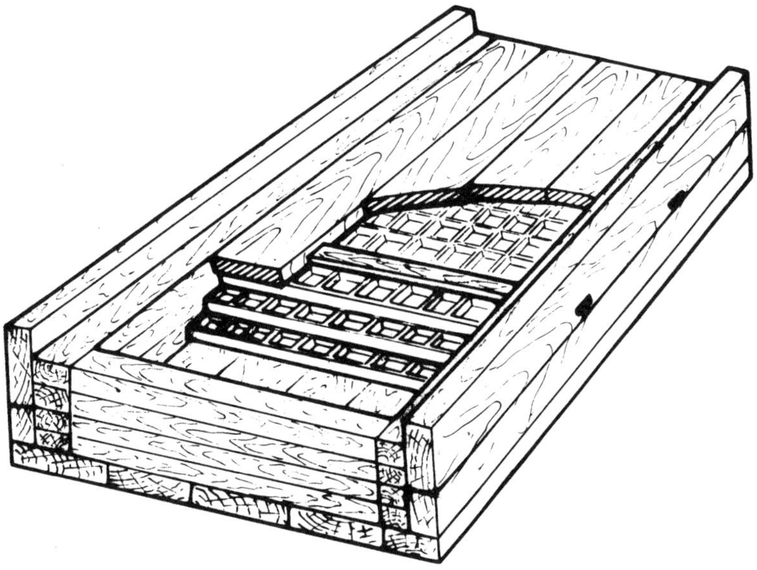

图八七　M8内棺底示意图

挡板厚1厘米。

内棺底板为两层，上层底板上承放死者，上层底板之下有三层网格框架，框架之下为内棺下层底板（图八七）。底板四周有宽度为0.08米的边框，边框高出上层底板0.08米。边框外围是内棺的两侧立板和头、脚端的挡板。上层底板总长2.1、总宽0.74米，由4块木板组成，木板宽0.16～0.22米；有两条木带置于底板之上，其长度与内棺底板总宽度相等，宽0.06米，北边木带距底板北端头0.44米，南边木带距底板南端头0.44米。在两木带外边有两条与木带平行的凹槽，但看不出有横向的木痕，宽0.06、深0.02米，这两条凹槽通向两侧内棺立板内。

内棺上层底板下有三层橘黄色网格架框，厚薄不均。

第一层方格网架长2.1、宽0.74米，网架北端距椁底板0.45、南端距椁底板0.3米；网架框内皆由橘黄色小方格组成，框架内小方格排列整齐，横向排列13个，纵向排列40个，均为5厘米×5厘米见方，有些方块上可看出有布纹，每个小方格四周均有凸起于平面的淤土形成。在这层框架上横置两根木条，长0.90、宽0.05米，每根木条的两端穿过网架边框并插入网架外东西两侧的木板内（图八八；彩版八八，1）。

第二层方格网架置于第一层方格网架之下，长2.35、宽1.05、北端距椁底板高0.35，南端距椁底板0.15米。该层框架保存较差，网架框内也由橘黄色小方格组成，网格较大，横向排列大约7个，纵向排列大约20个，每个网格约10厘米×10厘米见方。这一层网架之上横置3根木条，长1.05、宽0.06、厚0.03米，分别位于棺具的头端、脚端和中腰部位（图八九；彩版八八，2）。

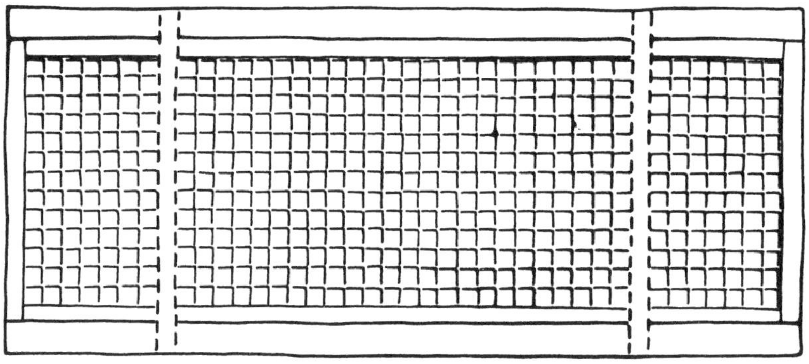

图八八 M8 内棺底板第一层方格平面图

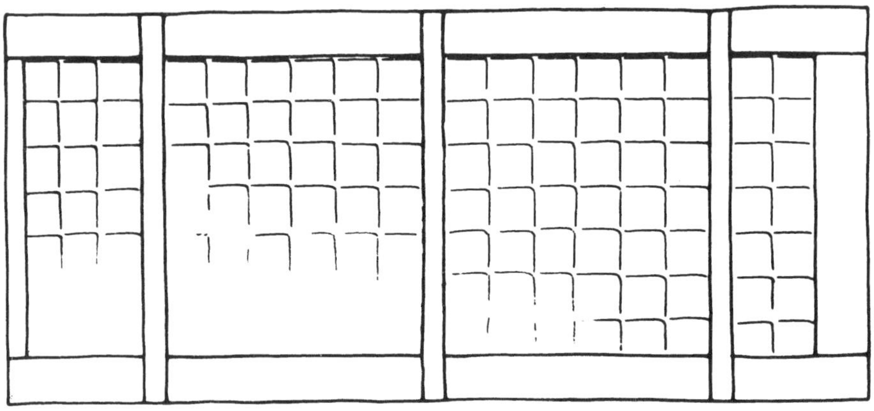

图八九 M8 内棺底板第二层方格平面图

第三层方格网架置于第二层方格网架之下，长 2.35、宽 1.05、北端距椁底板 0.2、南端距椁底板高 0.05 米。这一层网格保存较差，每个小方格的尺寸与第二层基本相同。第三层方格网架下东西两侧各置一道长绳索，南北横置三道绳索，横置三道绳索的东西两端压在东西两侧的长绳索上，东西两侧长绳索长 2.35、宽 0.25 米；横置三道绳索长 1.1、宽 0.25 米。绳索外围有长 2.55、宽 1.34 米的木质框架痕迹。东西两侧木框各宽 0.12 米，南北两端木框各宽 0.10 米。北端的横置绳索距北端木框外沿 0.3 米，南端的横置绳索距南端木框外沿 0.3 米，边框与内棺侧板都压在内棺下层底板上，边框头端、脚端木条抵住两侧长木条（图九〇；彩版八九，1）。

内棺中的最下层网架边框结构为：在墓主人头部端有突出的榫头，内棺底板下又出现方格网架，方格尺寸比内棺中的大，但是不见专门的边框。内棺西南角，距椁底板 0.56 米高度时可见南挡板抵住西侧板；在距椁底板 0.53 米高度时又可见西侧板抵住南挡板；在距椁底板

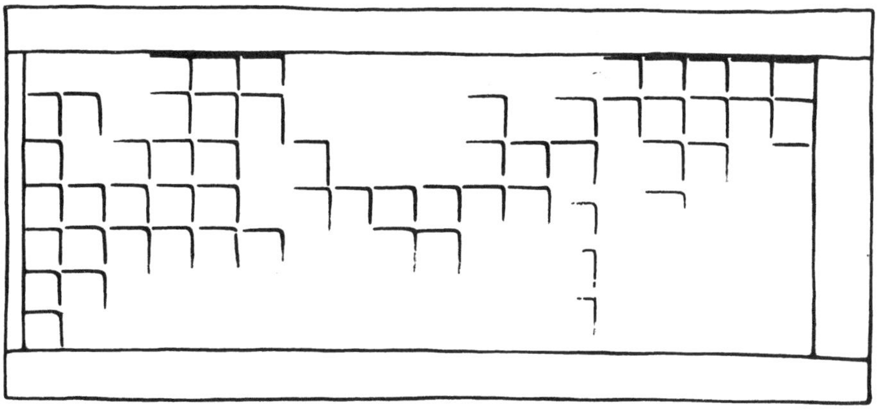

1

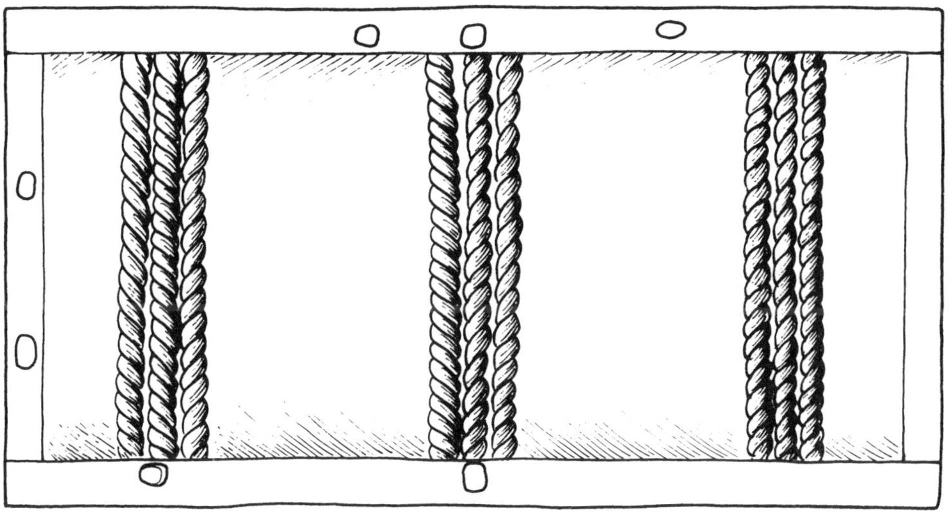

2

图九〇　M8 内棺底板第三层方格平面图

1.M8内棺底板第三层方格　2.M8内棺底板第三层方格下绳索

0.43 米高度时可见南挡板抵住西侧板；距椁底板 0.42 米高度时西侧板出现榫卯，插入南挡板。内棺东南角，距椁底板 0.40 米高度时南挡板有榫卯，东侧板抵住南挡板。这是在解剖过程中发现的局部现象，其余部分的结构关系不清楚。内棺底板北部距椁底板高度 0.46、南部高度为 0.36 米。内棺底板上的网架边框第 3 层厚度 3 厘米。

棺内发现人骨架一具，仰身直肢，双臂弯曲，双手交于胸前，头骨部分腐朽（彩版八九，2）。性别、年龄不详。骨架下可见四层有红黑色变形龙纹图案的纺织品痕迹（图九一；彩版九〇，1）。

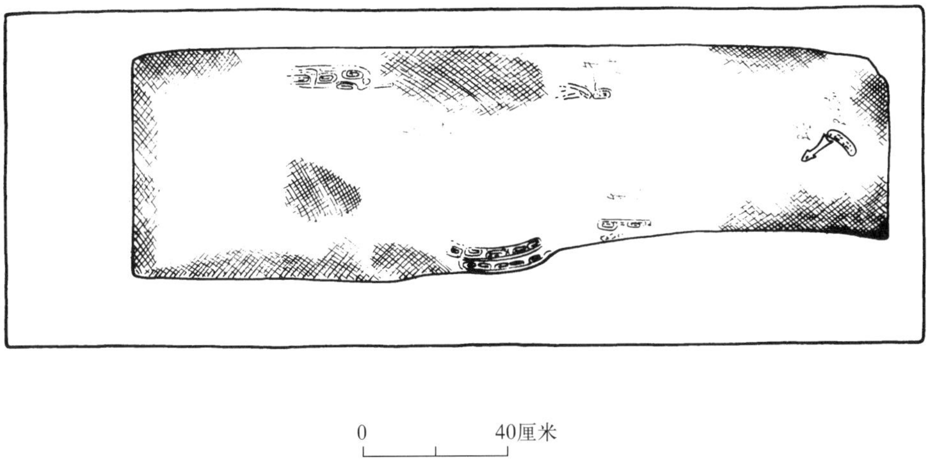

图九一　M8人骨架下纺织品平面图

（四）随葬器物

随葬器物为青铜器、玉石器、骨器、蚌器、陶器，共96件（组）。其中青铜器61、玉石器14、骨器2、蚌器8、海贝3、陶器8件（组）。青铜器主要放置在椁棺之间的南部位置，玉石器主要放置在棺内墓主人附近（图九二；彩版九〇，2）。

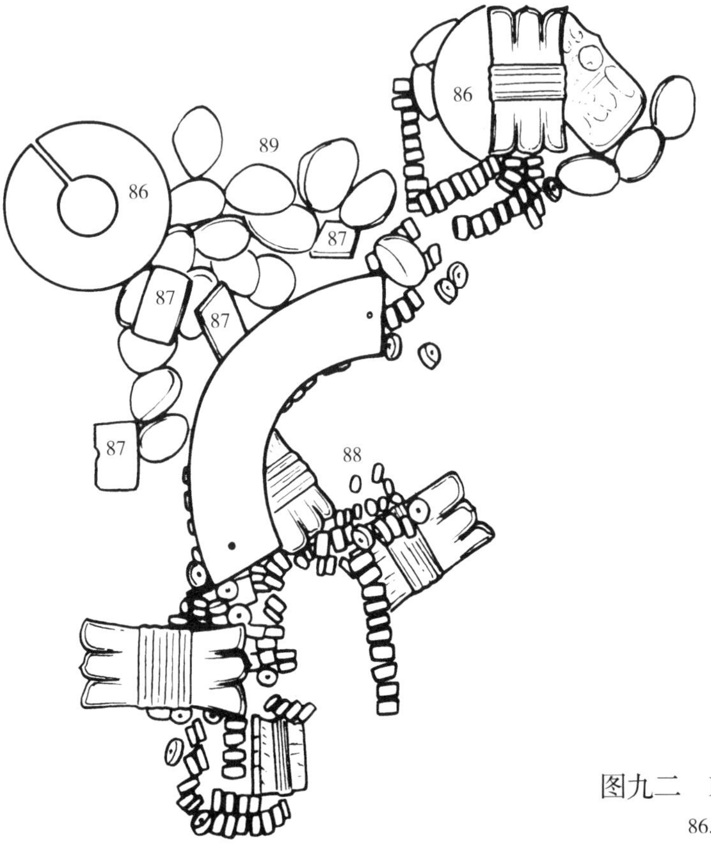

图九二　M8玉玦、项饰等放置位置示意图

86.玉玦　87.玉片　88.项饰　89.海贝

1. 青铜器

58 件（组），分别为铜鼎 1、铜簋 2、铜甗 1、铜壶 2、铜盘 1、铜匜 1、铜匕 2、铜矛 1、铜戈 1、铜銮铃 4、铜车軎、辖 3、铜铃 13、铜马镳、衔 2、铜节约 2、铜环 2、铜带扣、小铜管 1、铜带饰 3、兽首形铜泡 2、铜饰 8、铜鱼 6、铜管 3 件（组）。

铜鼎　1 件。

M8：13，斜折沿，立耳，半球形腹、圜底，三蹄足。腹部饰横鳞纹，下饰凸旋纹一周。腹部内壁铸铭文 3 行 19 字（含重文 2 字）：“楷宰中（仲）丂（考）父乍（作）/ 季妇宝鼎其万 / 年子子孙孙用享”。通高 22.4、口径 24、腹深 13、耳高 4、足高 8.8 厘米，重 3695 克（图九三；彩版九一）。

铜簋　2 件。

形制、纹饰相同，尺寸接近。盖体呈覆碗形，器身为敛口，鼓腹，腹部两侧有龙首垂珥形耳，

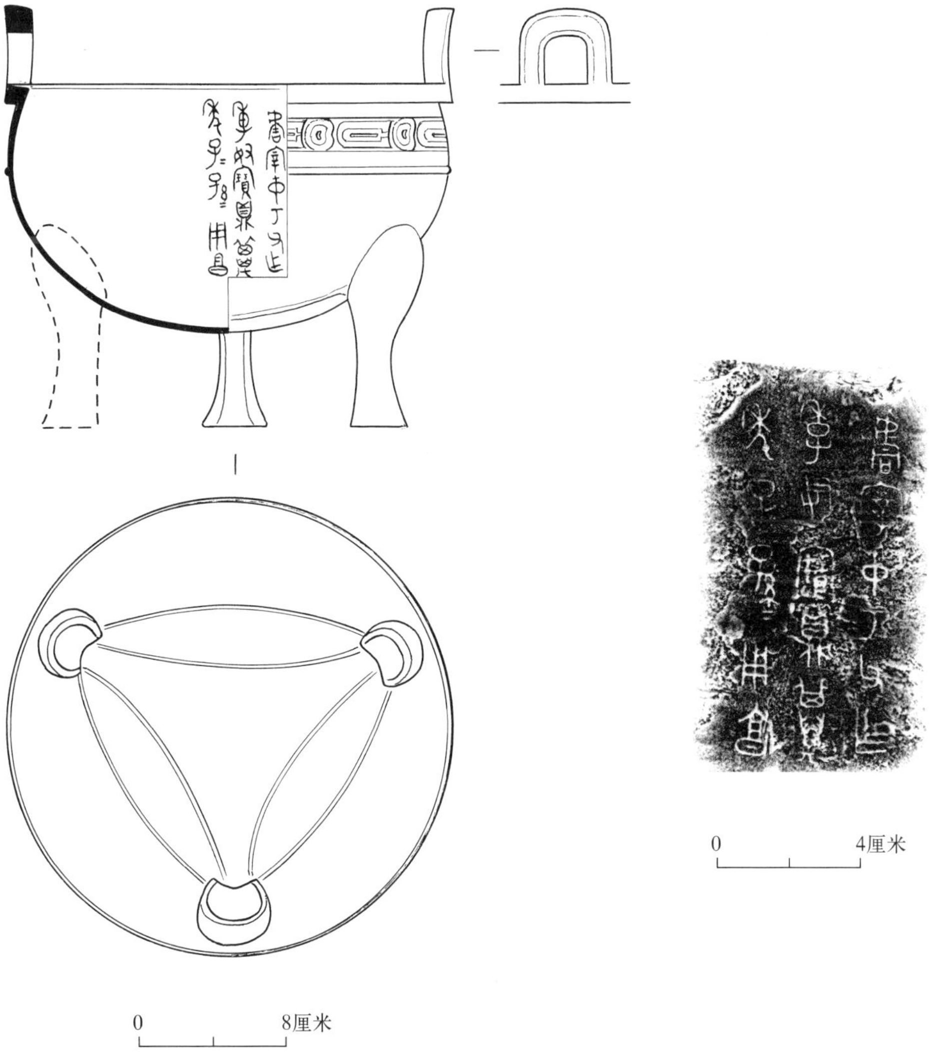

图九三　M8 出土铜鼎 M8：13

腹部下为喇叭状圈足，圈足上饰三矮足。盖上部为瓦棱纹，接近口缘部饰横鳞纹，口沿下饰横鳞纹，腹部饰瓦棱纹，圈足饰横鳞纹。

M8：19，通高 19.5、口径 14.7、腹径 18.3、腹深 9.4、双耳外缘间距 28.8、足高 2 厘米，重 3950 克（图九四；彩版九二、九三）。

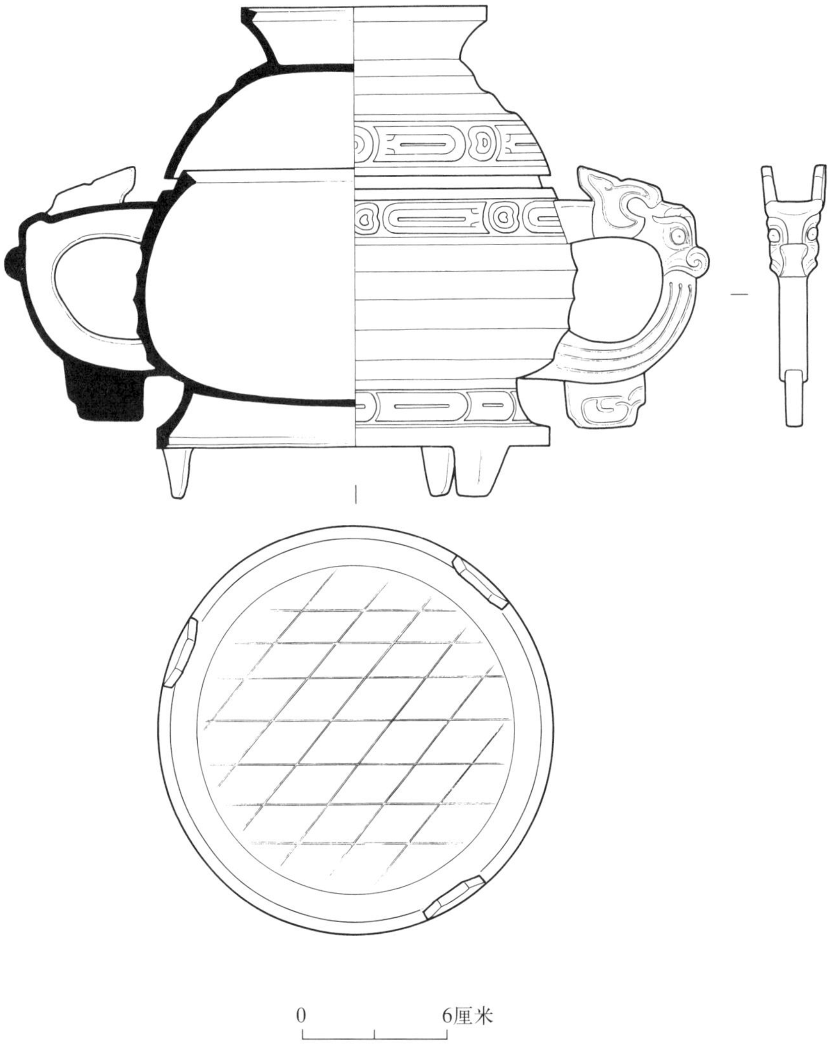

图九四　M8 出土铜簋 M8：19

M8：18，通高 19、口径 14.7、腹径 18、腹深 9.1、双耳外缘间距 27.5、足高 2 厘米，重 3885 克（彩版九四、九五）。

铜甗　1 件。

M8：16，甑、鬲一体，立耳微外侈，斜沿，侈口，甑与鬲连接部位内收，鬲鼓腹，分裆，蹄足。口沿下有横鳞纹一周。通高 32.5、口径 21.6、口高 26.8、腰径 13.6、腹深 23. 8、两耳距 26.2 厘米，重 4415 克（图九五；彩版九六、九七）。

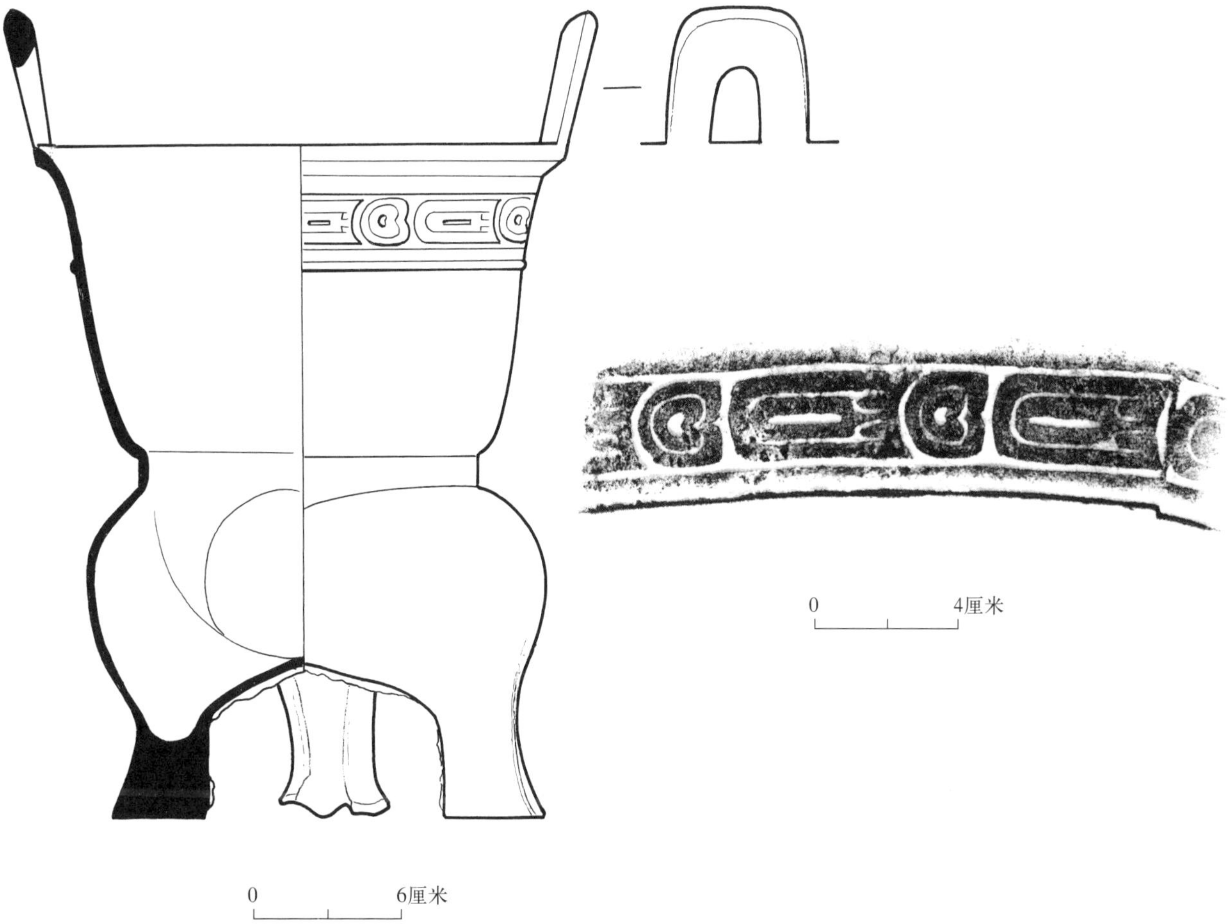

图九五　M8 出土铜甗 M8：16

铜壶　2 件。

形制、纹饰相同，尺寸接近。壶盖顶部为喇叭形捉手，捉手外围饰鳞纹一周，盖身饰窃曲纹一周；捉手内饰盘龙纹。壶体束颈，颈部两侧铸兽首衔环形附耳，兽首顶部有双螺状角；壶底部为喇叭状圈足。壶径上部饰“山”纹，其下为窃曲纹、瓦棱纹、横鳞纹、横置“S”纹，圈足部饰垂鳞纹，圈足外底部可见菱形格状加强筋，底部略凸起。

M8：7，壶盖榫部外侧铸铭文 3 行 9 字：“楷侯宰 / 吹乍（作）宝 / 壶永用”。壶体内口沿下铸铭文 2 行 9 字：“楷侯宰吹乍（作）/ 宝壶永用”。通高 43.6、口径 15、腹径 24.8、圈足径 20.8、口沿高 35.1 厘米，壶盖高 14.4 厘米，插入壶口内部的榫高 5.4 厘米，重 7430 克（图九六；彩版九八、九九）。

M8：12，通高 44、口径 15、腹径 24.5、圈足径 20.2、口沿高 35.1 厘米，壶盖高 14.4 厘米插入壶口内部的榫高 5.4 厘米，重 8435 克（图九七；彩版一〇〇、一〇一）。

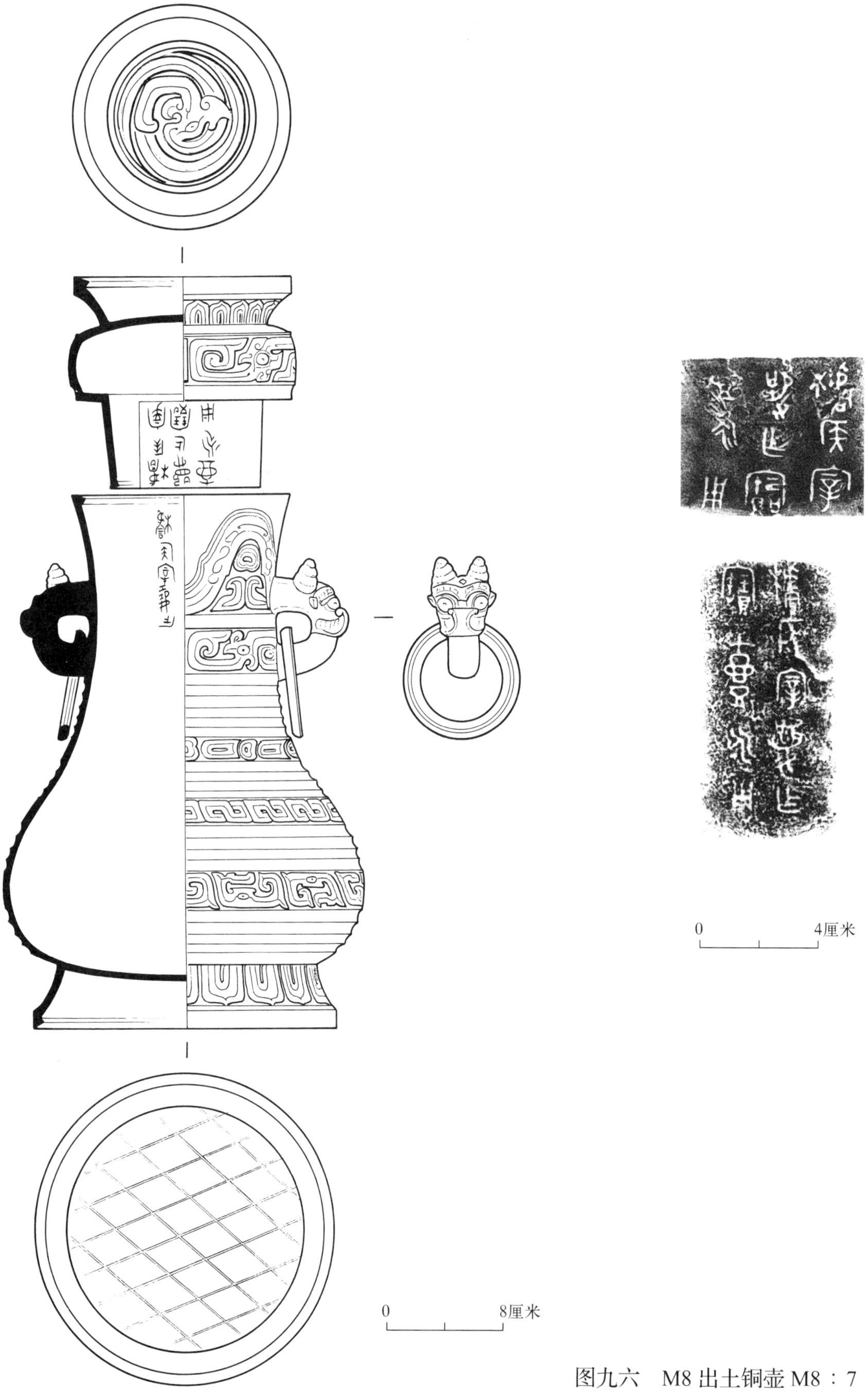

图九六　M8出土铜壶M8：7

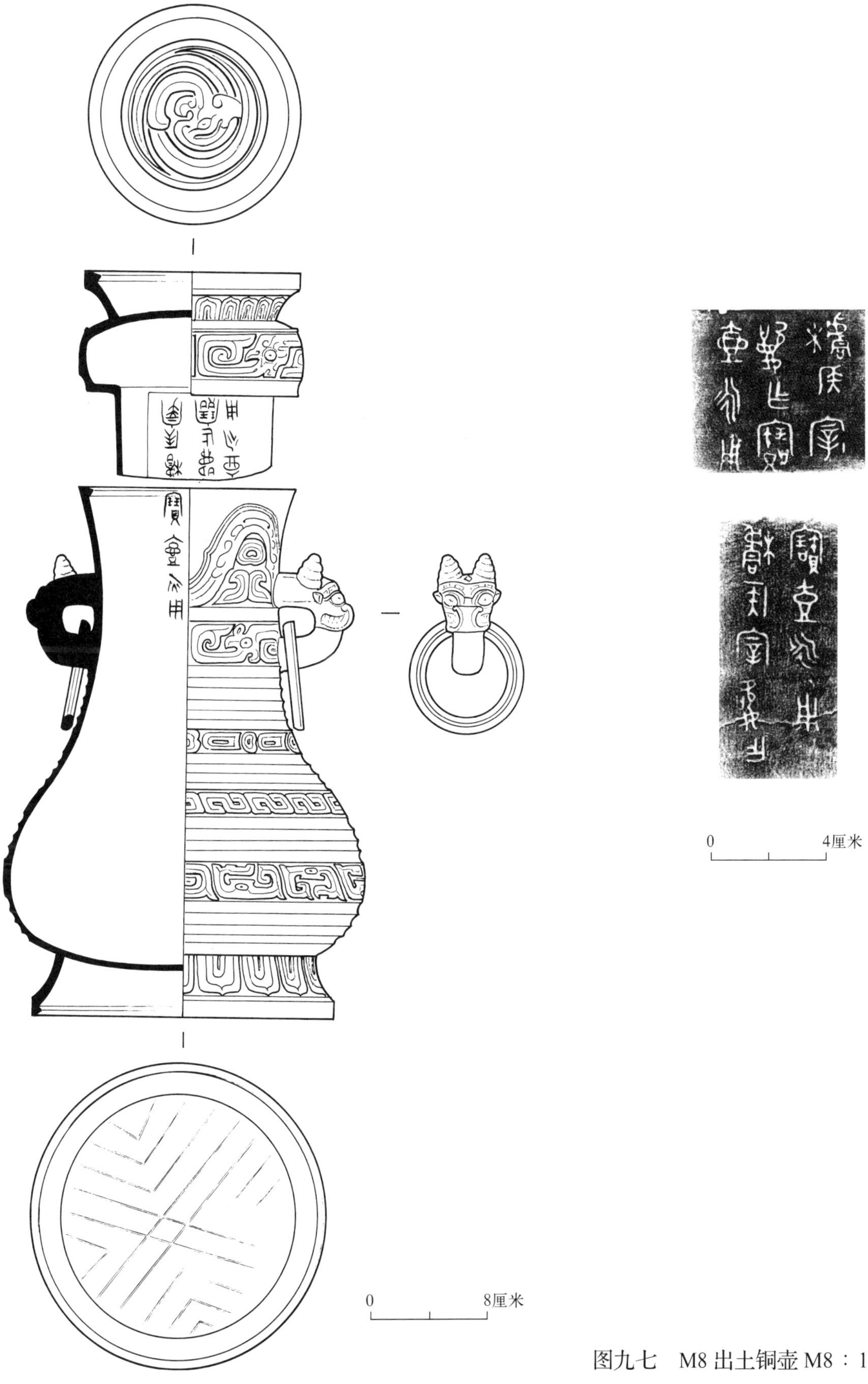

图九七　M8 出土铜壶 M8：12

铜盘　1件。

M8：66，斜折沿，敞口浅腹，附耳，圈足外侈。耳外侧有凹槽一周，沿下及圈足饰横鳞纹，盘底可见菱形加强筋。通高10.8、口径29.6、腹深5.8、圈足高2.8、圈足底径22.4、耳高6.2厘米，重3370克（图九八；彩版一〇二）。

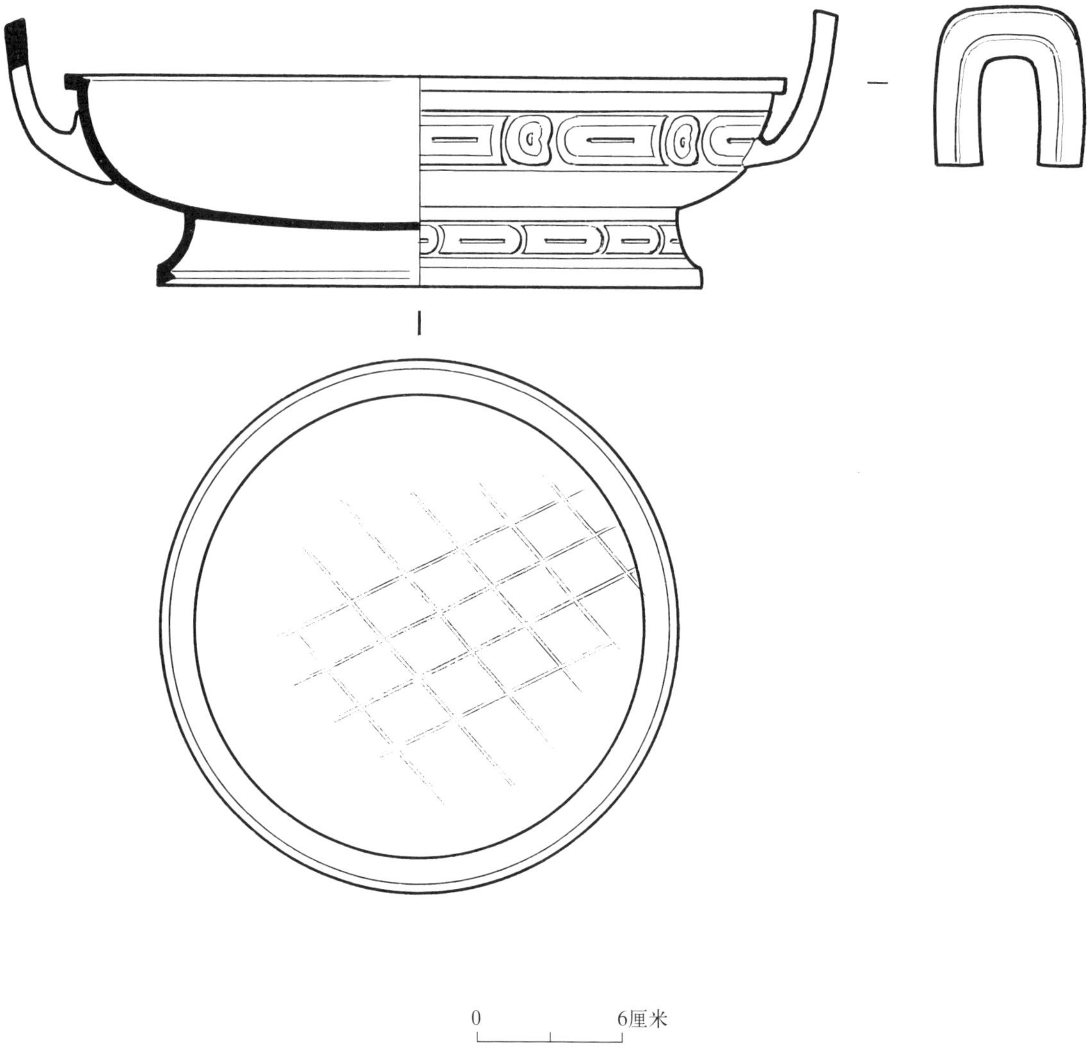

图九八　M8出土铜盘M8：66

铜匜　1件。

M8：65，流口部上扬，弧腹，圜底，半环状兽形鋬，弧腹，圜底，腹下四扁足。口沿下饰变形夔龙纹，腹部饰瓦棱纹，四足饰兽首纹，鋬通体饰鳞纹。内底铸铭2行15字（含重文2字）：“中（丂）考父（乍）作旅匜其/万年子子孙孙用享”。通长31、通高17、器身宽14.6、鎏宽4.5、鎏至鋬长31、足高6.3厘米，重1925克（图九九；彩版一〇四、一〇五）。

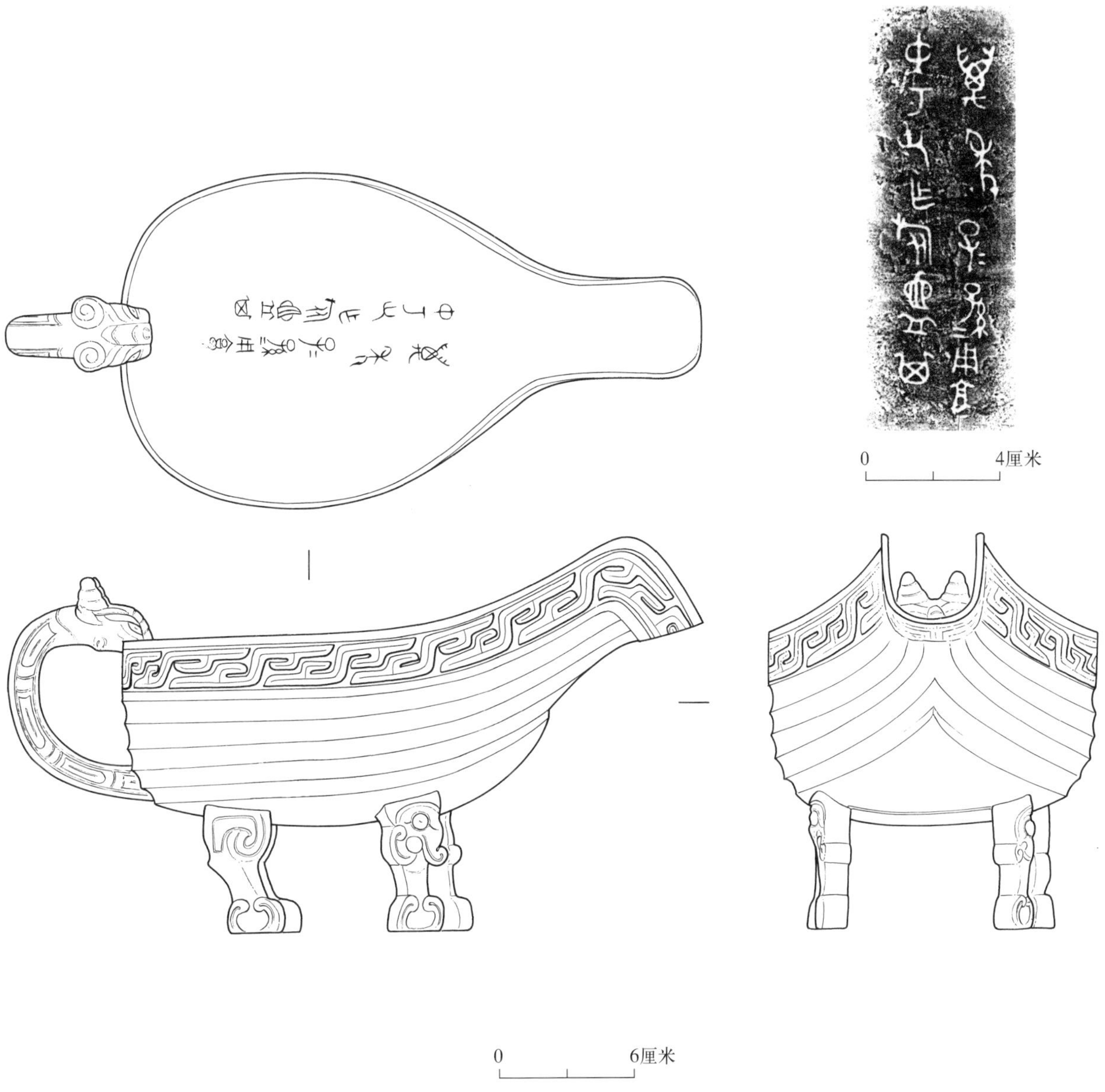

图九九　M8 出土铜匜 M8：65

铜匕　2 件。

形制、尺寸相同。呈桃叶形，柄部为銎管状。

M8：5，通长 12.9、宽 3.1、銎直径 1.5 ～ 2 厘米（图一〇〇，1；彩版一〇三，1）。

M8：17，通长 12.9、宽 3.1、銎直径 1.5 ～ 2 厘米（彩版一〇三，2）。

铜矛　1 件。

M8：53，平阔叶形，双叶间有脊。长骹，下口为圆形，单系，骹中心有小孔。通长 17.5、叶阔 4、骹下口直径 2.9 厘米（图一〇〇，2；彩版一〇三，3）。

铜戈　1件。

M8：64，援锋部呈圭状，中腰部略窄，胡部近阑处三穿，内部一穿。通长22.4、援长15.2、宽3.1、内长6.8、宽3.4、胡长10.1厘米（图一〇〇，3；彩版一〇三，4）。

铜銮铃　4件。

形制、纹饰相同，大小相近。铃首为椭圆形鼓泡状，中空，内装泥质丸粒，铃首鼓泡表面中心有圆孔一个，孔周围有三角形孔八个，鼓泡周围有片状铃圈，铃圈面有长弧形孔四个。铃首下方有铃座呈台形，中空，铃座四面各有三道纵向突起条纹，纵向条纹两侧上下各有两个凸棱，铃座上方四面正中位置各有一三角形孔，下方四面各有一圆孔，均与铃座腔内贯通。

M8：47，通高19、铃首直径8.9～10.6、铃首鼓起部位厚5.4、中心孔直径1.3、铃座上部宽3.6、厚1.9、下部宽5.2、厚3.3、铃首腔内泥丸直径1.3厘米（图一〇〇，4；彩版一〇六，1）。

M8：48，通高17.9、铃首直径8.5～10、铃首鼓起部位厚5.2、中心孔直径1.1、铃座上部宽3.7、厚2、下部宽5.2、厚3.4、铃首腔内泥丸直径1.8厘米（彩版一〇六，2）。

M8：49，通高18.9、铃首直径9.3～11、铃首鼓起部位厚5.6、中心孔直径1.6、铃座上部宽4、厚2、下部宽5.2、厚3.3、铃首腔内泥丸直径1.3厘米（彩版一〇六，3）。

M8：50，通高19.9、铃首直径9.5～11.5、铃首鼓起部位厚5.5、中心孔直径1.4、铃座上部宽4、厚2、下部宽5、厚3.3、铃首腔内泥丸直径1.2厘米（彩版一〇六，4）。

铜车軎、辖　3组。

M8：3，车軎长直筒状，近车毂的一端较粗，开口，上下方各有一长方形辖孔可贯通，外端较细，外缘头封堵，表面纵向为十一面体。外缘直径3.2、近毂端直径4.1、辖孔长1.7、宽0.5、軎通长6.9厘米。辖首为矩形，首两侧有孔可贯通，首背为长方块形，辖首下方为长扁条状键。辖通长9.3、其中辖首高3.7、宽1.1～1.7、长2.4、键部长5.6、宽1.5、厚0.5厘米（图一〇〇，5）。

M8：35，軎呈长直筒状，近车毂的一端较粗，开口，上下方各有一长方形辖孔可贯通，外端较细，外缘头封堵，车軎表面纵向为十一面体。軎通长6.8、外缘直径3.2、近毂端直径4.1、辖孔长1.7、宽0.5厘米。辖首为矩形，首两侧有孔可贯通，首背为长方块形，辖首下方为长扁条状键。辖通长9.4、其中辖首高3.7、宽1.1～1.7、长2.4、键部长5.6、宽1.5、厚0.5厘米（彩版一〇七，1）。

M8：36，軎通长11.9、外缘直径4.1、近毂端直径6、辖孔长2.8、宽1厘米。辖首为兽首形，首两侧有孔可贯通，首背为长方块形，辖首下方为长扁条状键。辖通长12、其中辖首高4、宽2.9～3.5、长3.6、键部长8、宽2.1、厚0.8厘米（彩版一〇七，2）。

铜铃　13组。

M8：2，共1件；M8：4，共1件；M8：10，共2件；M8：11，共1件；M8：29，共2件；M8：30，共1件；M8：34，共1件；M8：37，共2件；M8：43，共1件；M8：44，共2件；M8：45，共1件；M8：46，共1件；M8：60，共1件。形制均相同。横截面为扁圆形，形似编钟，顶端为平面，其上为桥形纽，纽下有孔与铜铃腔通，铃腔内悬挂铃舌，铃舌上端有

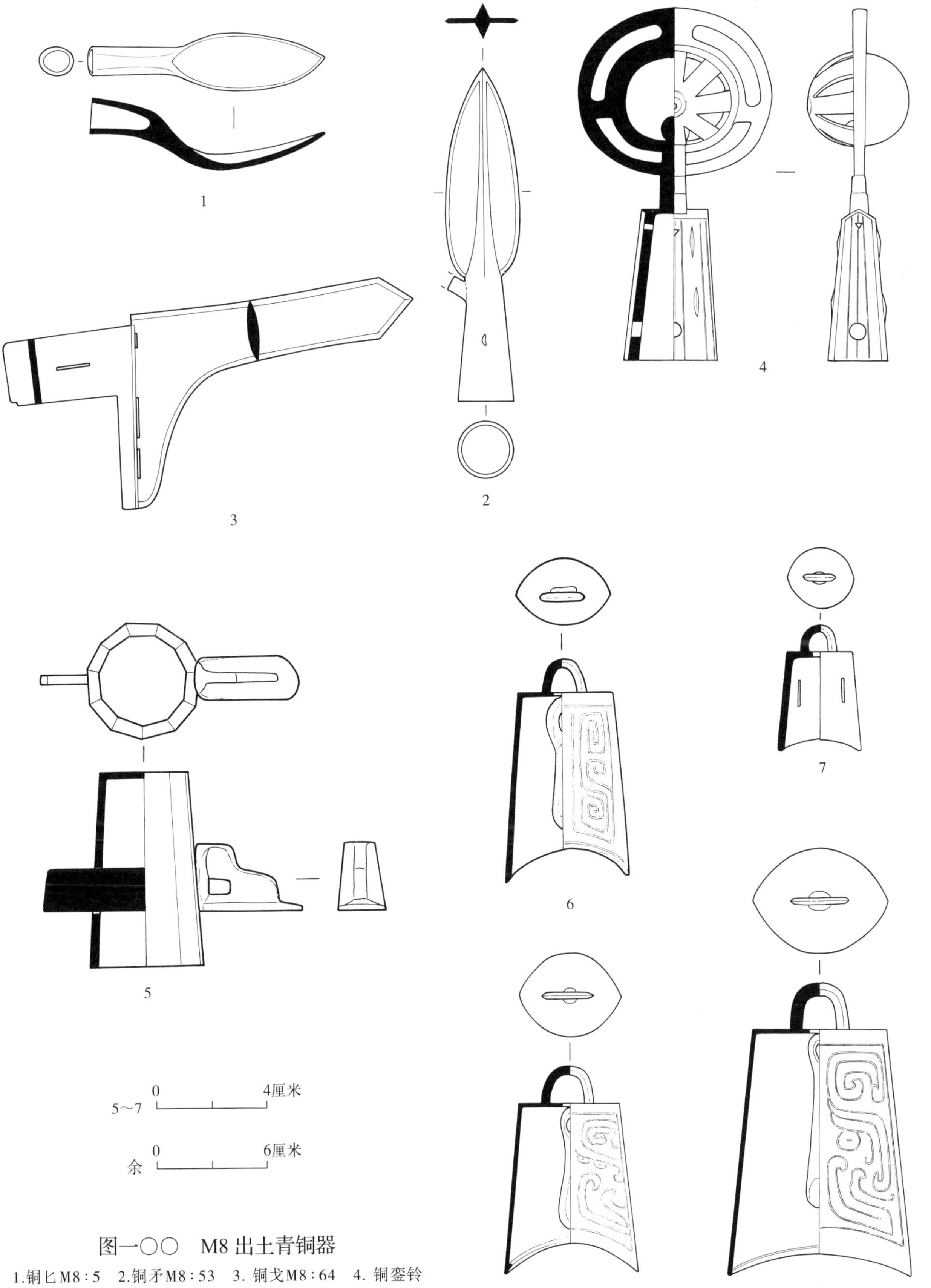

图一〇〇　M8出土青铜器

1.铜匕M8：5　2.铜矛M8：53　3.铜戈M8：64　4.铜銮铃M8：47　5.铜车軎、辖M8：3　6～9.铜铃M8：2、34、43、46

孔，舌孔与桥形纽之间以麻绳连接，桥形纽上可见麻绳残留痕迹，多数铃面饰曲线回纹，仅M8：34铃面除镂空外无装饰。铣部两端尖锐，两锐角之间边沿呈弧形。

M8：2，铃高7.9、侧边长6.7、铃壁厚0.1～0.2、铣间距4.5、铃舌长4.8、宽1.2厘米（图一〇〇，6；彩版一〇七，3）。

M8：34，铃高4.5、侧边长3.5、铃壁厚0.1～0.2、铣间距3.1厘米（图一〇〇，7；彩版一〇七，4）。

M8：43，铃高13.8、侧边长9、铃壁厚0.1～0.2、铣间距7.2厘米（图一〇〇，8；彩版一〇八，1）。

M8：46，铃高15.6、侧边长12.9、铃壁厚0.1～0.2、铣间距10厘米（图一〇〇，9；彩版一〇八，2）。

铜马镳、衔 2套。

M8：58-1，衔为两节链条套接组成，相接处环呈水滴状，外侧两环为圆角方形。马镳为

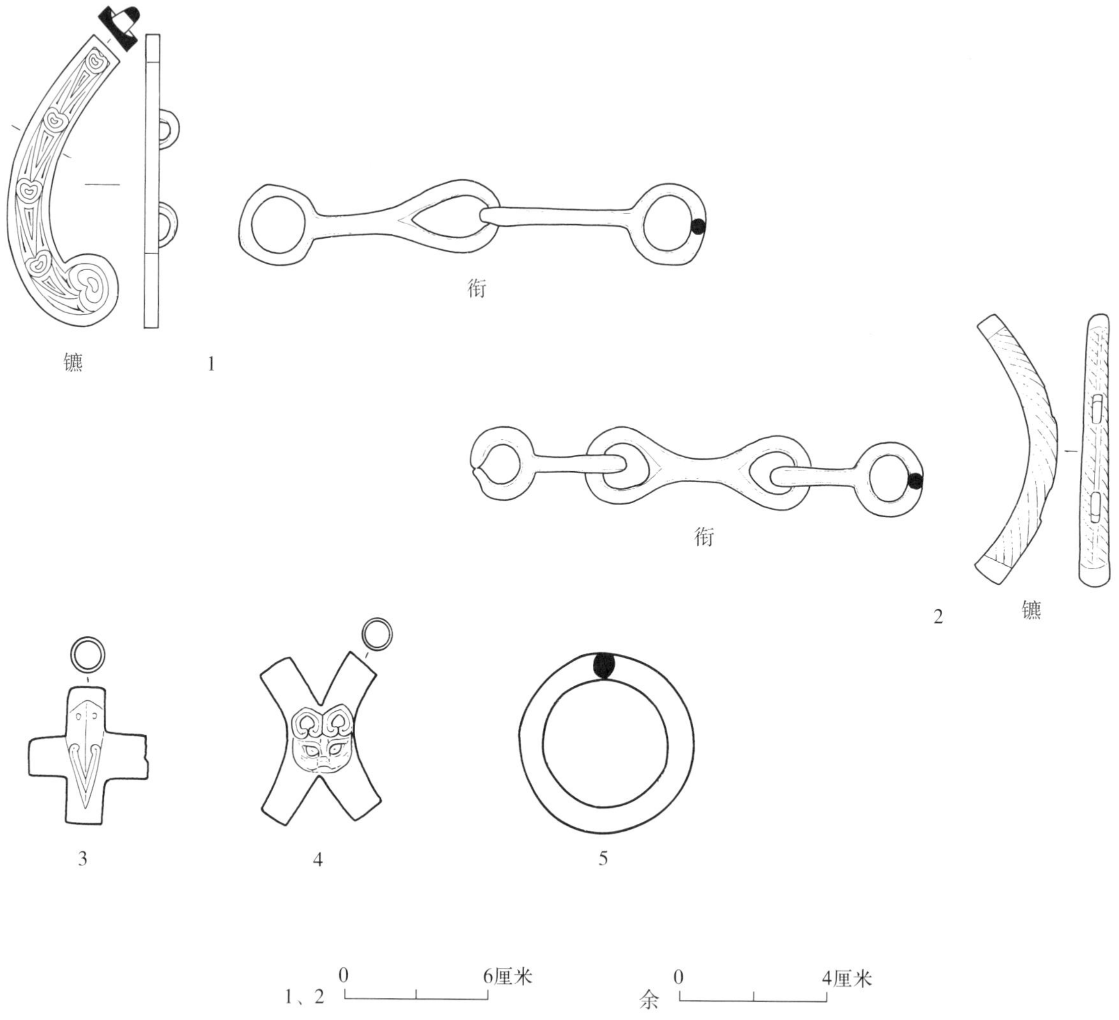

图一〇一 M8出土青铜器

1、2.铜马镳、衔M8：58-1、-2 3、4.铜节约M8：57-1、-2 5.铜环M8：63

一端内卷的弧形，上有两半环形系，镳身饰鳞纹。马衔长19.2、马镳长11.7厘米（图一〇一，1；彩版一〇九，1）。

M8：58-2，衔为三节链条相互套接组成，每节中段为圆柱形连杆，两端为环，中间一节两端环为平行，两端链条之环扭转呈90º，两端环孔中各插入一铜马镳，马镳为圆柱状弧形，中段有长方形孔两个，中段饰绞索纹，两端素面。马衔长18.5、马镳长11.6、马镳中段之孔径1.3、宽0.4厘米（图一〇一，2；彩版一〇九，2）。

铜节约　2组。

M8：57，共20件（彩版一〇九，3～7）；M8：96，共4件。

M8：57-1，十字形管状，四个管状孔可互相贯通，正面中心纹饰为禅纹，背面透空。长3.6、宽3.2、厚1.6、管孔直径1厘米（图一〇一，3）。

M8：57-2，交叉四出孔形节约，两端管孔呈叉形，四出管孔，中心合为一体，正面中心饰兽首纹。长4.4、中腰部宽2、两圆管内缘间距0.5、外缘间距2.5、厚1.7厘米（图一〇一，4）。

铜环　2组。

M8：63，共1件；M8：93，共3件。

M8：63，圆形，直径3.3～4.9厘米（图一〇一，5；彩版一〇九，8）。

铜带扣、小铜管　1组。

M8：95，带扣，圆柱状，两端呈亚腰形，形状类似爵杯口沿之柱，中间略细用以系皮带。长2.1～3.1、直径1厘米。小铜管，圆管形。长1.8、直径1.1、管壁厚0.1厘米。

铜带饰　3组。

M8：77，三角垂叶形，正面突起，下端尖锐，突起部位饰兽面纹，兽面纹周边镂空，背面有穿带梁。残长6.5、残宽1.8～4、厚1.5厘米。

M8：79，三角垂叶形，正面突起，下端尖锐，突起部位饰兽面纹，兽面纹周边镂空，背面有穿带梁。残长6.5、残宽1.8～4、厚1.5厘米（图一〇二，1；彩版一一〇，1）。

兽首形铜泡　2组。

M8：54，共4件。两种形制，各2件。M8：54-1，顶部不带横梁（图一〇二，2）。M8：54-2，顶部带横梁，正面纹饰为兽首，兽首下端有突出的獠牙，鼻、目突起，背面呈凹壳形，凹壳边缘置一扁条状横梁。高5、宽5、厚1.5～1.8、背面横梁长4.1、宽0.8～1.6厘米（图一〇二，3；彩版一一〇，2、3）。

M8：56，共2件。M8：56-1，正面纹饰为兽首，鼻、目突起，两耳各有一孔，穿透正背面，背面呈凹壳形，凹壳边缘置一扁条状横梁，高2.9、宽2.9、厚0.7、背面横梁长5.7、宽0.7厘米（图一〇二，4；彩版一一〇，4）。

铜饰　8组。

M8：1，共1件；M8：23，共1件；M8：24，共1件；M8：25，共1件；M8：26，共1件；M8：38，共2件；M8：59，共2件；M8：61，共1件。

M8：59，正面兽首中心鼓起，耳、目、鼻、角各在其位，背面垂直衔接一桥形纽。高3.4、宽4、厚0.5、纽高1.5厘米（图一〇二，5；彩版一一〇，5）。

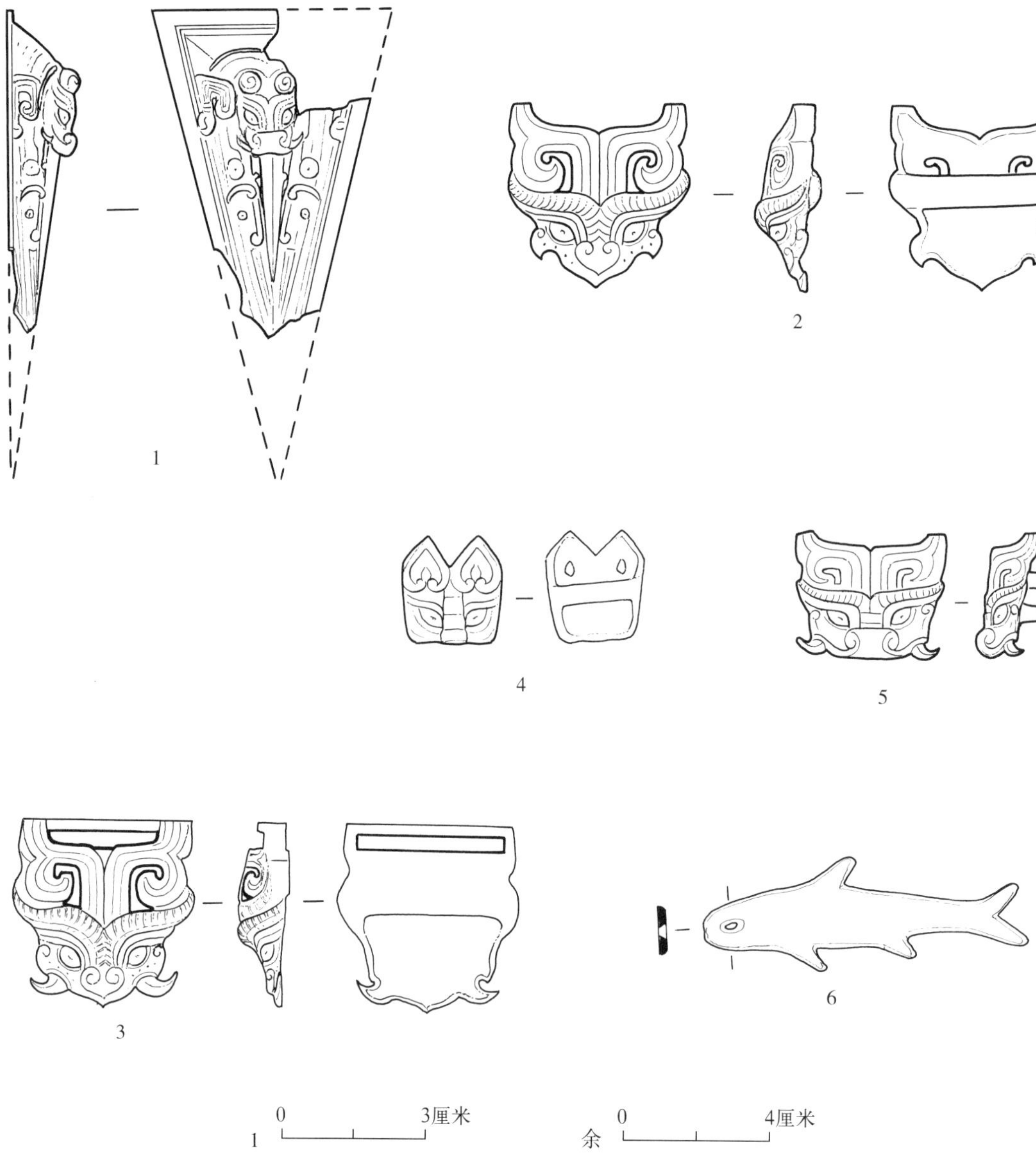

图一〇二　M8出土青铜器

1.铜带饰M8：79　2～4.兽首形铜泡M8：54-1、54-2、56-1　5.铜饰M8：59　6.铜鱼M8：31-2

铜鱼　6组。

M8：31，共170件（彩版一一一）；M8：40，共11件；M8：71，共30件；M8：67，共11件；M8：51，共1件；M8：94，共8件。

M8：31-2，扁长条形，头端圆，较宽，有穿孔，两侧有鳍，尾鳍岔开。长7.1～8.7、宽1～2、厚0.2厘米（图一〇二，6）。

铜管　3组。

M8：32，共36件；M8：33，共67件；M8：55，共33件。

M8：55-1，两端孔可贯通。长1.6、直径1.1、壁厚0.1厘米（彩版一一〇，6）。

2. 玉石器

14 件（组）。分别为项饰 1、玉玦 1、玉璜 2、玉握 2、玉璧 2、龙形玉佩 2、玉柄形饰 1、玉琀 1、鱼形玉饰 1、石管 1 件（组）。

项饰　1 组。

M8：88，共 228 件。其中，玛瑙珠 220 件、项后结 1 件、玉璜 1 件、束腰形花瓣玉牌 6 件。玛瑙珠尺寸不等，红色，圆片形或圆柱形，直径 0.3 ～ 0.7、高 0.2 ～ 0.5 厘米；项后结，质地软，位于项饰顶端，委角长方形，白色透明，无钙化现象，中心钻孔，阴刻夔龙纹，长 3.4、宽 3 厘米。束腰花瓣形玉牌饰，6 件，位于玛瑙珠串饰之间，等分分布，质地软，白色微透明，无钙化现象，呈长方形片状，中段有两组以三道凸棱组成的横线纹，两端各出三片花瓣，每瓣表面均沿花瓣造型施阴刻线纹三道，花瓣顶端至背面有斜对钻孔 4 个，用以穿线连接玛瑙珠。牌饰长 4.4 ～ 4.5、腰部宽 1.9 ～ 2.1 厘米；玉璜，位于项饰最下端，质地软，灰绿色，微透明，无钙化现象，弧条形片状，两端钻孔，用以穿线连接玛瑙珠，素面。玉璜两端外角距 10.6、内角距 5.8、两端穿线孔直径 0.3 或 0.4 厘米（图一〇三；彩版一一二）。

玉玦　1 组。

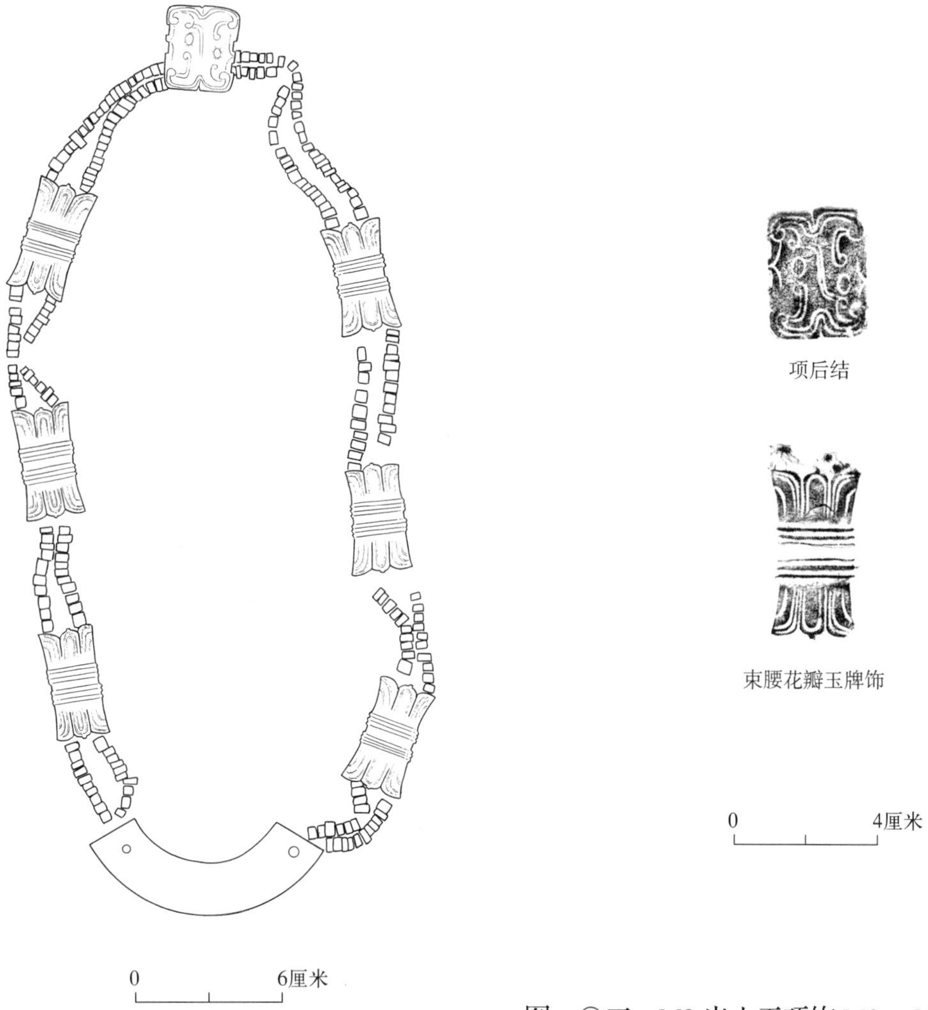

图一〇三　M8 出土玉项饰 M8：88

M8：86，共2件（彩版一一三，1、2）。M8：86-1，片状圆环形，一端有缺口，缺口一侧有一圆孔。直径5.1、厚0.4、中间孔径1.9、缺口宽0.2、长1.6、圆孔直径0.2厘米。M8：86-2，薄环状，一端有缺口，其中一件缺口内侧有小钻孔，另一件靠近缺口处有小钻孔。直径5.1、内径1.8、缺口宽0.2、长1.6、厚0.4、小钻孔直径0.3厘米。

玉璜 2件。

M8：27，片状弧形，略透明，呈灰色，钙化严重，两端有孔。长13.3、宽4.4、厚0.6厘米（彩版一一三，3）。

M8：90，质地软，青绿色，局部钙化，微透明，片状弧形，两端边缘饰扉棱，近沿处各有钻孔一个，两面饰卷曲草叶纹。长7.1、厚0.3、两端孔径0.2厘米。

玉握 2件。

M8：80，圆柱状，两端各钻两孔，可贯通，白色，无透明，表面剥蚀严重，素面。通长9.4、直径1.3～1.9、钻孔直径0.4厘米（彩版一一三，4）。

M8：81，通长9.7、直径1.6～1.8、钻孔直径0.4厘米（彩版一一三，5）。

玉璧 2件。

M8：84，圆形，片状，中心有孔。外缘直径6.6、中心孔直径1.9、厚0.1～0.5厘米（彩版一一四，1）。

M8：85，圆形，阴线刻卷曲夔龙纹。外缘直径5.1、中心孔直径0.5厘米（图一〇四，1；彩版一一四，2）

龙形玉佩 2件。

M8：83，绿色，微透明，质地软，稍有钙化。龙形为双头回首卷曲状，头部有角，吻部上卷，纹饰为单线条阴线。器物为双面纹饰。长6.1、宽3.1、厚0.25厘米（图一〇四，2；彩版一一四，3）。

M8：82，灰色，微透明，质地软，钙化，片状，似为龙形，但未作出纹饰。长5.9、高4、厚0.2厘米（图一〇四，6；彩版一一四，4）。

玉柄形饰 1套。

M8：28，共34件（图一〇四，3～5；彩版一一四，5）。出土时已散乱。M28-1，白色，质地软，微透明，部分钙化，无法恢复原组合，柄部未发现，其余均为长方形条状，部分饰件一角为矩形。长3.1～4.2、宽0.9、厚0.2厘米。

玉片 1件。

M8：87，白色，质地软，无透明，可拼接为长方形玉片，纵向起脊。通长9、宽2.2～2.4、厚0.1～0.3厘米（彩版一一四，6）。

玉鱼形饰 1件。

M8：91，软玉，青绿色，裂纹处钙化，微透明，片状，鱼形，腹、背部用印刻饰出鱼鳍纹，鱼目为印刻圆圈纹，吻部钻孔。头至尾长6.1、宽2、厚0.5、孔径0.2厘米。

石管 1组。

M8：92，圆柱形，两端略细，中间较粗，中空。长3.7、直径0.9～1.1厘米。

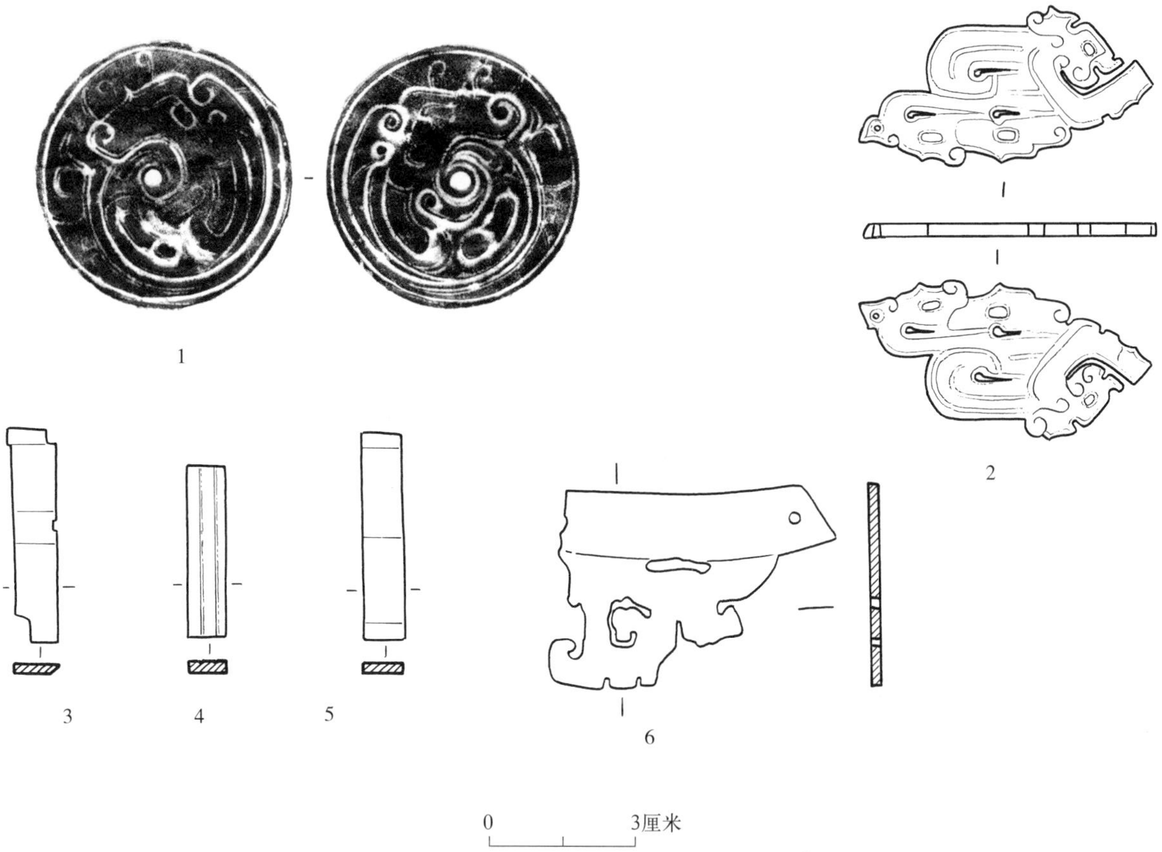

图一〇四　M8出土玉器

1. 玉璧M8：85　2、6. 龙形玉佩M8：83、82　3～5. 玉柄形饰M8：28-1～-3

3. 骨器

2组，均为骨镳。

骨镳　2组。

M8：74，共2件。M8：74-1，白色，残损，弧形锥状，一端尖锐，另一端较粗，有横向穿孔，且残。长10.2、直径0.3～1厘米（彩版一一五，1）。

M8：75，共2件。M8：75-1，白色，残损，弧形锥状，一端尖锐，另一端较粗，有横向穿孔，两端皆残损。长7.8、直径0.8～1.2厘米（彩版一一五，2）。

4. 蚌器

共8件（组），其中蚶4、蚌泡3、蚌鱼1件（组）。

蚶　4组。

M8：39，共35件（彩版一一五，3）；M8：69，共39件（彩版一一五，4）；M8：70，共10件；M8：97，共6件。

M8：69-1，背部隆起，灰褐色，腔内为白色，扇形，顶部有钻孔，背部有突起的放射形条状纹。长4.4、宽5厘米（图一〇五，1）。

蚌泡　3件。

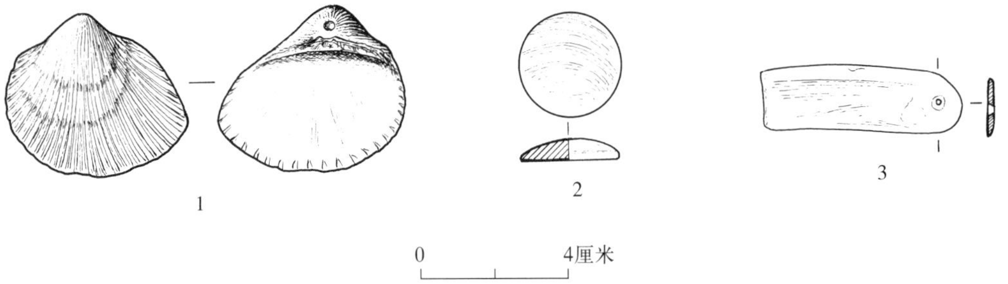

图一〇五　M8出土蚌器

1.蚶M8：69-1　2.蚌泡M8：14-1　3.蚌鱼M8：72-1

M8：14-1、14-2、20。

M8：14-1，半球形，中心有孔，白色，有粉化现象。直径2.6、厚0.8厘米（图一〇五，2；彩版一一六，1）。

M8：20，1件，半球形，中心有孔，白色，有粉化现象。直径2.6、孔径0.5、厚0.8厘米（彩版一一六，2）。

蚌鱼　1组。

M8：72，共7件。M8：72-1，尾部残断，白色，片状条形，鱼头部圆润，钻孔作鱼眼，素面。残长5.4、宽1.9、厚0.2厘米（图一〇五，3；彩版一一六，3）。

5. 海贝

3组。

M8：42，共2件；M8：89，共37件；M8：78，共47件。

M8：42-2，白色，中空，背部隆起，钻孔可通腔内，腹部为齿形。长1.9、宽1.4厘米（彩

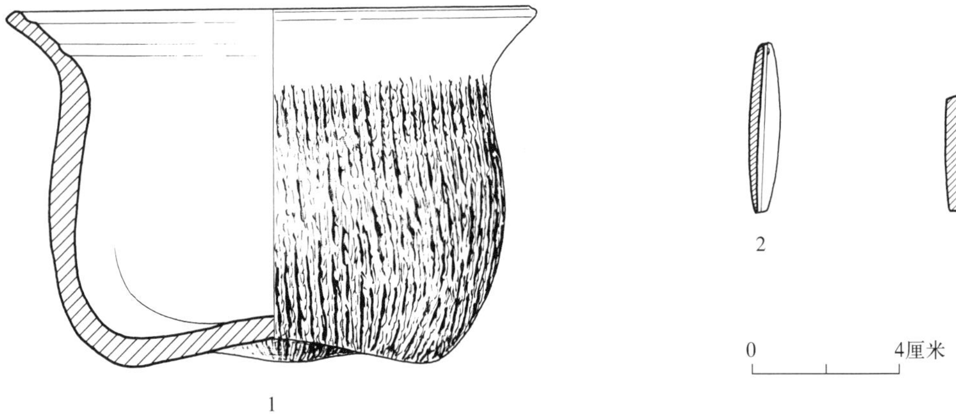

图一〇六　M8出土陶器

1.陶鬲M8：15　2、3.陶管M8：41-1、52-1

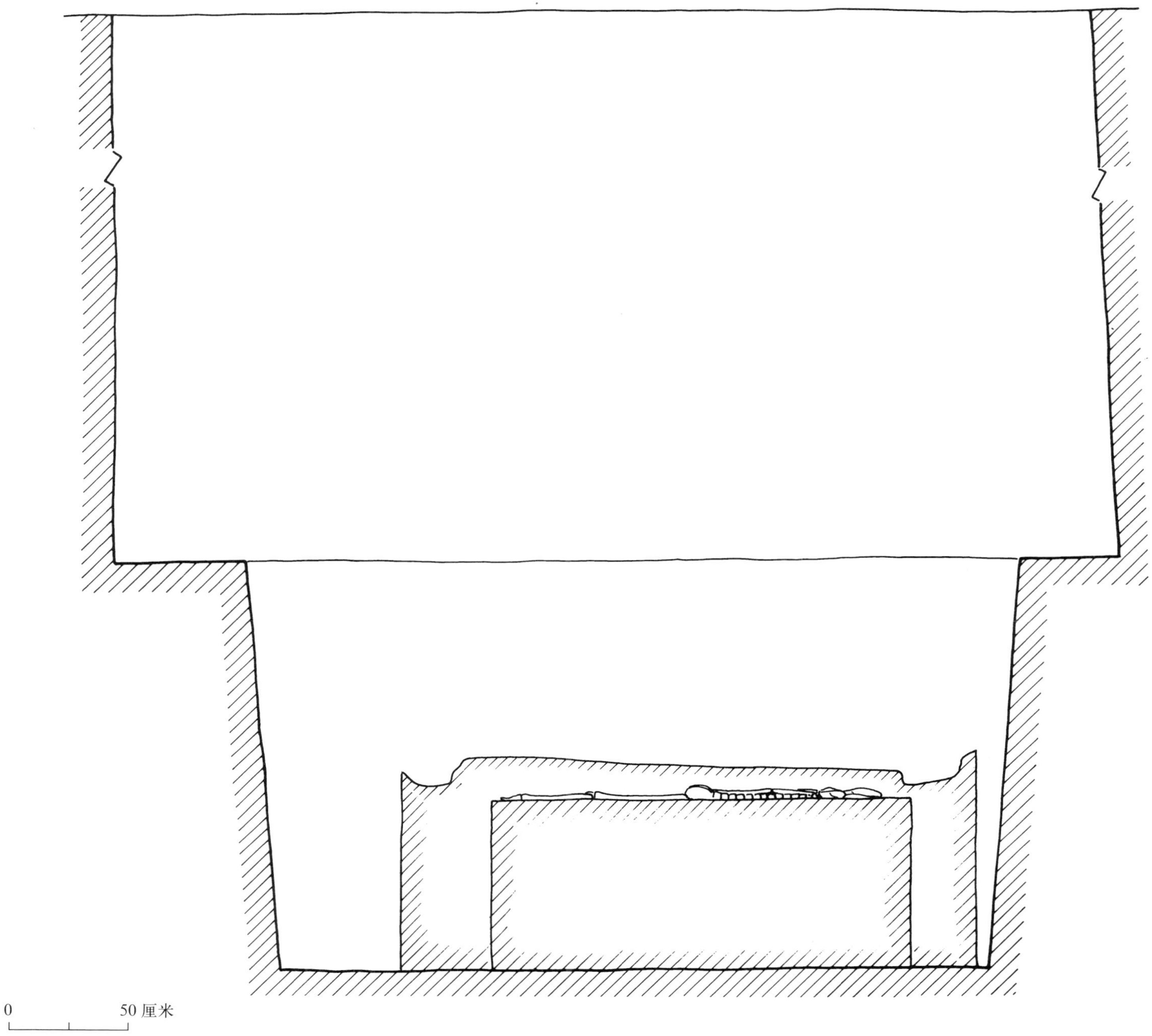

图一〇七　M9平、剖面图

22、25、27、29、32、35. 铜鱼　23、34. 铜车軎　24、26、28、31、33、40、46、52 ~ 54. 铜铃　30. 铜辖首　36. 铜盘　37、39. 铜壶　38. 陶罐　41. 铜匜　42、43. 铜簋　44. 陶鬲　45. 项饰　47、50. 铜匕　48. 海贝　49. 玉璋　51. 玉玦

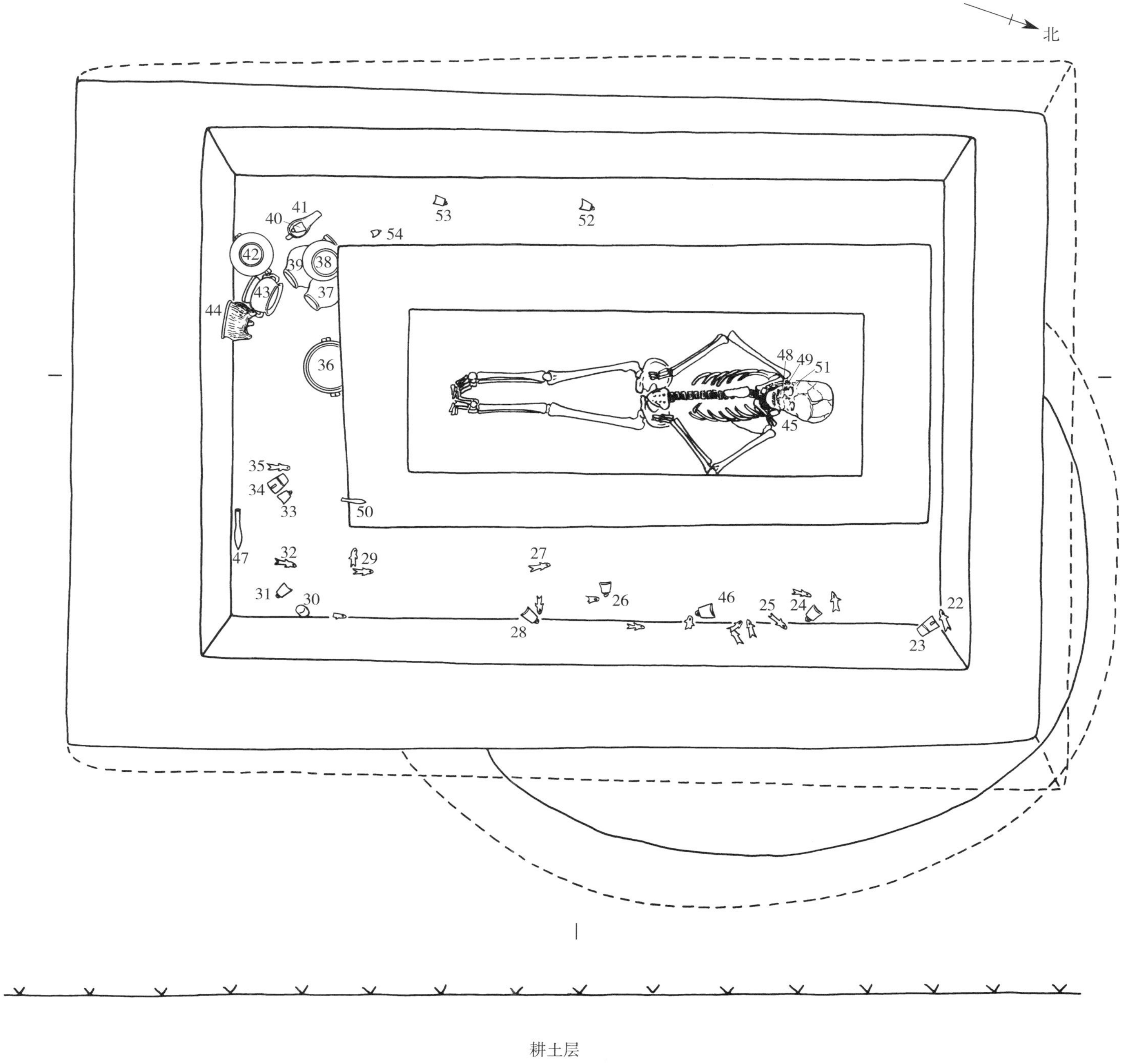
北
22
23
24
25
26
27
28
29
30
31
32
33
34
35
36
37
38
39
40
41
42
43
44
45
46
47
48
49
50
51
52
53
54
耕土层

版一一六，4）。

M8：89-1，白色，中空，背部隆起，钻孔可通腔内，腹部为齿形。长 2.1、宽 1.4 厘米（彩版一一六，5）。

6. 陶器

8 件（组），其中陶鬲 1、陶管 7 件（组）。

陶鬲　1 件。

M8：15，夹砂灰陶，敞口，斜沿，沿面凹旋纹两周，束颈，微鼓腹，三足已退变为器底，略呈分裆式。口沿外围素面，腹部至足部饰粗绳纹。通高 9.6、口径 14.6、腹径 12.6、腹深 8.2 厘米（图一〇六，1；彩版一一七，1）。

陶管　7 组。

一种为鼓腰形，一种为直管形，尺寸稍有差别。

M8：41-1，圆柱体，中腰鼓起，中空，两端有孔可贯通，表面黑色，泥质。通长 4.6、直径 0.5 ～ 0.9 厘米（图一〇六，2；彩版一一七，2）。

M8：52-1，圆柱体，中空，两端有孔可贯通，表面黑色，泥质。通长 4.6、直径 0.5 ～ 0.9 厘米（图一〇六，3）。

九　M9

M9 位于墓地南端，东部与 M8 相邻，现耕土下即见开口。

（一）墓葬形制

墓葬为长方形土坑竖穴墓，无墓道，口小底大，方向 342°（图一〇七；彩版一一八）。

墓口平面呈长方形，墓口长 4.2、宽 2.7 ～ 2.9 米，墓口至墓底深 7.5 米；墓底长 4.2、宽 3 ～ 3.15 米。墓室中填土为五花土。墓壁较光滑，但在西壁有早期被水冲刷所致的不规则坑（彩版一一九，1）。距墓口 5.2 米处有生土二层台，北部宽 0.42、南部宽 0.55、东部宽 0.32、西部宽 0.51 米，二层台以下至墓底深 1.8 米。

（二）葬具葬式

根据朽痕可判断葬具为木质一椁双棺（彩版一一九，2）。

椁室呈斗形，口大底小，上口长 3.27、宽 2.3 米；底部长 3、宽 1.9 米，椁高 1.65 米。

椁盖板由 17 块长条形木板呈东西向横置于椁上，盖板多数两头残损，但其长度大体上与椁室宽度相当，为 2.28 米。最北端第一块宽 0.20、第二块 0.20、第三块 0.18、第四块 0.20、第五块 0.2、第六块 0.19、第七块 0.2、第八块 0.17、第九块 0.14、第十块 0.2、第十一块 0.14、第十二块 0.13、第十三块 0.2、第十四块 0.19、第十五块 0.2、第十六块 0.19、第十七块 0.19 米（图一〇八；彩版一二〇，1）。

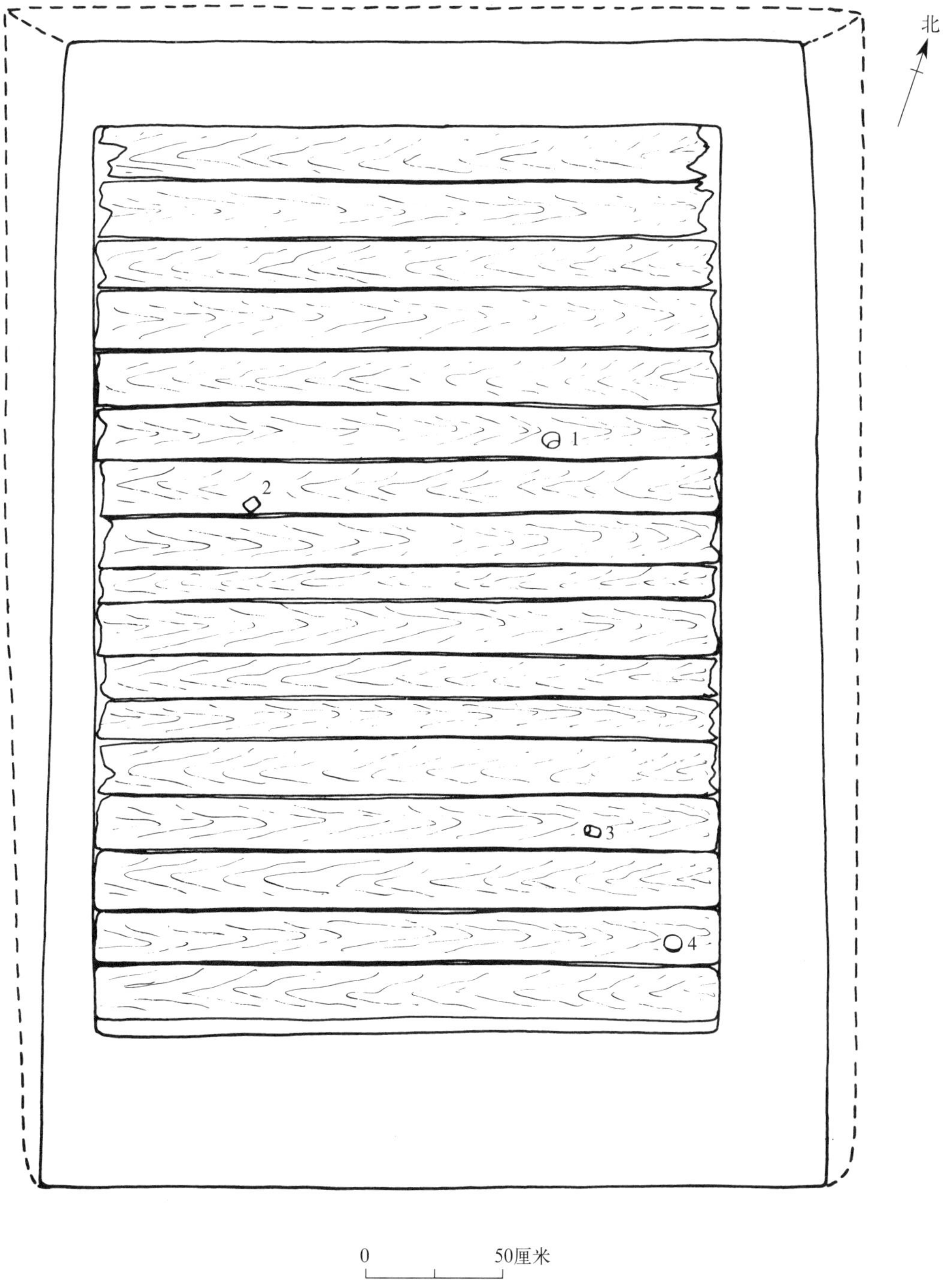

图一〇八 M9 椁盖板平面图
1～4.铜饰件

椁室四壁由 9 块壁板叠压构成。北壁椁板最上方第一块距二层台口 0.2 米，板长 2.23、高 0.14 米，第二块长 2.2、高 0.17 米，第三块长 2.15、高 0.18 米，第四块长 2.1、高 0.18 米，第五块长 2.06、高 0.16 米，第六块长 2.03、高 0.15 米，第七块长 2、高 0.22 米，第八块长 1.96、

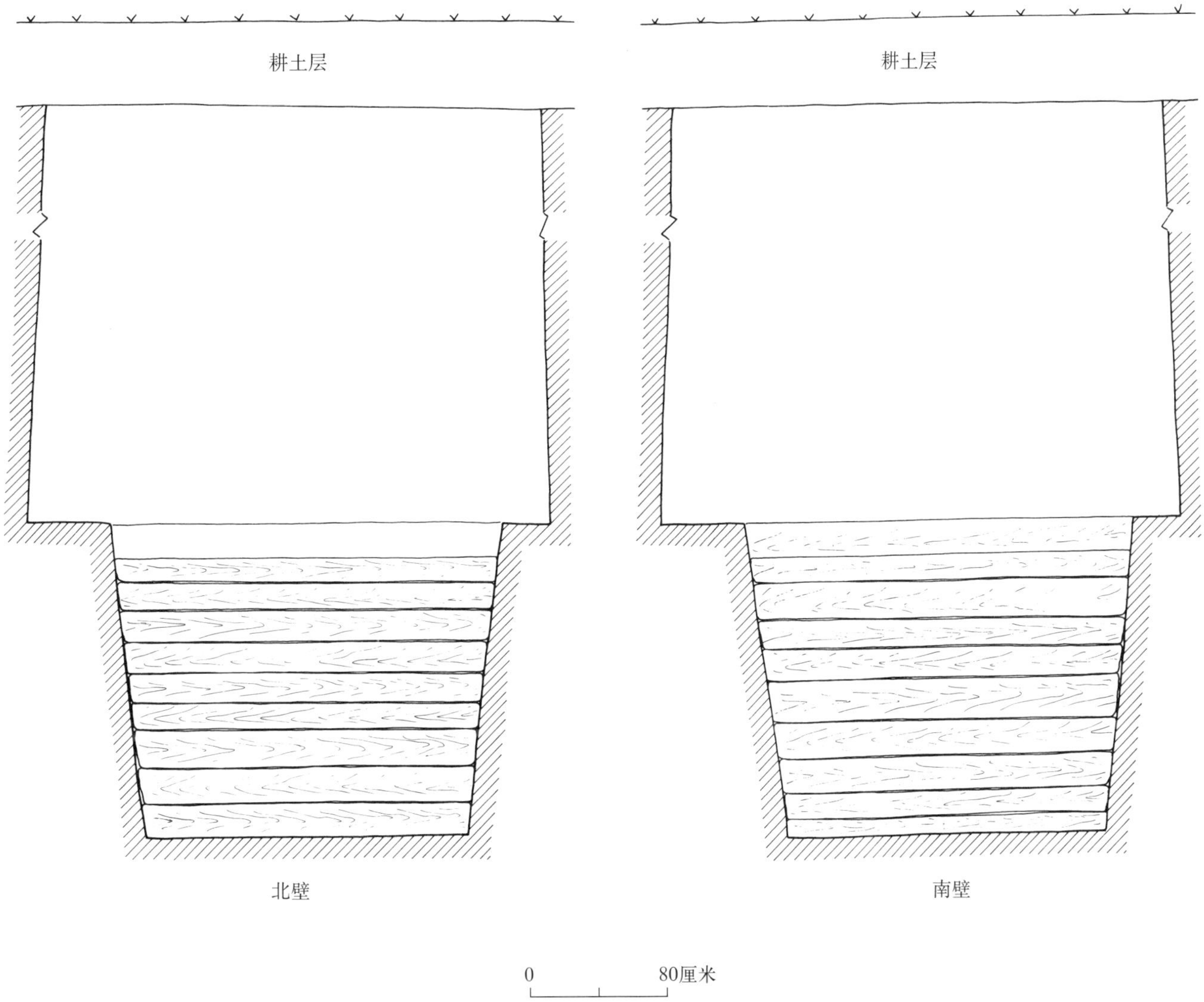

图一〇九　M9 北壁、南壁剖视图

高 0.20 米，第九块长 1.92、高 0.20 米（图一〇九）；南壁椁板最上方第一块距二层台口 0.2 米，板长 2.23、高 0.15 米，第二块长 2.2、高 0.22 米，第三块长 2.16、高 0.16 米，第四块长 2.12、高 0.18 米，第五块长 2.07、高 0.25 米，第六块长 2.03、高 0.2 米，第七块长 1.7、高 0.2 米，第八块长 1.91、高 0.15 米，第九块长 1.89、高 0.1 米（图一〇九）；东壁椁板最上方第一块距二层台口 0.15 米，板长 3.23、高 0.18 米，第二块长 3.18、高 0.17 米，第三块长 3.16、高 0.2 米，第四块长 3.14、高 0.19 米，第五块长 3.11、高 0.24 米，第六块长 3.08、高 0.1 米，第七块长 3.07、高 0.19 米，第八块长 3.04、高 0.14 米，第九块长 3.02、高 0.21 米（图一一〇）；西壁椁板最上方第一块距二层台口 0.2 米，板长 3.22、高 0.2 米，第二块长 3.18、高 0.2 米，第三

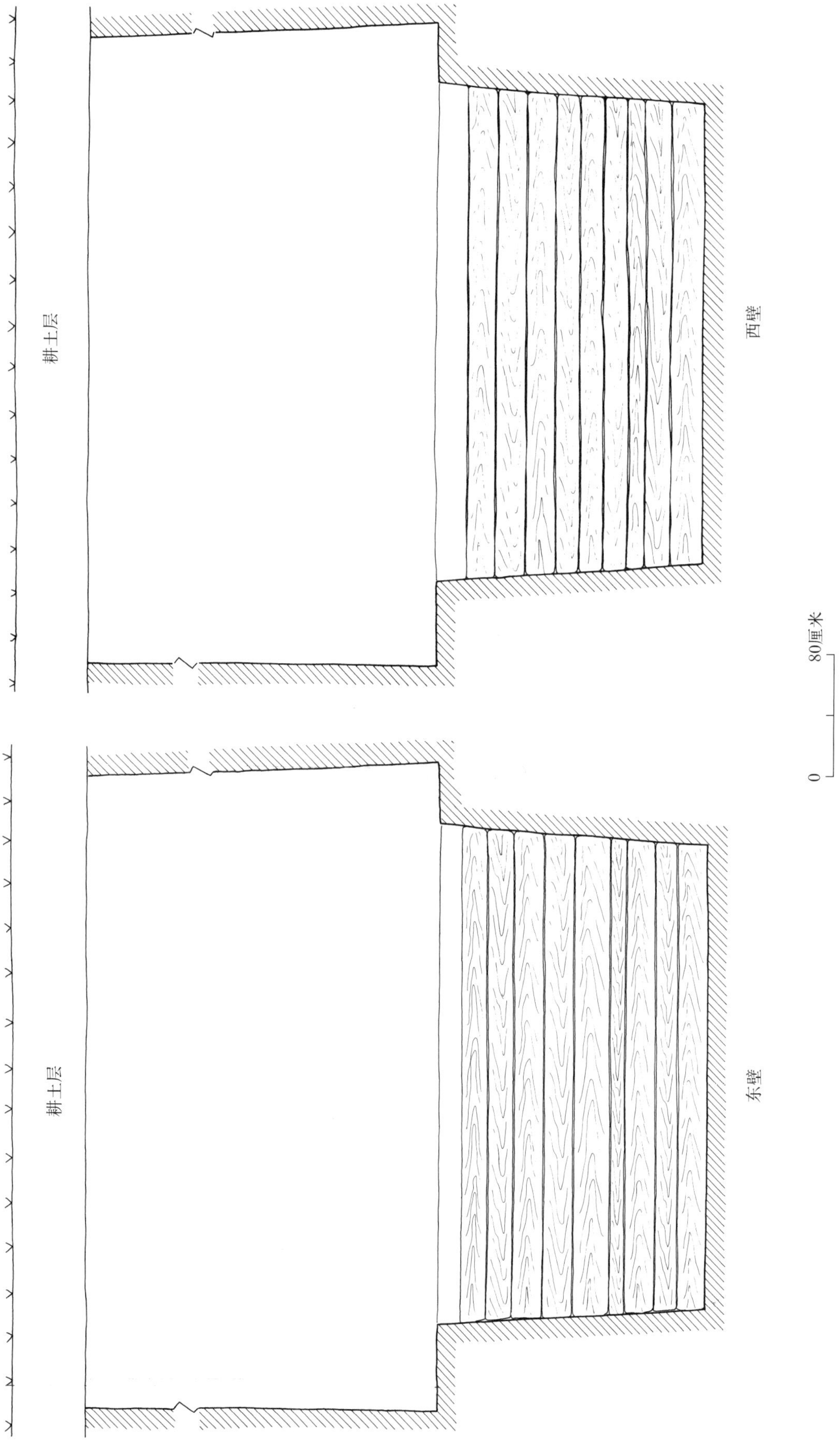

图一一〇 M9东壁、西壁剖视图

块长3.15、高0.2米，第四块长3.13、高0.16米，第五块长3.11、高0.17米，第六块长3.09、高0.16米，第七块长3.07、高0.12米，第八块长3.05、高0.17米，第九块长3.02、高0.23米（图一一〇）。

椁底板由9块组成，长度3.02米，每块底板之间均有缝隙（彩版一二〇，2）。

棺为双层，仅存木板痕迹。外棺盖板由8块木板呈南北向排列而成，有两条衬木贯穿其间。木板自西向东第一块宽0.11、第二块宽0.1、第三块宽0.16、第四块宽0.14、第五块宽0.14、第六块宽0.15、第七块宽0.14、第八块宽0.08米，衬木长1.03、宽0.05米，分别距棺的两头0.5米。由于四周积土挤压，棺木外形很不规整，棺盖上有朱红色和黑色线条构成的图案花纹，由于图案保存较差，不能连续，所以较难描述其图形（图一一一、一一二；彩版一二一，1）。

外棺东西两侧可见立板，其中东侧立板上部边沿与外棺盖板高度相等，属于长期挤压变形所致；西侧立板由6块木板组成，有2条纵向衬木贯穿其间，整体向外倾斜15.5°，立于挡板之上。立板高1.1、残长2.3米，立板厚度不清，南端残损。最上端第一块高0.1、第二块高0.18、第三块高0.25、第四块高0.2、第五块高0.2、第六块高0.22米，衬木长1.1、宽0.06米，北端衬木距离立板北端边沿0.6米，距离南端衬木0.98米（彩版一二一，2）；外棺北端挡板残存长1.06、高度0.5、厚度约0.1～0.15米，由上下排列的3块木板组成，中段有两条衬木横贯其中，挡板最上方第一块高0.16、第二块高0.15、第三块高0.20米，靠西边的衬木距挡板西头边沿0.25米，靠东边的衬木距挡板东头边沿0.25米（图一一三）。挡板西头边沿与外棺西侧立板的接触方式呈企口形，即挡板厚度的一半凸出，

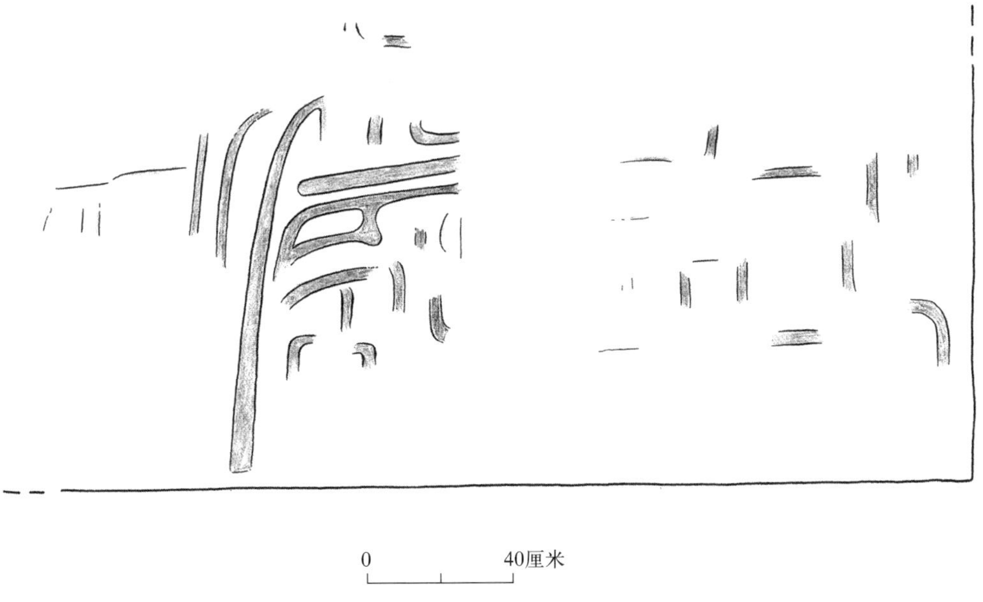

图一一一 M9外棺盖板上的图案

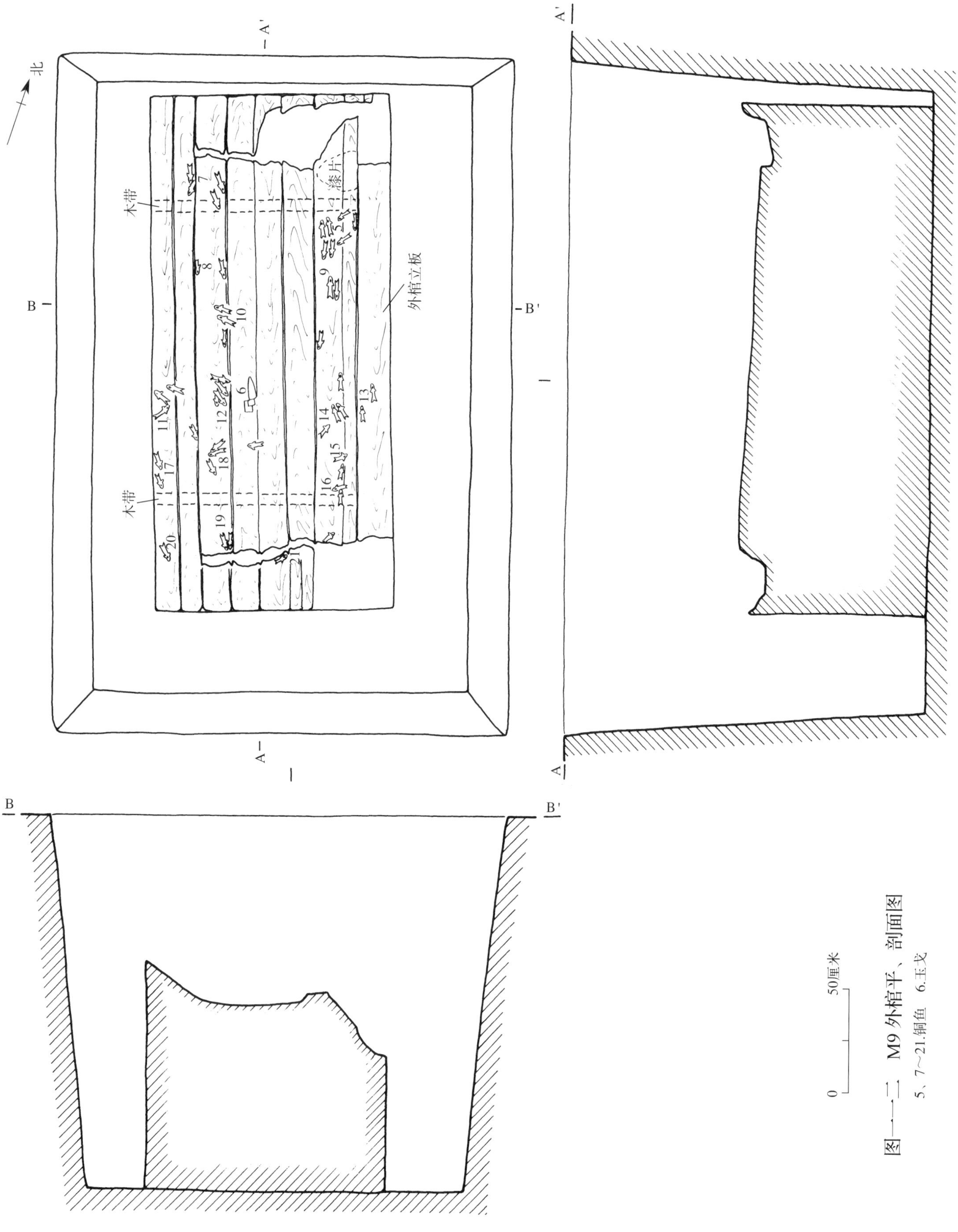

图一一二　M9外棺平、剖面图
5、7～21.铜鱼　6.玉戈

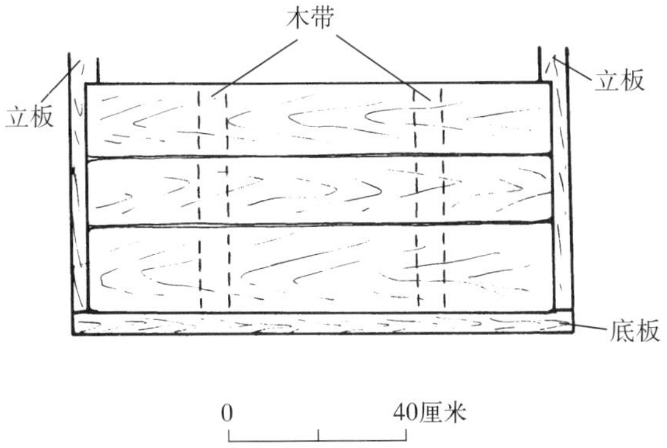

图一一三 M9外棺北端挡板

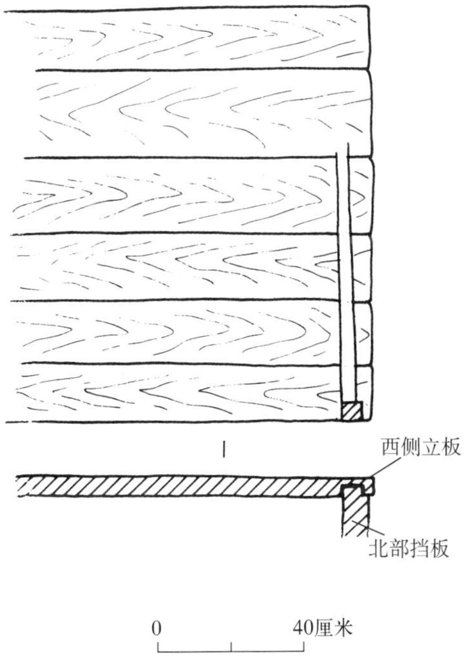

图一一四 M9外棺西侧立板上北部木槽示意图

插入西侧立板的凹槽内，插入的深度约5厘米（图一一四；彩版一二二）。

外棺底板由5块木板组成，2条衬木中轴线对称分布于南北两端，木板残长2.3米，南端宽0.81、北端宽0.75米，底板平面倾斜约20°，呈东高西低状，自西向东第一块宽0.17米，北端向东移位，叠压在第二块上，南端可看到第二块的板痕，残存宽度为0.08、第三块宽0.19、第四块宽0.18、第五块宽0.17米。衬木均宽0.05米，距边沿0.5米（图一一五、一一六、一一七；彩版一二三）。

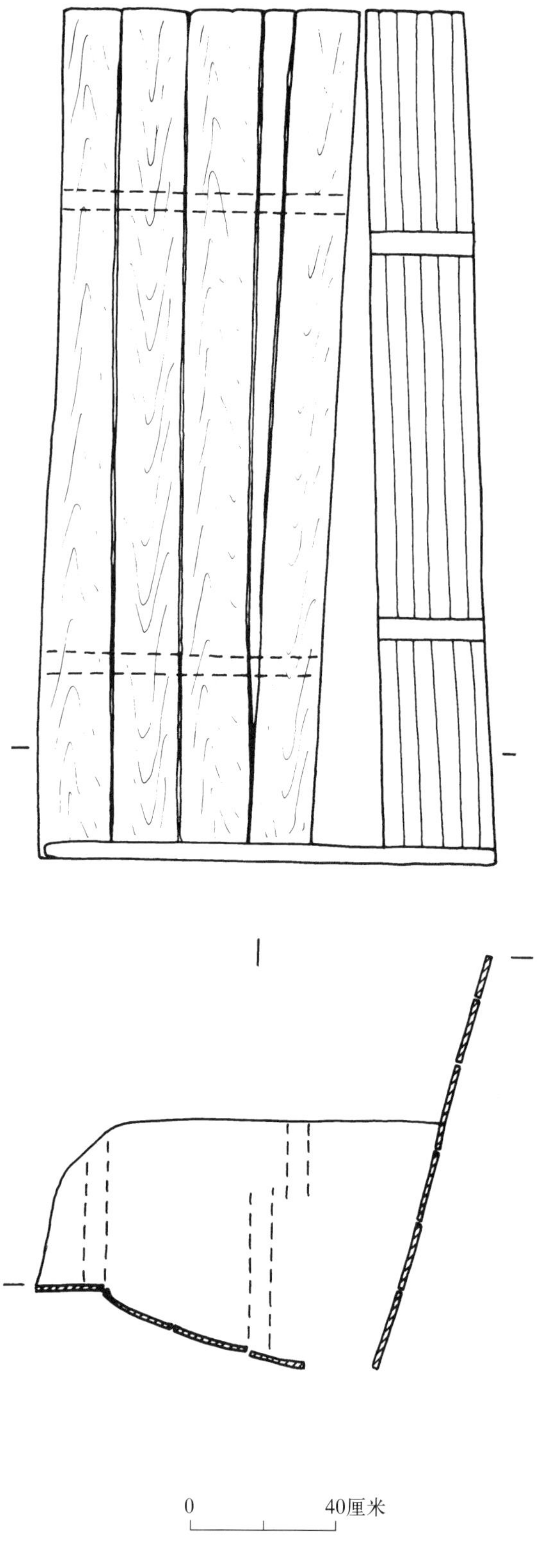

图一一五 M9 外棺底板及西侧立板平、剖面图

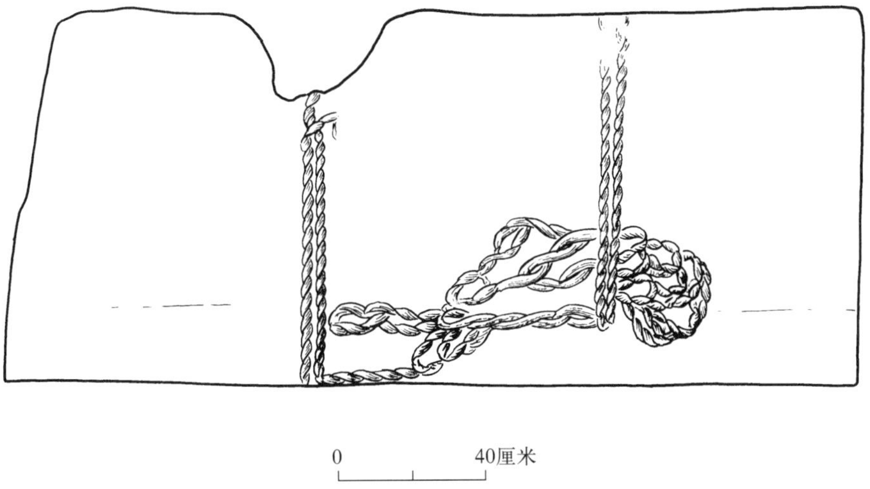

图一一六 M9外棺西侧立板外绳子立面图

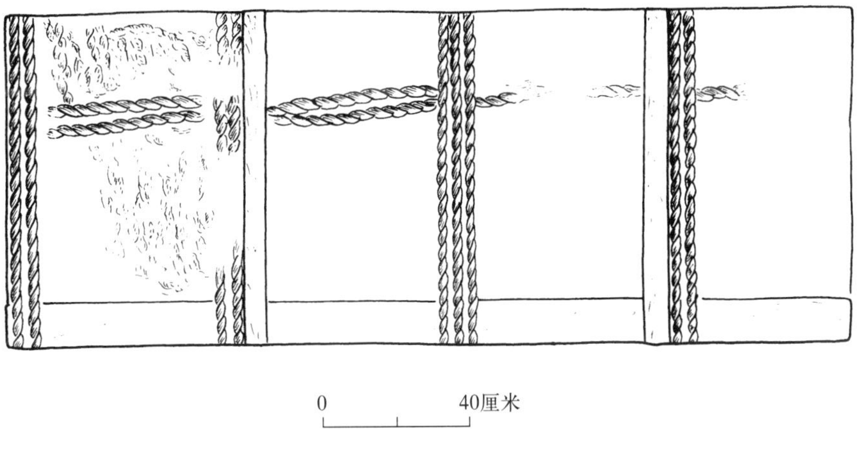

图一一七 M9外棺底板平面图

内棺盖板由5块木板组成，有2条纵向衬木贯穿其间，木板长1.95、宽0.76米，自西向东第一块宽0.17、第二块宽0.18、第三块宽0.18、第四块宽0.18、第五块宽0.06米。衬木宽0.06米，北部衬木距内棺盖板北边沿0.32米，南部衬木距内棺盖板南边沿0.23米（图一一八；彩版一二四，1）。

内棺东立板由3块木板组成，已倒伏，自西向东第一块宽0.17、第二块宽0.1、第三块宽0.1米；内棺西立板由3块木板组成，其间贯穿1条衬木，木板向外倾斜，长1.95、宽0.18米，衬木距北头边沿0.48米，宽0.06米。

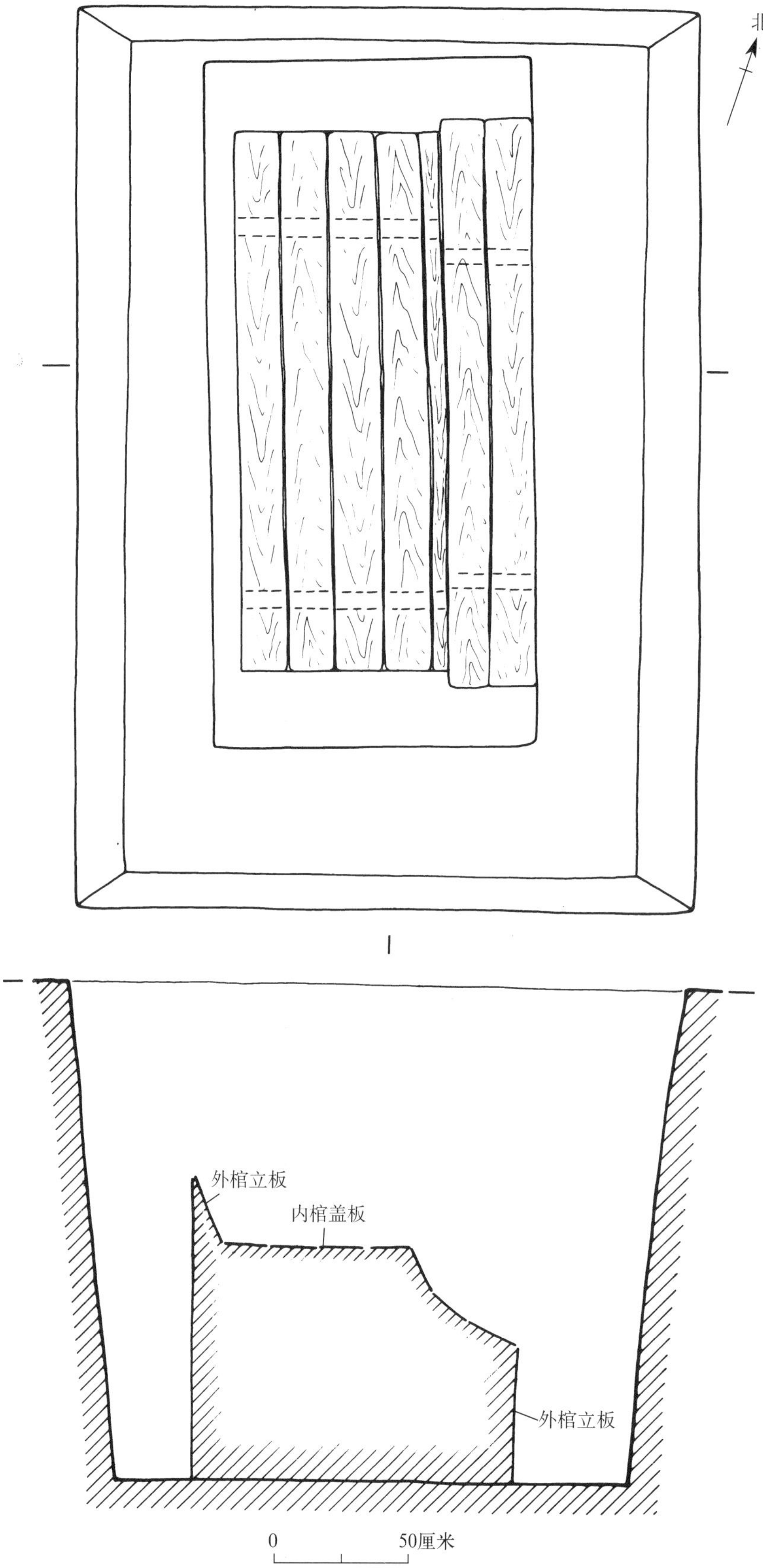

图一一八　M9内棺盖板平、剖面图

内棺底板由3块木板组成。长1.95、宽0.18米（图一一九、一二〇、一二一；彩版一二四，2）。

棺内人骨架，仰身直肢，头向北，双臂弯曲，双手位于左右髋骨部位。性别为男性，年龄45岁左右（彩版一二五）。

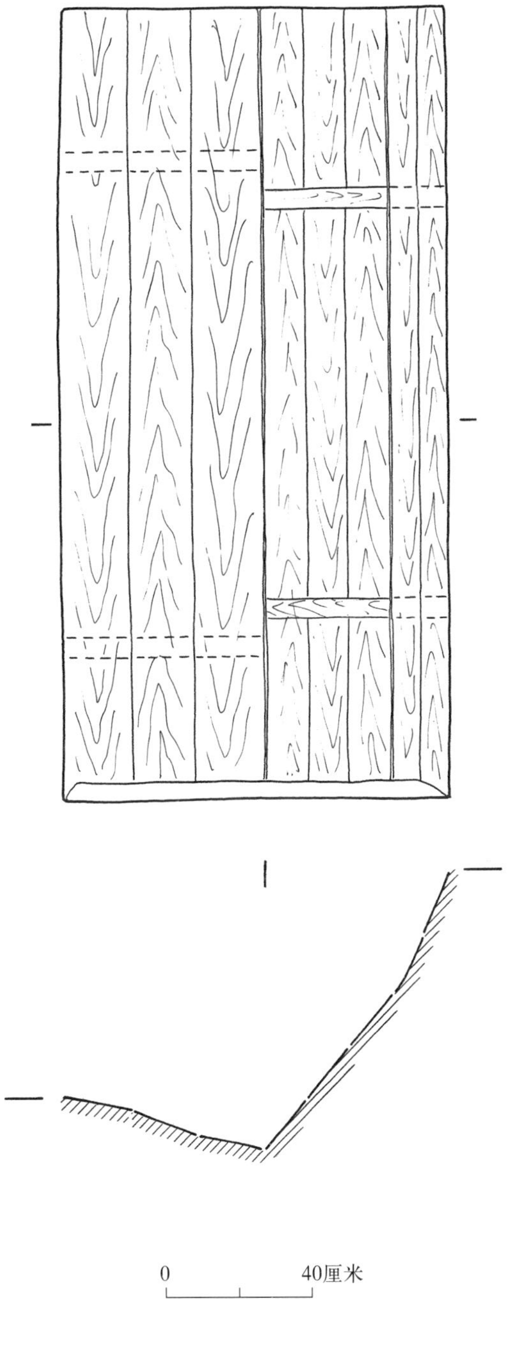

图一一九　M9内棺底板及两立面平、剖面图

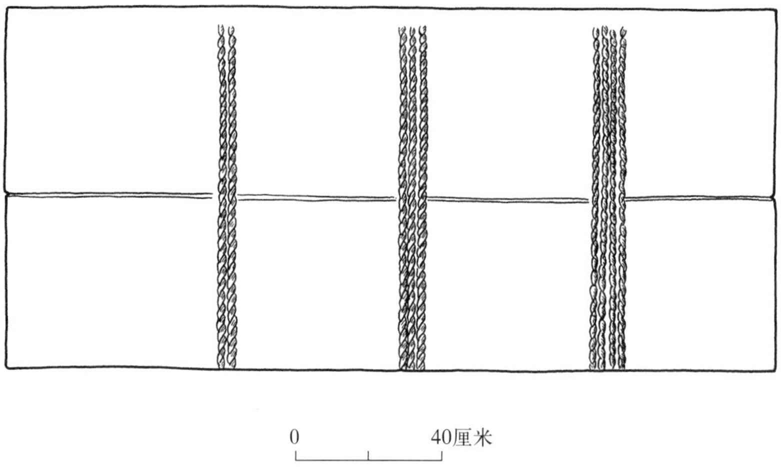

图一二〇　M9 内棺底板下平面图

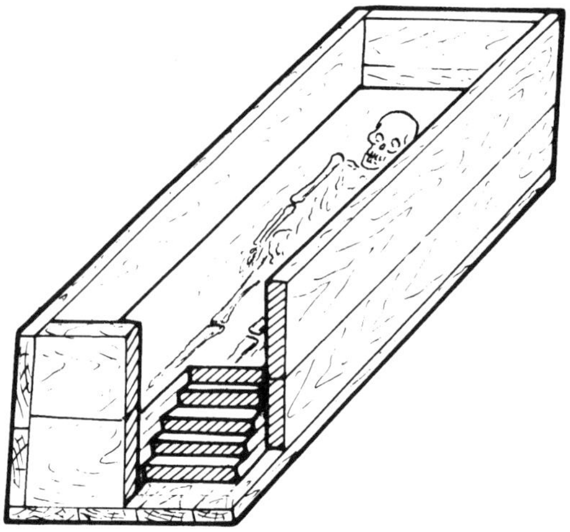

图一二一　M9 内棺骨架下木板铺设示意图

（三）随葬器物

随葬器物为青铜器、玉石器、蚌器、陶器，共 65 件（组）。其中青铜器 47、玉石器 4、蚌器 12、陶器 2 件（组）。铜簋、铜壶、铜盘、铜匜放置在外棺西南角；车軎放置在外棺东北角和南部；铜鱼放置在外棺盖板上和外棺的东部和南部；铜铃放置在外棺的西侧、南侧和东侧；铜饰件放置在外棺板上；铜辖首放置在外棺的东南侧；铜匕放置在外棺的南侧；玉戈放置在外棺盖板上；项饰、玉玦放置在墓主人头部周围（图一二二）；玉璋放置在墓主人口中；

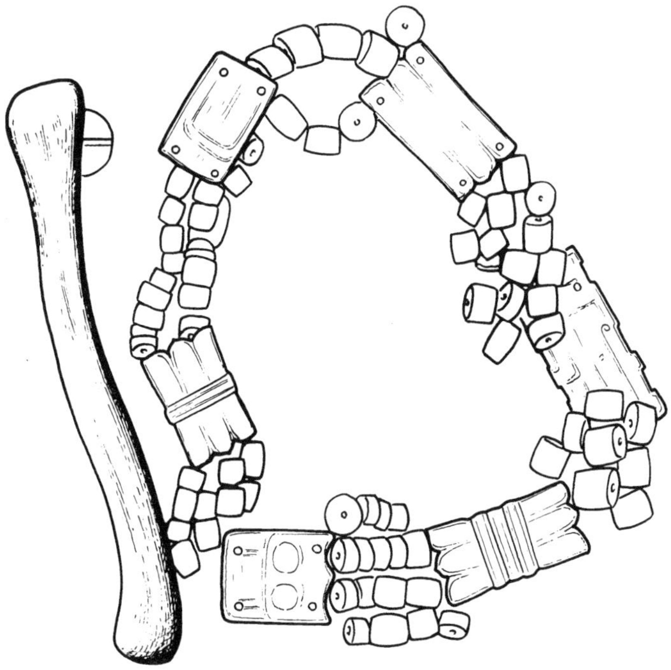

图一二二　玉项饰放置示意图

陶鬲和陶罐放置在外棺西南部（彩版一二六）。

1. 青铜器

47件（组），分别是铜簋2、铜壶2、铜盘1、铜匜1、铜车軎2、铜铃10、铜鱼22、铜饰件4、铜辖首1、铜匕2件（组）。

铜簋　2件。

M9：42、43，形制、纹饰相同。为明器。器盖与器身铸为一体，空底，盖体呈覆碗形，盖握位于盖顶，体形较大，呈喇叭状，体形较宽，鼓腹，腹部两侧有龙首垂珥形耳，腹部下为喇叭状圈足，圈足下有三扁足，盖为瓦棱纹，腹部上部饰重环纹，下部饰瓦棱纹；圈足为素面。通高13.4、双耳外缘间距20.8、腹径14、腹深9.6、足高1.2厘米（图一二三，1；彩版一二七、一二八）。

铜壶　2件。

M9：37、39，形制、纹饰相同。为明器。器盖与器身铸为一体，空底，壶身颈部内敛，至盖部微外侈，壶颈部两侧有兽首形耳，衔环，腹部下垂，腹底有圈足外侈。颈部饰横“S”形窃曲纹。通高22.7、盖顶捉手直径8.3、腹径12.3、两耳外缘间距12.7、圈足直径11厘米（图一二三，2；彩版一二九、一三〇）。

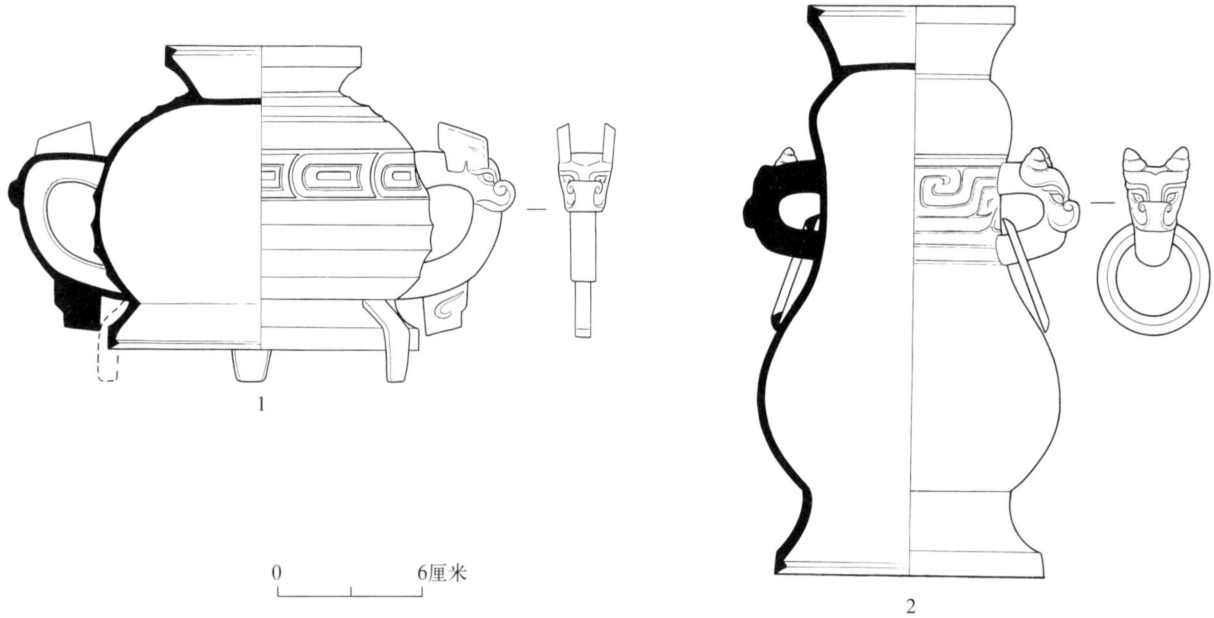

图一二三　M9出土青铜器
1.铜簠M9：42　2.铜壶M9：37

铜盘　1件。

M9：36，窄斜折沿，敞口浅腹，附耳，圈足低而外侈。沿下饰重环纹，圈足部位素面，盘底部为篦纹。通高8、口径24.6、腹深4、圈足高3.2、圈足底径20.9、耳高4.1厘米（图一二四，1；彩版一三一）。

铜匜　1件。

M9：41，长槽流，口缘较直上扬，略窄，深腹圜底，腹下四条扁体足，后部有龙形鋬。腹部以上、沿下饰重环纹，鋬与沿衔接处为兽首形，四足饰兽纹，腹部为瓦棱纹。通高10.9、长20.7、宽8.7、足高3.5、腹深5.1厘米（图一二四，2；彩版一三二、一三三）。

铜车軎　2件。

M9：23、34，形制、纹饰、尺寸相同。为十三面的多棱圆柱体，末端微收，中腰有箍状凸棱两道，近毂端横截面为半圆形，有辖孔一个，长方形。车軎通长8.5、末端直径3.1、近毂端直径4.2、辖孔长1.9、宽0.7厘米（图一二五，1；彩版一三四，1、2）。

铜铃　10件。

分三类。

第一类　4件。

M9：40、52、53、54，形制、尺寸相同，大小接近。

M9：40，铃体呈合瓦形，中空，舞部平，上有小桥形纽，纽下有孔，于部呈凹弧形，两铣尖锐，器壁较薄，在枚与篆的位置各有三道竖长条孔，铃腔内有长条状舌，素面。通高5.6、铣间宽3.3、舞宽2.9、纽高1、铃舌长3.2、宽8厘米（图一二五，2）。

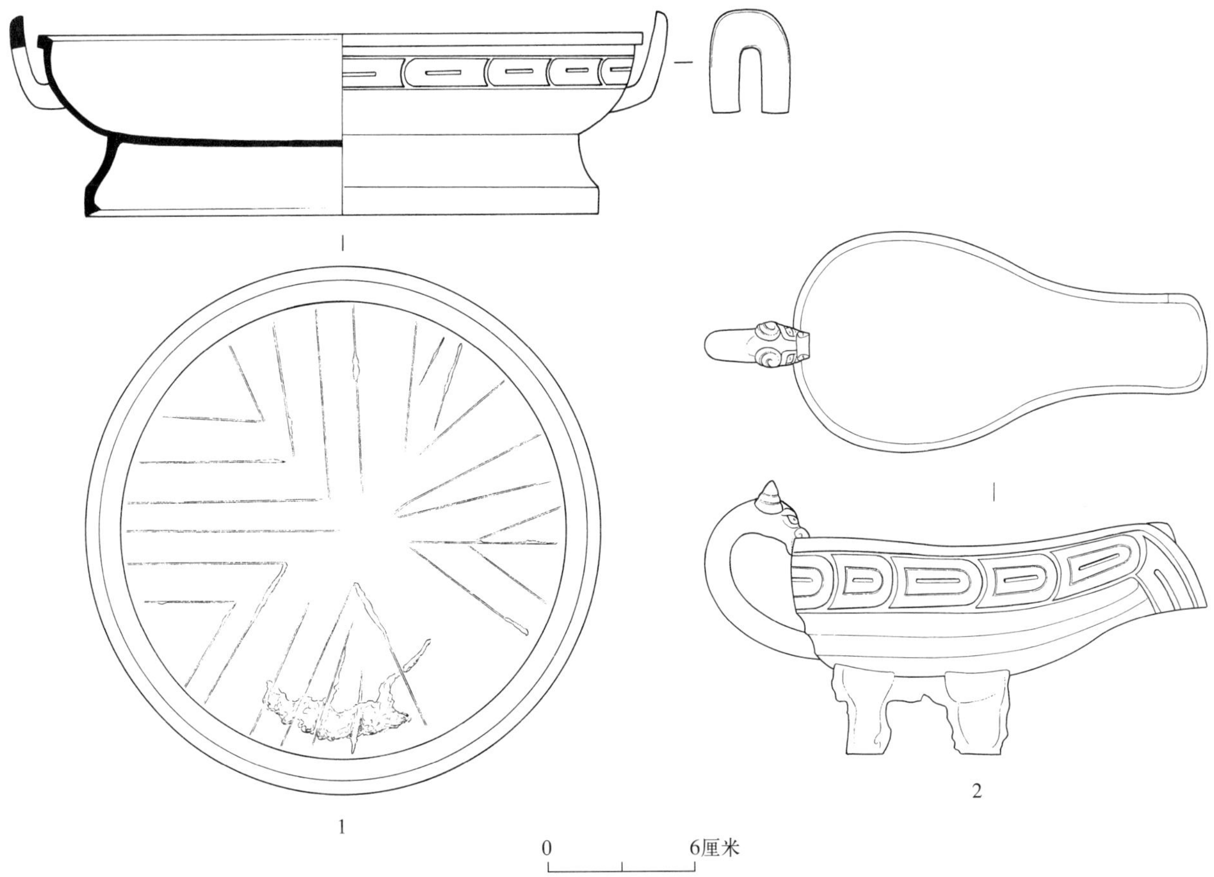

图一二四　M9 出土青铜器

1.铜盘M9∶36　2.铜匜M9∶41

第二类　5 件。

M9∶24、26、28、31、46，形制、尺寸相同。

M9∶46，铃体呈合瓦形，中空，舞部平，上有小桥形纽，于部呈凹弧形，两铣尖锐，器壁较薄，在枚与篆的位置各有两道竖长条孔，铃舌不存，素面。通高 4.7、铣间宽 3.3、舞宽 3、纽高 1 厘米（图一二五，3）。

第三类　1 件

M9∶33，铃体呈合瓦形，中空，舞部平，上有小桥形纽，纽下有孔，于部呈凹弧形，两铣尖锐，器壁较薄，在枚与篆的位置各有三道竖长条孔，铃腔内有长条状舌，素面。通高 5.6、铣间宽 3.3、舞宽 2.9、纽高 1、铃舌长 3.2 、宽 8 厘米 （图一二五，4）。

铜鱼　22 组。

M9∶5 ～ 7、22、25、27、29、32、35，形制相同，尺寸略有差别。扁长条形，头端圆，较宽，有穿孔，两侧有鳍，尾鳍岔开。M9∶22、14、5，长 7.1 ～ 8.4、宽 1 ～ 2、厚 0.2 厘米（图

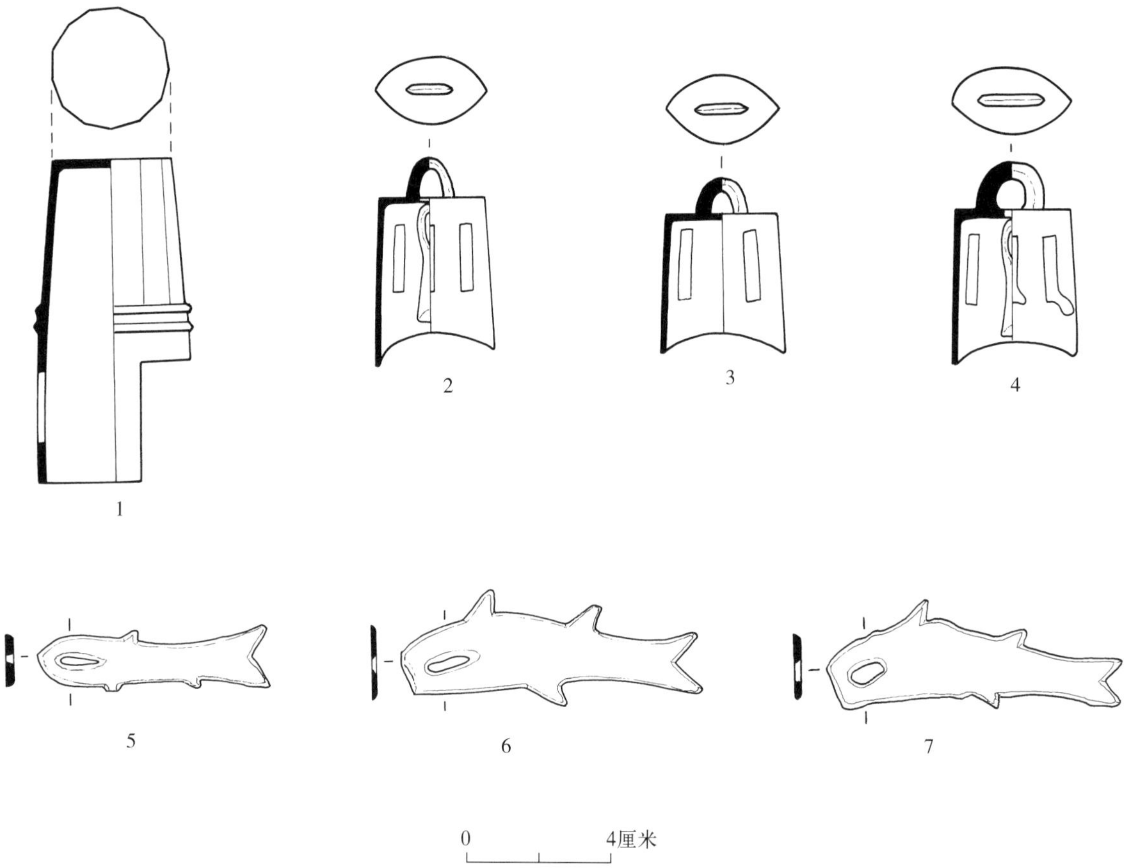

图一二五　M9出土青铜器

1.铜车軎M9∶23　2～4.铜铃M9∶40、46、33　5～7.铜鱼M9∶22、14、5

一二五，5～7；彩版一三五、一三六）。

铜饰件　4件。

M9∶1～4（彩版一三四，3）。

M9∶1，圆形，缩口，一端封堵，中空。高2.6、直径3.7厘米（图一二六，1）。

M9∶2，圆形，缩口，一端封堵，中空。高2.8、直径4厘米（图一二六，2）。

M9∶3，管銎状，横截面为半圆形。残长3.7、壁厚0.3、口径2.1～2.7厘米（图一二六，3）。

铜辖首　1件。

M9∶30，辖首呈多棱面体，键部残缺。残高3.1、长2.4、宽2.7厘米（图一二六，4）。

铜匕　2件。

M9∶47、50，形制尺寸相同。呈桃叶形，柄部为銎管状。通长12.2、宽3.5、銎直径2.5厘米（图一二六，5、6；彩版一三四，4、5）。

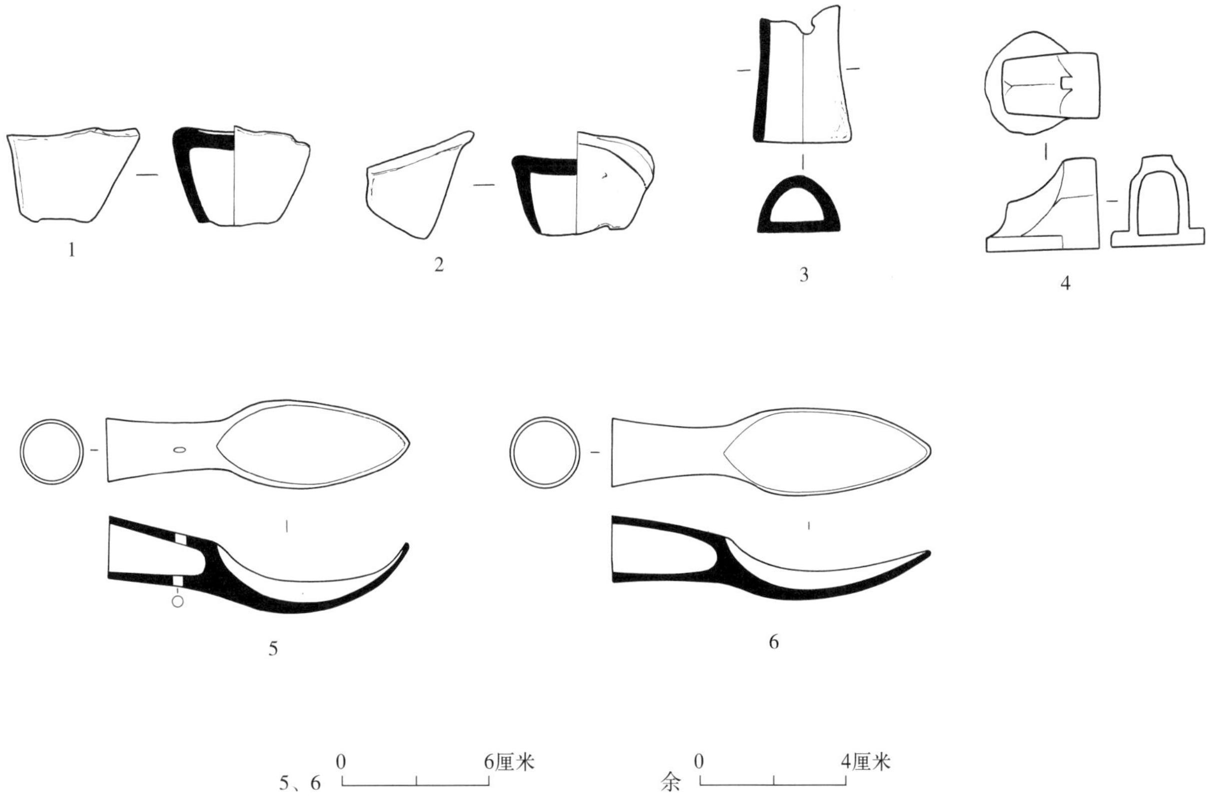

图一二六 M9出土青铜器

1～3.铜饰件M9：1～3 4.铜辖首M9：30 5、6.铜匕M9：47、50

2. 玉石器

4件（组），分别为项饰1、玉戈1、玉璋1、玉玦1件（组）。

项饰 1组。

M9：45，玛瑙珠尺寸不等，红色，圆片形或圆柱形，直径0.5～0.9、高0.4～0.9厘米。项后结饰，质地软，位于项饰顶端，抹角方形，白色透明，无钙化现象，中心钻孔，阴刻双勾凤鸟纹，长、宽均为2.1厘米。玉牌饰，位于玛瑙珠串饰之间，有三种形制：束腰花瓣形玉牌饰，质地软，白色微透明，无钙化现象，呈长方形片状，中段有两组以三道凸棱组成的横线纹，两端各出三片花瓣，每瓣表面均沿花瓣造型阴刻线纹三道，背面为素面，花瓣顶端至背面有斜对钻孔4个，用以穿线连接玛瑙珠。牌饰长3.3～4.4、腰部宽2.2厘米；鱼鳞形玉牌饰，白色，微透明，无钙化现象，形制为鳞片状，一端为圆弧形，另一端作并排两个凹缺，玉牌四角各有一个穿线孔直穿玉牌背面，用以穿线连接玛瑙珠，玉牌正面纹饰为阴刻双钩曲线纹，背面为素面。玉牌长2.75～3.3、宽1.9～2.1厘米；长方形玉牌饰，位于项饰最下端，质地软，灰绿色，微透明，无钙化现象，长条形片状，周边有扉棱，牌面近边缘处有长曲线镂空透雕两处，其余纹饰为阴刻双钩与单线并用的变形人面纹，背面为素面，两端有斜对钻

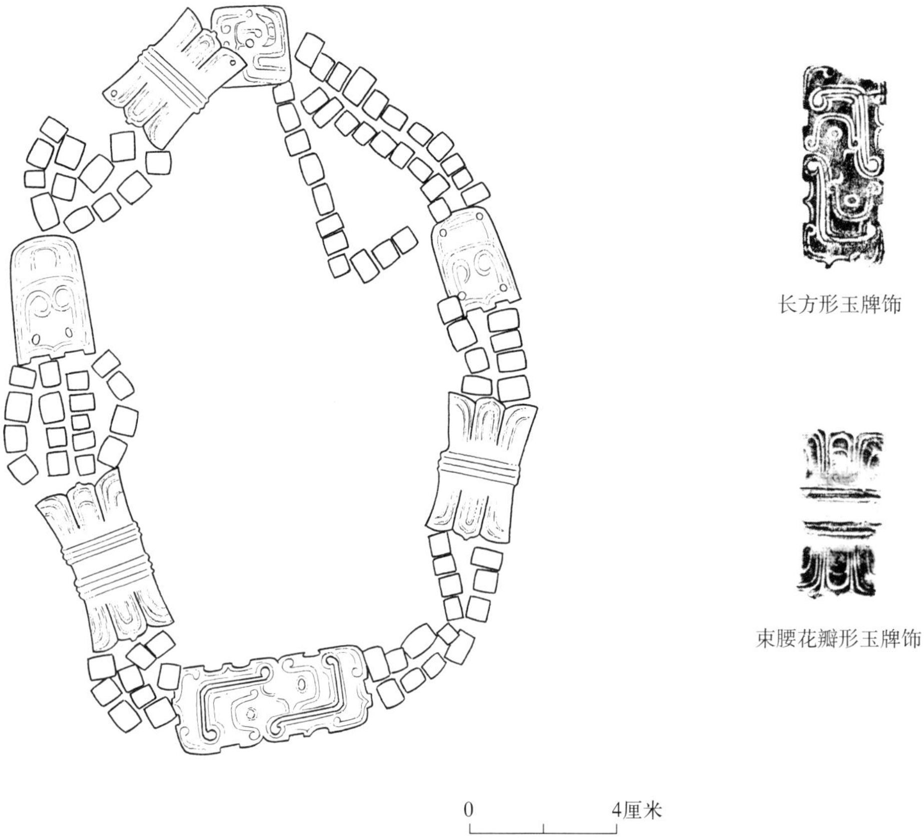

图一二七　M9 出土项饰 M9：45

孔由顶端通向背面，用以穿线连接玛瑙珠，玉牌饰长 5.5、宽 2.25、厚 0.3 厘米（图一二七；彩版一三七）。

玉戈　1 件。

M9：6，软玉，白色与褐色相间，微透明，素面，锋端尖锐，两侧刃面不对称，一侧较直，一侧呈弧形，尾端较宽，接近内端有一穿。长 19、宽 3.3、厚 0.4 厘米（图一二八，1；彩版一三八，1）。

玉璋　1 件。

M9：49，由 13 件拼接而成，灰色，微透明，质地软，部分钙化。长方形片状，一端较窄，端头为斜刃形，一端较宽，端头平齐。通长 13.5、宽 2.4 ～ 2.65、厚 0.3 厘米（图一二八，2；彩版一三八，2）。

玉玦　1 件。

M9：51，质地软，白色，微透明，钙化，薄环状，一端有缺口。直径 5.1、内径 1.8、缺口宽 0.2、长 1.6、厚 0.4 厘米（图一二八，3；彩版一三八，3）。

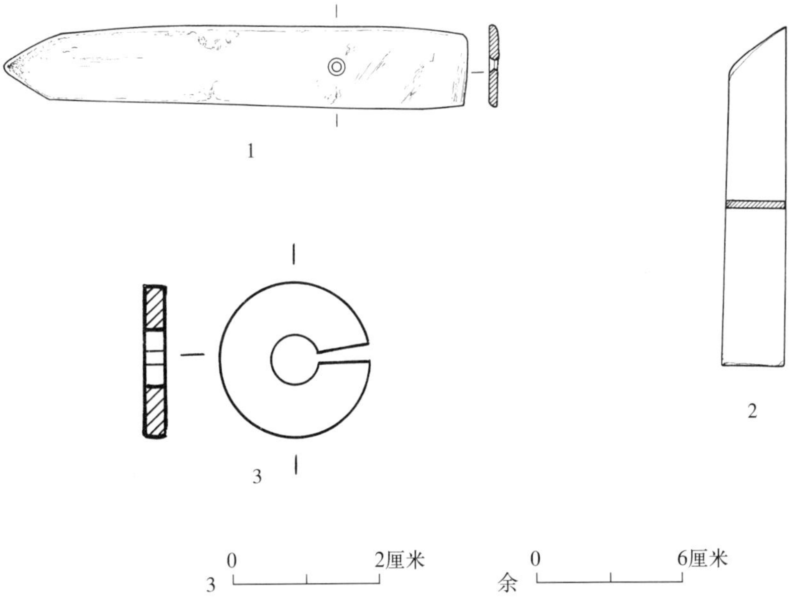

图一二八　M9 出土玉石器

1.玉戈M9∶6　2.玉璋M9∶49　3.玉玦M9∶51

3. 海贝

12 件。

M9∶48，白色，中空，背部隆起，钻孔可通腔内，腹部为齿形（图一二九，1、2；彩版一三八，4）。

M9∶48-2，长 1.9、宽 1.4 厘米。

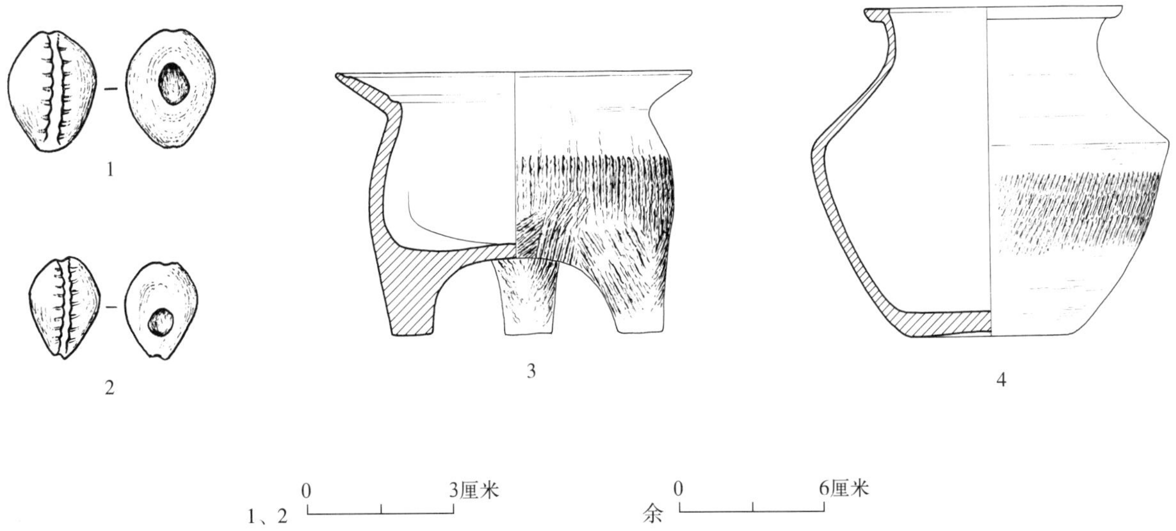

图一二九　M9 出土蚌器、陶器

1、2.海贝M9∶48-1、-2　3.陶鬲M9∶44　4.陶罐M9∶38

4. 陶器

2件，其中陶鬲1、陶罐1件。

陶鬲 1件。

M9：44，夹砂灰陶，敞口，斜沿，沿面凹旋纹一周，束颈，腹部微鼓，平裆，三足微内收。颈部素面，腹部至足部饰绳纹。通高10.5、口径14.6、颈部直径10.8、腹径12.5厘米（图一二九，3；彩版一三九，1）。

陶罐 1件。

M9：38，泥质灰陶，口微敞，小平沿，束颈，斜肩，广腹，下腹部斜收至底，底部中心微内凹。腹部饰绳纹。通高13.1、口径10.7、口沿宽1.1、颈部直径8.6、腹部直径14.8、底径6.7厘米（图一二九，4；彩版一三九，2）。

一〇 M10

M10位于墓地西部，东侧与M1相邻，两墓相距16.3米。

（一）墓葬形制

墓葬形制为带斜坡墓道墓葬，墓室呈长方形竖穴式，口小底大，方向10°（图一三〇～一三二；彩版一四〇）。

墓口平面呈长方形，墓口南北长5.7～5.9、东西宽3.8～4.4米，墓口距地表0.5、墓底距地表深10.1米；墓底长6.5、宽4.6米。墓室有盗洞6个，分布在墓室的西北角盗洞1、北边盗洞2、西边盗洞3、西南角盗洞5、东部盗洞4。墓中填土为五花土。墓壁较光滑，从墓口以下4.3米处四个拐角出现白色现象。在距地表5.2米处出现生土二层台，西部生土二层台下还有熟土二层台。在北部宽0.42、南部宽0.55、东部宽0.32、西部宽0.51米，二层台以下至墓底深2.8米（图一三二；彩版一四一，1）。墓道长22.2、北端宽5.15、南端宽6.05米，墓室与墓道之间有一段长1.5、宽2.4米的窄道。墓道中填土无夯层，填土中不见夯窝（彩版一四一，2）。

墓道填土中共发现57具动物骨骼和1件残陶片，动物骨骼大多数为马骨，也有少数牛骨、羊骨、狗骨，深浅不同。

（二）殉牲

M10墓道中有祭祀坑57座（图一三一；彩版一四二），但有些是坑，有些不是坑，因为在发掘中找不到残骨周围的葬坑边缘，葬有马、牛、羊、狗、猪等动物骨骼，这些骨骼均为完整骨架，其中有些骨架的周边有葬坑的迹象，有的坑壁不明显，根据现象看，有些是在墓道填土后再挖坑埋葬，有些似乎为随便埋葬。埋葬深浅不等，坑有叠压现象。殉葬坑的动物共57具，其中马31、狗16、羊7、牛1、猪1、未知种属（马？）1具。动物的头向有的朝南有的朝北，个别呈蜷曲状埋葬。

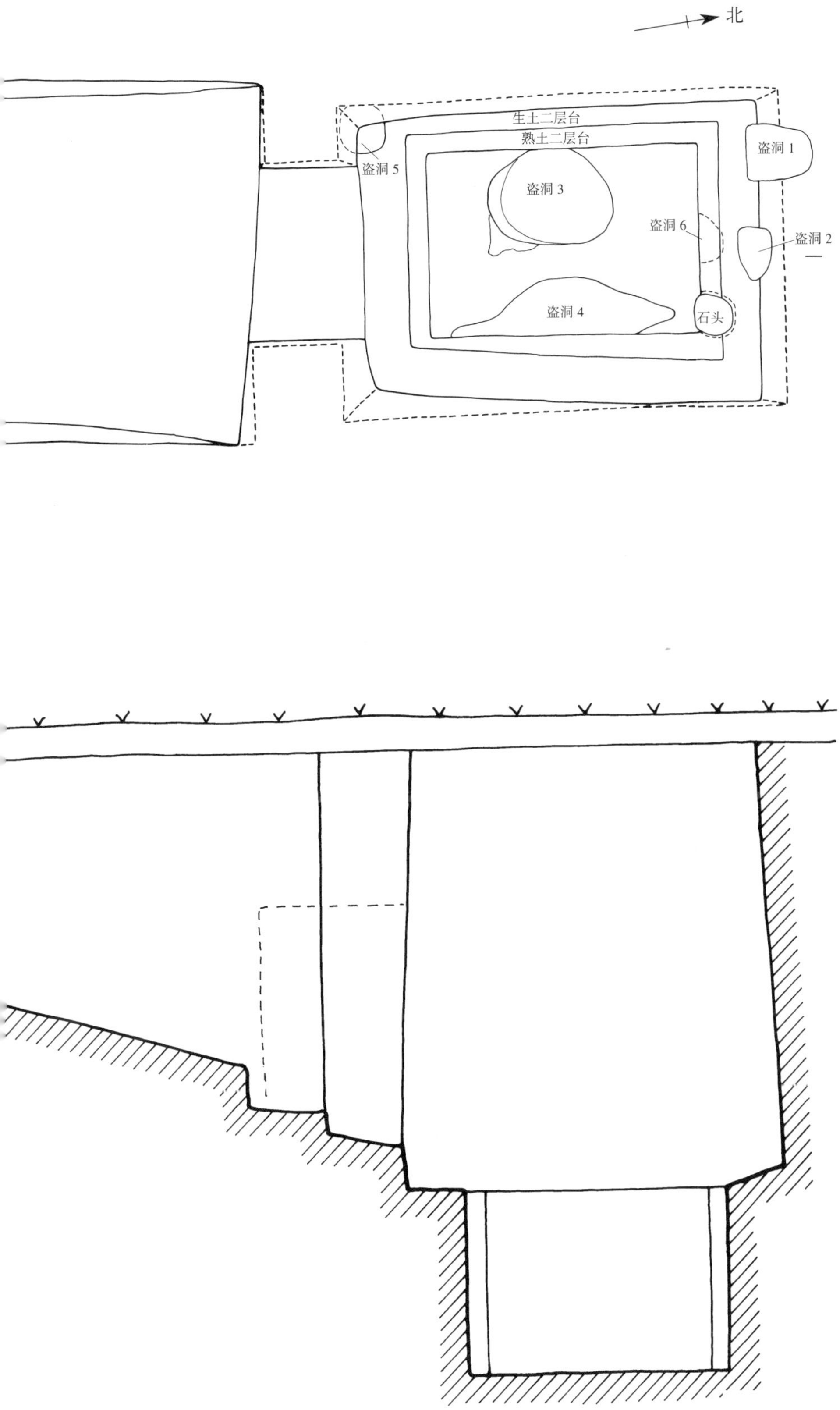

面图

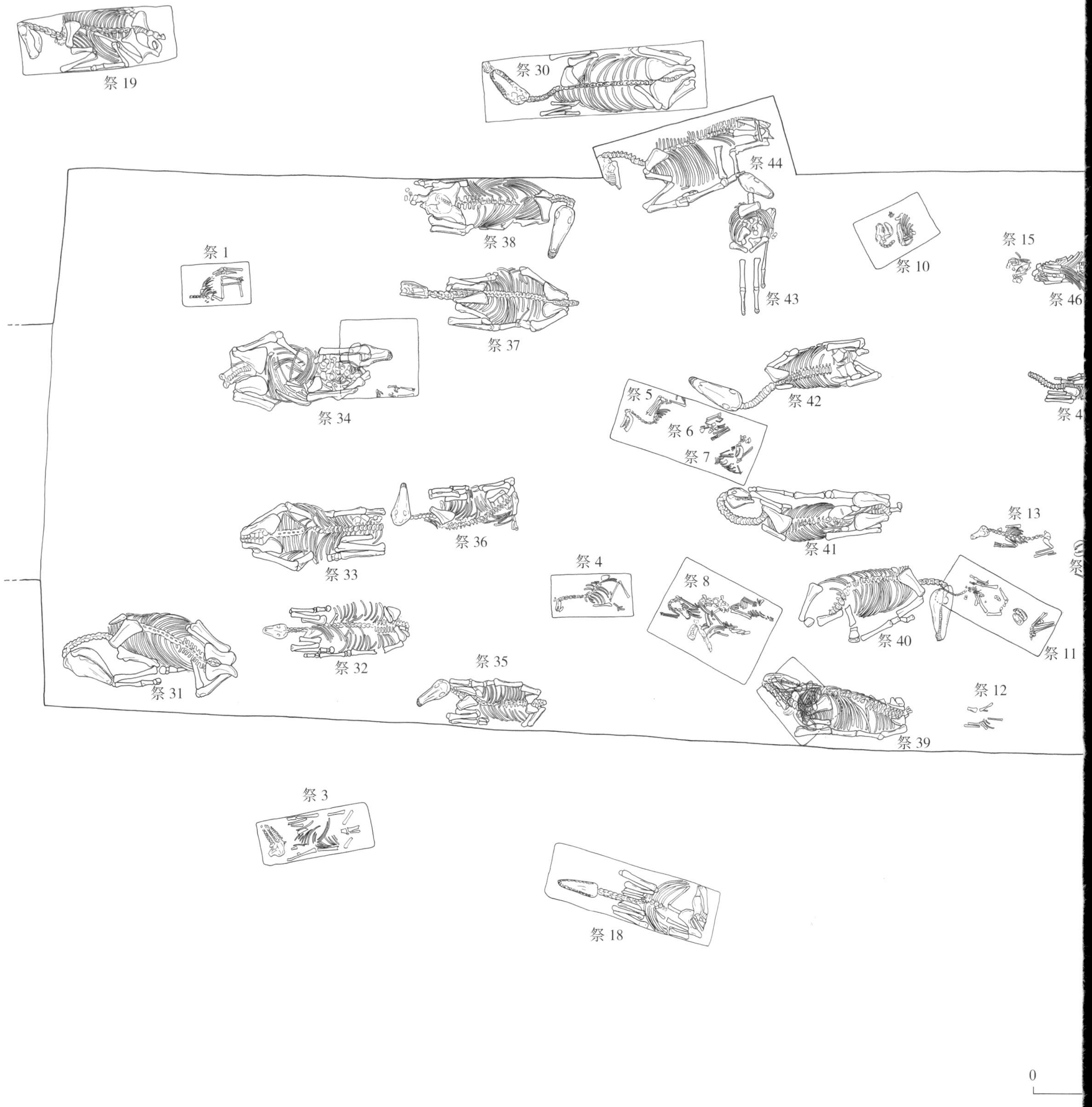

祭 19
祭 30
祭 44
祭 38
祭 1
祭 10
祭 15
祭 46
祭 43
祭 37
祭 34
祭 42
祭 5
祭 6
祭 7
祭 36
祭 41
祭 13
祭 33
祭 4
祭 8
祭 40
祭 11
祭 32
祭 35
祭 31
祭 12
祭 39
祭 3
祭 18
0

图一三一　M10

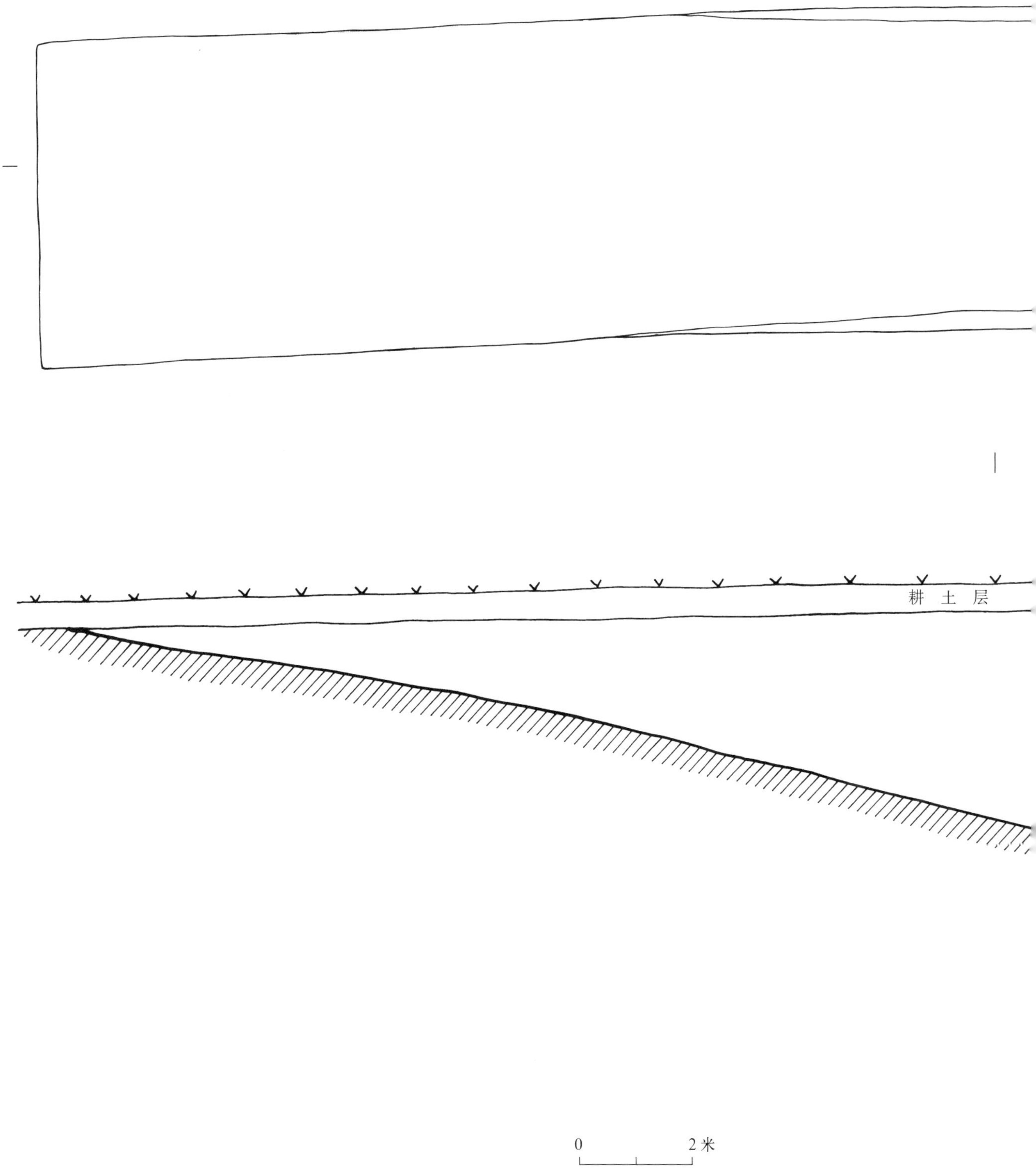

图一三〇　M10平、剖面

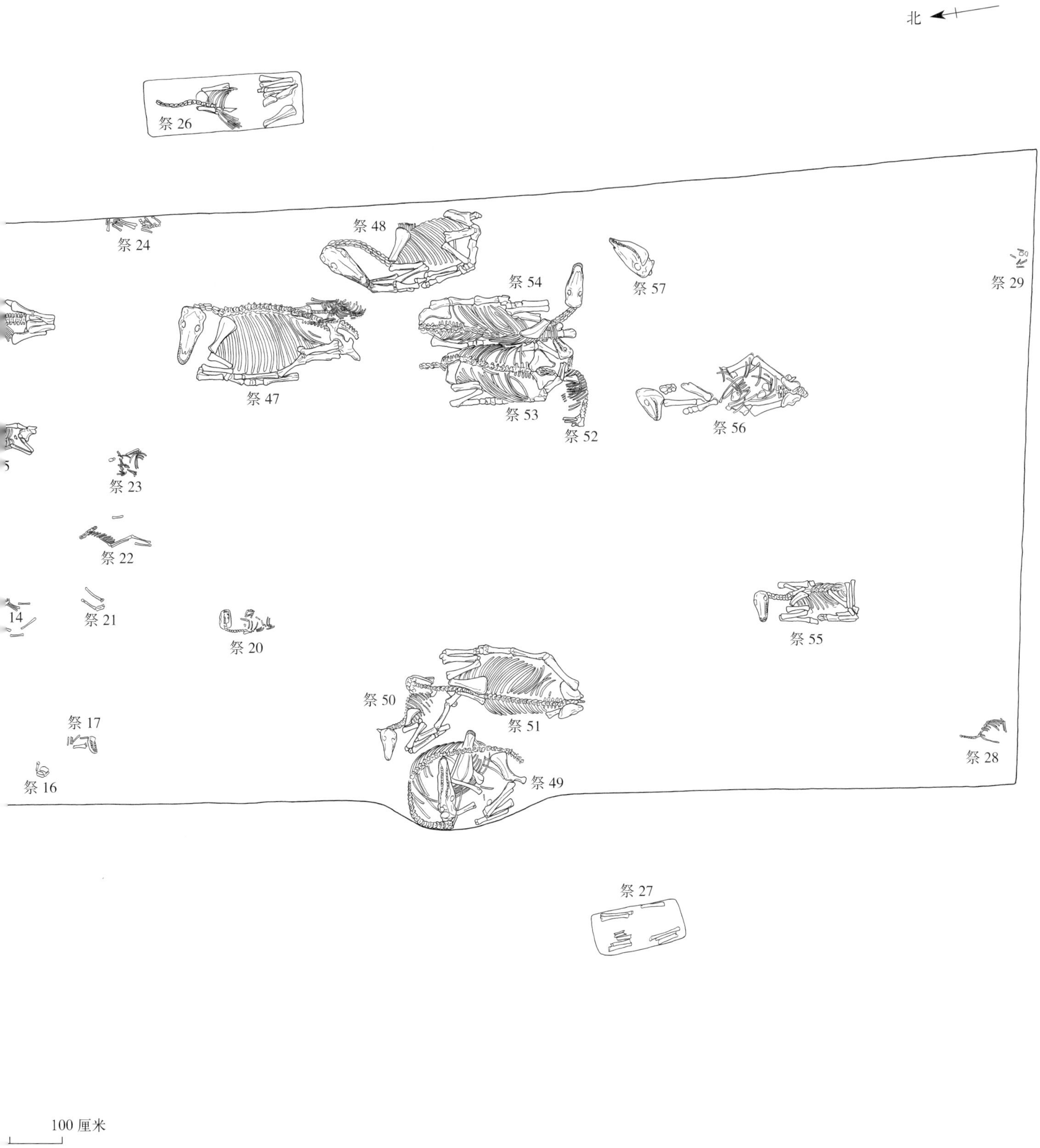

北
祭 26
祭 24
祭 48
祭 54
祭 57
祭 29
祭 47
祭 53
祭 52
祭 56
5
祭 23
祭 22
14
祭 21
祭 20
祭 55
祭 50
祭 51
祭 17
祭 28
祭 16
祭 49
祭 27
100 厘米

墓道殉葬坑平面图

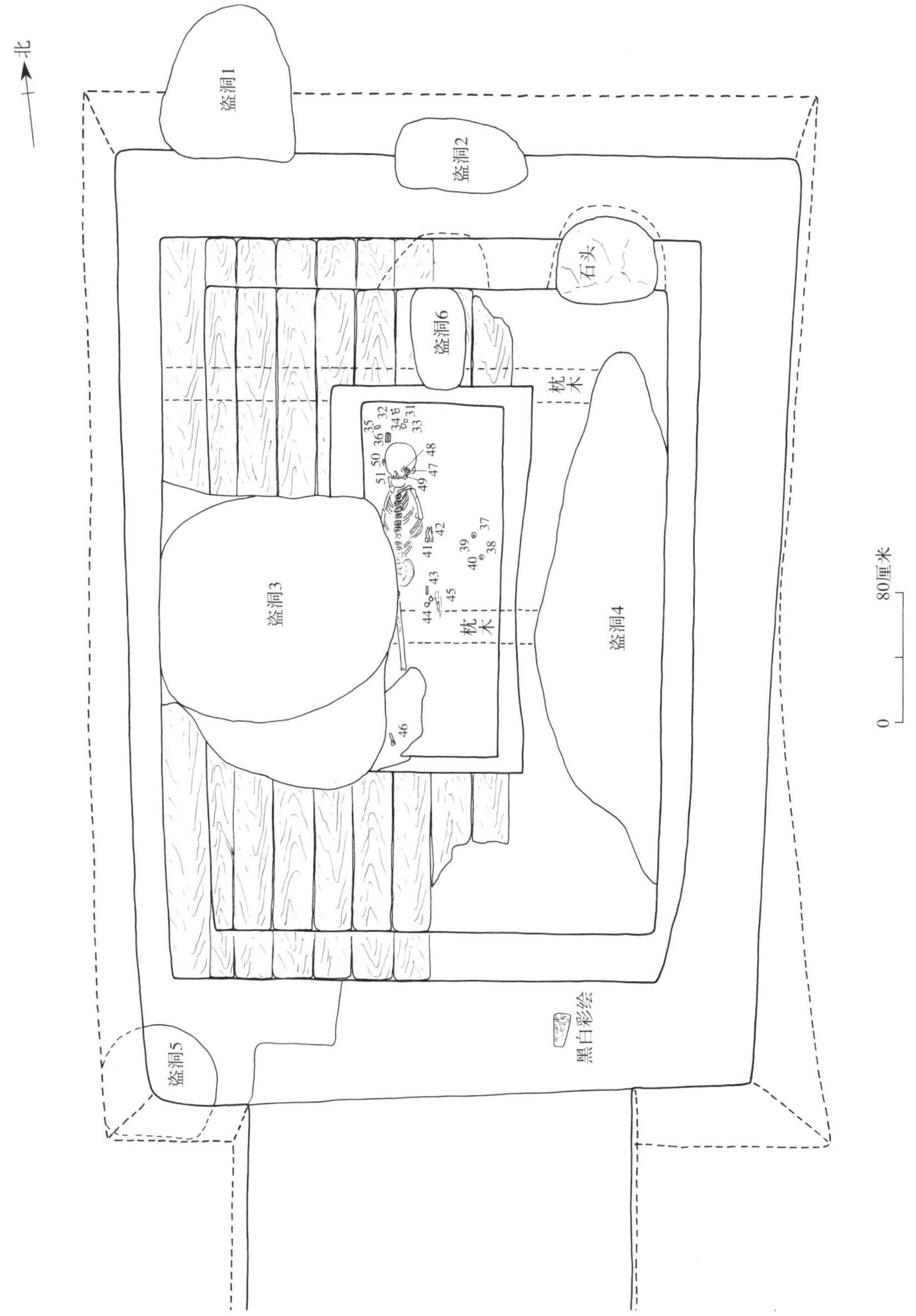

图一三二　M10墓室平面图

31.项饰玉牌　32.孔雀石饰件　33、34.玉牛头饰　35.方形玉管　36.复合玉饰　37、38.云纹玉饰　39、40.玛瑙珠　41、42.玉鸟　43.玉鱼　44、45.玉龟　46.铜车辖　47、50.勾连纹玉玦　48、51.料珠　49.其他玉饰

M10 祭 1　羊坑，位于墓道东北角，距墓葬南边 1.15、距墓道东边沿 0.9 米，方向与墓道一致，为 10°，呈长方形，南北长 0.68、东西宽 0.4 米，羊四肢骨、部分肋骨和椎骨保存较好，未见头骨（彩版一四三，1）。

M10 祭 2　羊坑，位于墓道北部偏西，祭 34 之马头骨右侧，仅残留有部分肢骨，骨质酥脆，残长 0.5、宽 0.18 厘米，方向为 0°，周边有祭 34 葬坑的迹象（彩版一四三，2）。

M10 祭 3　马坑，位于墓道外西侧，距墓道西边沿 0.78 ～ 1.03、坑长 1.1、宽 0.43 米，方向为 350°。全身骨骼齐全，骨质酥脆，头向朝北，尾向朝南，呈趴卧姿势，周边有葬坑的迹象（彩版一四四，1）。

M10 祭 4　狗，无坑，位于墓道偏东北，距墓道北边沿 3.27 米，骨骼长 0.75 米，方向为 0°。全身骨骼齐全，头向朝北，尾向朝南，侧卧，四肢向西，周边有葬坑的迹象（彩版一四四，2）。

M10 祭 5、祭 6、祭 7 同在一个葬坑内，位于墓道北部。三具骨骼置于同一坑中，坑长 1.44、宽 0.60 米，方向为 22°（彩版一四五）。

M10 祭 5　羊，全身骨骼齐全，头向朝北，尾向朝南，侧卧，肢骨置于脊部。

M10 祭 6　狗，仅残留有左右前肢和部分肋骨。

M10 祭 7　狗，残留有肢骨、肋骨、椎骨等。

M10 祭 8　1 号动物为羊，骨架完整。2 号动物为狗，骨架完整。羊和狗同在一个葬坑内。坑长 1.1、宽 0.83 米，方向为 40°（彩版一四六，1）。

M10 祭 9　未采集，位于墓道中段西边。种属未知（马？），周边有葬坑的迹象，坑长 0.7、宽 0.5 米。方向为 45° 该葬坑坐落在祭 39 上方，其内的动物骨骼保存较差，鉴定过程中未见该动物的骨骼，根据考古现场照片推测其种属为马（彩版一四六，2）。

M10 祭 10　狗，位于墓道中段东边，坑长 0.7、宽 0.5 米，方向为 335°。残留有头骨、肋骨、椎骨等，骨骼保存较差，周边有葬坑的迹象（彩版一四七，1）。

M10 祭 11　狗，位于墓道中段略偏西。骨架完整，但放置散乱，周边有葬坑的迹象，坑长 1.15、宽 0.5 米，方向为 28°（彩版一四七，2）。

M10 祭 12　狗，无坑。位于墓道中段西部，仅残留有部分肢骨（彩版一四八，1）。

M10 祭 13　狗，无坑。位于墓道中段中部，西邻祭坑 11，骨架完整，头向朝北，尾向朝南，侧卧，四肢向西，前后肢蜷曲（彩版一四八，2）。

M10 祭 14　狗，无坑。位于墓道中段中部，北邻祭 13，仅残留有头骨和肢骨（彩版一四九，1）。

M10 祭 15　马，仅见头骨，祭 15 和祭 46 所处位置较近，祭 46 仅留有完整的颅后骨骼（根据骨骺愈合推测其年龄约为 1 岁），从二者的年龄、所处位置以及骨骼部位来判断，祭 15 和祭 46 可能为同一匹马（彩版一四九，2）。

M10 祭 16　狗，无坑。位于墓道中段西部，仅残留有头骨（彩版一五〇，1）。

M10 祭 17　羊，无坑。位于墓道中段西部，残留有头骨、四肢骨等，西北方向与祭 16 相邻（彩版一五〇，2）。

M10祭18　马，位于墓道西边外，祭坑18的西北角距墓道西边沿1.06米，坑长1.68、宽0.5米，方向20°。骨骼齐全，头向朝北，尾向朝南，俯卧，周边有葬坑的迹象（彩版一五一，1）。

M10祭19　马坑，位于墓道东北角外侧，坑西边沿距墓道东边沿0.93～1.1米，坑长1.52、宽0.6米，方向351°。骨骼齐全，头向朝北，尾向朝南，侧卧，四肢向西（彩版一五一，2）。

M10祭20　狗，无坑。位于墓道中段，略偏西南，残留有头骨、颈椎、前肢、部分胸椎和肋骨，未见后肢。头向朝北，尾向朝南，侧卧，四肢向东（彩版一五二，1）。

M10祭21　羊，无坑。位于墓道中段，仅残留有少量肢骨（彩版一五二，2）。

M10祭22　羊，无坑。位于墓道中段，残留有前肢骨、肋骨、椎骨等（彩版一五三，1）。

M10祭23　狗，无坑。位于墓道中段，仅残留有肋骨、椎骨和少量四肢骨（彩版一五三，2）。

M10祭24　狗，无坑。位于墓道中段墓道东边沿内，全身骨骼齐全，头向朝北，尾向朝南，骨质酥脆（彩版一五四，1）。

M10祭25　狗，无坑。位于墓道中段偏东，全身骨骼齐全，头向朝北，尾向朝南。其靠近祭47（马）的臀背侧（彩版一五四，2）。

M10祭26　马坑，位于墓道中段东边沿以外，坑西南角距墓道东边沿0.8米，坑长1.55米，宽不详，方向354°。头骨缺失，其余颅后骨骼齐全。头向朝北，尾向朝南，侧卧，四肢向东。周边有葬坑的迹象（彩版一五五，1）。

M10祭27　马坑，位于墓道南段西边沿以外，坑东北角距墓道西边沿1.45米，坑长0.9、宽0.44米，方向344°。仅残留有四肢骨，骨质酥脆，周边有葬坑的迹象（彩版一五五，2）。

M10祭28　狗，无坑。位于墓道南端西侧，颅后骨骼齐全，头向朝北，尾向朝南，侧卧，四肢向西（彩版一五六，1）。

M10祭29　狗，无坑。位于墓道南端偏东，仅残留有少量肢骨（彩版一五六，2）。

M10祭30　马坑，位于墓道北段东边沿以外，坑西南角距墓道东边沿0.62米，坑长2.17、宽0.62米，方向356°。全身骨骼齐全，头向朝北，尾向朝南，四肢向下，呈趴着的姿势，四肢弯曲，蜷于腹下（彩版一五七，1）。

M10祭31　马，无坑。位于墓道西北角，头部距地表0.85米。全身骨骼齐全，头向朝北，尾向朝南，俯卧姿，前后肢蜷于腹下，头部垫高（彩版一五七，2）。

M10祭32　马，无坑。位于墓道北端，祭坑31南部，距地表0.9米。全身骨骼齐全，头向朝北，尾向朝南，呈趴着的姿势，头部垫高，前肢弯曲，后肢向前伸展（彩版一五八）。

M10祭33　马，位于墓道北端，祭32东侧，相距0.3、距地表1.45米。头骨缺失，头向朝南，尾向朝北，趴着，四肢位于腹下，前肢弯曲，后肢向前伸展（彩版一五九）。

M10祭34　马，位于墓道北端，祭33东侧，两骨架相距0.9、距地表1.4米。伏卧姿，四肢位于腹下，前肢弯曲，后肢向前伸展（彩版一六〇）。

M10祭35　马，位于墓道西北端，祭32西南部，紧贴墓道西壁，距地表0.9米。全身骨骼齐全，头向朝北，尾向朝南，呈俯卧姿，四肢蜷在腹下，头部垫高（彩版一六一）。

M10祭36　马，无坑。位于墓道西北端，祭33南部，两骨架相距0.1米，骨骸距地表1.1米。全身骨骼齐全，头向朝北，尾向朝南，身体右侧朝上，左侧朝下，侧卧，头部垫高（彩版一六二）。

M10祭37　马，无坑。位于墓道西北端，偏东，距地表1.2米。全身骨骼齐全，头向朝北，尾向朝南，俯卧姿，前肢弯曲，后肢向前伸展。头骨垫高，明显高于躯干（彩版一六三）。

M10祭38　马，无坑。位于墓道北部，紧贴墓道东壁，与祭37并列，两骨骸相距0.1、距地表1.1米。全身骨骼齐全，头向朝南，尾向朝北，俯卧，前肢蜷曲呈跪式，后肢呈蹲式。头骨垫高，明显高于躯干（彩版一六四）。

M10祭39　马，无坑。位于墓道中段，偏西，紧贴墓道西壁，正北与祭35相距2.1、距地表0.85米。全身骨骼齐全，头向朝北，尾向朝南，四肢向上，即腹部朝上，背部朝下，四肢弯曲，蜷于腹下。头扭向其背部（彩版一六五）。

M10祭40　马，位于墓道中段，偏西，其西侧与祭39相距0.3、距地表1.8米。全身骨骼齐全，头向朝南，尾向朝北，侧卧，右侧朝上，前肢弯曲，后肢向前伸展。头骨垫高，明显高于躯干（彩版一六六）。

M10祭41　马，位于墓道中段，西侧与祭40相距0.35、距地表0.85米。全身骨骼齐全，头向朝北，尾向朝南，呈俯卧姿势（彩版一六七）。

M10祭42　马，位于墓道中段偏东，西侧与祭41相距0.75、距地表0.75米。全身骨骼齐全，头向朝北，尾向朝南，四肢向下，前肢呈跪势，后肢弯曲，头部垫高，明显高于躯干（彩版一六八）。

M10祭43　马，位于墓道中段东部，西侧与祭42相距0.3米、距地表1.1米。全身骨骼齐全，头向朝东抵住墓道东壁，尾向朝西，呈趴卧姿势，前肢在腹下向后伸，后肢弯曲，头部垫高（彩版一六九）。

M10祭44　马，位于墓道中段东部，躯干位于墓道东壁以外，肢骨位于墓道东壁以内，距地表1.35米。全身骨骼齐全，头向朝北，尾向朝南，侧卧，四肢左侧朝上，右侧朝下，前肢弯曲，后肢向前伸展（彩版一七〇）。

M10祭45　马，位于墓道中段略偏东，距地表1.05米。全身骨骼齐全，头向朝北，尾向朝南，呈俯卧姿势，头部垫高，四肢蜷曲（彩版一七一）。

M10祭46　马，位于墓道中段略偏东，西侧与祭45相距0.75、距地表0.95米。头骨缺失，颁后骨骼齐全，头向朝北，尾向朝南，呈俯卧姿势，四肢蜷于腹下（彩版一七二）。

M10祭47　马，位于墓道中段略偏东，距墓道东壁0.9、距地表1.15米。全身骨骼齐全，头向朝北，尾向朝南，侧卧，四肢左侧朝上，右侧朝下，前肢弯曲，后肢向前伸展。头骨明显垫高，颈部弯曲（彩版一七三）。

M10祭48　马，位于墓道南段东部，距墓道东壁0.09、距地表1.25米。全身骨骼齐全，头向朝北，尾向朝南，侧卧，左侧朝上，右侧朝下，前后肢弯曲（彩版一七四）。

M10祭49　马，位于墓道南段西部，部分骨骼处在墓道西壁以外，距地表1.4米。全身骨骼齐全，头向朝北，尾向朝南，头颈部向其身体左侧弯曲，弯曲弧度很大（彩版一七五）。

M10祭50　牛，位于墓道南段西部，距地表1.75米。骨架完整，压于M10祭51下方，头向朝西北，尾向朝东南（彩版一七六）。

M10祭51　马，位于墓道南段西部，西侧与祭49相距0.3、距地表1.25米。全身骨骼齐全，头向朝北，尾向朝南，俯卧，后肢向头侧伸展，前肢蜷曲（彩版一七七）。

M10祭52　猪，位于墓道南段偏东，北部紧贴祭53，距地表1.2米。全身骨骼齐全，头向朝东，尾向朝西，侧卧，四肢向北（彩版一七八）。

M10祭53，马，位于墓道南段偏东，其东侧紧贴祭54，距地表1.6米。无头骨，全身其余各骨齐全。头朝北，尾向南，呈俯卧姿势（彩版一七九）。

M10祭54　马，位于墓道南段偏东，其西侧紧贴祭53，距地表0.9米。全身骨骼齐全，头向朝南，尾向朝北，侧卧，左侧朝上，前肢弯曲，后肢前伸（彩版一八〇）。

M10祭55　马，位于墓道南段，其西侧距墓道西壁1.6、距1.25米。全身骨骼齐全，头向朝北，尾向朝南，俯卧姿势，头部垫高，前肢后肢弯曲（彩版一八一，1）。

M10祭56　马，位于墓道南段偏东，其北与祭52相距0.48米，距地表1.25米。全身骨骼齐全，头向朝北，尾向朝南，趴卧姿势，前后肢蜷曲，头骨垫高，明显高于躯干（彩版一八二）。

M10祭57　马，位于墓道南段偏东，其东侧与墓道东壁相距0.47、距地表1.3米。仅留有头骨，头向朝北（彩版一八一，2）。

（三）葬具葬式

根据朽痕可判定葬具为木质一椁双棺。

椁室北边宽2.95、南边宽2.8、高2.8米；椁盖板由19块长方条形木板呈东西向横置于椁上，每块宽在0.18～0.25米，椁室盖板中间坍塌下陷至棺的高度，周边部分多被盗洞破坏；四周壁板也随着盗洞的深入而受损严重（图一三三）。

椁室四壁由壁板叠压而成，北壁残存有9块壁板，每块壁板高0.2米，总高1.9米；南壁有14块壁板组成，每块壁板高0.2米（图一三四）；西壁由于被盗洞破坏其北端残存12块壁板，每块的高度在0.2～0.3米，残存高度为2.5米，其南端破坏更为严重，残存高度为1.7米；

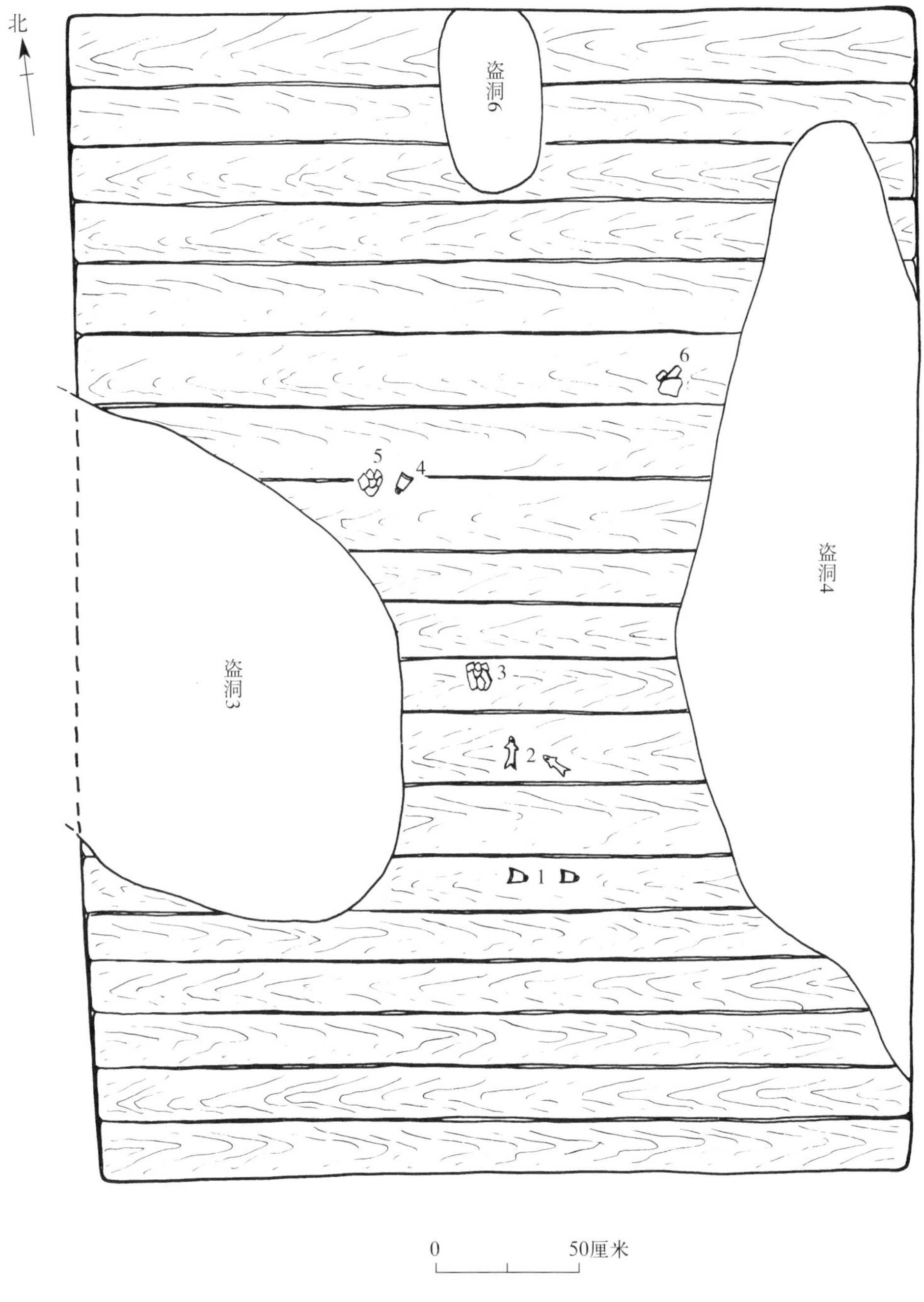

图一三三　M10 椁盖板平面图

1、4.铜铃　2.铜鱼　3、5、6.残铜片

东壁由 14 块壁板组成，破坏严重，南端残存长度从上到下均不超过 0.3 米，高度与椁室高度一致，每块壁板高度为 0.2 米。其北端残存 10 块壁板，残存高度 1.92、残存长度 0.50 ～ 1 米（图一三五）。

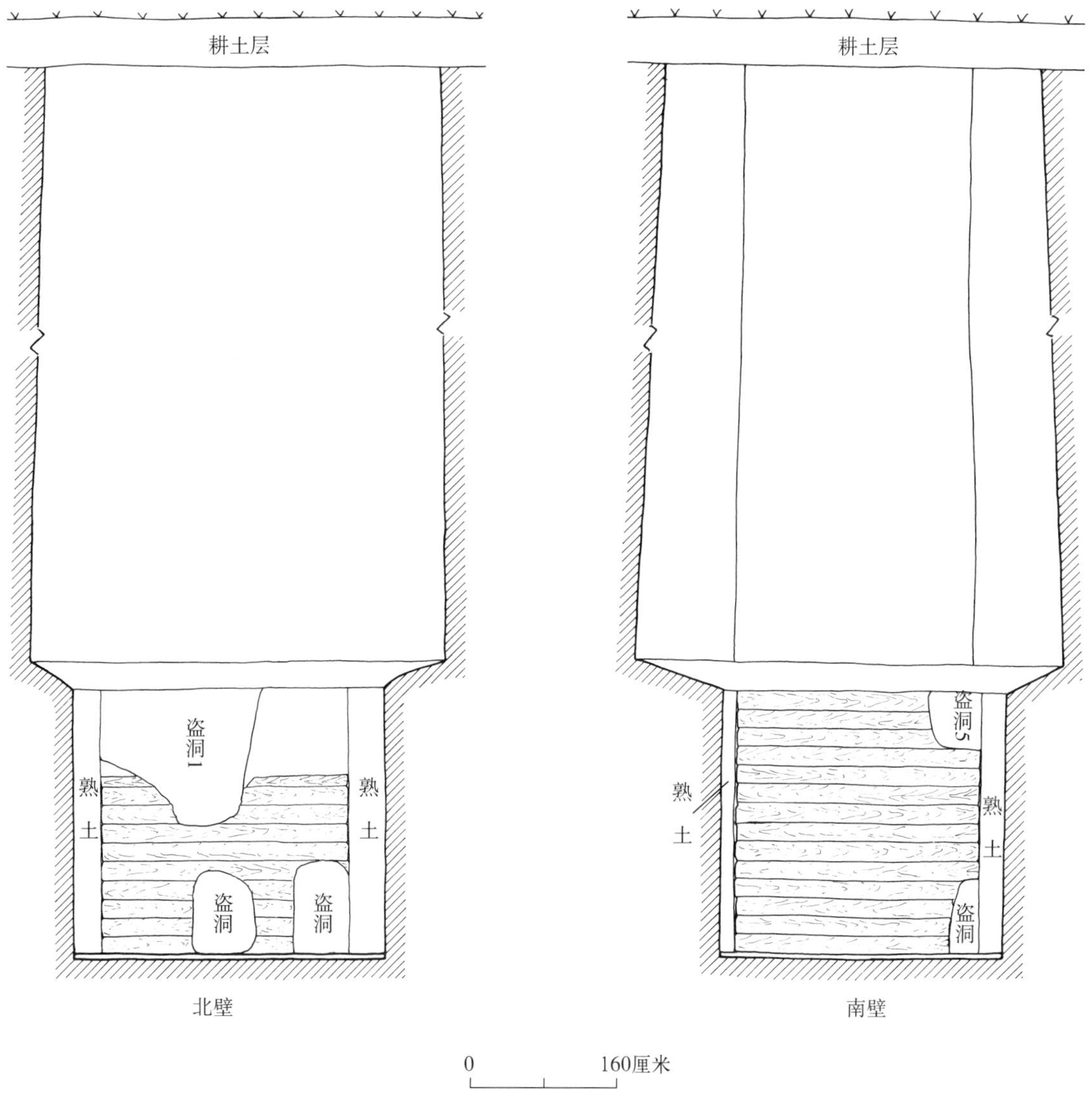

图一三四　M10 北壁、南壁及椁挡板剖面图

椁底板由南北向木板铺成，残存 8 块。南端 0.9 米处从西至东均遭扰乱，椁板无存，已见生土，保存最长的底板 3 块，位于椁底中间，残长 3.7 ～ 3.9 米，西侧椁底板残长 0.95 米。椁底板每块的宽度在 0.2 ～ 0.25 米（图一三六）。椁底板以下残存垫木两条，宽 0.2、厚 0.05 米，分别位于椁室的北端和中段，推测南端也应有，但由于盗洞破坏而未发现迹象，北端垫木距椁室北壁 0.8 米，中段垫木距北端垫木 1.4 米（彩版一八三）；椁底板以下有一层垫土，为五花土，厚度与垫木厚度相同，五花土之下即为生土。

棺为双层。

外棺长 2.4、宽 1.1 米，高度保存不一致，两端高、中间低，为 0.65 ～ 0.9 米。外棺盖板

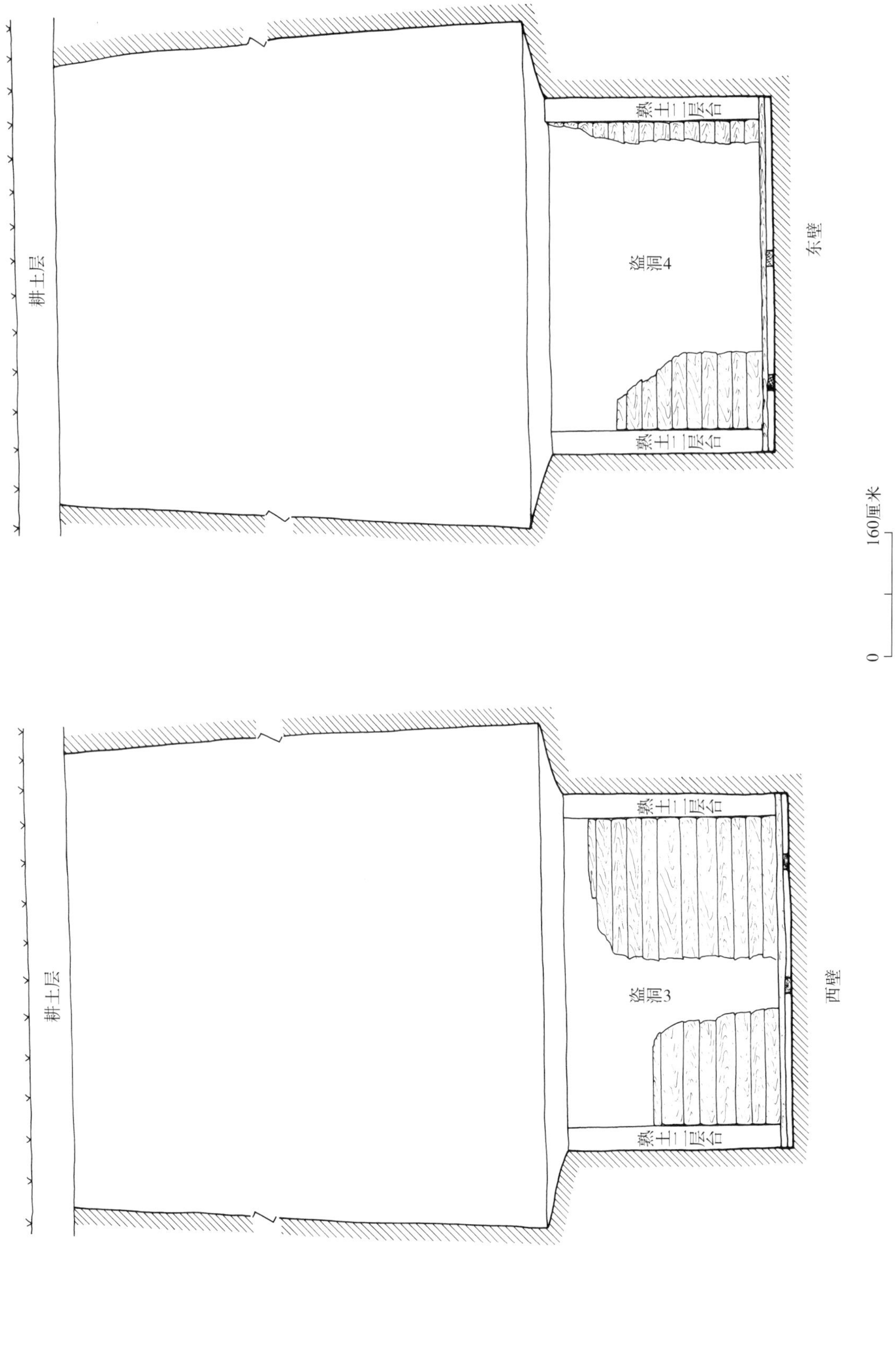

图一三五 M10西壁、东壁及椁挡板剖面图

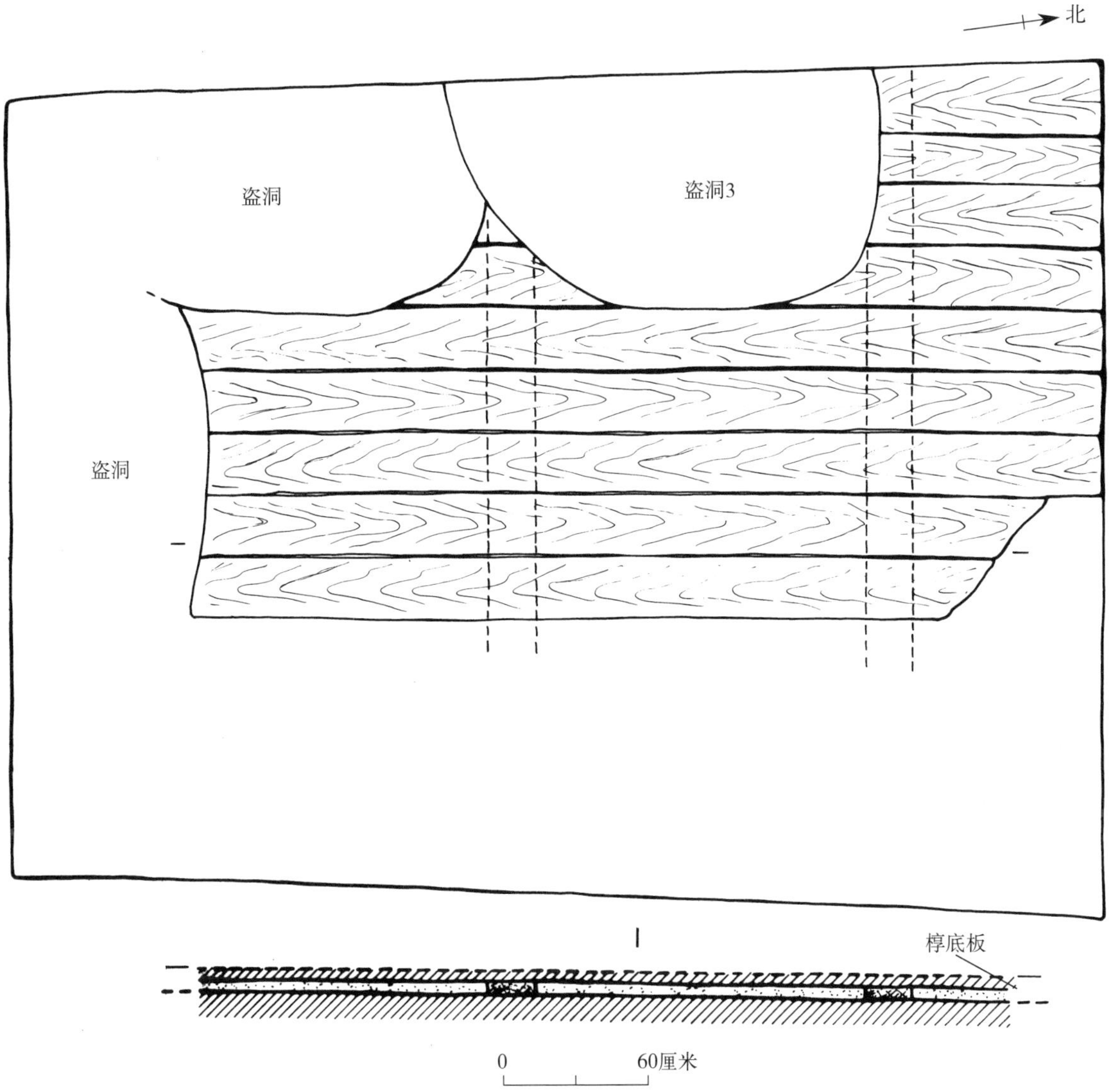

图一三六 M10椁底板平、剖面图

由12块长条形木板呈东西向置于棺上，由于盗洞破坏，其每块的残存长度为0.81～1米（图一三七；彩版一八四，1）。外棺立板结构不明，南端挡板由4块木板组成，长1.1、高0.65米，每块高度0.14～0.2米（彩版一八四，2）。外棺底板由4块长条形木板组成。长2.4、宽1.1米，每块宽度0.27～0.28米；南北两端有衬木，宽度0.06米，两衬木之间相距1.24米，北端衬木距外棺底板北边沿0.52米（图一三八；彩版一八五）。

内棺高0.65～0.7米。内棺盖板由6块木板组成，长2.2、宽0.92米，每块宽度0.13～0.2米（图一三九）。内棺的立板结构不清楚。内棺底板由7块木板组成，木板高0.60～0.65、长2.2、宽0.92米，每块宽0.1～0.13米（图一四〇；彩版一八六，1）。盖板和底板上未发现衬木。

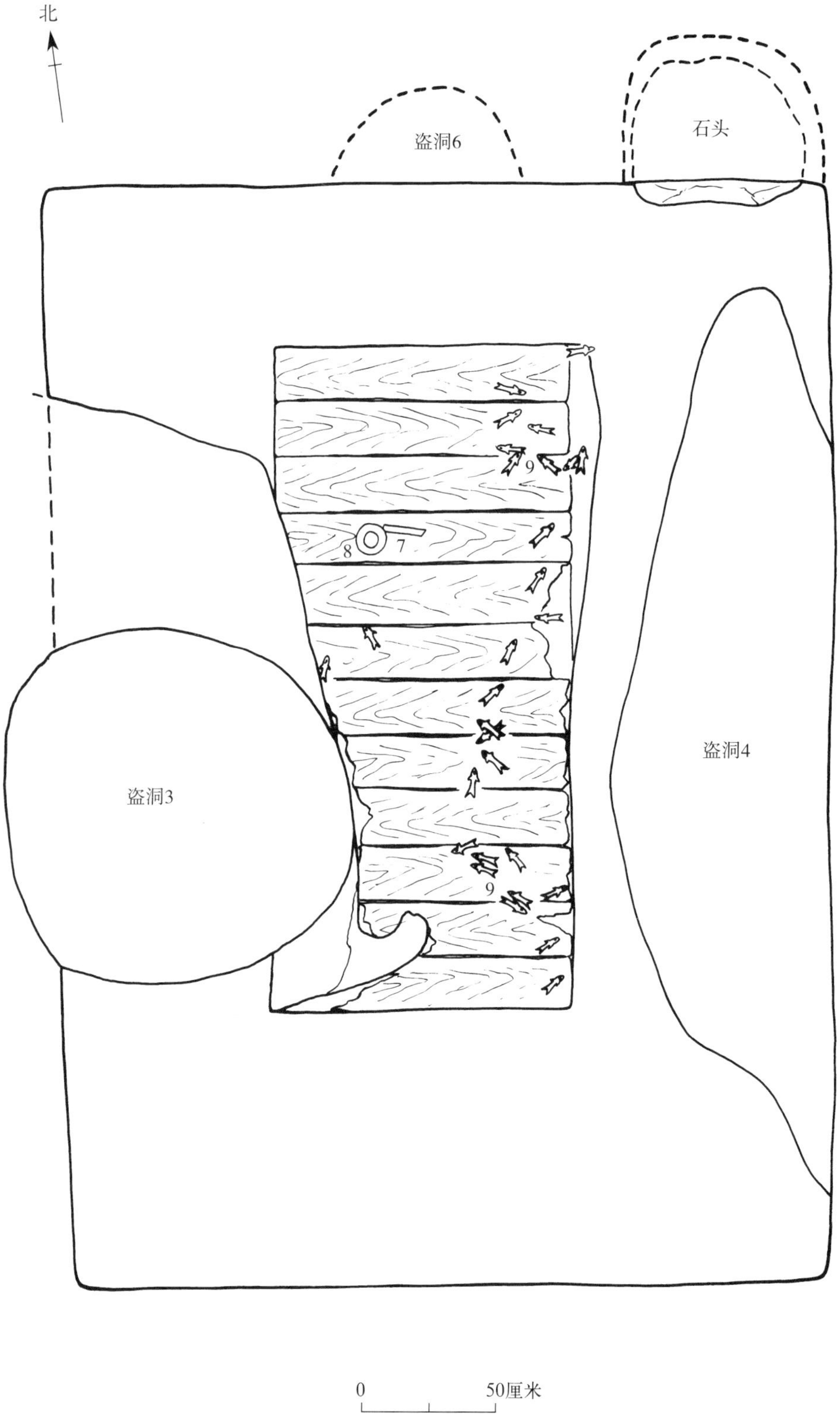

图一三七　M10外棺盖板平面图
7.玉圭　8.玉环　9.铜鱼

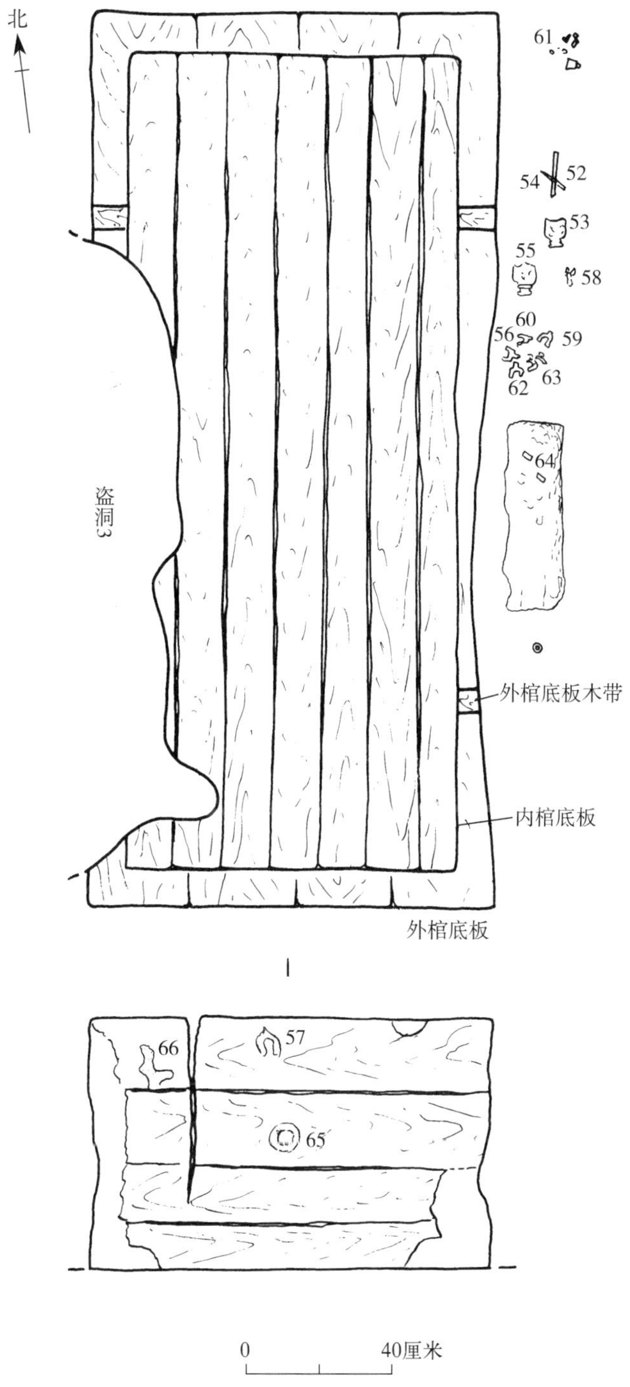

图一三八　M10内外棺底板平、剖面图

52.铜凿　53、55.铜合页　54.小铜条（铜钉？）　56、57、59、60、62.兽面纹铜饰件　58、61、63、66.铜鸟　64.小铜管　65.铜钖

棺内发现人骨架1具，仰身直肢，头向北，面向上，左臂弯曲，右臂和右腿骨遭盗扰无存。性别、年龄不详（彩版一八六，2）。

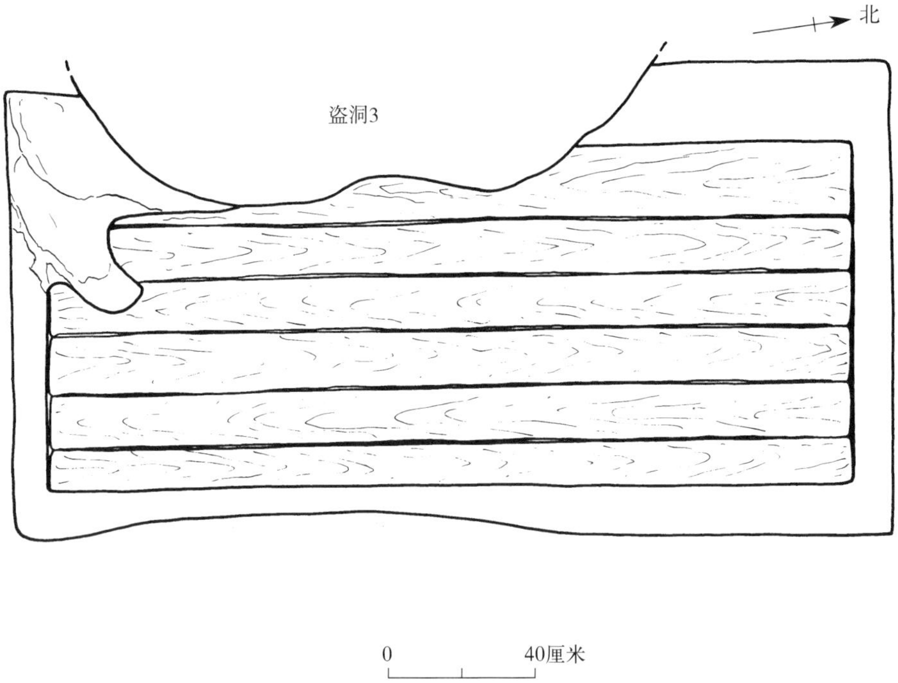

图一三九　M10内棺盖板平面图

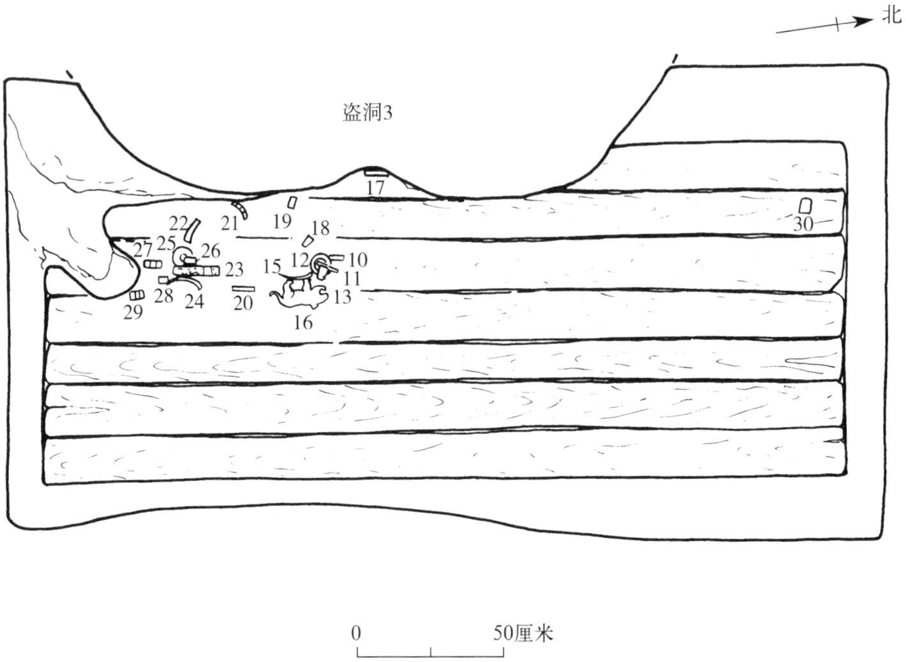

图一四〇　M10内棺底板平面图

10、11、20.玉鱼　12、15、24玉觿　13、19.圆柱形玉管　16.玉虎　17.方形玉柱　18、26、27、29.方形玉管　21.玉蚕　22.玉饰　23.铜剑柄　25.龙形玉玦　28.龟形玉饰　30.项饰玉牌

（四）随葬器物

随葬器物为青铜器、玉石器、陶器，共124件（组）。其中青铜器45、玉石器77、陶器1件（组）。椁盖板中部放置有铜铃、铜鱼、铜饰件，在外棺盖板中部放置有玉圭、玉环，东部放置铜鱼，在外棺东部放置有铜凿、铜钉、铜饰件、铜鸟、小铜管、铜钖，在墓主人周围有玉鱼、玉管、铜饰件、玉饰件、玉虎、方形玉柱、玉蚕、铜剑柄、玉玦、玉串饰、孔雀石饰件、玛瑙珠、玉鸟、玉龟、料珠、其他玉饰（彩版一八七～一八九）。

1. 青铜器

46件（组），分别是铜削1、铜剑柄1、铜镞2、铜鸟5、铜凿1、铜马镳2、铜车軎2、铜车辖1、兽面纹铜饰件5、铜合页3、铜铃4、铜环1、铜钖4、圆饼形铜节约3、十字形铜节约1、小铜管2、小铜条（铜钉？）1、铜匕1、铜鱼3、铜残片3件（组）。

铜削　1件。

M10：盗洞·1，盗洞出土。直背，斜刃，截面呈楔形。残长9、残宽1.1～1.5、厚0.5厘米（图一四一，1）。

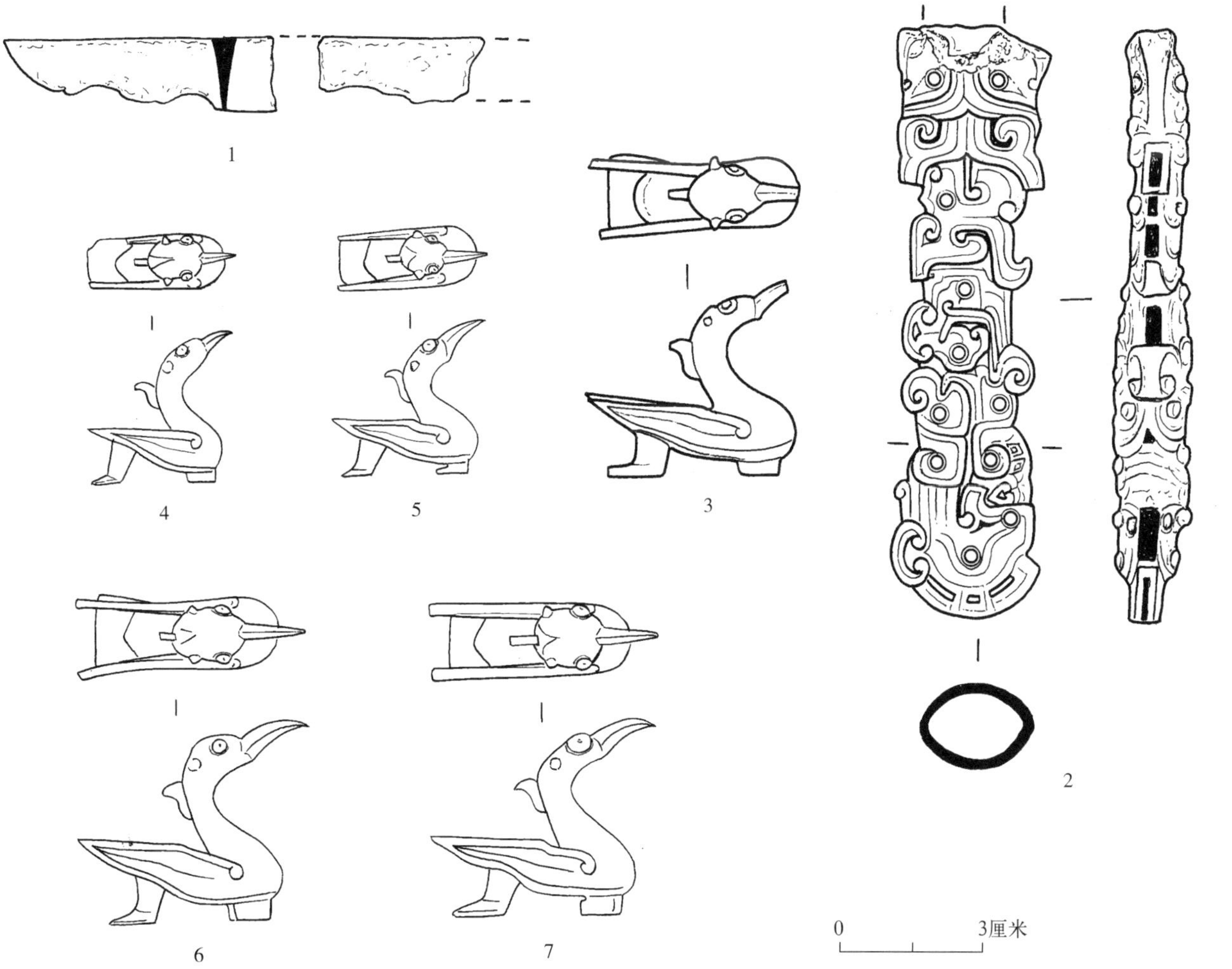

图一四一　M10出土青铜器

1.铜削M10：盗洞·1　2.铜剑柄M10：23　3～7.铜鸟M10：盗洞·18、M10：58、61、63、66

铜剑柄（花格剑） 1件。

M10：23，通体施兽首纹，镶嵌绿松石，镂空。长12、宽2.8、厚1.6厘米（图一四一，2；彩版一九〇）。

铜镞 2件。

M10：盗洞·2，出土于盗洞，形制纹饰相同。锐角三角形，双翼，锋尖锐，本为棱形，铤残。

M10：盗洞·2-1，残长5.3、宽1.7厘米。

M10：盗洞·2-2，残长3.1、残宽1.5厘米。

铜鸟 5件。

M10：盗洞·14、M10：58、61、63、66，形制相同，用途不明。曲颈昂首状，颈后有扉棱，双翅微张，中空（彩版一九一）。

M10：盗洞·18，通高3.9、长4.1、宽1.5厘米（图一四一，3）。

M10：58，通高3.1、长3、宽1.1厘米（图一四一，4）。

M10：61，通高3.1、长3.1、宽1.2厘米（图一四一，5）。

M10：63，通高4、长4.8、宽1.7厘米（图一四一，6）。

M10：66，通高4、长4.6、宽1.6厘米（图一四一，7）。

铜凿 1件。

M10：52，条状，锋端为斜刃，末端为方銎。銎管中残存朽木柄一截，素面。长13.3、宽1.7、刃部宽0.4、銎部宽1.5～1.8厘米。

铜马镳 2件。

M10：盗洞·9，盗洞出土，形制尺寸相同。弧形，截面呈片状，背面有两桥形纽横置中段，正面两端饰龙首纹，中段饰羽翅纹。

M10：盗洞·9-1，长10.3、宽1.6～2.3、厚0.5、纽高0.7～0.9厘米（图一四二，1）。

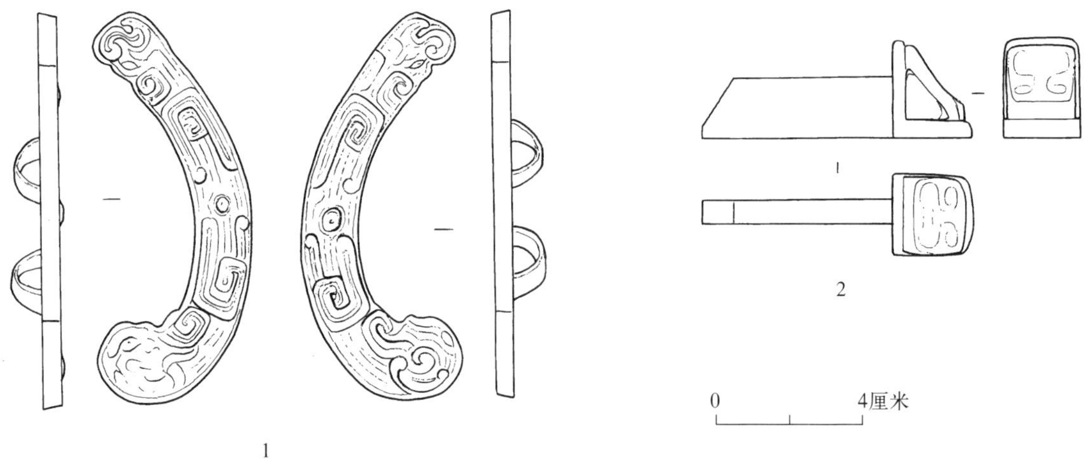

图一四二 M10出土青铜器

1.铜马镳M10：盗洞·9-1 2.铜车辖M10：46

铜车害　2件。

M10：盗洞·10、·11，盗洞出土，形制、尺寸相同。半段为十面的多棱圆柱体，中腰有箍状凸棱一道，近毂端横截面为圆形，有辖孔一个，长方形。

M10：盗洞·1，通长6.5、末端直径3.1、毂端直径3.6、辖孔长1.9、宽0.7厘米。

铜车辖　1件。

M10：46，辖首为兽首形，首两侧有孔可贯通，首背为长方块形，辖首下方为长扁条状键，键末端为楔形。通长7.4、其中辖首高2.2、宽2、高2.1、键部长5.2、宽1.6、厚0.6厘米（图一四二，2）。

兽面纹铜饰件　5件，

M10：56、57、59、60、62，形制、尺寸相同。一端呈分叉形，中空，两外侧饰兽目纹，另一端呈兽首形，似为器物端头的装饰物（图一四三，1～5）。

M10：56，通高3.4、宽2.8、厚1.1厘米。

铜合页　3件。

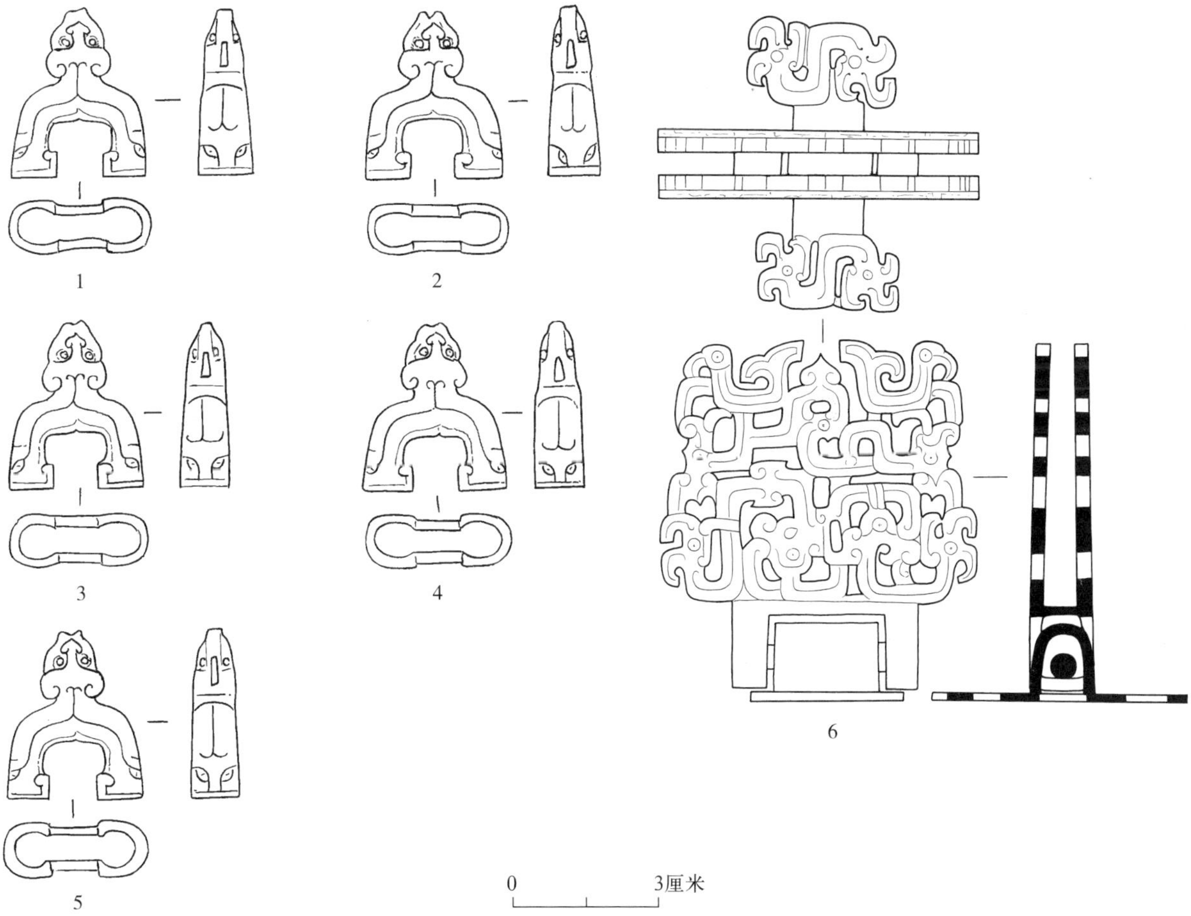

图一四三　M10出土青铜器

1～5.兽面纹铜饰件M10：56、57、59、60、62　6.铜合页M10：53

M10：53、55、盗洞·4，复合型器，由一件方形夹片与固定片组合，夹片与固定片之间由一根圆柱形轴贯通连接，夹片可旋转180°，夹板为镂空夔龙纹，固定片两端为龙纹。夹片长6.7、宽6.5、间隙宽0.6、下端固定片长5.9、宽3、圆柱形轴长3.1、直径0.4厘米（图一四三，6）。

铜铃　4组

分三类。

第一类　2组。

M10：4、74，形制相同。铃体呈合瓦形，中空，舞部平，上有小桥形纽，纽下有孔，于部呈凹弧形，两铣尖锐，器壁较薄，在枚与篆的位置各有两道竖长条孔，铃腔内有长条状舌，素面。

M10：4，通高5、舞宽2.8、铣间宽3、纽高1、铃舌长3.2 、宽6厘米。

M10：74，通高5、舞宽2.7、铣间宽3.1、纽高1厘米（图一四四，1）。

第二类　1组

M10：盗洞·5，盗洞出土。铃体呈合瓦形，中空，舞部平，上有小桥形纽，纽下有孔，于部呈凹弧形，两铣尖锐，器壁较薄，在枚与篆的位置各有三道竖长条孔，素面。通高5.6、铣间宽3.3、舞宽2.9、纽高1厘米。

第三类　1组

M10：1，共2件。铃体呈合瓦形，中空，舞部平，上有小桥形纽，纽下有孔，于部呈凹

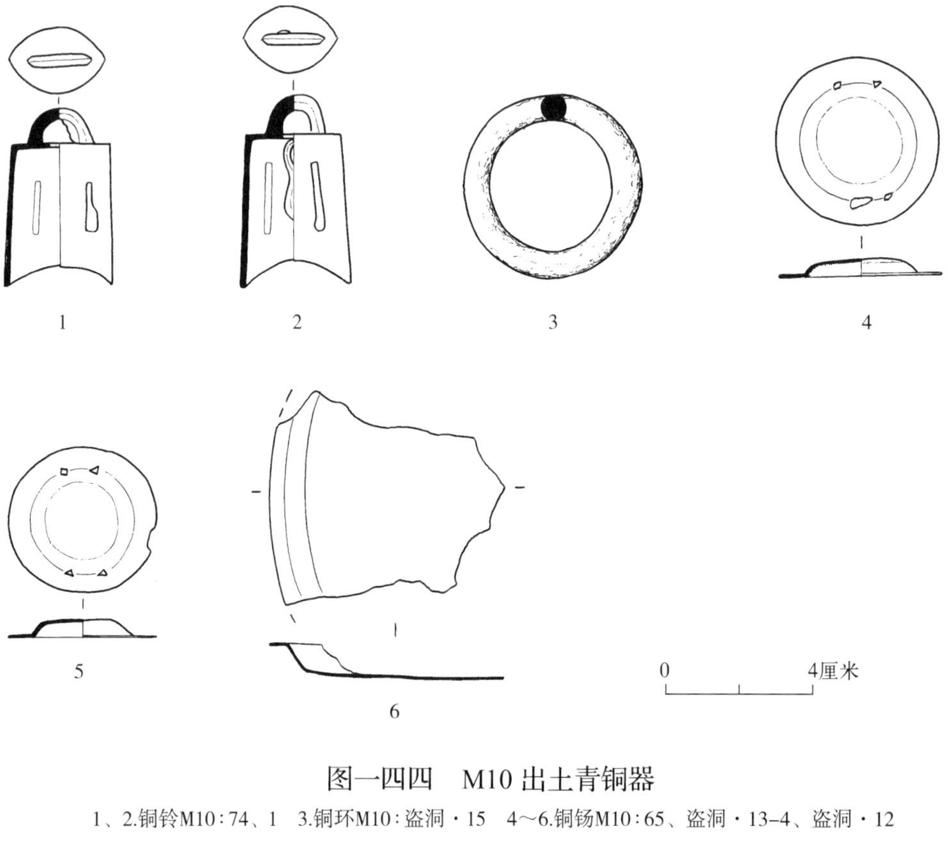

图一四四　M10出土青铜器

1、2.铜铃M10：74、1　3.铜环M10：盗洞·15　4～6.铜钖M10：65、盗洞·13-4、盗洞·12

弧形，两铣尖锐，器壁较薄，在枚与篆的位置各有两道竖长条孔，素面。通高 4.7、铣间 3、舞宽 2.7、纽高 1 厘米（图一四四，2）。

铜环　1 件。

M10：盗洞・15，出土于盗洞。素面。直径 4.9 厘米（图一四四，3）。

铜钖　4 件。

M10：65，圆形，宽平沿，中间微鼓起，鼓起部位与沿交接处有对称的四个不规则小孔，素面。直径 4.4、厚 0.5 厘米（图一四四，4）。

M10：盗洞・13-4，圆形，中间微鼓起，鼓起部位与沿交接处有对称的四个不规则小孔，素面。直径 4、厚 0.5 厘米。（图一四四，5）。

M10：盗洞・8-4，盗洞出土。圆鼓泡形，有带状纽 1 条，置于圆泡背面，素面。直径 3.1、厚 0.7、带状纽长 2.2、宽 0.5、高 0.5 厘米。

M10：盗洞・12，盗洞出土。残，圆形，宽平沿，中间微鼓起，素面，根据其弧度估计直径较大，但残损严重。残长 6.5、残宽 5.7、厚 0.5、鼓起高度为 0.9 厘米（图一四四，6）。

圆饼形铜节约　3 组。

M10：盗洞・8，三种形制，均为圆形片状，出土时背面纽下有皮条残迹。M10：盗洞・8-1，有带状纽 2 条，平行置于圆片背面，素面。直径 4.7、厚 0.2、带状纽长 2.3、宽 0.5、高 0.7 厘米。M10：盗洞・8-2，有带状纽 1 条，置于圆片背面，素面。直径 5.6、厚 0.2、带状纽长 3.9、宽 1、高 1.1 厘米。M10：盗洞・8-3，有纽 2 条，平行置于圆片背面，素面。直径 2.7、厚 0.1、带状纽长 1.7、宽 0.3、高 0.8 厘米。

M10：盗洞・13，三种形制，均为圆形片状。M10：盗洞・13-1，背部设一条带状纽，横跨圆片中段，素面。圆片直径为 5.5、厚度为 0.2、纽长 3.8、宽 1、高 1 厘米（图一四五，1）；M10：盗洞・13-2，背部设带状纽两条，位于圆片两端，素面。圆片直径为 4.5、厚度为 0.2、纽长 2.3、宽 0.7、高 0.6 厘米（图一四五，2）；M10：盗洞・13-3，有纽 2 条，平行置于圆片背面，素面。直径 2.7、厚 0.1、带状纽长 1.7、宽 0.3、高 0.8 厘米（图一四五，3）。

M10：盗洞・16，圆片形，背面有 4 纽，按四等分分布，出土时纽中有十字交叉穿插的皮带残迹。直径 4.7、厚 0.1、纽长 2.3、宽 0.7、高 0.7 厘米（图一四五，4）。

十字形铜节约　1 件。

M10：盗洞・7，盗洞出土。十字形管状，四个管状圆孔可互相贯通，正面饰锐角三角形纹饰，背面透空。长 3.1、宽 3.1、厚 1.6、管孔直径 1.1 厘米。

小铜管　2 件。

M10：64，圆管状，素面。

M10：64-1，长 1.7、直径 1.2、管壁厚 0.1 厘米。

小铜条（铜钉？）1 件。

M10：54，残，呈直条状，截面呈台形，素面，用途不明。残长 7.3、宽 0.3 ～ 0.5、厚 0.5 厘米（图一四五，5）。

铜匕　1 件。

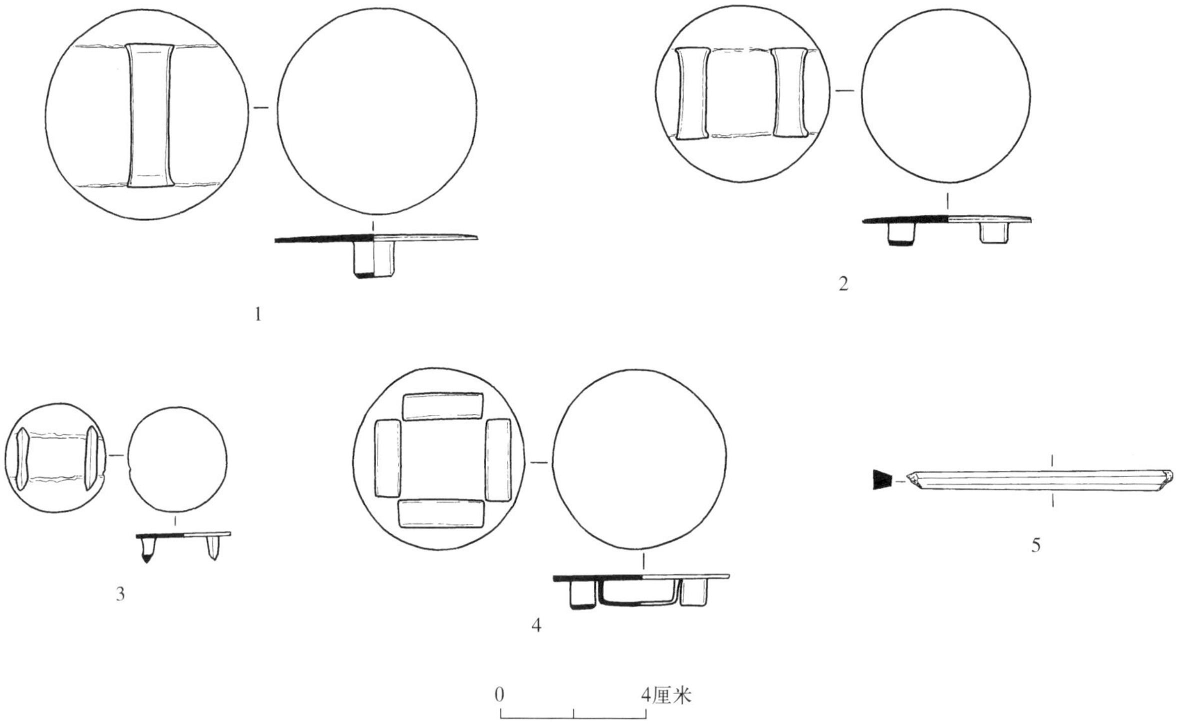

图一四五　M10出土青铜器

1～4.圆饼形铜节约 M10∶盗洞·13-1～-3、盗洞·16　5.小铜条（铜钉？）M10∶54

M10∶盗洞·6，盗洞出土。呈桃叶形，柄部为銎管状。通长10.5、宽2.5、銎直径1.7厘米。

铜鱼　3组。

M10∶2、9、盗洞·14，形制相同，尺寸略有差别。扁长条形，头端圆，较宽，有穿孔，两侧有鳍，尾鳍岔开（图一四六，1～3）。

M10∶9，长8.5、宽2、厚0.2厘米。

残铜片　3组。

M10∶3、5、6。

2. 玉石器

77件（组），分别为玉虎1、玉鸟2、玉鱼4、玉蚕1、玉龟2、玉璜1、玉饰1、玉牛头饰2、复合玉饰1、龟形玉饰1、云纹玉饰2、勾连纹玉玦2、龙形玉玦1、项饰玉牌2、玉环1、玉圭1、玉觿3、方形玉管5、圆柱形玉管2、方形玉柱1、料珠9、玛瑙珠2、孔雀石饰件2、其他玉饰21、石圭7件（组）。

玉虎　1件。

M10∶16，软玉，褐色与白色相间，钙化，微透明，片状，虎形，纹饰为双勾阴刻线刻出虎皮花纹。头至尾长11.7、耳至足高5.8、厚0.5厘米（图一四七，1）。

玉鸟　2件。

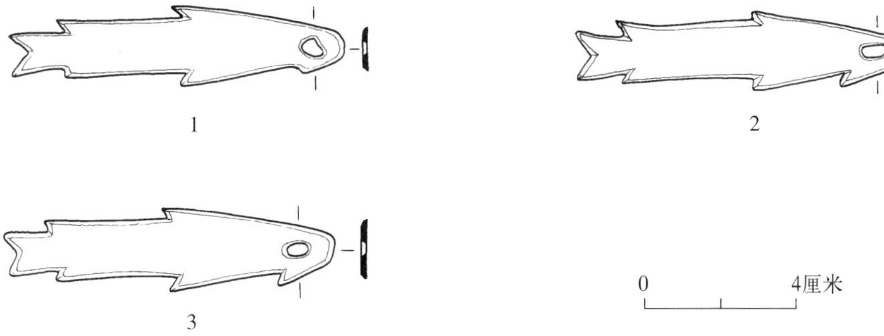

图一四六　M10出土青铜器

1～3.铜鱼 M10：2、9、盗洞·14

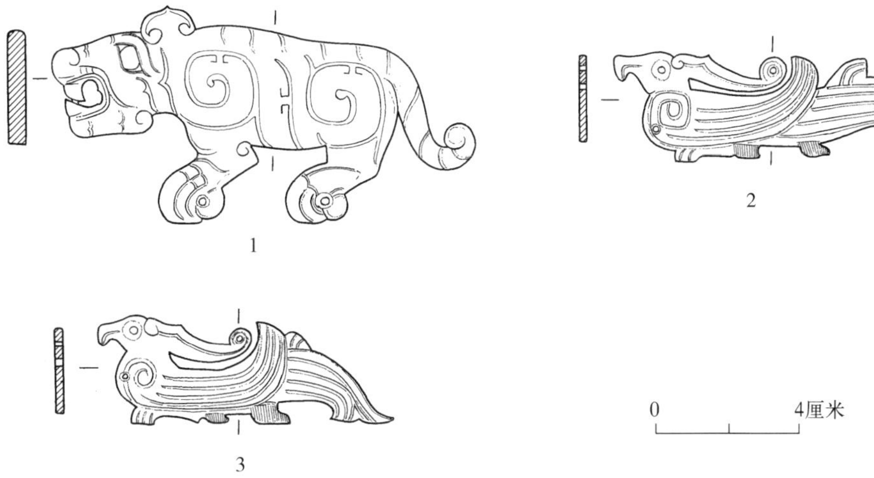

图一四七　M10出土玉石器

1.玉虎 M10：16　2、3.玉鸟M10：41、42

M10：41、42，形制相同。尾部残，软玉，绿色，局部钙化，微透明，片状，鸟形，纹饰为单线条阴刻羽纹。

M10：41，头至尾残长8.5、头至足高2.9、厚0.2厘米（图一四七，2）。

M10：42，头至尾长8.2、头至足高2.9、厚0.2厘米（图一四七，3）。

玉鱼　4件。

M10：20，软玉，褐色，钙化，不透明，片状，鱼形，腹、背部用阴刻饰出鱼鳍纹，鱼目为印刻圆圈纹，吻部钻孔。头至尾长4.5、宽1.3、厚0.3、孔径0.3厘米（图一四八，1；彩版一九二，1）。

M10：10，软玉，青绿色，微透明，无钙化，条形，头端钻孔，素面。长4.4、宽0.9、厚0.3、孔径0.2厘米（图一四八，2；彩版一九二，2）。

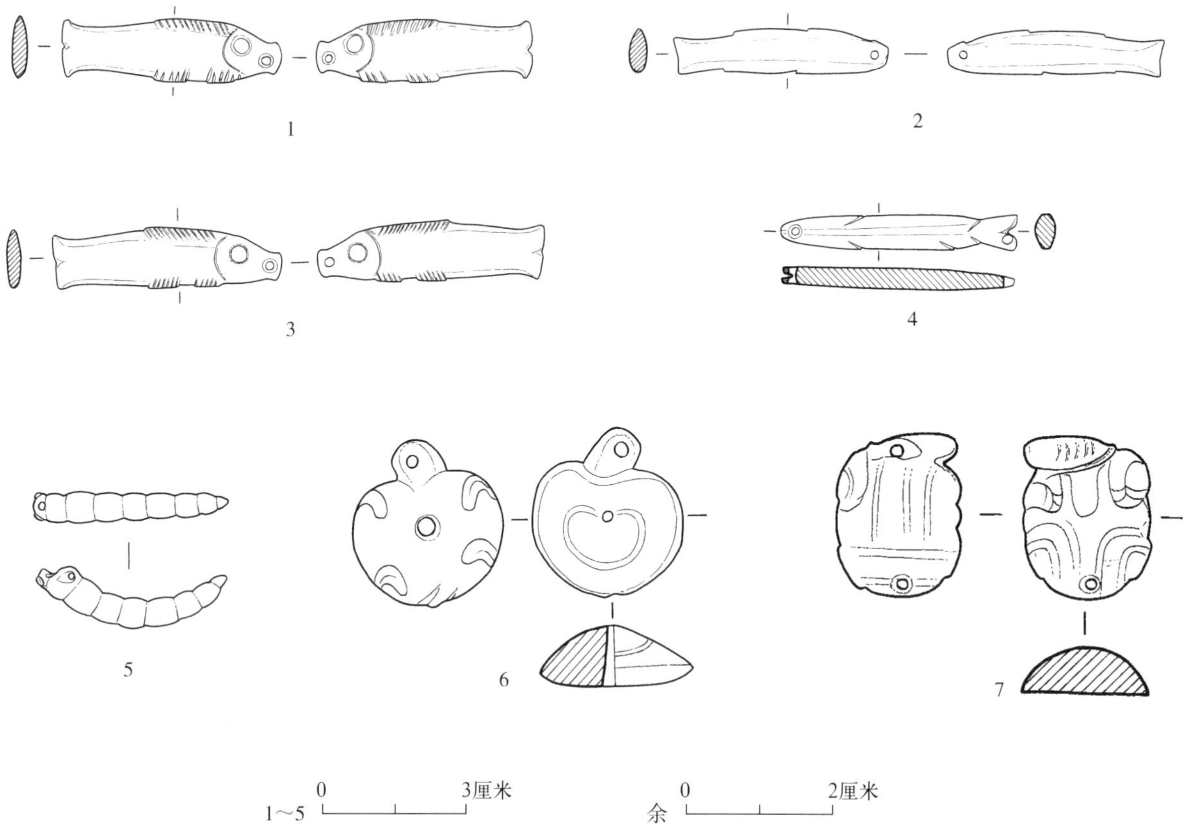

图一四八　M10出土玉石器

1～4.玉鱼M10：20、10、43、11　5.玉蚕M10：21　6、7.玉龟M10：44、45

M10：43，软玉，褐色，不透明，钙化，条形，头端钻孔，鱼鳍以阴线刻出。长4.7、宽1.2、厚0.3、孔径0.3厘米（图一四八，3；彩版一九二，3）。

M10：11，软玉，青绿色，微透明，无钙化，条形，头端、尾端钻孔，素面。长5.2、宽0.8、厚0.5、孔径0.2厘米（图一四八，4）。

玉蚕　1件。

M10：21，软玉，灰绿色，局部钙化，微透明，条状弧形，头部有突出双目，下侧钻孔。长4、直径0.7厘米（图一四八，5；彩版一九三，1）。

玉龟　2件。

M10：44、45，形制相似，尺寸接近。

M10：44，软玉，青绿色，微透明，钙化，圆形，背部起脊，头部与背部各有钻孔一个。头至尾2.3、宽2.1、厚0.6、头部孔径0.4、背部孔径0.2厘米（图一四八，6；彩版一九三，2）。

M10：45，未钙化，背部隆起。头至尾2.1、宽1.7、厚0.8、头部孔径0.4、背部孔径0.2厘米（图一四八，7；彩版一九三，3）。

玉璜　1件。

M10：填土·2，软玉，褐色，不透明，钙化，素面，两角钻孔。长4.1、宽1.4、厚0.5、

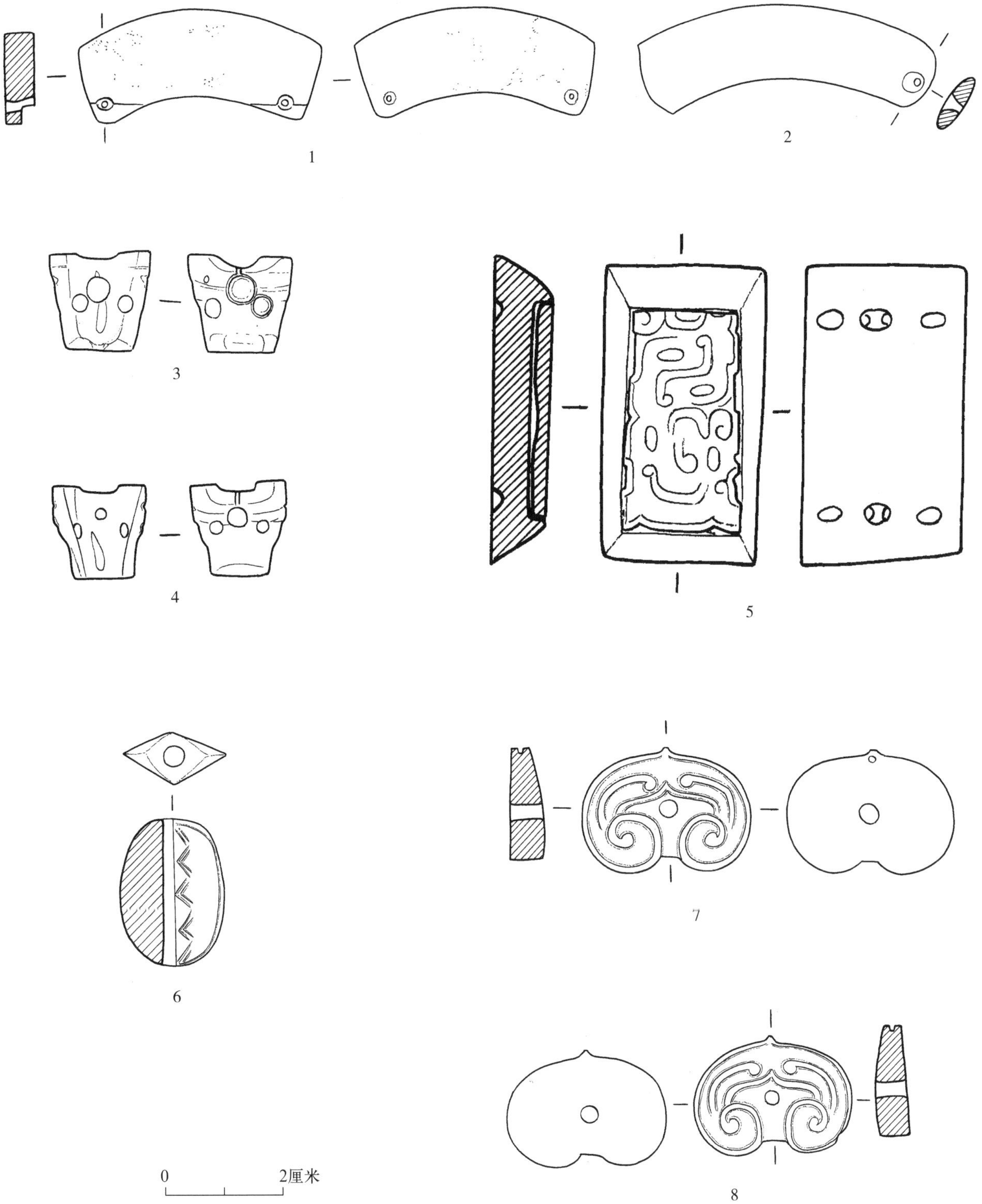

图一四九　M10 出土玉石器

1.玉璜M10：填土·2　2.玉饰 M10：22　3、4.玉牛头饰M10：33、34　5.复合玉饰M10：36　6.龟形玉饰 M10：28　7、8.云纹玉饰M10：37、38

两端孔径 0.2 厘米（图一四九，1；彩版一九四，1）。

玉饰　1 件。

M10：22，软玉，褐色，微透明，片状，弧形，一端钻孔，素面。长 5、宽 1.3、厚 0.6、孔径 0.3 厘米（图一四九，2；彩版一九四，2）。

玉牛头饰　2 件。

M10：33、34，形制、尺寸相同。软玉，灰褐色，钙化，微透明，正面为牛头形，横截面为瓦状弧形，上端有角，两眼部位呈凹窝，镶嵌绿松石，双目之间钻圆孔可通背面，正面镶嵌小玉珠；头两侧有孔可通背面。长 1.5、高 1.4、厚 0.9 厘米（图一四九，3、4；彩版一九四，3、4）。

复合玉饰　1 件。

M10：36，由一件扁长方形玉块和一件槽形似为烧制的料器组合而成，玉块为软玉，青绿色，无钙化，微透明，正面饰回首龙纹，两端各有两孔通向背面，背面不规整，中腰部微凹陷；槽形料器为长方块形，两端有斜度，正面为长方形凹槽，背面两端各有三个孔可贯通，料器为深浅绿色相间，玉块镶嵌其中。整体长 4.9、宽 2.7、厚 1.3 厘米（图一四九，5；彩版一九六、一九七）。

龟形玉饰　1 件。

M10：28，软玉，青绿色，微透明，无钙化，椭圆形，横截面为菱形，两面饰龟背纹，两端钻孔，可贯通。长 2.3、宽 1.8、厚 0.8、孔径 0.4 厘米（图一四九，6；彩版一九五，1）。

云纹玉饰　2 件。

M10：37、38，形制相同，尺寸接近。软玉，青绿色，微透明，无钙化，片状，不规则圆形，表面饰阴刻线卷云纹，中心钻孔。

M10：37，长 2.9、宽 2、厚 0.5 ～ 0.7、中心孔径 0.4 厘米（图一四九，7；彩版一九五，2）。

M10：38，长 2.85、宽 1.9、厚 0.3 ～ 0.7、中心孔径 0.3 厘米（图一四九，8；彩版一九五，3）。

勾连纹玉玦　2 件。

M10：50、47，形制相同，尺寸接近。软玉，青绿色，微透明，无钙化，薄环状，双面饰勾连纹，一端有缺口。

M10：50，直径 2.6、内径 0.9、缺口宽 0.3、长 1.6、厚 0.6 厘米（图一五〇，1；彩版一九八，1）。

M10：47，直径 2.6、内径 0.8、缺口宽 0.3、厚 0.5 厘米（图一五〇，2；彩版一九五，4）。

龙形玉玦　1 件。

M10：25，软玉，青绿色，无钙化，微透明，片状玦形，龙首饰“臣”字目，大耳，耳部钻孔，身体部饰鳞甲纹。直径 4.2、内径 3、厚 0.4、孔径 0.2、缺口宽 0.4 厘米（图一五〇，3；彩版一九八，2）。

项饰玉牌　2 件。

M10：30、31，形制尺寸相同。软玉，青绿色，无钙化，微透明，形制为鳞片状，一端为圆弧形，另一端作并排两个凹缺，两端边缘各有两个穿线孔斜穿玉牌背面。长 3.1、宽 2.4、

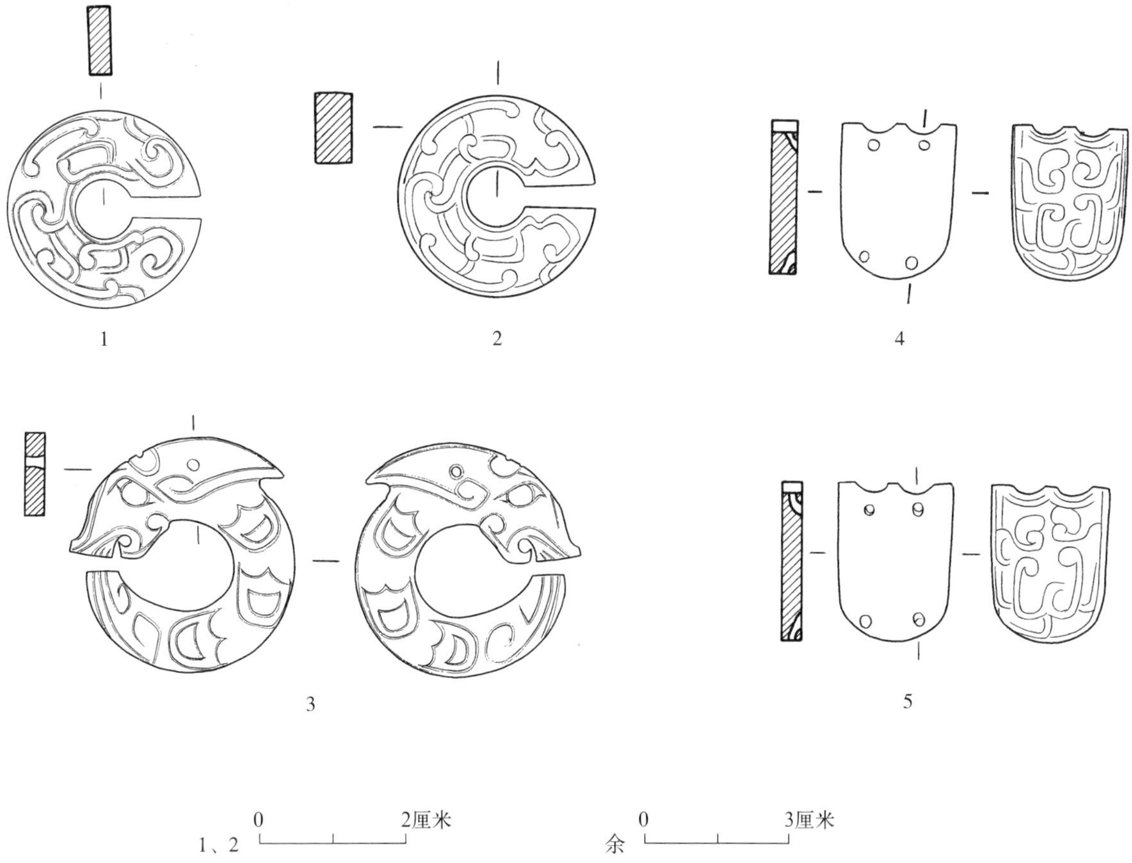

图一五〇　M10出土玉石器

1.勾连纹玉玦M10∶50、47　3.龙形玉玦 M10∶25　4、5.项饰玉牌 M10∶30、31

厚 0.5、孔径 0.2 厘米（图一五〇，4、5；彩版一九九，1、2）。

玉环　1 件。

M10：8，软玉，褐色，微透明，钙化，环形。直径 11、内径 5.7、厚 0.2 ～ 0.5 厘米（图一五一，1；彩版一九九，3）。

玉圭　1 件。

M10：7，软玉，灰褐色，不透明，钙化，扁长条状，锋端尖锐，内端平齐，有穿，两侧有刃。长 20、宽 2.7、厚 0.2、穿直径 0.6 厘米（图一五一，2；彩版二〇〇，1）。

玉觿　3 件。

M10：12，软玉，青绿色，微透明，无钙化，横截面为方形，龙首吻部微张，颈部饰虎头纹，并有钻孔，通体饰阴刻双线条勾曲纹，尾部尖锐。直径 3.8、厚 0.4、孔径 0.2、缺口 0.3 厘米（图一五一，3；彩版二〇〇，2）。

M10：24，软玉，青绿色，微透明，局部钙化，横截面为八边形，龙首部为方形，鼻、目、耳凸出，接近中段处钻孔，尾部尖锐。两端距 7.3、头端高和宽均为 0.6、孔径 0.3 厘米（图

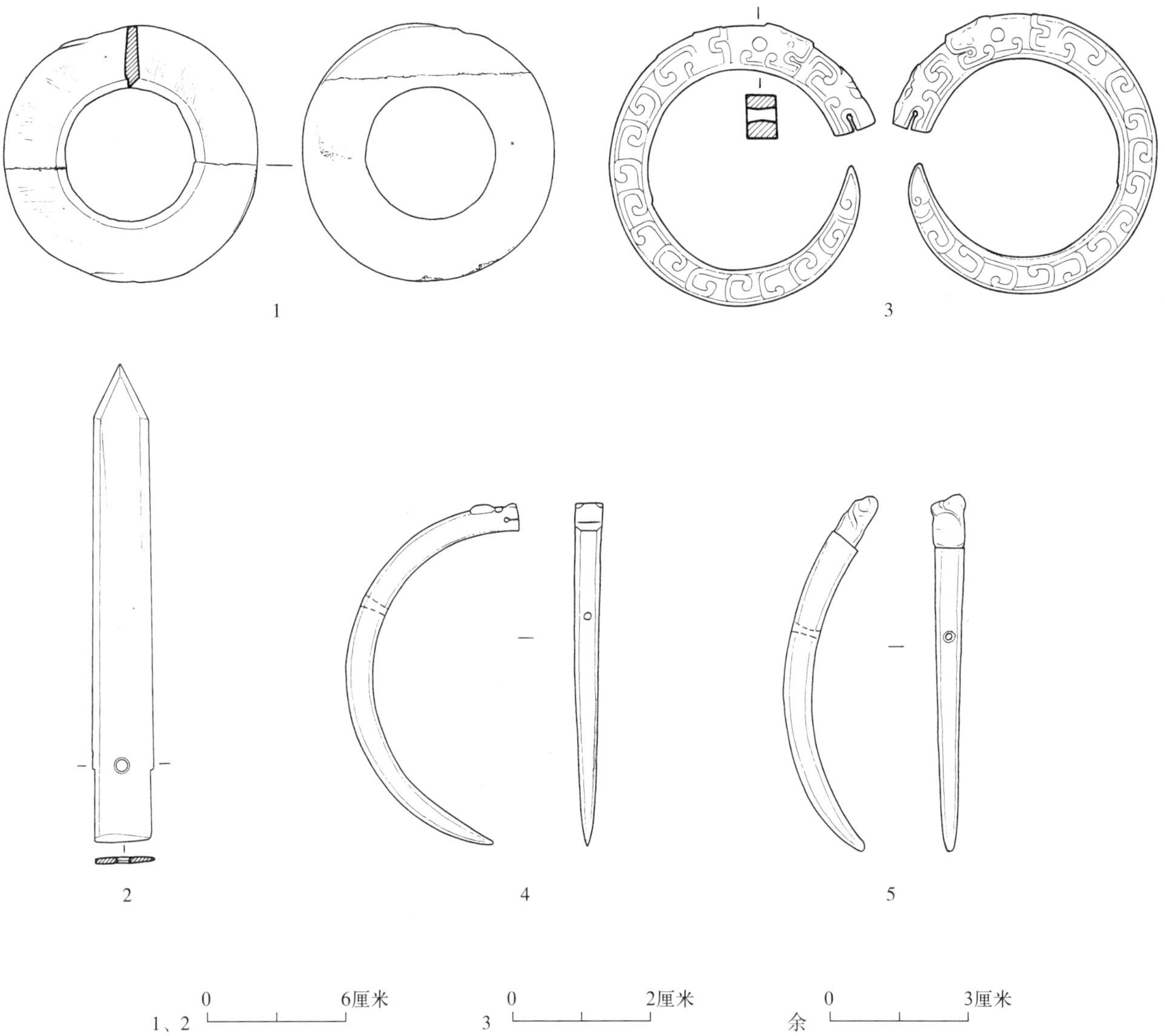

图一五一　M10出土玉石器

1.玉环M10：8　2.玉圭M10：7　3～5.玉觿M10：12、24、15

一五一，4；彩版二〇一，1）。

M10：15，软玉，青绿色，微透明，无钙化，弧形条状似龙形，横截面近圆形，末端尖锐，首端平齐且有钻孔，钻孔处镶嵌龙首形料器，接近中段钻孔，龙体素面。长7.4、直径0.6厘米（图一五一，5；彩版二〇一，2）。

方形玉管　5件。

M10：29，软玉，青绿色，微透明，局部钙化，方柱形，两端钻孔，可贯通，纹饰为阴刻单线条卷云纹。长2.1、宽1.4、厚1、孔径0.6厘米（图一五二，1；彩版二〇二，1）。

M10：26，软玉，青绿色，微透明，无钙化，方柱形，两端钻孔，可贯通，纹饰为

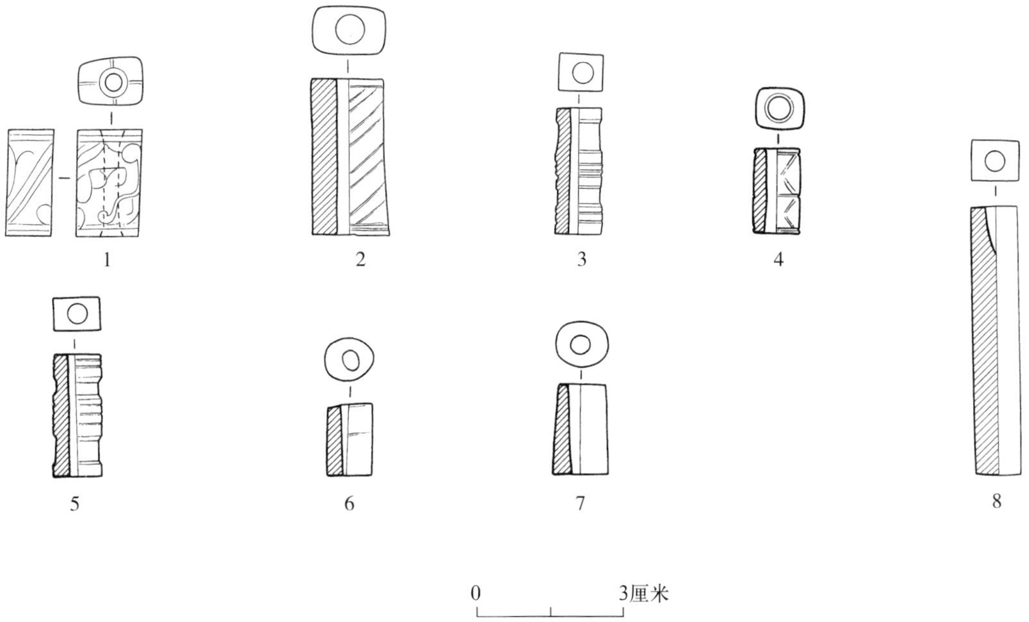

图一五二　M10出土玉石器

1～5.方形玉管M10：29、26、35、18、27　6、7.圆柱形玉管M10：13、19　8.方形玉柱M10：17

阴刻单线条斜弦纹。长3.1、宽1.6、厚0.6～1、孔径0.6厘米（图一五二，2；彩版二〇二，2）。

M10：35，软玉，青绿色，微透明，无钙化，方柱形，两端钻孔，可贯通，外缘饰三周凸旋纹。长2.4、宽1、厚0.8、孔径0.4厘米（图一五二，3；彩版二〇二，3）。

M10：18，软玉，青绿色，微透明，无钙化，方柱形，两端钻孔，可贯通，外缘饰三周凹旋纹，旋纹间饰矩形纹饰。长1.5、宽0.9、厚0.7、孔径0.4厘米（图一五二，4；彩版二〇二，4）。

M10：27，软玉，灰绿色，无钙化，微透明，方柱形管状，两端以及中腰突起，突起部位饰凹旋纹六道。长2.5、宽1、厚0.7、孔径0.5厘米（图一五二，5；彩版二〇三，1）。

圆柱形玉管　2件。

M10：13、19，形制相同，尺寸接近。软玉，青灰色，无钙化，局部有裂纹，微透明，圆柱体管状。

M10：13，长1.3～1.4、直径1、孔径0.3厘米（图一五二，6；彩版二〇三，2）。

M10：19，长1.8、直径0.9～1.1、孔径0.3厘米（图一五二，7；彩版二〇三，3）。

方形玉柱　1件。

M10：17，软玉，青绿色，微透明，无钙化，方柱形，一端钻孔，素面。长5.3、宽1、厚0.8、孔径0.5厘米（图一五二，8；彩版二〇三，4）。

料珠　9件。

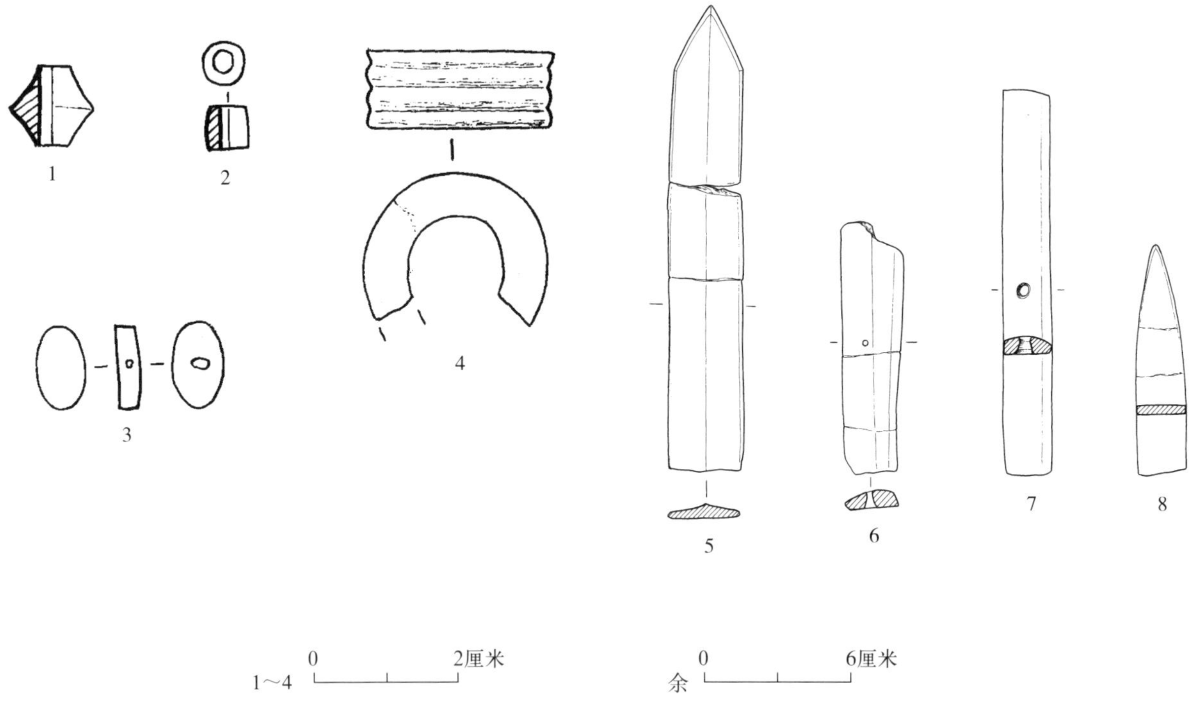

图一五三 M10出土玉石器

1.料珠 M10∶51 2.玛瑙珠M10∶39 3.孔雀石饰件 M10∶32-1 4.其他玉饰 M10∶49 5～8.石圭 M10∶67～69、71

M10∶盗洞·3（3件）、M10∶48（3件）（彩版二〇四，1）、M10∶51（3件），形制相同。

M10∶盗洞·3，出土于盗洞。两端有孔，可贯通，中段直径较粗，翠绿色。直径1.1、高1、孔径0.2厘米。M10∶48，直径1.2、高1、孔径0.4厘米。

M10∶51，直径1.2、高1.1、孔径0.3厘米（图一五三，1；彩版二〇四，2）。

玛瑙珠 2件。

M10∶39、40，形制、尺寸相同。圆柱体，红色，两端钻孔。

M10∶39，直径0.6、高0.6、孔径0.2厘米（图一五三，2；彩版二〇五，1）。

孔雀石饰件 2件。

M10∶32-1、-2，形制、尺寸相同。椭圆形片状，断面为三层，上下两层为翠绿色，中间为白色，在白色层横向钻孔。

M10∶32-1，长1、宽0.6、厚0.4、孔径0.2厘米（图一五三，3；彩版二〇五，2）。

其他玉饰 21件。

M10∶49，由残玉环、玉片组成，软玉，青绿色，部分钙化，玉环微透明，玉片不透明（图一五三，4；彩版二〇六）。

石圭 7组。

M10∶67、68、69、70、71、72、73。

M10∶67，扁长条形，一端尖锐，末端残缺不齐，两侧略呈刃状，中间有脊。白色，断为三截。

残长 18.3、宽 3、厚 0.3 ～ 0.6 厘米（图一五三，5）。

M10∶68，扁长条形，一端尖锐，末端平齐，两侧略呈弧形。白色，断为三截。残长 10、宽 2.1、厚 0.4 厘米（图一五三，6）。

M10∶69，扁长条形，纵向有隆起的脊，一端残断，末端平齐，中段有穿孔。白色。残长 15.3、宽 2、厚 0.7 厘米（图一五三，7）。

M10∶70，扁长条形，纵向有隆起的脊，两端残断，中段有穿孔。白色。残长 9、宽 2.1 ～ 2.5、厚 0.7 厘米。

M10∶71、72，残缺仅剩锋部，锋端尖锐，纵向起脊，两侧呈弧形。残长 5.4、宽 2.3、厚 0.6 厘米（图一五三，8）。

M10∶73，扁长条形，纵向有隆起的脊，两端残断，一端平面有穿孔，白色。残长 5.9、宽 1.9 ～ 2.5、厚 0.6 厘米。

3. 陶器

1 件，为残陶片。

残陶片　1 件。

M10∶填土·1，位于墓道填土中，似为陶罐底部，绳纹，据其底部弧度复原其直径为 9.8 厘米（图一五四）。

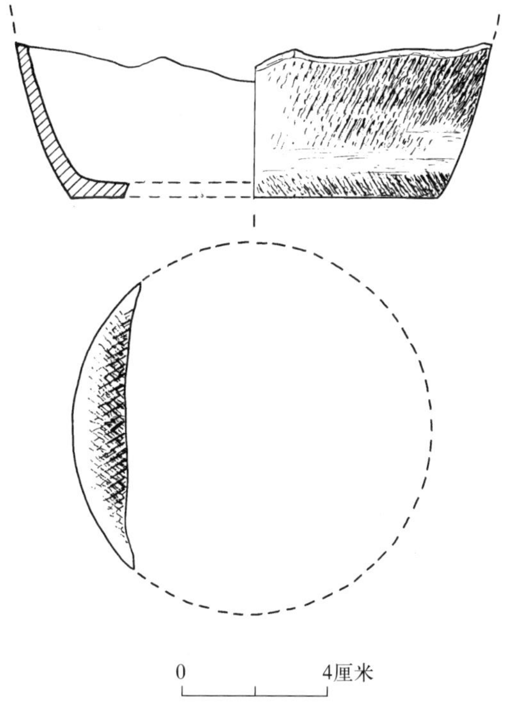

图一五四　M10 出土残陶片 M10∶填土·1

第三章　结语

一　墓葬时代

从目前发掘情况看，西关墓地发掘的墓葬，每个墓葬最多出土一件陶鬲。根据陶鬲形制，大致可以分为三类。第一类是商式鬲，共 3 件，分别出土在 M6、M7 和 M8。这两类鬲都如长子西南呈墓地的同类商式鬲，在太行山以东的豫北和冀南此类鬲多见。第二类联裆鬲，仅有一件，为 M3 出土，腹部较圆，裆较平，同天马—曲村遗址 M5209 出土的陶鬲[1]，时代为春秋早期。第三类平裆鬲，M2、M5 和 M9 出土，此类陶鬲，足跟外撇，裆平。M2 出土的陶鬲，特别接近洛阳出土的铜鬲（C1M9950：47）[2]，M5 出土的陶鬲同天马—曲村遗址 M5170 出土的鬲[3]也相似。

以上三类鬲的时代相近，都应在春秋早期。

西关墓地出土青铜器不多，有的墓葬组合较完整，时代也相对容易判断。M7 出土的鼎与晋侯墓地出土的鼎 M93：49 器形纹饰都接近、与 M102：11 器形也接近[4]。相似的鼎还见于三门峡虢国墓地 M2001[5]、M2012[6]、M2011[7] 等。西关墓地 M8 所出鼎也与以上各墓铜鼎相类，但口部略内敛。M7 的方壶要晚于晋侯 M93 出土的晋叔家父方壶，绳络简化，纹饰制作粗糙，呈现明器化。与韩城梁带村方壶 M28：98[8]很接近，窃曲纹比梁带村壶 M28：98 还要简化。梁带村 M28 晚于 M27，属于春秋早期偏晚阶段[9]。M8 出土的一对楷侯宰吹壶，与晋侯墓地出土的杨姞壶、三门峡虢国墓出土的圆壶 M2006：53[10]、M2011：215[11] 和 M2011：62[12] 都很接

[1]　北京大学考古系商周组、山西省考古研究所编著，邹衡主编：《天马—曲村（1980–1989）》，科学出版社，2000年，图四八六，15。

[2]　洛阳市文物工作队：《河南洛阳市涧阳广场C1M9950号东周墓葬的发掘》，《考古》2009年第12期。

[3]　北京大学考古系商周组、山西省考古研究所编著，邹衡主编：《天马—曲村（1980–1989）》，科学出版社，2000年，图四八七，8。

[4]　北京大学考古学系、山西省考古研究所：《天马—曲村遗址北赵晋侯墓地第五次发掘》，《文物》1995年第7期。

[5]　河南省文物考古研究所、三门峡市文物工作队：《三门峡虢国墓》，文物出版社，1999年，第39页。

[6]　河南省文物考古研究所、三门峡市文物工作队：《三门峡虢国墓》，文物出版社，1999年，第248页。

[7]　河南省文物考古研究所、三门峡市文物工作队：《三门峡虢国墓》，文物出版社，1999年，第327页。

[8]　陕西省考古研究院等：《梁带村芮国墓地——二〇〇七年度发掘报告》，文物出版社，2010年，第110页。

[9]　陕西省考古研究院等：《梁带村芮国墓地——二〇〇七年度发掘报告》，文物出版社，2010年，第213页。

[10]　河南省文物考古研究所、三门峡市文物工作队：《上村岭虢国墓地M2006的清理》，《文物》1995年第1期。

[11]　河南省文物考古研究所、三门峡市文物工作队：《三门峡虢国墓》，文物出版社，1999年，第329页。

[12]　河南省文物考古研究所、三门峡市文物工作队：《三门峡虢国墓》，文物出版社，1999年，第330页。

近。楷侯宰吹壶的捉手都很大，腹部很垂，窃曲纹更加简洁，时代应稍晚。此类圆壶主要见于两周之际或春秋早期，直到春秋中期后段还有存在[1]。

有些没有出土铜容器的墓葬，一些小的铜饰件也可以做些比较。兽首形带扣（M4：23、24）与陕西韩城梁带村兽首形带扣（M27：502）[2]，虢国墓地M2001的带扣[3]，兽首样式一致，共同的特征是两侧的獠牙向外尖挑。M1出土的兽首纹铜泡（M1：46），形制纹饰均接近于梁带村芮国墓地虎首铜带扣（M502：148）、虎首铜泡（M502：149[4]、54、55[5]）。M1兽面纹的十字形节约，与上村岭虢国墓地M2001的节约[6]均相似。M1的铜饰（M1：55）饰卷鼻、吐长舌并向内弯曲的龙纹，与梁带村芮国墓地簋（M586：38）[7]耳造型一致。M10出土的一段残剑柄（M10：23）上的兽面，接近于上村岭虢国墓地兽首形大带扣M2001：397[8]的兽面，也同兽面形铜带扣（M2012：85[9]）的兽面形式。

综合以上陶器与铜器的比较结果，本次考古发掘的10座墓葬的年代集中在春秋早期。

二　墓地文化性质、国族及墓地主人身份

西关墓地中10座已发掘墓葬中共出土有铭文青铜器5件，这5件器物对于认识西关墓地性质与墓主人身份帮助很大。5件有铭文的青铜器分别出土在M7与M8中。其中一件铜鼎（M8：13）为楷宰中考父为夫人季妇[10]做器，两件铜壶（M8：7、12）为楷侯宰吹自做器，还有一件铜匜（M8：65）为“中考父作旅匜”，由这几件器物的铭文内容知“宰”是官名，隶属于楷侯，“吹”为楷侯宰的名，“中考父”为楷侯宰的字。

M7的铜盘（M7：39），内底铭文云：“中考父不录[11]，季妇端[12]誓[13]，遣[14]尔盘、匜、壶

[1]　冯峰：《说“醴壶”》，载北京大学中国考古学研究中心等编《古代文明》（第10卷），文物出版社，2016年，第245页。

[2]　陕西省考古研究院等：《陕西韩城梁带村遗址M27发掘简报》，《考古与文物》2007年第6期。

[3]　河南省文物考古研究所、三门峡市文物工作队：《三门峡虢国墓》，文物出版社，1999年，图版三七、三八。

[4]　陕西省考古研究院等：《梁带村芮国墓地——二〇〇七年度发掘报告》，文物出版社，2010年，第28页。

[5]　陕西省考古研究院等：《梁带村芮国墓地——二〇〇七年度发掘报告》，文物出版社，2010年，第66页。

[6]　河南省文物考古研究所、三门峡市文物工作队：《三门峡虢国墓》，文物出版社，1999年，第109、111页。

[7]　陕西省考古研究院等：《梁带村芮国墓地——二〇〇七年度发掘报告》，文物出版社，2010年，第60页。

[8]　河南省文物考古研究所、三门峡市文物工作队：《三门峡虢国墓》，文物出版社，1999年，彩版一〇，4。

[9]　河南省文物考古研究所、三门峡市文物工作队：《三门峡虢国墓》，文物出版社，1999年，第266页。

[10]　此字疑是“始”。

[11]　不录，即不禄。《礼记·曲礼下》：“天子死曰‘崩’，诸侯曰‘薨’，大夫曰‘卒’，士曰‘不禄’，庶人曰‘死’”，孔颖达疏：“‘士曰不禄’者，士禄以代耕，而今遂死，是不终其禄。”另记：“寿考曰‘卒’，短折曰‘不禄’”（（清）阮元《十三经注疏》（清嘉庆刊本），中华书局，2009年，第2748页）。中考父为楷侯宰，死后称“不禄”，身份应是士一级。

[12]　耑，即端。

[13]　誓，告也。《仪礼·大射》有“司射西面誓之曰”杜预注：誓，犹告也，古文异作辞。（（清）阮元《十三经注疏》（清嘉庆刊本），中华书局，2009年，第2337页）。

[14]　《仪礼·既夕礼》“书遣于册”郑玄注：“遣，犹送也。”（（清）阮元《十三经注疏》（清嘉庆刊本），中华书局，2009年，第1153页）。

两、簋两、鼎，永害[1]福尔后”。盘铭记载了中考父死后，夫人季妇为其准备随葬物品，还进行了宣读。物品清单明晰，此盘具有了《仪礼·既夕礼》中所记“书遣于册”的含义。M7青铜礼器为鼎一、簋二、壶二、盘一、匜一，与盘铭对应，随葬青铜礼器均未使用过，专为丧礼所作。楷侯宰吹生前使用的器物并没有埋葬在该墓中，反而埋葬在M8中。

M7的人骨腐朽严重，性别通过常规鉴别方法鉴别较难，具有男女性别的共同特征。M8的人骨腐朽更严重，不可辨识性别。从M7的铜盘来看，M7应该为楷侯宰吹的墓。从M8出土铜壶和铜匜铭文，以及M8随葬青铜兵器等现象看，M8又似为楷侯宰吹的墓。

M9的人骨鉴定更为复杂，考古出土仅为一具，而送检人骨材料混装，导致鉴定结果为两具，因此，M7人骨的材料也不是在现场鉴定的，其鉴定结论也有待再做考虑。

不管怎么样，这三座墓葬从分布情况看其间似有一定的联系，很有可能一座是楷侯宰吹，另两座是楷侯宰吹的配偶之墓，也有可能两座中有一座是楷侯宰吹的配偶，另一座是楷侯的另一家臣。

从楷侯宰吹的相关铭文看，这个墓地应该是楷侯墓地。M1和M10这两座带墓道的大墓就是这个墓地中级别最高的墓葬，即两个楷侯或一楷侯一夫人（还有一座带墓道的大墓未发掘，这里无法讨论，但也应是最高等级的墓葬之一）。西关墓地墓葬形制、墓向、随葬品的风格与晋侯墓地以及同时期姬姓诸侯级别的高等级贵族墓葬有很多相同之处，因此我们判断这个墓地拥有者是姬姓周人，等级为侯一级家族墓地。与晋侯墓地的区别是，西关墓地延续的时间较短，最多不超过两代楷侯，墓地中一些身份低的小贵族或家臣均随葬在墓地中，簇拥在楷侯墓葬周围，这种不分公墓与邦墓现象与西周时期的诸侯级别墓地也有相似。

M7、M8具有典型的商系色彩，墓底均有腰坑，并出土有商系的陶鬲，这种鬲，除西关墓地所在长治盆地（长子西南呈西周墓地和屯留常村西周墓地均有发现）出土外，主要分布在太行山东的安阳、邢台、鲁北等地，如辉县孟庄A型陶鬲T114M4：1[2]、安阳西高平Aa型陶鬲04AXM1：1[3]、邢台葛家庄XLM47：1、XLM129：2[4]、高青陈庄C型陶鬲H279：1[5]。春秋早期去商末已经近300年，但商文化依然对此地有很强烈的影响。

M8出土一件宽叶带倒钩的矛，似是与更早时期的塞伊玛—图尔宾诺式矛有渊源，但形体要小很多，这是中国境内考古发现的最小的倒钩矛。除倒钩外，矛的形制与春秋早期出土的矛很相似，这可能是中原文化与北方青铜文化相互交流的结果。

楷侯是姬姓，已成共识。“楷”读为“黎”，楷国就是两周时期的黎国。李零先生经过

[1] 害，读为介。中考父盘铭“永害福尔后”与《诗·小雅·小明》“神之听之，介尔景福。”（（清）阮元《十三经注疏》（清嘉庆刊本），中华书局，2009年，第464页）语义相同。《尔雅·释诂》：介，大也。（（清）阮元《十三经注疏》（清嘉庆刊本），中华书局，2009年，第2568页）；《易·晋》：“受兹介福”，王弼注：“受兹大福。”（（清）阮元《十三经注疏》（清嘉庆刊本），中华书局，2009年，第49页）

[2] 河南省文物考古研究所：《辉县孟庄》，中州古籍出版社，2003年，第346页。

[3] 河南省文物考古研究所：《安阳西高平遗址商周遗存发掘报告》，《华夏考古》2006年第4期，第14页。

[4] 贾金标、任亚珊、郭瑞海：《邢台地区西周陶器的初步研究》，《三代文明研究（一）》，科学出版社，1999年，第72页。

[5] 山东省文物考古研究所：《山东高青陈庄西周遗存发掘简报》，《考古》2011年第2期，第13页。

实地考证后，也认为古代的黎国大致就在这一带[1]。李学勤先生引王先谦在《后汉书集解》中主张黎国原在长治西南，春秋时徙于黎城的观点，指出两个地点相距不远，或许都曾在黎国境内也是可能的[2]。在后来的《黎城县志》中，也有相关的记载。明弘治《黎城县志》：在县东北二十八里古黎侯城东有黎侯姬冢。同《志》：“黎侯故城”条：在县东北一十八里，为“西伯戡黎”之黎侯故城，也是晋荀林父灭潞子，复立黎侯而还之地，北魏太武帝时城废。

西关墓地的考古工作做了一部分，由于各种原因，其余墓葬没有发掘，后来这个墓地盗掘也比较严重，墓地的更多信息已经无法获取。尽管有很多遗憾无法弥补，但本次发掘为黎城就是春秋早期的黎国所在地提供了强有力的证据。当然，还有很多与黎国相关的问题还不能解决，如商代与西周的黎国在哪里？春秋早期以后的黎国在哪里？楷侯与周王室、与晋侯、与当时长治地区的戎狄之间的关系怎么样？这些问题都有待未来更广泛深入的考古工作提供解决途径。

[1] 李零：《西伯戡黎的再认识——读清华楚简耆夜篇》，《经学与诗史系列丛书：简帛·经典·古史》，上海古籍出版社，2013年。

[2] 李学勤：《从清华简牍到周代黎国》，《初识清华简》，中西书局，2013年，第62页。

附表 黎城西关墓地墓葬登记表

墓号	方向（°）	墓室 长 × 宽 × 深（米）	葬具 长 × 宽 × 高（米）	墓主葬式与性别
M1	165	墓口 5.87×（4.75～4.85）×（2.75～3.1） 墓底 5.97×4.85 墓道 19×3.2	葬具破坏严重	
M2	345	墓口 4.8×3.3×9.4	椁 3.52×2.45×2.13 棺 2.65×1.25×0.7	骨骸无保存
M3		墓口 4.7×2.75×（8.5～9）	椁 3.1×2.5×3 棺遭破坏，情况不明	人骨未存，葬式不明
M4	20	墓口 3.33×2.1	椁 3.1×1.75 棺 2.22×0.94×（0.47～0.64）	头骨 1，男
M5	5	墓口 2.9×1.7×4.7	椁 2.6×1.35×1.6 棺 2.15×0.85×0.85	仰身直肢，性别不详
M6	340	墓口（3.5～3.65）×1.94×5.35	椁 2.75×1.43×1.45 棺 2.2×0.9×0.7	仰身直肢，男
M7	348	墓口 5.2×4.5×9.65 墓底 3.6×2.6	椁 3.6×2.6×1.4 外棺（2.61～2.66）×1.2 内棺 1.98×0.74，棺倒塌高不明	仰身直肢，男
M8	335	墓口 4.25×3.1 墓底 4×（2.5～2.75）	椁 3.9×2.7×2.15 外棺 2.67×（1.27～1.4）×0.98 内棺 2.2×0.85×0.8	仰身直肢，性别不详
M9	342	墓口 4.2×（2.7～2.9）×7.5 墓底 4.2×（3～3.15）	椁（3～3.27）×（1.9～2.3）×1.65 外棺 2.3×1.02×1.1 内棺 1.95×0.76	仰身直肢，男
M10	10	墓口（5.7～5.9）×（3.8～4.4）×10.1 墓底 6.5×4.6 墓道 22.2×（5.15～6.05）	残椁（3.7～3.9）×（2.8～2.95）×2.8 外棺 2.4×1.1×（0.65～0.9） 内棺 2.2×0.92×（0.65～0.7）	仰身直肢，性别不详

随葬器物 （未注明数量者均为 1 件）	备注
铜軏首饰 4、铜軏脚饰 9、铜车軎 8、铜车辖 3、铜铃 5、铜马镳 4、铜泡 2、兽首形铜泡、铜方络扣、铜带扣 10、铜节约 4、牛首形铜饰、铜环 7、铜管、铜戈、残铜饰、残铜片、玉片、玉柄形饰 2、玉戈残片、残玉片 3、石泡饰、蚶、蚌泡饰	被盗；墓道内有两具儿童胫骨和一具殉人腿骨
铜簋盖残片 3、铜车軎 4、铜马衔 7、铜马镳 4、铜车辖 2、铜环 3、铜镞 3、兽首形铜泡 4、铜带扣 8、铜鱼 49、铜管状器 2、圆形铜饰 2、铜环 2、铜铃、玉串饰、玉璜 2、玉玦 2、玉束发饰、玉鱼形饰、玉片形饰 3、石片饰、玉剑首、石片、石管 6、骨管 2、骨棒、蚶 17、蚌片 11、海贝 3、陶鬲、陶罐 2	被盗
铜铃 6、铜马镳、铜马衔、铜节约、铜鱼 32、残铜件 12、铜环、项饰、玉玦、玉璜、玉片、蚶 44、陶鬲、陶管 10	被盗
铜鼎、铜戈、铜车軎、辖 2、铜节约 12、铜马镳、铜马衔、兽首形铜泡 4、玉戈、玉片 3、蚌饰 2	墓室东部填土中发现狗的骨骼
玉片 6、骨条形饰 2、陶鬲、陶罐	
铜鼎、铜戈、铜铃、玉片 3、串饰 3、玉饰件 17、陶鬲	在东西两壁接近二层台高度的填土中葬犬骨两具
铜鼎、铜簋 2、铜壶 2、铜盘 1、铜匜、铜匕 2、铜车軎 2、铜车辖、铜铃 2、铜环首刀、铜鱼、项饰、串饰、玉璋、玉片 2、玉玦 2、玉柄形饰 2、玉蚕、玉鱼、玉饰、骨簪 2、骨锥、蚌泡 4、蚌片 2、海贝 6、陶鬲、陶纺轮	墓口有祭祀坑，祭祀坑 1 葬犬骨一具，祭祀坑 2 葬犬骨两具；墓室底部腰坑有犬骨一具
铜鼎、铜簋 2、铜甗、铜壶 2、铜盘、铜匜、铜匕 2、铜矛、铜戈、铜銮铃 4、铜车軎及车辖 3、铜铃 13、铜马镳及衔 2、铜节约 2、铜坏 2、铜带扣及小铜管、铜带饰 3、兽首形铜泡 2、铜饰 8、铜鱼 6、铜管 3、项饰、玉玦、玉璜 2、玉握 2、玉璧 2、龙形玉佩 2、玉柄形饰、玉琀、鱼形玉饰、石管、骨镳 2、蚶 4、蚌泡 3、蚌鱼、海贝 3、陶鬲、陶管 7	椁底板下腰坑内葬犬一只
铜簋 2、铜壶 2、铜盘、铜匜、铜车軎 2、铜铃 10、铜鱼 22、铜饰件 4、铜辖首、铜匕 2、项饰、玉戈、玉璋、玉玦、海贝 12、陶鬲、陶罐	
铜削、铜剑柄、铜镞 2、铜鸟 5、铜凿、铜马镳 2、铜车軎 2、铜车辖、兽面纹铜饰件 5、铜合页 3、铜铃 4、铜环、铜钖 4、圆饼形铜节约 3、十字形铜节约、小铜管 2、小铜条（铜钉？）、铜匕、铜鱼 3、铜残片 3、玉虎、玉鸟 2、玉鱼 4、玉蚕、玉龟 2、玉璜、玉饰、玉牛头饰 2、复合玉饰、龟形玉饰、云纹玉饰 2、勾连纹玉玦 2、龙形玉玦、项饰玉牌 2、玉环、玉圭、玉觽 3、方形玉管 5、圆柱形玉管 2、方形玉柱、料珠 9、玛瑙珠 2、孔雀石饰件 2、其他玉饰 21、石圭 7、陶残片	被盗；墓道有祭祀坑 57 座，葬有马、牛、羊、狗、猪等动物

附录一　黎城西关墓地出土青铜器材质工艺的初步分析

南普恒[1]　罗武干[2]　金普军[3]
（1. 山西省考古研究院　2. 中国科学院大学　3. 陕西师范大学）

西关墓地位于山西黎城黎侯镇西关村西，是一处周代封国墓地。2006年1月至9月，山西省考古研究院对其进行了抢救性考古发掘，清理墓葬10座，其中大型墓2座、中型墓5座、小型墓3座，获得一批重要的考古资料。此批材料中，以M7、M8两座墓葬保存完整，出土青铜器也最为丰富，从墓葬形制、随葬品情况及铜器铭文可推定M7为楷侯宰吹的墓葬，M8为楷侯宰吹夫人的墓葬，时代均为春秋早期，对于研究两周时期黎国历史与丧葬制度具有重要价值。

为了解出土青铜器的保存状况及其材质工艺特征，根据文物保存现状，选择部分残损青铜器进行了取样，并进行了合金成分分析和金相组织观察，确定了其合金成分特征和材质类型。同时，使用X光探伤机对部分严重锈蚀青铜器进行了X光成像分析，并结合X射线探伤分析结果对部分青铜器的垫片使用情况进行了初步考察。

现将分析结果报告如下：

（一）分析样品

为保证检测数据的可靠性，此次分析工作采用了取样分析的方法。同时，为最大程度降低对文物的破坏，不损害文物的整体结构，所有采样部位均选择器物断碴、隐蔽部位，或直接在文物残片取样。

根据出土青铜器保存状况，采集样品14件，其中礼容器11件，车马器3件，涉及M2、M4、M6、M7、M8及M9共六座墓葬。

（二）分析方法

首先，按照金相制备流程，样品均沿纵截面热镶制样，磨样抛光处理后，使用日本岛津公司生产的XRF-1800型波长色散X射线荧光光谱仪和美国EDAX Orbis Micro-EDXRF能量色散X射线荧光光谱仪进行无标样基本参数法成分测定。考虑到样品腐蚀、不同区域组织差异及成分偏析，在使用Micro-EDXRF测试时避开锈蚀区域，尽量在低倍视场下选择较大的光斑尺寸作为分析面，并在3个不同部位分别测试，取平均值作为整体成分分析结果。测试条件为：铑靶，激发电压 40 kV，电流 300 ～ 800 μA，CPS12000 左右，有效时间 100s，死时间 30% 以内，测试光斑为 300μm、1mm 及 2mm。

随后，使用日本 OLYMPUS BX41M 型金相显微镜观察经 3% 三氯化铁盐酸酒精溶液浸蚀后样品的金相组织、夹杂物形貌和分布等。

（三）分析结果

1. 合金成分分析

表 1　黎城西关墓地出土部分青铜器合金成分 XRF 分析结果

实验编号	器物编号	器物名称	合金成分分析结果（wt%）					合金材质
			Cu	Sn	Pb	Fe	S	
L01	M2：17	铜管状器	80.1	13.7	4.2	1.2	0.8	铅锡青铜
L02	M4：21	铜鼎	86.4	7.6	5.3	0.2	0.4	铅锡青铜
L03	M6：3	铜鼎	71.2	5.2	22.3	1.2	0.0	铅锡青铜
L04	M7：3	铜鼎	73.2	13.5	12.6	0.4	0.2	铅锡青铜
L05	M7：5	铜壶	73.2	12.3	14.0	0.3	0.2	铅锡青铜
L06	M7：6	铜壶	81.9	13.1	2.1	1.7	1.2	铅锡青铜
L07	M7：38	铜匜	71.4	16.9	8.9	1.7	1.0	铅锡青铜
L08	M8：7	铜壶	70.8	12.2	16.3	0.3	0.5	铅锡青铜
L09	M8：16	铜甗	86.5	9.8	1.7	1.4	0.7	锡青铜
L10	M8：57	铜节约	74.7	17.6	7.1	0.4	0.2	铅锡青铜
L11	M8：58-2	铜马衔	94.2	3.7	1.7	0.1	0.3	锡青铜
L12	M8：65	铜匜	68.2	16.8	14.3	0.4	0.4	铅锡青铜
L13	M9：41	铜匜	77.6	10.0	11.8	0.4	0.3	铅锡青铜
L14	M9：42	铜簋	73.9	10.9	14.5	0.2	0.4	铅锡青铜

从表 1 可以看出，14 件青铜器样品主要为铜、锡、铅三元合金，铜、锡二元合金仅铜甗 M8：16 和铜马衔 M8：58-2，铅锡青铜是此批青铜器的主要合金材质，其中锡含量主要集中在 10% ～ 18%，铅含量主要集中在 15% 以下。相对而言，铅含量较为分散，锡含量则相对较为集中。此外，部分青铜器成分中有少量铁和硫，表明其金相组织中可能含有少量的铁硫夹杂物。

红铜熔点较高，锡的添加能够一定程度降低浇铸铜熔液的熔点。锡青铜机械性能与锡含量关系图[1]显示，锡青铜合金硬度、抗拉强度随锡含量增加而增加，延伸率随锡含量增加而降低。综合各种因素，锡青铜含锡10%～18%机械性能较好。此批青铜器的锡含量较符合以上规律，比例添加适宜。铅锡青铜合金抗拉强度、布氏硬度及延伸率曲线[2]显示，合金强度、硬度等机械性能随含铅量增加而降低。然而，铅一般不与铜、锡固溶，在合金中多呈游离态，因而在浇铸过程中会强烈割裂铜合金的组织结构，进而提高浇铸铜液的流动性和充型性能，有助于纹饰细腻、器形复杂的青铜礼容器的成功浇铸[3]。再者，铅熔点较低（327.4℃），因而会在青铜合金熔液的最后凝固，有利于大件及厚薄不均的青铜礼容器的成功浇铸。因此，铜壶、鼎、甗等礼容器中添加含量不等的铅，可能大多是处于此种考虑。样品中铅含量的相对分散，则可能与器物锈蚀程度的不同或纹饰复杂程度有关。

2. 金相组织观察

样品经3%的三氯化铁盐酸酒精溶液浸蚀后，使用日本OLYMPUS公司生产的BX51研究级正立型显微镜进行金相组织分析。结果如表2和图1～7所示。

表2　黎城西关墓地出土部分青铜器金相组织观察结果

实验编号	器物编号	器物名称	金相组织观察结果	备注
L01	M2：17	铜管状器	基体为典型的α固溶体树枝晶，可见大量网状（α+δ）共析组织；铅颗粒形态较小，呈点状分布。	图1
L04	M7：3	铜鼎	基体为α固溶体树枝晶，（α+δ）共析体腐蚀严重；铅颗粒呈大小不一的圆形分布；浅灰夹杂物分布于锈蚀铅内或晶界间；部分铅锈蚀颗粒中存在自由铜沉积。	图2
L05	M7：5	铜壶	基体为α固溶体树枝晶，分布少量多角斑纹状（α+δ）共析体；铅颗粒呈大小不一的圆形或长条状分布；少量浅灰夹杂物分布于锈蚀的铅颗粒或晶界之间。	图3
L06	M7：6	铜壶	基体为α固溶体树枝晶；可见少量（α+δ）共析组织；少量浅灰夹杂物和铅颗粒弥散分布于晶间。	图4
L07	M7：38	铜匜	基体为α固溶体树枝晶，可见较多大小不一的圆形铅颗粒，（α+δ）共析体和铅腐蚀较严重；铅锈蚀物中存在自由铜沉积。	图5
L09	M8：16	铜甗	基体为α固溶体树枝晶，局部沿加工方向定向排列，可见晶内滑移；少量浅灰夹杂物和铅颗粒分布于锈蚀共析体内或晶界间。	图6
L12	M8：65	铜匜	基体为α固溶体树枝晶，可见大量网状（α+δ）共析体；铅颗粒多呈大小不一的圆形或长条状分布。	图7

从以上金相组织观察结果可以看出，此批青铜器的金相组织均为：α固溶体+（α+δ）共析体+铅颗粒。α固溶体多呈树枝状偏析（如铜管M2：7），（α+δ）共析体多呈网状

[1]　朱凤翰：《中国青铜器综论》，上海古籍出版社，2009年。

[2]　W. T. Chase & Thomas O. Ziebold .Ternary Representation of Ancient Chinese Bronzes Composition. *Archaeological Chemistry-11, Advance in Chemistry Series 171*. American Chemical Society. Washington, D.C. 1978:304.

[3]　苏荣誉、华觉明、李克敏等：《中国上古金属技术》，山东科学技术出版社，1995年。

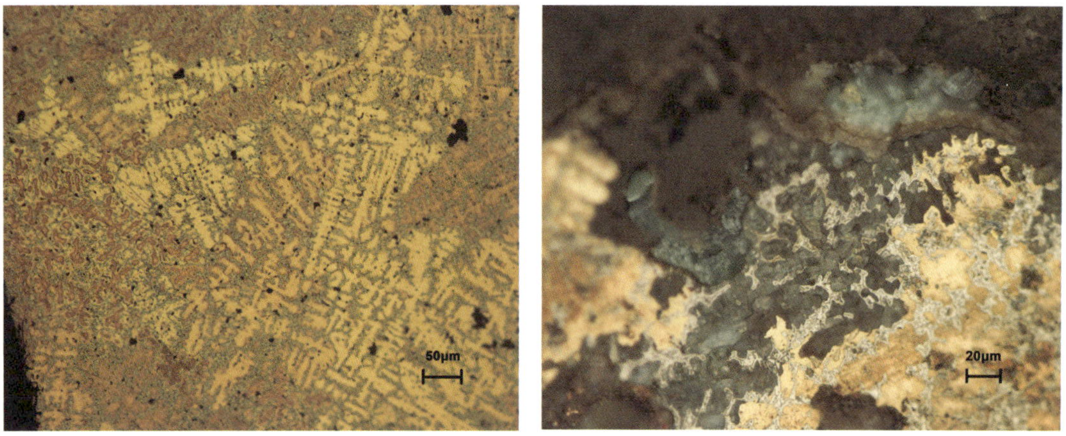

图 1　铜管状器 M2 : 17 基体金相组织

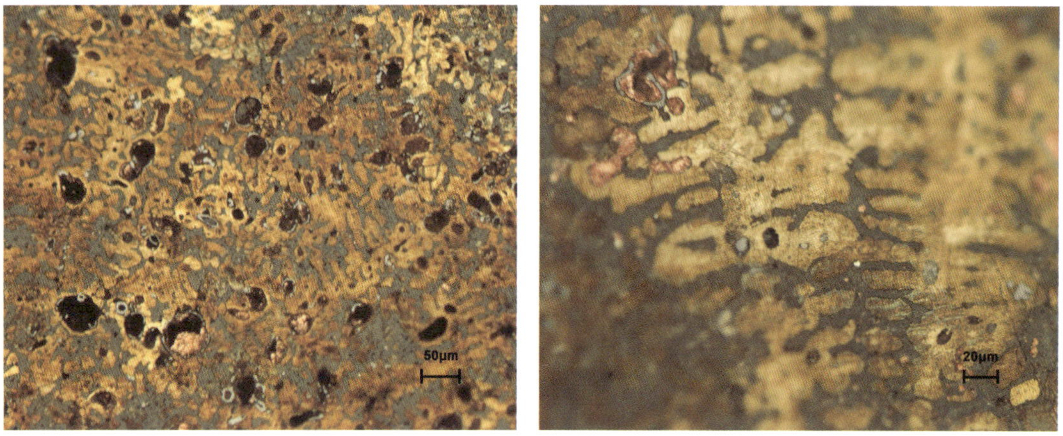

图 2　铜鼎 M7 : 3 基体金相组织

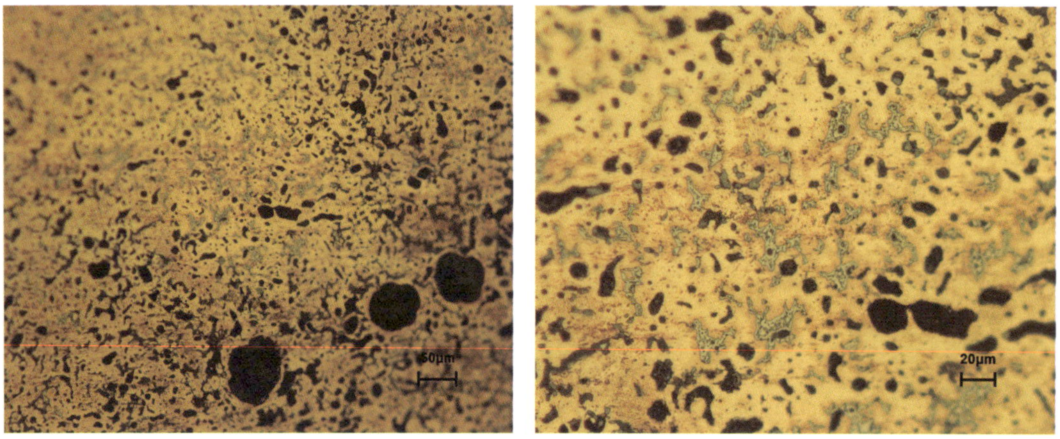

图 3　铜壶 M7 : 5 基体金相组织

图 4　铜壶 M7 ：6 基体金相组织

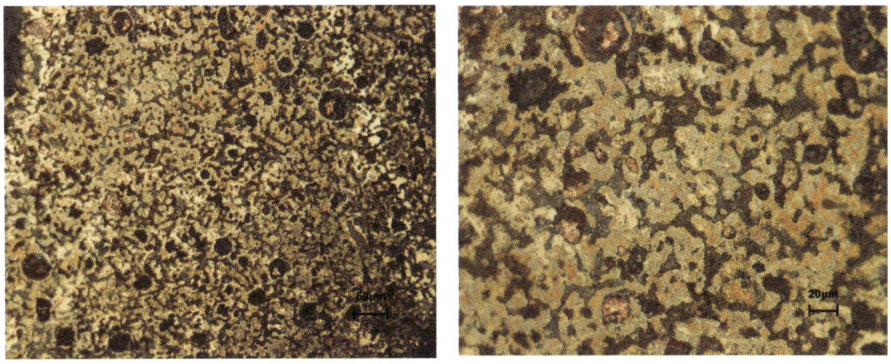

图 5　铜匜 M7∶38 基体金相组织

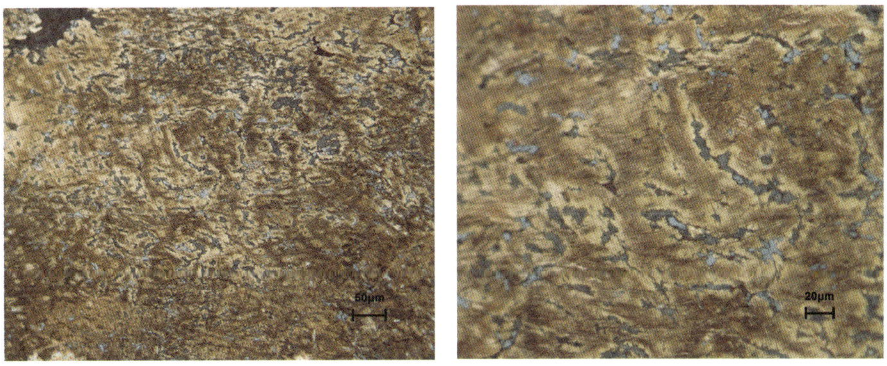

图 6　铜甗 M8∶16 基体金相组织

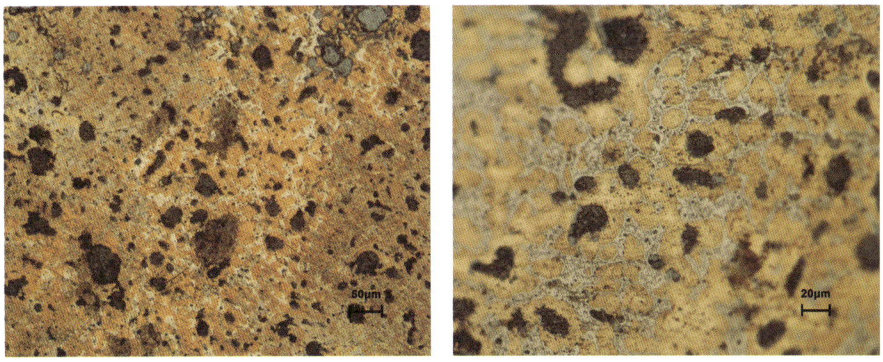

图 7　铜匜 M8 ：65 基体金相组织

分布（如铜匜 M8：65），部分锈蚀严重（如铜鼎 M7：3），除铜甗 M8：16 和铜壶 M7：6 组织中未发现明显的铅颗粒外，其余样品均具有不同程度的球状铅颗粒；多数器物组织中存在灰色夹杂物（如铜壶 M7：6）。

可见，检测分析的七件青铜器均为铸造成型，合金材质以铅锡青铜为主，个别器物含铅量较高（如铜鼎 M7：5）。多数样品中发现有灰色夹杂物，表明其材质不纯净，可能与其原料有关。值得注意的是，铜甗 M8：16 金相组织为典型的铸后冷加工组织，其原因可能与其使用过程有关，有待进一步分析。

在铜匜 M7：38 和铜壶 M7：3 金相组织中，还观察到少量的自由铜沉积，其形态有大小不等的圆颗粒状和不规则块状两类（图 2、图 5）。颗粒状或不规则块状的自由铜沉积多占据铸造形成的气孔、缩孔或铅的腐蚀孔洞。此类自由铜沉积的出现多与青铜器在埋藏过程中受到多种类型的腐蚀矿化过程有关[1]。从所属样品表现出的腐蚀特征来看，其原因可能与（α＋δ）相的腐蚀直接相关。

此外，金相组织观察还发现，铜壶 M7：6、铜匜 M7：38、铜甗 M8：16、铜鼎 M7：3 腐蚀状况较为严重。

3.X 光成像分析

此批青铜器中，部分器物表面存在较厚的锈蚀层，为了解其铸造时是否使用垫片和表层锈蚀下是否存在微裂隙，使用 X 光探伤机对 2 件铜壶、1 件铜甗、2 件铜簋及 1 件铜鼎进行了 X 射线成像分析。分析结果如图 8 ～ 13、表 3 所示。

表 3　黎城西关墓地出土部分青铜器 X 光成像分析结果

序号	器物名称	器物编号	垫片	裂隙	备注
1	铜鼎	M7：3	器底 3 枚。	未发现	图 8
2	铜壶	M7：5	器盖 2 枚，器底 5 枚。	未发现	图 9
3	铜壶	M8：7	器盖、底各 1 枚。	一耳裂隙	图 10
4	铜甗	M8：16	未发现。	未发现	图 11
5	铜簋	M8：18	器盖 1 枚，器底 5 枚。	未发现	图 12
6	铜簋	M8：19	未发现。	未发现	图 13

结合以上分析可以看出，此 6 件青铜器中仅铜壶 M8：7 耳部存在裂隙，其余器物完整性

[1] 孙淑云、韩汝玢：《广西、云南、贵州古代铜鼓锈蚀的研究》，《中国冶金史论文集（二）》，北京科技大学，1994年；万家保：《关于中国古代青铜器中“纯铜晶粒”的问题》，《文物保护研究与考古科学》1989年第2期；王昌遂、吴佑实、范崇政等：《古铜镜表面层内纯铜晶粒的形成机理》，《科学通报》1993年第5期；贾莹、苏荣誉、华觉明等：《腐蚀青铜器中纯铜晶粒形成机理的初步研究》，《文物保护与考古科学》1999年第2期；姚智辉、张建华、孙淑云：《云阳县马粪沱墓出土战国晚期汉代青铜器的分析研究》，《江汉考古》2005年第2期。

均较好，未发现明显裂隙病害。此外，X 光成像分析还发现，部分青铜器如铜鼎 M7：3 等铸造时使用了数目不等的垫片，其主要功能是为了解决范芯合范装配时确定范芯位置，进而控制铸型间距，保证铸型型腔几何形状准确，避免出现铸造缺陷。对于诸多青铜礼容器，特别是薄壁青铜器而言，此种工艺措施是一种十分有效的技术措施。

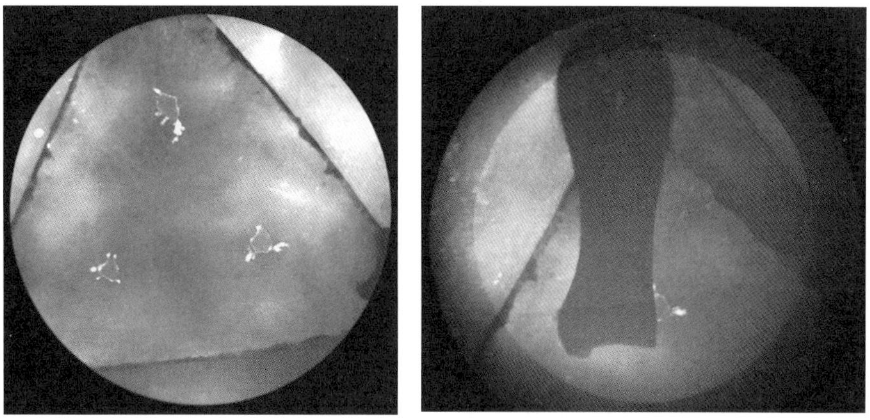

1. 器底　　2. 器腹

图 8　铜鼎 M7：3 的 X 光成像

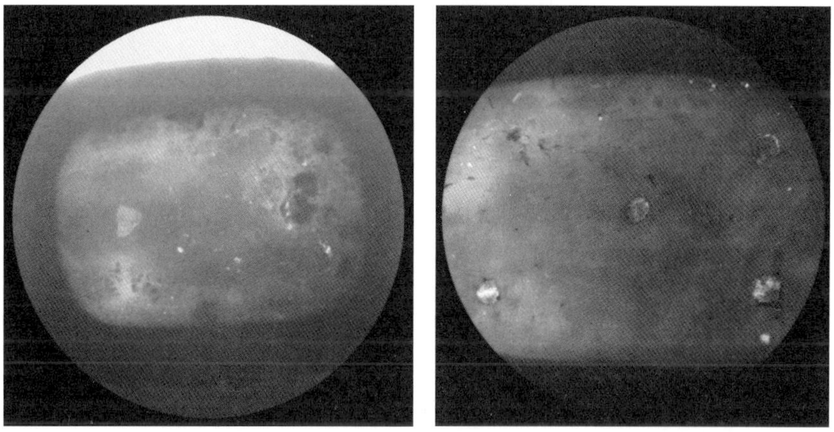

1. 器盖　　2. 器底

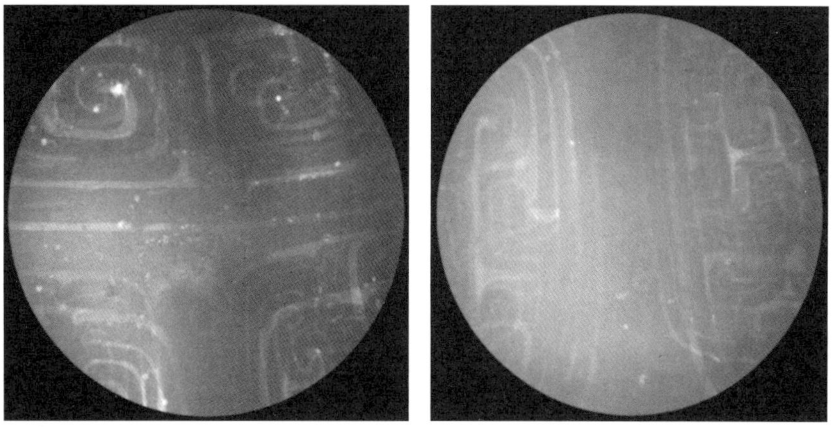

3. 器腹正面　　4. 器腹正面

图 9　铜壶 M7：5 的 X 光成像

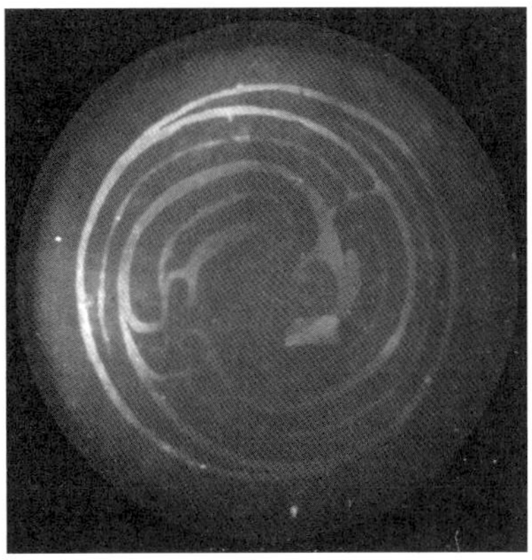
1. 盖部

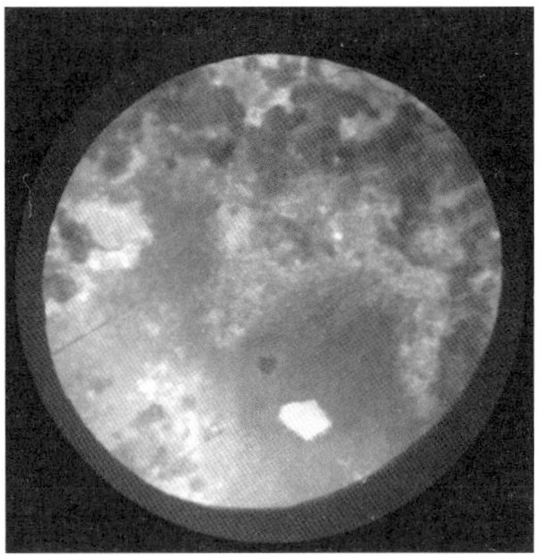
2. 底部

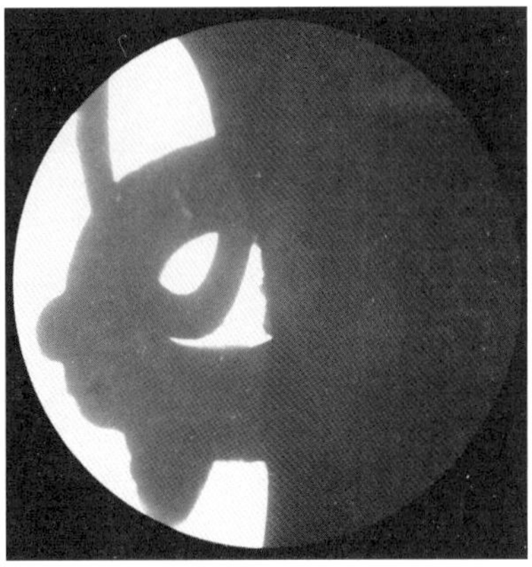
3. 耳部

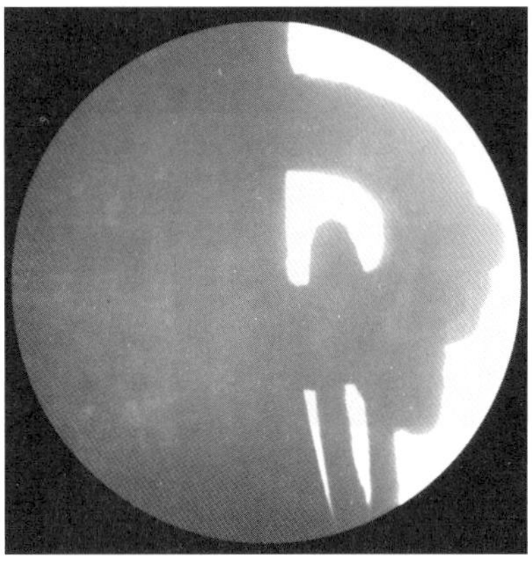
4. 耳部

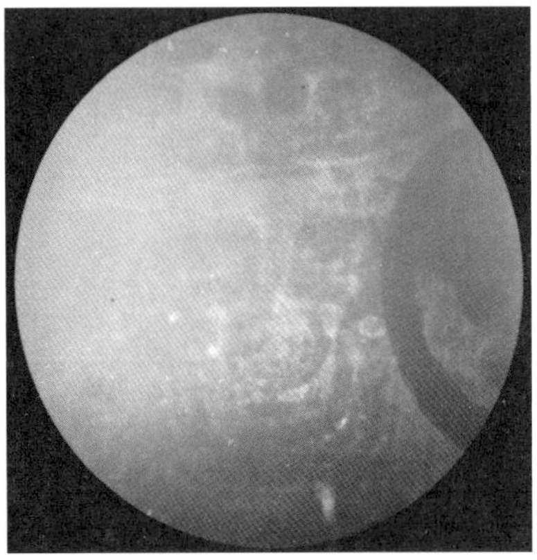
5. 颈部

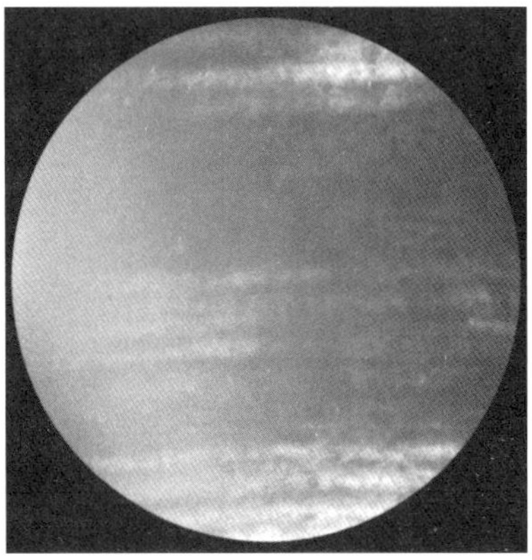
6. 腹部

图 10　铜壶 M8：7 的 X 光成像

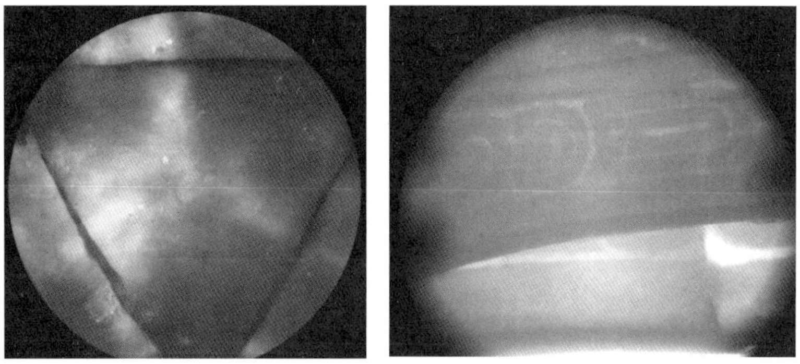

1. 器底　　2. 颈部

图 11　铜甗 M8：16 的 X 光成像

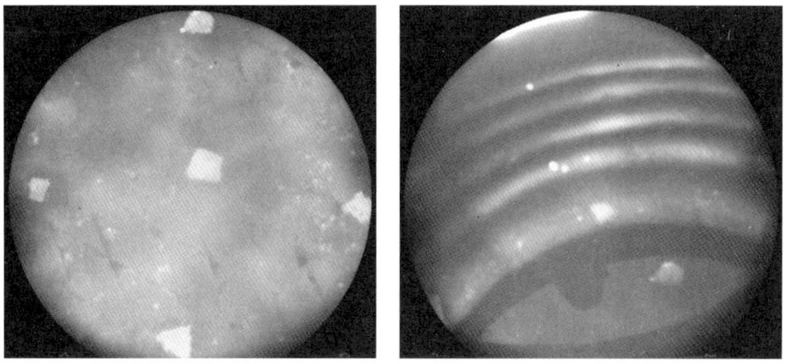

1. 器底　　2. 器腹

图 12　铜簋 M8：18 的 X 光成像

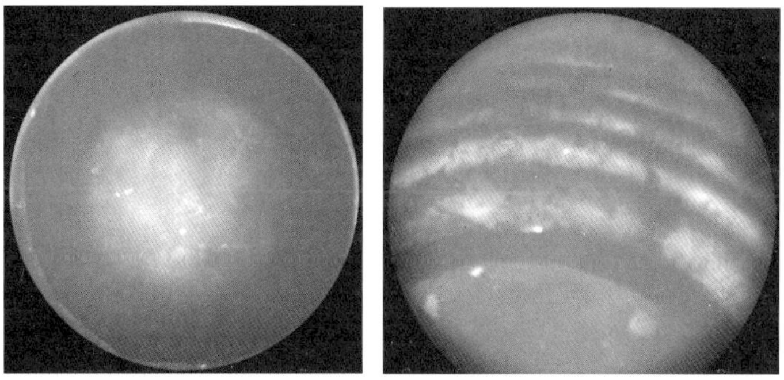

1. 器盖　　2. 器腹

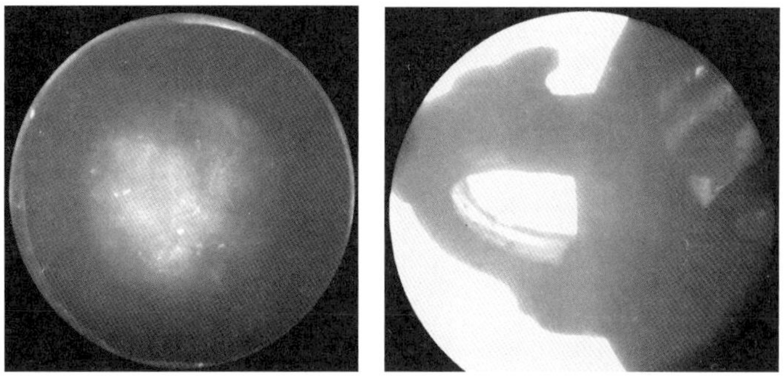

3. 器底　　4. 耳鋬

图 13　铜簋 M8：19 的 X 光成像

（四）初步认识

综合以上分析，可以得到以下初步认识：

此批青铜器多由铅锡青铜铸造而成，表明铅锡青铜是黎城西关墓地出土青铜器铸造时使用的主要合金类型。此外，青铜礼容器铸造时广泛使用垫片，表明青铜礼容器的铸造水平业已十分成熟。

（致谢：山西博物院文保中心钟家让、孙宝林在X光成像方面给予诸多帮助，在此谨致谢忱。）

附录二　黎城西关墓地出土人骨的鉴定与研究

侯　侃

（山西大学历史文化学院）

山西省黎城县西关村西周墓地是2005～2006年山西省考古研究所在长治市黎城县城附近黎侯镇西关村西南发现并发掘的一处西周时期的贵族墓地，本文是对其中出土人骨的鉴定与研究，据此可以补充墓葬信息，了解墓主人的性别、年龄、种族、健康和行为等方面的情况，以此为研究西周时期的诸侯国——黎国提供一些基本的信息。

本次鉴定人骨4具，M4、M6、M7、M9各一具。本文对这5具人骨进行了性别、年龄鉴定，并对可供观察和测量的人骨进行了颅骨形态观察、古病理学观察、古人种学分析和身高推算。

（一）人骨的保存状况与性别、年龄鉴定

本文对性别、年龄的鉴定标准参考了邵象清[1]、张继宗[2]、朱泓[3]等著作中的相关内容（其中对牙齿磨耗的分级标准参照邵象清著作中的内容）。

1.M4

该个体仅保存有颅骨，且颅骨有残缺。其颅骨较粗壮，眉弓较发达，眉间较突出，前额后倾，乳突较大，齿弓较宽，眶上缘钝厚，但额结节、顶结节较明显。由于缺失骨盆等其他骨骼，因此只能鉴定为疑似男性。其颅骨颅内缝的冠状缝大部分愈合，第一臼齿磨耗为Ⅲ级较轻，第二臼齿磨耗为Ⅱ级，第三臼齿基本无磨耗。故鉴定其年龄约为25～30岁。

2.M6

该个体颅骨有残损，下颌骨基本完整，肢骨和躯干骨保存有大部分。该个体骨骼较粗壮，眉弓较突出，眶上缘厚钝，齿弓宽阔，下颌骨髁突较大，骨盆盆腔上大下小，开口呈心形，坐骨大切迹窄而深，坐骨结节发达，骶骨底部第一骶椎上关节面较大，因此鉴定该个体为男性。该个体耳状关节面表面致密化，牙齿磨耗较重，大部分牙齿均暴露大部分齿质，舌骨体和舌骨大角愈合，因此鉴定该个体为40～45岁。

3.M7

该个体颅骨中额骨和颧骨完整，其余均有残缺，保存有大部分肢骨和躯干骨。其颅骨眉弓不

[1] 邵象清：《人体测量手册》，上海辞书出版社，1985年。

[2] 张继宗：《法医人类学》，人民卫生出版社，2009年，第67～102页。

[3] 朱泓：《体质人类学》，高等教育出版社，2004。

显著，眶上缘薄锐，但乳突较大，齿弓宽阔，下颌角间距较大。该个体兼有男女两性的特征，难以依据形态观察判断性别。在此，尝试采用下颌骨的测量数据进行判断。根据刘庄朝等提出的下颌骨指数的性别判定方法[1]，该个体右侧下颌支指数Ⅰ＝下颌支高（58.6 mm）×下颌支最小宽（30.33 mm）/100=17.77338＜20.3486，因此该个体可能为女性（该方法对女性的判别率为77%）。由于该个体牙齿的磨耗较轻，第一臼齿暴露齿质点，第二臼齿未暴露齿质，门齿暴露线状齿质，故鉴定为30±5岁。

4.M9

颅骨残缺严重，肢骨保存有大部分，躯干骨残缺严重。该个体骨骼较厚重，颅骨眉弓和眉间突出，前额后倾，乳突较大，枕外隆突较显著，齿弓宽阔，梨状孔高而窄，骶骨曲度较大，第一骶椎上关节面较大。由于该个体保存状况较差，为了比较准确地判断性别，这里引入了采用肱骨多项测量项目带入回归方程计算的方法来判断性别[2]，该判定方法具体如下：

计算右侧肱骨 Y_0 及 Y_1，其中：

$$Y_0=0.18X_1+0.79X_2+2.31X_3+0.85X_4+0.59X_5-0.02X_6+1.50X_7+0.56X_8-1.70X_9-3.34X_{10}-218.12$$

$$Y_1=0.29X_1+0.73X_2+2.58X_3+0.95X_4+0.52X_5-0.08X_6+1.82X_7+0.78X_8-1.85X_9-4.10X_{10}-271.80$$

以上公式中，X_1 为最大长，X_2 为全长，X_3 为上端宽，X_4 为下端宽，X_5 为中部最大径，X_6 为中部最小径，X_7 为骨干最小周长，X_8 为肱骨头周长，X_9 为滑车小头宽，X_{10} 为滑车矢状径。当计算得到的 $Y_0 > Y_1$，为男性，反之为女性。此方法对男性的判别率高达95.8%，对女性的判别率也有82.1%。经计算，M9个体的 Y_0=231.4299，Y_1=230.6431，$Y_0 > Y_1$，说明M9个体应为男性。

年龄特征方面，其颅骨的颅内缝中，冠状缝和矢状缝已经愈合，第一臼齿和第二臼齿磨耗为Ⅳ级，门齿出现带状齿质。鉴定为40～50岁。

（二）颅骨的观察与测量

1. 颅骨的观察

M4：颅形为盾形。前额倾斜度中等，颅顶缝前囟段、顶段为锯齿状，顶孔段为直线状，后段为深波状，没有顶孔。左侧人字缝上存在人字缝小骨。眉弓未延伸至眶上缘中点，眉弓突度和眉间突度显著。眶形为斜椭圆形，两侧均存在一个眶上孔，右侧还存在额切迹。鼻根区略有凹陷，鼻前棘不显，梨状孔为高而窄的梨形，梨状孔下缘为钝型。面部两侧均存在一个眶下孔，犬齿窝处略显浅凹，右侧存在一个颧面孔。乳突较大，没有乳突孔。齿弓形状为抛物线形，腭圆枕略显呈嵴状，腭横缝为后突型，右侧有一个副腭小孔。

M6：颅形为菱形。前额倾斜度中等，颅顶缝前囟段为深波状，顶段和顶孔段为锯齿状，后段为复杂状，矢状缝左右两旁各存在一个顶孔，枕外隆突显著。眉弓未延伸至眶上缘中点，眉弓突度显著，眉间突度不显。乳突较小，左侧颞骨鼓部有鼓板开裂的现象（胡施克孔）。门齿为铲形，齿弓形状为抛物线形，腭圆枕略显呈嵴状，腭横缝为前突型，两侧各有两个副

[1]　张继宗：《法医人类学》，人民卫生出版社，2009年，第71～72页。

[2]　张继宗：《法医人类学》，人民卫生出版社，2009年，第89～91页。

腭小孔。下颌骨的下颌角区略外翻，颏型较圆，颏棘为小骨嵴状。

M7：眉弓突度和眉间突度不显。左侧人字缝处存在两块人字缝小骨。枕外隆突缺如。左侧面部有两个颧面孔。乳突较大。门齿为铲形，齿弓为抛物线形，腭圆枕缺如，两侧均有不完全存在的内侧腭骨桥和外侧腭骨桥，两侧均有一个副腭小孔。下颌骨的下颌角区略外翻，颏型较圆，颏棘为小隆起状。

M9：颅形为五角形。前额较倾斜，矢状缝右侧有一个顶孔，枕外隆突极显。眶形为椭圆形。梨状孔为高而窄的梨形，梨状孔下缘为锐型。齿弓为抛物线形，腭圆枕略显呈嵴状，两侧有不完全存在的内侧腭骨桥，腭横缝为直线型，左侧有三个副腭小孔，右侧有一个。颅基底处存在微显的咽窝和咽结节，右侧髁管贯通，两侧旁髁突明显（突起高度大于3mm），左侧颈静脉孔有完全存在的颈静脉孔骨桥，右侧颈静脉孔骨桥不完全存在。下颌骨的下颌角区略外翻，颏棘显著，呈大骨嵴状，颏型为方形。

2. 颅骨的测量

表1至表4分别为M4、M6、M7、M9这四个成年个体的颅骨测量数据。

表1　黎城西关村西周墓地M4颅骨测量表

（长度：毫米；角度：度；指数：%）

测量项目	测量值	测量项目	测量值	测量项目	测量值
1 颅骨最大长	177.7	51a 眶宽 d-ek L	39.44	FS 鼻根点矢高	10.17
8 颅骨最大宽	146	51a 眶宽 d-ek R	38.38	DC 眶间宽	17.37
9 额骨最小宽	91.56	52 眶高 L	33.86	77 鼻颧角	145.98
12 枕骨最大宽	110.65	52 眶高 R	33.77	8：1 颅长宽指数	82.16
23 颅周长	526	MH 颧骨高 L	45.67	9：8 额宽指数	62.71
26 额骨矢状弧	136	MH 颧骨高 R	44.73	54：55 鼻指数	48.66
27 顶骨矢状弧	136	MB 颧骨宽 L	26.17	52：51 眶指数 L	83.81
29 额骨矢状弦	118.78	MB 颧骨宽 R	25.9	52：51 眶指数 R	83.86
30 顶骨矢状弦	117.2	54 鼻宽	24.8	52：51a 眶指数 L	85.85
43 上面宽	102.66	55 鼻高	50.97	52：51a 眶指数 R	87.99
44 两眶宽	93.94	SC 鼻最小宽	4.47	54：51 鼻眶指数 L	61.37
45 中面宽	97.27	SS 鼻最小宽高	2.03	54：51 鼻眶指数 R	61.58
48 上面高 n-pr	66.74	60 上颌齿槽弓长	48.45	54：51a 鼻眶指数 L	62.88
48 上面高 n-sd	68.62	61 上颌齿槽弓宽	58.57	54：51a 鼻眶指数 R	64.62
50 前眶间宽	17.62	62 腭长	40.40	SS：SC 鼻根指数	45.41
51 眶宽 mf-ek L	40.40	63 腭宽	35.12	63：62 腭指数	86.93
51 眶宽 mf-ek R	40.27	FC 两眶内宽	92.47		

表 2　黎城西关村西周墓地 M6 颅骨测量表

（长度：毫米；角度：度；指数：%）

测量项目	测量值	测量项目	测量值	测量项目	测量值
1 颅骨最大长	178.80	29 额骨矢状弦	107.31	69-3 下颌体厚 Ⅱ R	14.68
5 颅基底长	110.54	30 顶骨矢状弦	103.94	70 下颌支高 L	56.94
12 枕骨最大宽	106.12	31 枕骨矢状弦	100.16	70 下颌支高 R	57.68
7 枕骨大孔长	36.44	61 上颌齿槽弓宽	67.01	71 下颌支宽 R	40.32
16 枕骨大孔宽	32.89	63 腭宽	43.1	71a 下颌支最小宽 L	30.11
17 颅高	145.80	69-1 下颌体高 Ⅰ L	28.88	71a 下颌支最小宽 R	29.82
25 颅矢状弧	371.50	69-1 下颌体高 Ⅱ L	28.48	17：1 颅长高指数	81.54
26 额骨矢状弧	130.00	69-1 下颌体高 Ⅱ R	25.11	16：7 枕骨大孔指数	90.26
27 顶骨矢状弧	122.50	69-3 下颌体厚 Ⅰ L	12.07	71：70 下颌支指数 R	69.90
28 枕骨矢状弧	119.00	69-3 下颌体厚 Ⅱ L	14.51		

表 3　黎城西关村西周墓地 M7 颅骨测量表

（长度：毫米；角度：度；指数：%）

测量项目	测量值	测量项目	测量值	测量项目	测量值
9 额骨最小宽 ft-ft	88.43	67 髁孔间径	49.98	69-3 下颌体厚 Ⅱ L	17.65
12 枕骨最大宽	101.16	68 下颌体长	68.64	69-3 下颌体厚 Ⅱ R	15.66
26 额骨矢状弧 n-b	125.00	68-1 下颌体最大投影长	95.18	70 下颌支高 R	58.6
29 额骨矢状弦 n-b	109.55	69 下颌联合高 id-gn	27.19	71 下颌支宽 R	38.3
43 上面宽 fmt-fmt	97.06	69-1 下颌体高 Ⅰ L	26.24	71a 下颌支最小宽 L	31.93
60 上颌齿槽弓长 pr	48.39	69-1 下颌体高 Ⅰ R	25.26	71a 下颌支最小宽 R	30.33
61 上颌齿槽弓宽	63.48	69-1 下颌体高 Ⅱ L	26.04	79 下颌角	120.00
63 腭宽 enm-enm	38.72	69-1 下颌体高 Ⅱ R	25.97	颏孔间弧	57.00
FC 两眶内宽	88.74	69-3 下颌体厚 Ⅰ L	10.88	71：70 下颌支指数 R	65.36
FS 鼻根点矢高	14.5	69-3 下颌体厚 Ⅰ R	11.58		

表 4　黎城西关村西周墓地 M9 颅骨测量表

（长度：毫米；角度：度；指数：%）

测量项目	测量值	测量项目	测量值	测量项目	测量值
12 枕骨最大宽	114.45	65 下颌髁突间宽	117.43	69-3 下颌体厚 Ⅱ R	14.77
7 枕骨大孔长	37.70	66 下颌角间宽	88.16	70 下颌支高 L	69.67
16 枕骨大孔宽	29.05	67 颏孔间径	43.31	70 下颌支高 R	68.11
28 枕骨矢状弧	130.00	68 下颌体长	83.60	71 下颌支宽 R	43.18
31 枕骨矢状弦	106.23	68-1 下颌体最大投影长	100.00	71a 下颌支最小宽 R	28.38
40 面底长	94.25	69 下颌联合高	27.25	79 下颌角	107.00
52 眶高 R	32.63	69-1 下颌体高 Ⅰ L	24.00	颏孔间弧	57.50
MH 颧骨高 R	45.15	69-1 下颌体高 Ⅰ R	24.83	16：7 枕骨大孔指数	77.06
MB 颧骨宽 R	28.61	69-1 下颌体高 Ⅱ L	23.15	63：62 腭指数	95.31
60 上颌齿槽弓长	52.36	69-1 下颌体高 Ⅱ R	21.27	68：65 下颌骨指数	64.82
61 上颌齿槽弓宽	64.37	69-3 下颌体厚 Ⅰ L	10.68	71：70 下颌支指数 R	63.40
62 腭长	43.04	69-3 下颌体厚 Ⅰ R	11.55		
63 腭宽	41.02	69-3 下颌体厚 Ⅱ L	15.07		

通过以上对黎城县西关村西周墓地出土颅骨的测量数据，可知这 3 个个体的颅骨在测量指数上具有以下的形态特征：

M4 颅长宽指数为圆颅型，额宽指数为狭额型，眶指数为中眶型，鼻指数为中鼻型，腭指数为阔腭型，鼻颧角反映出的面部扁平度较大。M6 颅长高指数为高颅型。M9 腭指数为阔腭型。

根据以上对黎城县西关村西周墓地出土颅骨的观察与测量结果，可以将该组颅骨的形态大致概括为：圆颅型和高颅型的结合，狭额型，中眶型、中鼻型和阔腭型，犬齿窝和鼻根凹陷欠发达，鼻前棘亦不发达，较大的面部扁平度，门齿为铲形。

（三）黎城组颅骨的种系类型分析及其与相关古代人群的关系

根据上述对黎城县西关村西周墓地出土颅骨的观察与测量，可以初步判断该组标本应归属蒙古大人种。为了具体判断其人种属性和与相关人群在颅骨形态上的亲疏关系，在这里对该组与现代亚洲蒙古人种各区域类型和相关的先秦人群进行比较。

1. 与现代亚洲蒙古人种各区域类型的比较

由于黎城县西关村西周墓地出土颅骨的保存状况普遍不佳，只有 M4 个体保存了比较完整的颅面部，因此仅用该个体的数据作为本组代表参与此项对比。

表 5 黎城组与现代亚洲蒙古人种各区域类型部分主要测量项目的比较

（长度：毫米；角度：度；指数：%）

项 目	现代亚洲蒙古人种				
	黎城组	北亚类型	东北亚类型	东亚类型	南亚类型
颅长	177.70	174.90 ~ 192.70	180.70 ~ 192.40	175.00 ~ 182.20	169.90 ~ 181.30
颅宽	146.00	144.40 ~ 151.50	134.30 ~ 142.60	137.60 ~ 143.90	137.90 ~ 143.90
最小额宽	91.56	90.60 ~ 95.80	94.20 ~ 96.60	89.00 ~ 93.70	89.70 ~ 95.40
上面高（n-sd）	68.62	72.10 ~ 77.60	74.00 ~ 79.40	70.20 ~ 76.60	66.10 ~ 71.50
颅指数	82.16	75.40 ~ 85.90	69.80 ~ 79.00	76.90 ~ 81.50	76.90 ~ 83.30
鼻颧角	145.98	147.00 ~ 151.40	149.00 ~ 152.00	145.00 ~ 146.60	142.10 ~ 146.00
鼻指数	48.66	45.00 ~ 50.70	42.60 ~ 47.60	45.20 ~ 50.20	50.30 ~ 55.50
鼻根指数	45.41	26.90 ~ 38.50	34.70 ~ 42.50	31.00 ~ 35.00	26.10 ~ 36.10
眶指数 R	83.86	79.30 ~ 85.70	81.40 ~ 84.90	80.70 ~ 85.00	78.20 ~ 81.00

现代亚洲蒙古人种各类型的数据引自文献[1]

根据表 5 可知，黎城组与东亚类型最为接近，颅长、颅宽、最小额宽、鼻颧角、鼻指数、眶指数均在东亚类型的变异范围内，但上面高和颅指数在南亚类型的变异范围内，而鼻根指数超出了上述四个类型的变异范围，但仍应属于蒙古大人种的变异范围。

2. 黎城组的古人种类型及其与周边夏商周时期居民的关系

采用黎城组的三个有颅骨测量数据的男性个体 M4、M6 和 M9 的颅骨测量数据进行古人种学研究，取其各项测量数据的平均值作为基础数据。下文所用的各类统计均使用 SPSS 25 软件进行。

首先使用判别分析法来判断其与先秦时期的古人种类型中的哪一种较接近，具体采用的是逐步判别法，变量筛选方法选用威尔克 Lambda 法。表 6 中的古人种类型指朱泓先生提出的先秦时期古代人种的六个主要类型，对应表中序号分别为：1- 古东北类型，选取代表为平洋组[2]、大甸子二组[3]、水泉组[4]、西团山文化合并组[5]；2- 古华北类型，选取代表为姜家梁

[1] 潘其风、韩康信：《柳湾墓地的人骨研究》，青海省文物管理处考古队、中国社会科学院考古研究所：《青海柳湾——乐都柳湾原始社会墓地》，文物出版社，1984年，第261～303页。

[2] 潘其风：《大甸子墓葬出土人骨的研究》，中国社会科学院考古研究所：《大甸子：夏家店下层文化遗址与墓地发掘报告》，科学出版社，1996年，第224～322页。

[3] 潘其风：《大甸子墓葬出土人骨的研究》，中国社会科学院考古研究所：《大甸子：夏家店下层文化遗址与墓地发掘报告》，科学出版社，1996年，第224～322页。

[4] 朱泓、魏东：《内蒙古敖汉旗水泉遗址出土的青铜时代人骨》，朱泓：《中国古代居民体质人类学研究》，科学出版社，2014年，第416～430页。

[5] 潘其风、韩康信：《吉林骚达沟石棺墓人骨的研究》，《考古》1985年第10期。

组[1]、庙子沟组[2]、夏家店上层组[3]；3-古西北类型，选取代表为菜园组[4]、阳山组[5]、磨沟齐家组[6]、东灰山组[7]；4-古中原类型，选取代表为仰韶合并组[8]、庙底沟组[9]、殷墟中小墓B组[10]；5-古华南类型，选取代表为昙石山组[11]、甑皮岩组[12]、鲤鱼墩组[13]、河姆渡组[14]、河宕组[15]；6-古蒙古高原类型，选取代表为新店子组[16]、井沟子组[17]。

表6　判别分析所用的各对比组颅骨测量数据

（长度：毫米；指数：%）

古人种类型	对比组	颅长	颅宽	颅高	上面高 sd	眶宽 R mf	眶高 R	鼻宽	鼻高	颅指数	颅长高指数	眶指数	鼻指数
1	平洋组	190.54	144.60	140.11	77.08	43.74	33.91	28.90	58.38	75.89	74.09	77.77	49.40
1	大甸子二组	174.23	145.07	141.08	72.65	43.51	33.18	27.14	53.08	83.44	82.40	75.99	51.37
1	水泉组	183.33	143.08	141.83	75.38	44.23	32.66	27.54	54.02	78.09	77.35	73.86	51.14
1	西团山文化合并组	178.18	138.18	134.67	78.27	42.47	37.87	28.00	55.93	75.99	75.30	83.87	50.83
2	姜家梁组	178.27	134.20	138.10	75.53	44.41	33.39	27.04	55.58	75.76	78.74	74.94	49.00
2	庙子沟组	177.63	137.03	140.93	73.50	43.93	32.93	26.23	52.63	77.22	79.57	74.94	49.90
2	夏家店上层组	181.19	136.20	140.70	75.10	42.80	34.44	28.08	53.60	75.06	78.26	80.48	52.43

[1]　李法军：《河北阳原姜家梁新石器时代人骨研究》，吉林大学博士论文，2004年。

[2]　朱泓：《内蒙古察右前旗庙子沟新石器时代颅骨的人类学特征》，《人类学学报》1994年第2期。

[3]　朱泓：《夏家店上层文化居民的种族类型及相关问题》，朱泓：《中国古代居民体质人类学研究》，科学出版社，2014年。

[4]　韩康信：《宁夏海原菜园村新石器时代墓地人骨的性别年龄鉴定与体质类型》，中国社会科学院考古研究所：《中国考古学论丛》，科学出版社，1993年，第170～180页。

[5]　韩康信：《青海民和阳山墓地人骨》，青海省文物考古研究所：《民和阳山》，文物出版社，1990年，第160～173页。

[6]　赵永生：《甘肃临潭磨沟墓地人骨研究》，吉林大学博士论文，2013年。

[7]　朱泓：《东灰山墓地人骨的研究》，朱泓：《中国古代居民体质人类学研究》，科学出版社，2014年，第385～399年。

[8]　潘其风、韩康信：《柳湾墓地的人骨研究》，青海省文物管理处考古队、中国社会科学院考古研究所：《青海柳湾——乐都柳湾原始社会墓地》，文物出版社，1984年，第261～303页。

[9]　韩康信、潘其风：《陕县庙底沟二期文化墓葬人骨的研究》，《考古学报》1979年第2期。

[10]　原海兵：《殷墟中小墓人骨的综合研究》，吉林大学博士论文，2010年。

[11]　韩康信、张振标、曾凡：《闽侯昙石山遗址的人骨》，《考古学报》1976年第1期。

[12]　张银运、王令红、董兴仁：《广西桂林甑皮岩新石器时代遗址的人类头骨》，《古脊椎动物学报》1977年第1期。

[13]　李法军、陈博宇、王明辉等：《鲤鱼墩新石器时代居民头骨测量学特征》，李法军、王明辉、朱泓等：《鲤鱼墩——一个华南新石器时代遗址的生物考古学研究》，中山大学出版社，2013年，第85～116页。

[14]　韩康信、潘其风：《浙江余姚河姆渡新石器时代人类头骨》，《人类学学报》1983年第2期。

[15]　韩康信、潘其风：《广东佛山河宕新石器时代晚期墓葬人骨》，《人类学学报》1982年第1期。

[16]　张全超：《内蒙古和林格尔县新店子墓地人骨研究》，吉林大学博士论文，2005年。

[17]　朱泓、张全超：《内蒙古林西县井沟子遗址西区墓地人骨研究》，《人类学学报》2007年第2期。

续表

古人种类型	对比组	颅长	颅宽	颅高	上面高 sd	眶宽 R mf	眶高 R	鼻宽	鼻高	颅指数	颅长高指数	眶指数	鼻指数
3	菜园组	179.60	135.60	140.10	71.90	40.50	33.30	25.80	51.00	75.20	78.40	82.20	50.70
3	阳山组	181.80	133.30	133.90	75.60	42.20	33.30	25.90	54.80	73.31	73.76	79.29	47.25
3	磨沟齐家组	181.17	137.08	136.74	73.62	43.49	33.66	26.11	53.39	75.73	75.45	77.50	49.05
3	东灰山组	176.70	137.63	136.05	73.10	42.40	34.33	26.30	51.95	78.39	77.01	81.16	50.63
4	仰韶合并组	180.70	142.56	142.53	73.38	43.41	33.48	27.56	53.36	79.10	78.62	77.18	52.08
4	庙底沟组	179.43	143.75	143.17	73.48	41.75	32.42	27.31	53.99	80.31	77.64	77.71	50.15
4	殷墟中小墓B组	183.66	139.60	139.72	73.61	43.05	33.54	26.98	53.03	76.18	75.93	77.62	51.21
4	瓦窑沟组	181.33	140.08	139.45	72.50	41.92	33.38	26.38	55.00	77.25	76.90	79.87	48.21
5	昙石山组	189.70	139.20	141.30	71.10	42.20	33.80	29.50	51.90	73.40	73.80	80.00	57.00
5	甑皮岩组	193.30	143.20	140.90	69.70	42.60	34.40	28.30	53.10	73.20	70.50	80.40	53.30
5	鲤鱼墩组	185.00	136.75	133.43	69.18	46.23	34.05	33.05	56.58	75.44	72.18	73.81	58.40
5	河姆渡组	190.75	136.50	142.50	68.25	45.25	34.50	26.50	51.50	71.52	74.59	76.12	51.66
5	河宕组	181.40	132.50	142.50	67.90	41.40	33.00	26.70	51.90	73.10	78.40	80.30	51.60
6	新店子组	173.80	153.27	129.18	73.91	33.12	44.38	27.12	56.52	88.13	72.80	74.71	48.06
6	井沟子组	184.43	147.88	131.50	76.00	43.34	32.84	27.66	57.72	80.39	71.76	75.88	47.99
待定	黎城组	178.25	146.00	145.80	68.62	40.27	33.77	24.80	50.97	82.16	81.54	83.86	48.66

判别分析的结果表明，刀切法交叉验证的分类正确率为86.4%，可见判别分析分组的正确率非常高。根据回判结果，黎城组被分到了第4组，即古中原类型，同时参考图1（图中未分组个案即黎城组），可见其与古中原类型确实最接近。

在大致确定其古人种类型后，将黎城组与晋陕豫地区夏商周时期的其他古代居民颅骨形态数据进行对比，选取对比组有聂店组[1]、游邀组[2]、上马组[3]、横水组[4]、虒祁组[5]、大河口

[1] 侯侃：《山西榆次高校园区先秦墓葬人骨研究》，吉林大学博士论文，2017年。

[2] 朱泓：《游邀遗址夏代居民的人类学特征》，吉林大学边疆考古研究中心、山西省考古研究所、忻州地区文物管理处、忻州考古队：《忻州游邀考古》，科学出版社，2004年，第188～214页。

[3] 潘其风：《上马墓地出土人骨的初步研究》，山西省考古研究所：《上马墓地》，文物出版社，1994年，第398～483页。

[4] 王伟：《山西绛县横水西周墓地人骨研究》，吉林大学博士论文，2012年。

[5] 王路思：《侯马公路货运枢纽中心虒祁墓地人骨研究》，吉林大学博士论文，2014年。

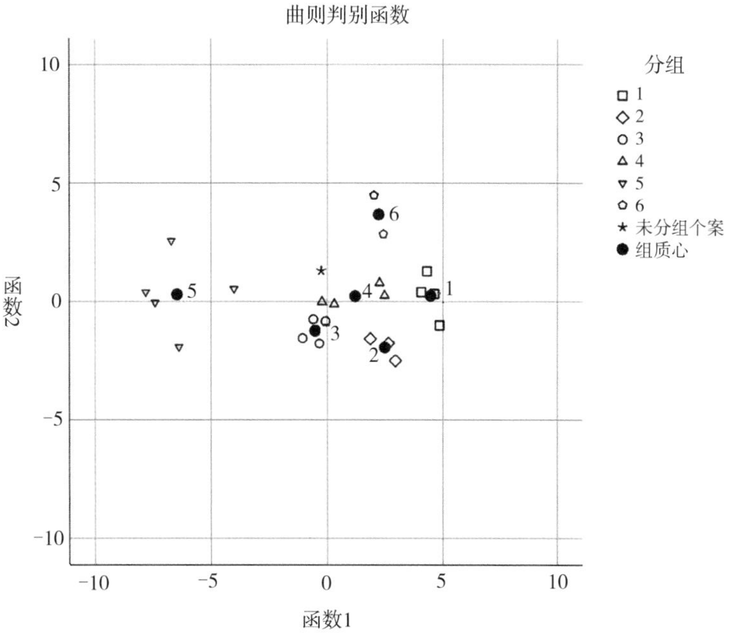

图 1　判别分析的联合分布图

组[1]、内阳垣组[2]、曲村组[3]、乔村合并组[4]、梁带村组[5]、神木新华组[6]、西村周组[7]、瓦窑沟组[8]、新丰组[9]、殷墟中小墓B组[10]和双楼组[11]。所用方法是将各组的主要测量数据做因子分析，提取公因子的方法是主成分法，不进行旋转，将所得的各公因子的得分作为新的变量进行Q型系统聚类分析，聚类分析所采用的距离是平方欧式距离，所用方法是组间连接法。这样操作相当于用马氏距离进行系统聚类分析，能够较好地消除原始变量间的相关性。

[1]　郭林：《翼城大河口墓地出土人骨的初步研究（2009—2011）》，吉林大学博士论文，2015年。

[2]　贾莹：《山西浮山桥北及乡宁内阳垣先秦时期人骨研究》，文物出版社，2010年。

[3]　潘其风：《天马—曲村遗址西周墓地出土人骨的研究报告》，北京大学考古系商周组、山西省考古研究所编著，邹衡主编：《天马—曲村（1980—1989）》，科学出版社，2000年，第1138～1152页。

[4]　潘其风：《侯马乔村墓地出土人骨的人类学研究》，山西省考古研究所：《侯马乔村墓地》，科学出版社，2004年，第1218～1299页。

[5]　郑兰爽：《韩城梁带村芮国墓地出土人骨研究》，西北大学博士论文，2012年。

[6]　韩康信：《陕西神木新华古代墓地人骨的鉴定》，陕西省考古研究所：《神木新华》，科学出版社，2005年，第331～354页。

[7]　焦南峰：《凤翔南指挥西村周墓人骨的初步研究》，《考古与文物》1985年第3期。

[8]　陈靓：《瓦窑沟青铜时代墓地颅骨的人类学特征》，《人类学学报》2000年第1期。

[9]　邓普迎：《陕西临潼新丰镇秦文化墓葬人骨研究》，西北大学博士论文，2010年。

[10]　原海兵；《殷墟中小墓人骨的综合研究》，吉林大学博士论文，2010年。

[11]　孙蕾：《新郑双楼东周墓葬人骨研究》，河南省文物考古研究院：《新郑双楼东周墓地》，大象出版社，2016年。

表 7 聚类分析所用的各对比组颅骨测量数据

（长度：毫米；指数：%）

对比组	颅长	颅宽	颅高	最小额宽	上面高	眶宽 R	眶高 R	鼻宽	鼻高	颅指数	颅长高指数	额宽指数	眶指数	鼻指数
黎城组	178.25	146.00	145.80	91.56	68.62	40.27	33.77	24.80	50.97	82.16	81.54	62.71	83.86	48.65
聂店组	176.40	138.18	142.62	92.11	73.11	42.61	33.77	27.43	51.96	78.71	80.62	65.88	79.54	53.05
游邀组	183.65	140.65	142.13	94.00	73.95	44.42	34.08	26.79	53.10	76.73	77.15	66.64	76.73	50.52
上马组	181.62	143.41	141.11	92.41	75.02	42.99	33.57	27.27	54.41	78.55	77.69	64.49	78.08	50.43
横水组	181.50	140.53	139.71	92.26	71.99	42.62	32.87	26.96	54.41	77.65	77.11	65.72	77.10	49.68
虒祁组	181.71	143.91	137.10	92.22	74.16	42.47	35.10	26.62	54.86	79.23	75.64	64.22	82.80	48.56
大河口组	182.07	141.01	142.34	92.69	73.87	44.14	33.08	26.91	53.82	77.38	78.13	65.78	75.12	50.27
内阳垣组	181.64	142.71	139.68	92.79	75.85	42.31	33.44	26.98	53.44	78.58	76.89	65.02	79.18	50.71
曲村组	183.26	141.56	141.30	94.70	73.55	44.55	34.21	27.16	53.99	77.30	77.18	70.68	77.05	50.52
乔村合并组	180.76	142.79	140.99	92.49	74.39	43.45	34.43	26.34	54.55	79.10	78.45	64.69	78.96	49.00
梁带村组	182.92	141.66	143.00	94.01	78.00	44.02	34.45	28.01	55.53	78.10	78.62	66.70	79.33	51.39
神木新华组	181.20	137.30	138.70	92.30	76.60	43.60	33.60	27.00	54.70	75.50	76.30	67.30	77.70	49.40
西村周组	180.63	136.81	139.29	93.29	72.60	42.48	33.62	27.74	51.61	75.75	77.16	68.22	79.25	53.84
瓦窑沟组	181.33	140.08	139.45	91.50	72.50	41.92	33.38	26.38	55.00	77.25	76.90	65.27	79.87	48.21
新丰组	182.50	141.70	142.90	93.60	75.60	43.70	34.00	26.50	55.70	77.30	76.80	66.20	79.30	47.70
殷墟中小墓 B 组	183.66	139.60	139.72	91.78	73.61	43.05	33.54	26.98	53.03	76.18	75.93	65.30	77.62	51.21
双楼组	182.28	140.95	141.53	91.45	74.45	44.85	34.77	26.98	53.39	77.21	77.67	65.03	77.72	50.60

表 8 因子分析所得各公因子得分值

对比组	第一公因子得分	第二公因子得分	第三公因子得分	第四公因子得分
黎城组	−3.30698	−0.25730	0.68969	−0.68914
聂店组	−0.70526	−2.20934	0.49798	1.22704
游邀组	0.68257	−0.03377	0.89216	−0.83516
上马组	−0.09588	0.31048	0.02324	−0.09560
横水组	0.03668	−0.25476	−1.15233	−1.20809
虒祁组	−0.46526	1.86459	−0.80512	2.19257

续表

对比组	第一公因子得分	第二公因子得分	第三公因子得分	第四公因子得分
大河口组	0.33584	-0.39556	0.20092	-1.77017
内阳垣组	-0.08022	0.16340	-0.39717	0.31953
曲村组	1.05905	-0.02960	1.48879	-0.53973
乔村合并组	-0.46665	0.83406	0.41788	0.23399
梁带村组	0.76433	0.43598	1.87274	1.03789
神木新华组	0.96916	-0.00526	-1.15454	0.08698
西村周组	0.64934	-2.09512	-0.53960	1.09825
铜川瓦窑沟组	-0.35029	0.46523	-1.67872	-0.49639
临潼新丰组	0.28838	1.26606	0.59713	-0.75235
殷墟中小墓 B 组	0.46365	-0.28744	-1.23627	-0.31881
双楼组	0.22155	0.22834	0.28321	0.50919

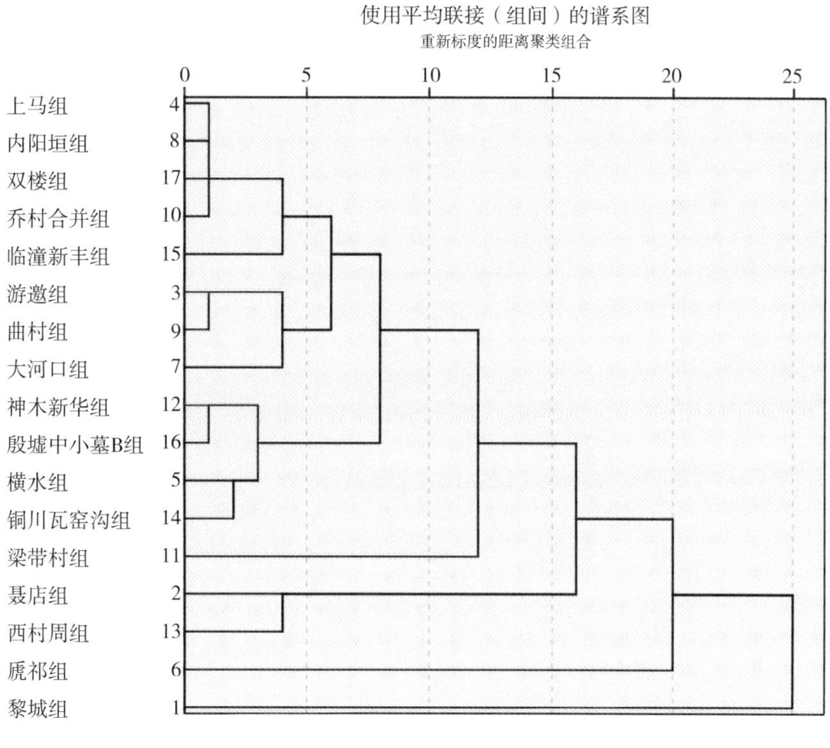

图 2　聚类分析的谱系图

根据聚类分析的谱系图可知，黎城组与浮山桥北组有着相对较近的距离，但实际上距离也是较大的，与其他各对比组的差异则更显著。

为了解黎城组与上述哪些人群相对较接近，在此使用平均数组间差异均方根计算的方法来考察。平均组间差异均方根的计算公式如下：

$$\alpha = \sqrt{\frac{1}{n}\sum_{k=1}^{n}\frac{(x_{ik}-x_{jk})^2}{\delta^2}}$$

其中，x 为测量项目数值，i 和 j 为对比组，k 为测量项目，n 为参与对比的测量项目总数，δ 为同种系标准差。其中的同种系标准差是一系列常数，在此所选用的同种系标准差是 Morant G M 对埃及组（E）的测量数值计算所得的各项标准差，由于所使用的个别测量项目未在上述测量数据中，因此还使用了挪威组和欧洲同种系标准差。据此计算得到的研究对象与某对比样本的组间差异均方根数值越小，就说明这两个样本的颅骨形态越相近。所使用的 12 项对比项目是颅长、颅宽、颅高、上面高（n-sd）、眶宽 R（mf-ek）、眶高 R、鼻宽、鼻高、颅指数、颅长高指数、眶指数 R、鼻指数，各个对比组的上述测量指标数据见表 7，平均组间差异均方根的计算结果见表 9。

表 9　各对比组平均组间差异均方根的值

	聂店组	游邀组	上马组	横水组	虒祁组	大河口组	内阳垣组	曲村组
黎城组	1.02	1.32	1.11	1.14	1.12	1.26	1.09	1.31
	乔村合并组	梁带村组	神木新华组	西村周组	瓦窑沟组	新丰组	殷墟中小墓 B 组	双楼组
黎城组	1.03	1.37	1.50	1.33	1.09	1.26	1.31	1.32

结果显示，黎城组与各对比组的距离都较远，均超过了 1，相对较接近的只有聂店组和乔村合并组。聂店组出自晋中市榆次区的一个文化背景不详的周代墓群，可能是晋文化的排葬墓，乔村合并组为战国至两汉时期的侯马乔村墓地所出人骨的集合，是以晋文化为主，带有秦文化因素的大型墓地，这两处墓地人骨的种系类型均是以古华北类型为主，带有一些古中原类型的因素，造成黎城组与这两个人群接近的因素可能是黎城组有着较狭的鼻型和较高的眶形，这两点与古中原类型的典型特征不同。

综上可知，黎城组的颅形为圆颅型，具有中等的上面部扁平度，中眶型和中鼻型。如果从 M6 个体的颅长高指数来看，属于高颅类型。通过与现代亚洲蒙古人种的几大类型进行比较，发现黎城组与东亚类型最为接近，个别项目落入南亚类型范围内，这种以东亚类型为主、带有南亚类型特点的颅骨形态与新石器时代中原地区的一些人群相似。根据聚类分析和平均数组间差异均方根计算得到的结果，黎城组可以被判定为基本属于古中原类型，但其与晋陕豫地区夏商周时期的其他人群都存在一定的差异，可能有古华北类型的因素。这说明了两个现象：第一，黎城组所代表的人群是古中原类型的一支，但其可能是晋南地区一个与众不同的社群，与地理位置和时代相近的其他古中原类型居民都有一定差异；第二，可能反映出了黎城组样本量较小所造成的离群现象。

（四）古病理现象的观察

本文对古病理现象的鉴定标准参考了 Donald J. Ortner[1]、Tony Waldron[2]、Charlotte Roberts 和 Keith Manchester[3] 的著作中的相关内容。

1. 口腔健康状况

M4　仅保存了上颌的四枚牙齿，分别为左侧 M^1、M^2，右侧 M^1、M^3。这四枚牙齿未发现病理现象，从上下颌齿槽的情况来看，也未发现病理现象。两侧 M^1 磨耗程度均为Ⅲ级，M^2 磨耗程度为Ⅱ级，均属于比较正常的磨耗。

M6　保存了 22 颗牙齿，分别为上颌左侧的 I^1、I^2、C、P^1、P^2、M^1、M^2，右侧的 I^1、I^2、C、P^2、M^1、M^2；下颌左侧的 C、P_1、P_2、M_1、M_2，右侧的 P_2、M_1、M_2、M_3。其中，9 枚牙齿存在咬合面龋：上颌左侧 C、P^1、M^1 和右侧 I^2、C、M^1，下颌左侧 P_1、P_2、M_1，所有龋齿为中龋（龋坏到牙本质）。左侧上下颌的第三臼齿阻生或先天不存，齿槽表面未露出牙冠，右侧则都已萌出。从错㝵情况来看，上颌右侧 M^1、M^2 和下颌右侧 M_2、M_3 的齿位都偏向近中，偏离了正常齿位。所有牙齿的㝵面磨耗形态平均，磨耗程度也属正常。

M7　保存了 30 枚牙齿，除上颌右侧 I^1 和下颌左侧 I_1 外，其他牙齿均存在。上颌的左侧 I^2 和右侧 I^1、I^2 都存在明显的牙槽骨吸收，使超过二分之一的牙根露出，应属于牙周病的表现。从磨耗情况来看，上颌左侧 I^1 和下颌右侧 I_1 磨耗明显异于正常情况，磨耗程度很重，牙本质完全暴露；而且这两枚牙齿磨耗形态是倾斜的，上颌左侧 I^1 的牙冠舌侧已被磨去一半，而下颌右侧 I_1 牙冠唇侧也已磨去三分之一，相邻的 I_2 磨耗也比较重，露出了带状的牙本质，同样是唇侧磨耗较重。这种异常的磨耗情况暗示该个体在对上述磨耗异常的牙齿的使用上存在异常现象，这些牙齿都是切牙，切牙具有切断食物的功能，也可以用作啃咬之用，该个体可能是用上述牙齿作为工具使用，也可能嗜好啃咬某些较硬的食物。

M9　该个体保存有 24 枚牙齿。未保存左侧上颌 M^3 和下颌 M_3，右侧上颌 P^1 和下颌 C，但它们的牙槽尚存，已经不存在相应牙槽的牙位分别是右侧上颌 P^2、M^2 和下颌 M_2、M_3，这些牙齿应是生前早已脱落的。有 5 枚牙齿存在龋齿，分别是：上颌 M^1（远中平滑面，Ⅳ级）、M^2（Ⅴ级，仅存残根），右侧 M^3（颈部，Ⅲ级）；下颌左侧 M_2（远中平滑面，Ⅲ级），右侧 M_1（颈部，Ⅳ级）。另外，该个体有 18 个牙位存在牙槽骨明显吸收的现象，分别是：上颌左侧 M^1、M^2、M^3，右侧 I^1、I^2、P^1、P^2；下颌左侧 C、P_1、M_1、M_3，右侧 C、P_1、P_2、M_1、M_2、M_3，这一现象暗示着牙周病的发生。上颌左侧 M^1 和右侧 P^1 还存在根尖周病造成的根尖周牙槽骨吸收，已经出现窦道，这种情况一般是龋齿或较重磨耗导致髓腔受到感染使

[1]　Donald J.Ortner, *Identification of Pathological Conditions in Human Skeletal Remains*, San Diego:Academic Press, Elsevier, 2003.

[2]　Tony Waldron, *Cambridge Manuals in Archaeology: Paleopathology*. Cambridge: Cambridge University Press, 2008.

[3]　〔英〕夏洛特·罗伯茨（Charlotte Roberts）、基恩·曼彻斯特（Keith Manchester）著，张桦译：《疾病考古学》，山东画报出版社，2010年。

脓液从牙根尖孔渗出所致[1]。从㱔关系来看，该个体的上颌右侧 I^1 和下颌两侧 I_1 存在扭转，且㱔关系属于错㱔，按照安氏分类法，属于Ⅲ S 型错㱔。该个体牙齿的㱔面磨耗形态比较崎岖。

2. 骨骼健康状况

M6　该个体存在大量椎骨上的退行性关节病，主要表现为椎体边缘骨赘的出现，出现该现象的椎骨为：C5、C6、C7、T4、T5、T6、T7、T8、T9、T10、T11、T12、L1、L2、L3、L4、L5。除了脊椎上发现的骨赘外，该个体的跟距关节处也发现周缘少量骨赘，两侧第一跖趾关节和第一近节趾节也出现了关节周缘的骨赘。两侧第一肋骨远端部分肋软骨骨化造成肋骨远端膨大呈杯状，左侧比右侧显著，这可能也是一种退行性病变。退行性关节病造成的关节周缘骨赘的出现经常容易压迫神经，造成疼痛或肢体麻木，也容易对关节造成进一步的损伤，影响肢体活动。

另外，值得注意的是该个体两侧骶髂关节周缘出现大量骨赘，这些骨赘几乎要导致骶髂关节强直，而 T7 ～ T10 已经出现了强直，骨赘连成了骨桥，其腰椎上的骨赘也很大，这些现象暗示着该个体可能患有弥漫性特发性骨肥厚。根据病情来看，该个体胸部的下半部分到腰部上方应该已经完全无法活动，整个腰部到骶髂关节可能也基本丧失了活动能力。

M9　仅发现了脊椎骨椎体周边的骨赘，存在于下列椎骨：C5、C6、T2、T3、T5、T6、T7、T11、T12、L1、L2、L3、L4、L5。应属退行性脊柱关节病。

（五）身高推算

通过骨骼进行身高推算有多种方法，这里采取四肢长骨的长度来进行推算，所采用的回归方程及计算结果分别如下：

1. 依据肱骨推算身高

依张继宗[2]：

身高 =679.24+3.15× 左侧肱骨最大长 ±43.62 mm（适用于 41 ～ 50 岁男性个体）

身高 =685.92+3.11× 右侧肱骨最大长 ±41.37 mm（适用于 41 ～ 50 岁男性个体）

身高 =741.288+2.875× 右侧肱骨最大长 ±55.69 mm（适用于成年女性个体）

据上述公式，计算得 M6 个体的身高为 160.85 cm±43.62 mm，M9 个体的身高为 164.00 cm±43.62 mm（依左侧肱骨）、161.89 cm±41.37 mm（依右侧肱骨）。

2. 依据尺骨推算身高

依张继宗[3]：

身高 =742.932+3.530× 左尺骨最大长

身高 =463.228+4.786× 右尺骨最大长

根据以上公式计算出的 M7 个体的身高分别为 157.25 cm（依左侧尺骨）和 159.75 cm（依

[1]　张震康、俞光岩：《实用口腔科学（第3版）》，人民卫生出版社，2009年，第57～64页。

[2]　张继宗：《法医人类学》，人民卫生出版社，2009年，第149、153页。

[3]　张继宗：《法医人类学》，人民卫生出版社，2009年，第151页。

右侧尺骨）。

3. 依据股骨推算身高

依 M. Trotter 和 G. G. Glesser[1]：

身高 = 股骨最大长 ×2.15+72.57 cm（适用于成年男性个体）

据此公式，计算得 M6 个体的身高为 160.94 cm（依左侧股骨）、161.58 cm（依右侧股骨）。

依邵象清[2]：

身高 = 股骨最大长 ×3.66+5 cm（适用于成年男性个体）

据此方程，计算得 M6 个体的身高为 155.43 cm（依左侧股骨）、156.52 cm（依右侧股骨）。

依张继宗[3]：

身高 =617.48+2.36× 左侧股骨最大长 ± 31.16 mm（适用于 41 ～ 50 岁男性个体）

身高 =687.57+2.20× 右侧股骨最大长 ± 32.35 mm（适用于 41 ～ 50 岁男性个体）

根据这两个方程，计算得 M6 个体的身高为 158.74 cm±31.16 mm（依左侧股骨）、159.84 cm±32.35 mm（依右侧股骨）。

4. 依据胫骨推算身高

依张继宗[4]：

身高 =1033.92+1.71× 右侧胫骨最大长 ±47.31 mm（适用于 41 ～ 50 岁男性个体）

根据以上方程，计算得 M6 个体的身高为 159.48 cm±47.31 cm。

5. 小结

通过以上不同计算方法对各个个体身高的推算，将同一个体的不同计算结果平均，可以得到各个个体的身高推算数据：

M6 的身高约为 159.17 cm，M7 的身高约为 158.50 cm，M9 个体的身高约为 162.95 cm，M9 墓主人的身高要高于另两个墓主人。

（六）小结

通过对山西黎城西关村西周墓地出土的 4 具人骨的鉴定与研究表明，M4 可能为 25 ～ 30 岁男性个体，M6 是 40 ～ 45 岁男性个体，M7 可能为 30 岁左右的女性个体，M9 中为 45 岁左右的男性个体。

这些个体应属于蒙古人种，颅骨形态主要接近东亚类型，个别特征接近南亚类型。通过与周边夏商周时期人群种系类型的对比，发现该人群接近古中原类型，包含古华北类型的因素，但应属于一个在颅骨形态特征上较有特色的人群，与周边人群均有一定差异，这能在一定程度上反映该人群与周边人群的亲疏关系。

[1] Trotter and Glesser G.C.Evaluation of Estimation of Stature Based on Measurements of Stature Taken During Lige and of long Bones After Death, *American Journal of Physical Anthropology*, 1958, 16(1).pp.79-123。

[2] 邵象清：《人体测量手册》，上海辞书出版社，1985年，第395页。

[3] 张继宗：《法医人类学》，人民卫生出版社，2009年，第154页。

[4] 张继宗：《法医人类学》，人民卫生出版社，2009年，第155页。

在病理现象方面，发现有牙齿重度磨耗、龋齿、牙周病、根尖周病、错殆畸形、退行性脊柱关节病和弥漫性特发性骨肥厚的现象，其中较为严重的龋病、牙周病、根尖周病可能与贵族生活中食物较精细、碳水化合物含量较高所造成的口腔健康状况较差有关，但M7严重的门齿特殊磨耗是较特别的，可能是该个体有着啃咬较硬食物的饮食习惯或将牙齿作为工具使用过。

身高推算的结果表明，4个个体身高约在159cm到167cm之间。

附录三　黎城西关墓地出土动物骨骼鉴定报告[1]

侯彦峰

（河南省文物考古研究院）

（一）前言

2006年1月，山西省考古研究所组成考古队对黎城西关墓地进行抢救性发掘，此次共发掘10座墓葬，大型墓葬3座，中型墓葬4座，小型墓葬3座。共有6座墓葬出土有动物骨骼，编号分别为M2、M4、M6、M7、M8和M10，M4和M6为小型墓葬，M2、M7和M8为中型墓葬，M10为大型墓葬。在发掘过程中，发掘者根据动物骨骼完整度、动物组合情况和埋藏位置等判断，该墓地出土的动物骨骼皆为当时祭祀活动所留遗存，并严格按照出土单位对动物骨骼进行了采集，但部分动物骨骼标本保存状况较差，骨质酥脆，套箱或收集装箱后有些长骨和头骨破碎严重，仅有少量牙齿保存较为完整。鉴定人根据出土记录和照片判断，该批动物绝大多数应为完整骨架，但因收集、运输、保存、以及骨骼埋藏等导致部分骨骼残损，致使一些动物未能获得详细鉴定信息和骨骼测量数据。在鉴定过程中，标本鉴定主要参照河南省文物考古研究院动物考古实验室的现生动物骨骼比较标本库的标本，还参考了《动物骨骼鉴定图谱》[2]、《考古遗址出土动物骨骼和牙齿鉴定指南》[3]等。骨骼测量主要参考《考古遗址出土动物骨骼测量指南》一书[4]。

（二）M10

M10是一座被盗过的带墓道的大墓。全长28.1、墓室宽4.4、墓道宽5.15～6.05米，墓深10.1米。墓道中葬有马、牛、羊、狗、猪，这些骨骼绝大多数为完整骨架，仅少数动物骨架是残缺的（所致原因不详）。其中有些骨架在周边有葬坑的迹象。动物的头向有的朝南有的朝北，个别呈蜷曲状埋葬，埋葬深浅不等，有叠压现象。由于M10被盗，除为数不多的小件玉器外可供说明墓主人身份的礼器已全部被盗，但根据其墓葬规模判断，该墓主人应属诸侯级别。鉴定描述是根据墓葬平面图所编祭祀动物号进行的，个别祭祀动物因骨骼保存差，

[1]　该鉴定工作完成于2012年，2013年以《山西黎城楷侯墓地出土祭祀动物骨骼鉴定与分析》为题发表在《江汉考古》第4期，当时受篇幅所限，有些测量数据和图片未能随发，本报告仅为补充。

[2]　伊丽莎白·施密德著，李天元译：《动物骨骼鉴定图谱》，中国地质大学出版社，1991年。

[3]　西蒙·赫森著，侯彦峰、马萧林译：《考古遗址出土动物骨骼和牙齿鉴定指南》，科学出版社，2012年。

[4]　安格拉·冯登德里施著，马萧林、侯彦峰译：《考古遗址出土动物骨骼测量指南》，科学出版社，2007年。

所收集的骨骼成了碎片未鉴定至种属。

M10共出土祭祀动物57具，马31具、狗16具、羊7具、牛1具、猪1具、未知种属（马？）1具，详见表1。马占54%，狗占28%，羊占12%，牛和猪各占2%。图1和图2说明马是M10的主要祭祀动物，其次是狗。

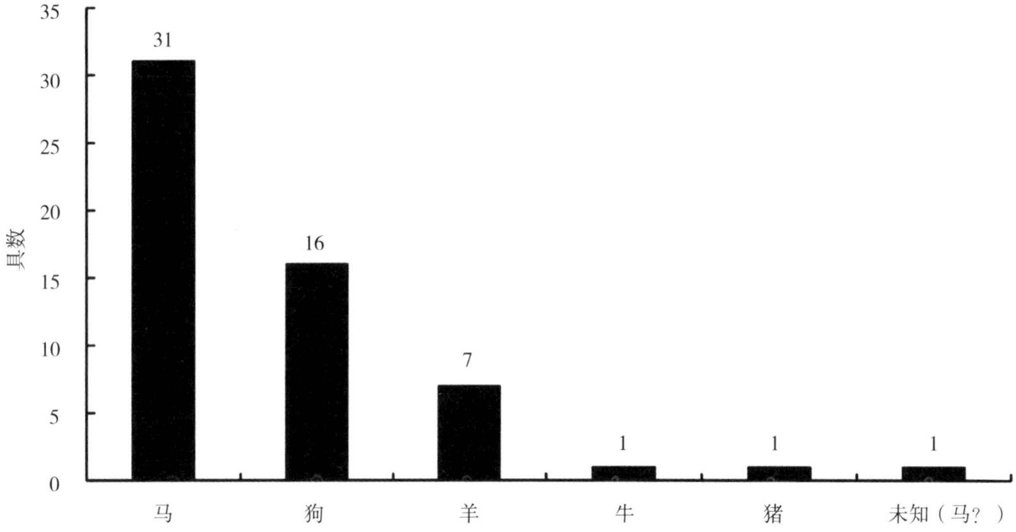

图1 M10共出土各祭祀动物数

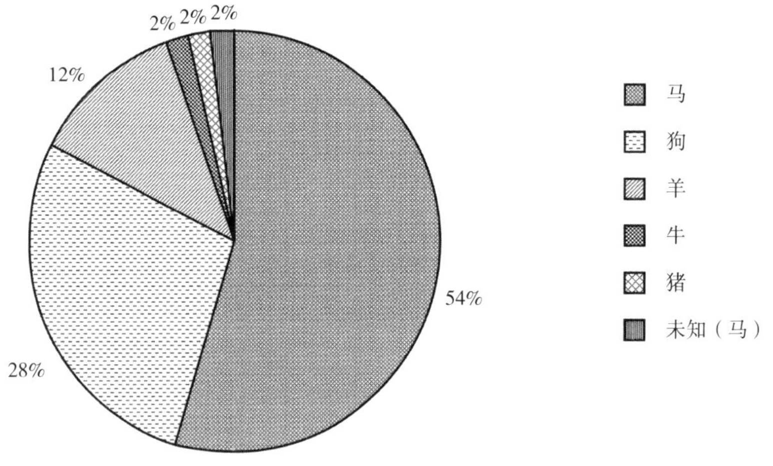

图2 M10共出土各祭祀动物所占百分比

M10 出土各祭祀动物的鉴定情况如下：

M10 祭 1，羊（*Ovis/Capra*），四肢骨、部分肋骨和椎骨保存较好，未见头骨，周边有葬坑的迹象。

M10 祭 2，羊（*Ovis/Capra*），仅残留有部分肢骨，骨质酥脆，周边有葬坑的迹象。

M10 祭 3，马（*Equus*），全身骨骼齐全，骨质酥脆，头向朝北，尾向朝南，呈趴卧姿势，周边有葬坑的迹象。

M10 祭 4，狗（*Canis familiaris*），全身骨骼齐全，头向朝北，尾向朝南，侧卧，四肢向西，周边有葬坑的迹象。

M10 祭 5，羊（*Ovis/Capra*），全身骨骼齐全，头向朝北，尾向朝南，侧卧，四肢向东，M10 祭 5、祭 6 和祭 7 同在一个葬坑内。

M10 祭 6，狗（*Canis familiaris*），仅残留有左右前肢和部分肋骨。

M10 祭 7，狗（*Canis familiaris*），残留有肢骨、肋骨、椎骨等。

M10 祭 8，1 号动物为羊（*Ovis/Capra*），完整骨架。2 号动物为狗（*Canis familiaris*），完整骨架。羊和狗同在一个葬坑内。

M10 祭 9，种属未知（马），周边有葬坑的迹象，该葬坑坐落在祭 39 上方，其内的动物骨骼保存较差，鉴定过程中未见该动物的骨骼，根据考古现场照片推测其种属为马。

M10 祭 10，狗（*Canis familiaris*），残留有头骨、肋骨、椎骨等，骨骼保存较差，周边有葬坑的迹象。

M10 祭 11，狗（*Canis familiaris*），完整骨架，周边有葬坑的迹象。

M10 祭 12，狗（*Canis familiaris*），仅残留有部分肢骨。

M10 祭 13，狗（*Canis familiaris*），完整骨架，头向朝北，尾向朝南，侧卧，四肢向西，前后肢蜷曲。

M10 祭 14，狗（*Canis familiaris*），残留有头骨和肢骨等。

M10 祭 15，马（*Equus*），仅见头骨，从牙齿萌出和磨损情况判断，其年龄在 1 岁左右。祭 15 和祭 46 所处位置较近，祭 46 仅留有完整的颅后骨骼（根据骨骺愈合推测其年龄约为 1 岁），从二者的年龄、所处位置以及骨骼部位来判断，祭 15 和祭 46 可能为同一匹马。

M10 祭 16，狗（*Canis familiaris*），仅残留有头骨。

M10 祭 17，羊（*Ovis/Capra*），残留有头骨、四肢骨等。

M10 祭 18，马（*Equus*），全身骨骼齐全，头向朝北，尾向朝南，趴卧，周边有葬坑的迹象。

M10 祭 19，马（*Equus*），全身骨骼齐全，头向朝北，尾向朝南，侧卧，四肢向西。头骨切齿缺失，留有残的上颌，桡骨远端未愈合，骨干纤细，该马年龄稍小（小于 3.5 岁）。周边有葬坑的迹象。

M10 祭 20，狗（*Canis familiaris*），残留有头骨、颈椎、前肢、部分胸椎和肋骨，未见后肢。头向朝北，尾向朝南，侧卧，四肢向东。

M10 祭 21，羊（*Ovis/Capra*），仅残留有少量肢骨。

M10 祭 22，羊（*Ovis/Capra*），残留有前肢骨、肋骨、椎骨等。

M10 祭 23，狗（*Canis familiaris*），仅残留有肋骨、椎骨和少量四肢骨。

M10 祭 24，狗（*Canis familiaris*），全身骨骼齐全，头向朝北，尾向朝南，骨质酥脆。

M10 祭 25，狗（*Canis familiaris*），全身骨骼齐全，头向朝北，尾向朝南。其靠近祭 47（马）的臀背侧。

M10 祭 26，马（*Equus*），头骨缺失，其余颅后骨骼齐全。头向朝北，尾向朝南，侧卧，四肢向东。周边有葬坑的迹象。

M10 祭 27，马（*Equus*），仅残留有四肢骨，骨质酥脆，周边有葬坑的迹象。

M10 祭 28，狗（*Canis familiaris*），颅后骨骼齐全，头向朝北，尾向朝南，侧卧，四肢向西。

M10 祭 29，狗（*Canis familiaris*），仅残留有少量肢骨。

M10 祭 30，马（*Equus*），全身骨骼齐全，头向朝北，尾向朝南，四肢向下，呈趴伏的姿势，四肢弯曲，蜷于腹下。根据下颌 I_1、I_2、I_3 咀嚼面磨损的情况，推断该马匹的年龄为 6 ～ 7 岁。周边有葬坑的迹象。

M10 祭 31，马（*Equus*），全身骨骼齐全，头向朝北，尾向朝南，趴着，前后肢蜷于腹下，头部垫高。肱骨、胫骨等骨端已愈合，犬齿明显，即该马的年龄大于 5 岁，雄性。

M10 祭 32，马（*Equus*），全身骨骼齐全，头向朝北，尾向朝南，呈趴着的姿势，头部垫高，前肢弯曲，后肢向前伸展。该马下颌六个切齿的乳齿已经萌出，i_3 未进入磨损，i_2 已经磨损，i_1 磨损较大。根据磨损和萌出情况推测该马的年龄为 6 ～ 9 个月。

M10 祭 33，马（*Equus*），头骨缺失，头向朝南，尾向朝北，趴着，四肢位于腹下，前肢弯曲，后肢先前伸展。根据骨端愈合情况推测该马的年龄 3 ～ 3.5 岁。

M10 祭 34，马（*Equus*），头骨缺失，颅后骨骼齐全，趴卧，四肢位于腹下，前肢弯曲，后肢向前伸展。根据骨端愈合情况推测其年龄大于 3.5 岁。

M10 祭 35，马（*Equus*），全身骨骼齐全，头向朝北，尾向朝南，呈趴着的姿势，四肢蜷在腹下，头部垫高。下颌的前臼齿皆为乳齿，下颌 M_1 刚刚萌出，根据下颌牙齿萌出情况推测其年龄为 1 ～ 1.5 岁。

M10 祭 36，马（*Equus*），全身骨骼齐全，头向朝北，尾向朝南，身体右侧朝上，左侧朝下，侧卧，头部垫高。切齿缺失，上下颌前臼齿皆为乳齿。桡骨远端未愈合，根据愈合情况推测其年龄小于 3.5 岁。

M10 祭 37，马（*Equus*），全身骨骼齐全，头向朝北，尾向朝南，趴卧，前肢弯曲，后肢向前伸展。头骨垫高，明显高于躯干。根据下颌 I_1 和 I_2 的磨损情况推测该马的年龄为 8.5 岁，公马。

M10 祭 38，马（*Equus*），全身骨骼齐全，头向朝南，尾向朝北，趴卧，前肢蜷曲呈跪式，后肢呈蹲式。头骨垫高，明显高于躯干。根据下颌 6 个切齿齿面的磨损程度，推测该马的年龄为 8.5 岁。

M10 祭 39，马（*Equus*），全身骨骼齐全，头向朝北，尾向朝南，四肢向上，即腹部朝上，背部朝下，四肢弯曲，蜷于腹下。头扭向其背部。根据其右下颌 I_1、I_2、I_3 和左下颌 I_1、I_2 磨损程度判断其年龄为 6 岁，根据其有明显的犬齿判断其为公马。

M10祭40，马（*Equus*），全身骨骼齐全，头向朝南，尾向朝北，侧卧，右侧朝上，前肢弯曲，后肢先前伸展。头骨垫高，明显高于躯干。根据右下颌 I_2 刚刚萌出判断其年龄为4岁，犬齿齿槽内有犬齿但未萌出，推测其为公马。

M10祭41，马（*Equus*），全身骨骼齐全，头向朝北，尾向朝南，呈趴卧姿势。其犬齿正在萌出中，根据左下颌 I_1 和右下颌 I_1 齿面磨损程度判断该马的年龄为4～4.5岁，公马。

M10祭42，马（*Equus*），全身骨骼齐全，头向朝北，尾向朝南，四肢向下，前肢呈跪势，后肢弯曲，头部垫高，明显高于躯干。四肢骨骨端已愈合，牙齿已齐口，其年龄大于5岁。

M10祭43，马（*Equus*），全身骨骼齐全，头向朝东，尾向朝西，呈趴卧姿势，前肢在腹下向后伸，后肢弯曲，头部垫高。上下颌的切齿皆为乳齿，根据下颌乳切齿的磨损情况推测其年龄为1～1.5岁。

M10祭44，马（*Equus*），全身骨骼齐全，头向朝北，尾向朝南，侧卧，四肢左侧朝上，右侧朝下，前肢弯曲，后肢向前伸展。切齿缺失，根据下颌 M_3 刚刚萌出，咀嚼面刚刚磨损，以及骨端愈合情况推测其年龄为4～5岁。

M10祭45，马（*Equus*），全身骨骼齐全，头向朝北，尾向朝南，呈趴卧姿势，头部垫高，四肢蜷曲。根据乳齿磨损和萌出情况，推测其年龄为6～9个月。

M10祭46，马（*Equus*），头骨缺失，颅后骨骼齐全，头向朝北，尾向朝南，呈趴卧姿势，四肢蜷于腹下。四肢骨骨干纤细，各骨骨端因保存较差缺失。根据骨干的粗壮度推测其年龄在1岁左右。

M10祭47，马（*Equus*），全身骨骼齐全，头向朝北，尾向朝南，侧卧，四肢左侧朝上，右侧朝下，前肢弯曲，后肢向前伸展。头骨明显垫高，颈部弯曲。根据下颌 I_1、I_2 和 I_3 牙齿的磨损情况看，推测其年龄为14～15岁，其犬齿磨损比较严重，公马。

M10祭48，马（*Equus*），全身骨骼齐全，头向朝北，尾向朝南，侧卧，左侧朝上，右侧朝下，前后肢弯曲。根据上颌 I^1、I^2 和 I^3 磨损情况判断其年龄为7.5～8岁。犬齿明显，判断其为公马。

M10祭49，马（*Equus*），全身骨骼齐全，头向朝北，尾向朝南，趴卧。头颈部向其身体左侧弯曲，弯曲弧度很大。下颌和上颌分离，下颌从腹腔插过。根据下颌6个切齿的磨损程度判断该马的死亡年龄为5～6岁，犬齿明显，公马。

M10祭50，牛（*Bos taurus*），完整骨架，压于M10祭51下方，头向朝西北，尾向朝东南，肩胛骨、肱骨、桡骨、尺骨、股骨、胫骨各骨骨端都未愈合，下颌 M_1 已萌出，稍有磨损，根据骨端和牙齿萌出情况判断该牛的死亡年龄为6个月左右，处于幼年期。

M10祭51，马（*Equus*），全身骨骼齐全，头向朝北，尾向朝南，趴卧，后肢向头侧伸展，前肢蜷曲。根据右下颌 I_3 和左上颌 I^3 的磨损情况，推断该马的死亡年龄为15～20岁，有明显的犬齿，其犬齿已深度磨损，为雄性。

M10祭52，猪（*Sus domesticus*），全身骨骼齐全，头向朝东，尾向朝西，侧卧，四肢向北。

M10祭53，马（*Equus*），无头骨（可能是因为盗洞扰掉），全身其余各骨齐全。头朝北，尾向南，呈趴卧姿势。四肢骨各骨骨端都已愈合，盆骨髋臼处已愈合，根据骨端和髋臼愈合情况，判断其年龄大于5岁。左侧第2指节骨背侧面有骨赘（中度，可能是因为使役或老龄

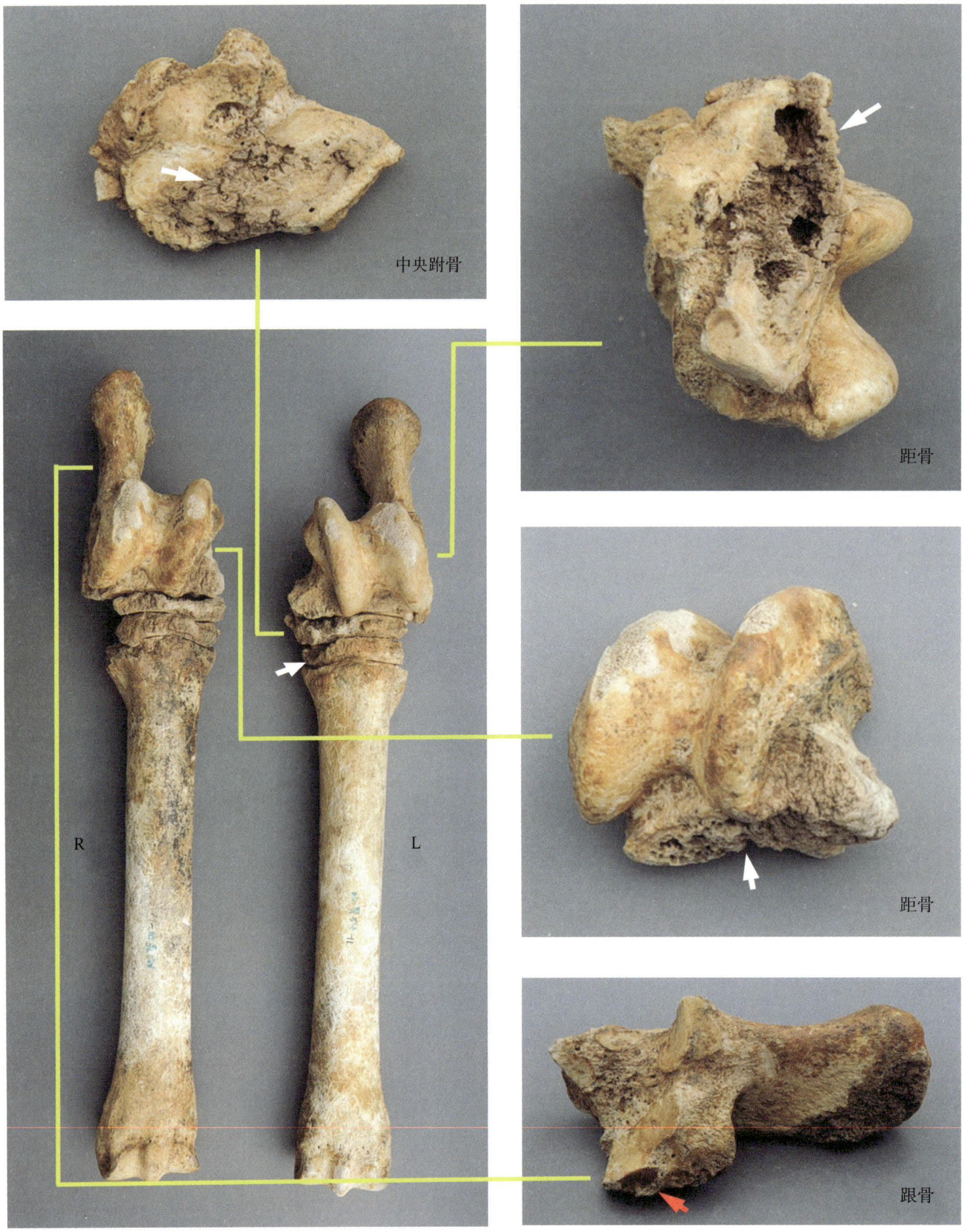

图3 M10祭54马骨

马的左侧中央跗骨近端面已严重坏死，骨质疏松。左侧第3跗骨背侧面有较重的骨赘。左侧距骨与中央跗骨连接的关节面已大面积坏死，内部形成了空腔。右侧跟骨内侧面有少量骨赘。

化所致）。

M10祭54，马（*Equus*），全身骨骼齐全，头向朝南，尾向朝北，侧卧，左侧朝上，前肢弯曲，后肢前伸。根据下颌切齿磨损情况推测其年龄为9岁，上下颌犬齿明显，且齿尖已磨损，该马为雄性。左侧中央跗骨近端面已严重坏死，骨质疏松。左侧第3跗骨背侧面有较重的骨赘。左侧距骨与中央跗骨连接的关节面已大面积坏死，内部形成了空腔（图3）。左侧跟骨内侧面有少量骨赘。右侧的第3跗骨、距骨、跟骨与左侧发生的病变程度相似。根据跖跗关节处各骨都发生了十分严重的病变，可判断该马匹的后肢在生前已经不能自由活动，且形成的时间较长，即后肢发生跛行或瘫痪的时间较长。该马匹在生前相当长的时间就丧失了使役功能，可当时的人们仍然饲喂该马，饲养目的可能是用于祭祀。把淘汰的马匹（非健康）用于祭祀，这可能与国力有关。

M10祭55，马（*Equus*），全身骨骼齐全，头向朝北，尾向朝南，趴卧姿势，头部垫高，前肢后肢弯曲。根据下颌牙齿萌出和磨损情况，以及骨端愈合情况推测其年龄为6～9个月。

M10祭56，马（*Equus*），全身骨骼齐全，头向朝北，尾向朝南，趴卧姿势，前后肢蜷曲，头骨垫高，明显高于躯干。桡骨远端未愈合、桡骨近端已愈合、胫骨远端已愈合、胫骨近端未愈合，根据骨端愈合情况推测该马的年龄为2～3.5岁。

M10祭57，马（*Equus*），仅留有头骨，头向朝北。下颌 I_2 刚刚萌出，以及 I_1 稍有磨损，推测其死亡年龄为3.5岁。

表1　M10祭祀动物鉴定简表

祭祀动物编号	动物种属	年龄	性别
M10祭1	羊（*Ovis/Capra*）	—	—
M10祭2	羊（*Ovis/Capra*）	—	—
M10祭3	马（*Equus*）	—	
M10祭4	狗（*Canis familiaris*）	—	—
M10祭5	羊（*Ovis/Capra*）	—	—
M10祭6	狗（*Canis familiaris*）	—	—
M10祭7	狗（*Canis familiaris*）	—	—
M10祭8（1）	羊（*Ovis/Capra*）	—	—
M10祭8（2）	狗（*Canis familiaris*）	—	—
M10祭9	未知（马？）	—	—

续表

祭祀动物编号	动物种属	年龄	性别
M10 祭 10	狗（*Canis familiaris*）	—	—
M10 祭 11	狗（*Canis familiaris*）	—	—
M10 祭 12	狗（*Canis familiaris*）	—	—
M10 祭 13	狗（*Canis familiaris*）	—	—
M10 祭 14	狗（*Canis familiaris*）	—	—
M10 祭 15（46）	马（*Equus*）	1 岁左右	—
M10 祭 16	狗（*Canis familiaris*）	—	—
M10 祭 17	羊（*Ovis/Capra*）	—	—
M10 祭 18	马（*Equus*）	—	—
M10 祭 19	马（*Equus*）	＜ 3.5 岁	—
M10 祭 20	狗（*Canis familiaris*）	—	—
M10 祭 21	羊（*Ovis/Capra*）	—	—
M10 祭 22	羊（*Ovis/Capra*）	—	—
M10 祭 23	狗（*Canis familiaris*）	—	—
M10 祭 24	狗（*Canis familiaris*）	—	—
M10 祭 25	狗（*Canis familiaris*）	—	—
M10 祭 26	马（*Equus*）	—	—
M10 祭 27	马（*Equus*）	—	—
M10 祭 28	狗（*Canis familiaris*）	—	—
M10 祭 29	狗（*Canis familiaris*）	—	—
M10 祭 30	马（*Equus*）	6 ～ 7 岁	—
M10 祭 31	马（*Equus*）	＞ 5 岁	—
M10 祭 32	马（*Equus*）	6 ～ 9 个月	—
M10 祭 33	马（*Equus*）	3 ～ 3.5 岁	—

续表

祭祀动物编号	动物种属	年龄	性别
M10祭34	马（*Equus*）	＞3.5岁	—
M10祭35	马（*Equus*）	1～1.5岁	—
M10祭36	马（*Equus*）	＜3.5岁	—
M10祭37	马（*Equus*）	8.5岁	雄性
M10祭38	马（*Equus*）	8.5岁	—
M10祭39	马（*Equus*）	6岁	雄性
M10祭40	马（*Equus*）	4岁	雄性
M10祭41	马（*Equus*）	4～4.5岁	雄性
M10祭42	马（*Equus*）	＞5岁	—
M10祭43	马（*Equus*）	1～1.5岁	—
M10祭44	马（*Equus*）	4～5岁	—
M10祭45	马（*Equus*）	6～9个月	—
M10祭46（15）	马（*Equus*）	1岁左右	—
M10祭47	马（*Equus*）	14～15岁	雄性
M10祭48	马（*Equus*）	7.5～8岁	雄性
M10祭49	马（*Equus*）	5～6岁	雄性
M10祭50	牛（*Bos taurus*）	6个月	—
M10祭51	马（*Equus*）	15～20岁	雄性
M10祭52	猪（*Sus domesticus*）	—	—
M10祭53	马（*Equus*）	＞5岁	—
M10祭54	马（*Equus*）	9岁	雄性
M10祭55	马（*Equus*）	6～9个月	—
M10祭56	马（*Equus*）	2～3.5岁	—
M10祭57	马（*Equus*）	3.5岁	—

M10出土各祭祀动物所处位置的示意图见正文（图一三一），墓道两侧各分布三匹马，每匹都有墓坑。墓道内所祭动物的分布略有规律，马基本上是呈行排列，但每行的马匹数不尽相同，部分羊、狗、羊狗组合有墓坑，祭49、50、51是马马牛组合，祭52、53、54是马马猪组合。周人常规祀典用牲的种类和规模，依据祭祀主体的身份而定，考古发现祭祀用牲的规模和等级，也与祭祀主体的地位密切相关[1]。《大戴礼记·曾子天圆》说："诸侯之祭，牲牛，曰太牢；大夫之祭，牲羊，曰少牢；士之祭，牲特豕，曰馈食。"M10所用祭牲有太牢和少牢，并有大量的马和狗，说明墓主人的身份地位较高，可能为诸侯级。

M10各祭祀动物的死亡年龄见表1，因为部分动物骨骼保存较差，所以未能获得可靠年龄。M10祭祀的马，即有幼龄马也有成年或老年马，其中成年或老年马占主体。祭50为牛，死亡年龄为6个月，即幼牲。所用祭牲的性别，本文主要对出土马的性别进行了鉴定，其他动物未鉴定其性别，因为本文鉴定马的性别主要根据有无犬齿进行判断，马的犬齿通常在4.5～5岁萌出，且出土马中有些马的头骨缺失，所以部分祭祀马的性别不详。根据表1鉴定结果看，M10所祭祀的成年或老年马主要为雄性。周人认为幼犊谨悫，无牝牡之情，足以体诚敬之心，故祭祀用牲崇尚幼犊[2]。《礼记·郊特牲》："故天子牲孕弗食也，祭帝弗用也。"祭祀上帝不用孕牲，祭天尚质朴，贵诚，孕牲乃已有牝牡之情，故不用[3]。周人尚幼牲[4]。M10出土的动物中成年或老年马占主体，所以不能说明该地区西周晚期的人们尚幼牲。

马的肩高，是从肩峰点至地面的垂直距离。本文是根据所测各祭祀马匹四肢骨最大长，来推测M10出土成年马匹的肩高。推测公式见表2。所推算各马匹的肩高见表3，其中祭55最矮131.8厘米，M10祭34最高149.8厘米。

表2　马肩高的推算公式[5]

骨骼部位名称	马肩高推算公式 $y=ax^2+bx+c$
肱骨	$y=-0.2009x^2+16.291x-168.92$
桡骨	$y=-0.1425x^2+13.719x-165.42$
掌骨	$y=-0.3423x^2+20.871x-160.02$
第1指节骨	$y=-8.5307x^2+163.219x-632.27$
第2指节骨	$y=-13.9958x^2+151.408x-260.09$
股骨	$y=+0.0195x^2+1.933x+27.22$
胫骨	$y=-0.1343x^2+13.629x-178.91$
跟骨	$y=-1.6312x^2+47.517x-190.65$
跖骨	$y=-0.0084x^2+5.337x-2.99$
第1趾节骨	$y=-3.2046x^2+68.875x-213.94$
第2趾节骨	$y=-9.5456x^2+112.943x-183.11$

[1] 曹建敦：《周代祭祀用牲礼制考略》，《文博》2008年第3期。

[2] 曹建敦：《周代祭祀用牲礼制考略》，《文博》2008年第3期。

[3] 曹建敦：《周代祭祀用牲礼制考略》，《文博》2008年第3期。

[4] 曹建敦：《周代祭祀用牲礼制考略》，《文博》2008年第3期。

[5] Shigeyuki Hayashida, Chuhe Yamauchi. 1957. Deduction of withers heigtht from the length of the bone in the horse（馬における骨長より体高の推定法）. *Bulletin of the Faculty of Agriculture*, Kagoshima University 6: 146-156.

$y=ax^2+bx+c$，y 代表马的肩高，x 代表各骨测得的最大长，x 单位为厘米，a、b、c 代表系数，不同骨骼系数不同。

表 3 M10 出土成年马匹的肩高

祭祀编号	肩高（cm）	祭祀编号	肩高（cm）	祭祀编号	肩高（cm）
M10 祭 30	137.3	M10 祭 40	145.7	M10 祭 39	135.2
M10 祭 31	140.1	M10 祭 41	142.7	M10 祭 51	137.8
M10 祭 33	149.5	M10 祭 44	137.2	M10 祭 53	146.1
M10 祭 34	149.8	M10 祭 47	142.1	M10 祭 54	135.1
M10 祭 37	139.7	M10 祭 48	142.3	M10 祭 55	131.8
M10 祭 38	142.8	M10 祭 49	135.1	M10 祭 56	143.6

各马匹肩高是根据各自四肢骨最大长推算而来，表中所列肩高为不同肢骨算的肩高的平均值。

（三）M8

M8 是一座保存完好的中型墓葬，出土有青铜鼎、簋、壶、盘、匜，青铜壶带有“楷侯宰”铭文。该墓共出土 3 副狗的骨架，分别出自椁盖板下、腰坑和二层台。

M8（椁盖板下），狗（*Canis familiaris*），完整骨架，其骨骼巨大（图 4）。犬齿齿尖磨损严重已暴露出牙髓腔，裂齿主齿尖严重磨损，M_1 两个外侧齿尖已磨损，由此判断该狗的年龄很大。部分骨骼有铜侵色，髂骨处有明显的病变，病变处骨质酥松，病变部向内侧有很大的突出（即该狗骨盆处有病变），左侧股骨头表面附有厚厚的一层骨赘疣，赘疣延伸到第三转子上（图 5），股骨头病变明显，遂左后肢会呈现明显的运动障碍。

M8 椁盖板下狗头骨和下颌骨的测量值见表 4，四肢骨的测量值见附表 2，M7 腰坑出土狗其骨骼大小与普通狗的大小相仿。而 M8 椁盖板下狗的测量值比 M7 腰坑狗大得多，即该狗体型巨大。

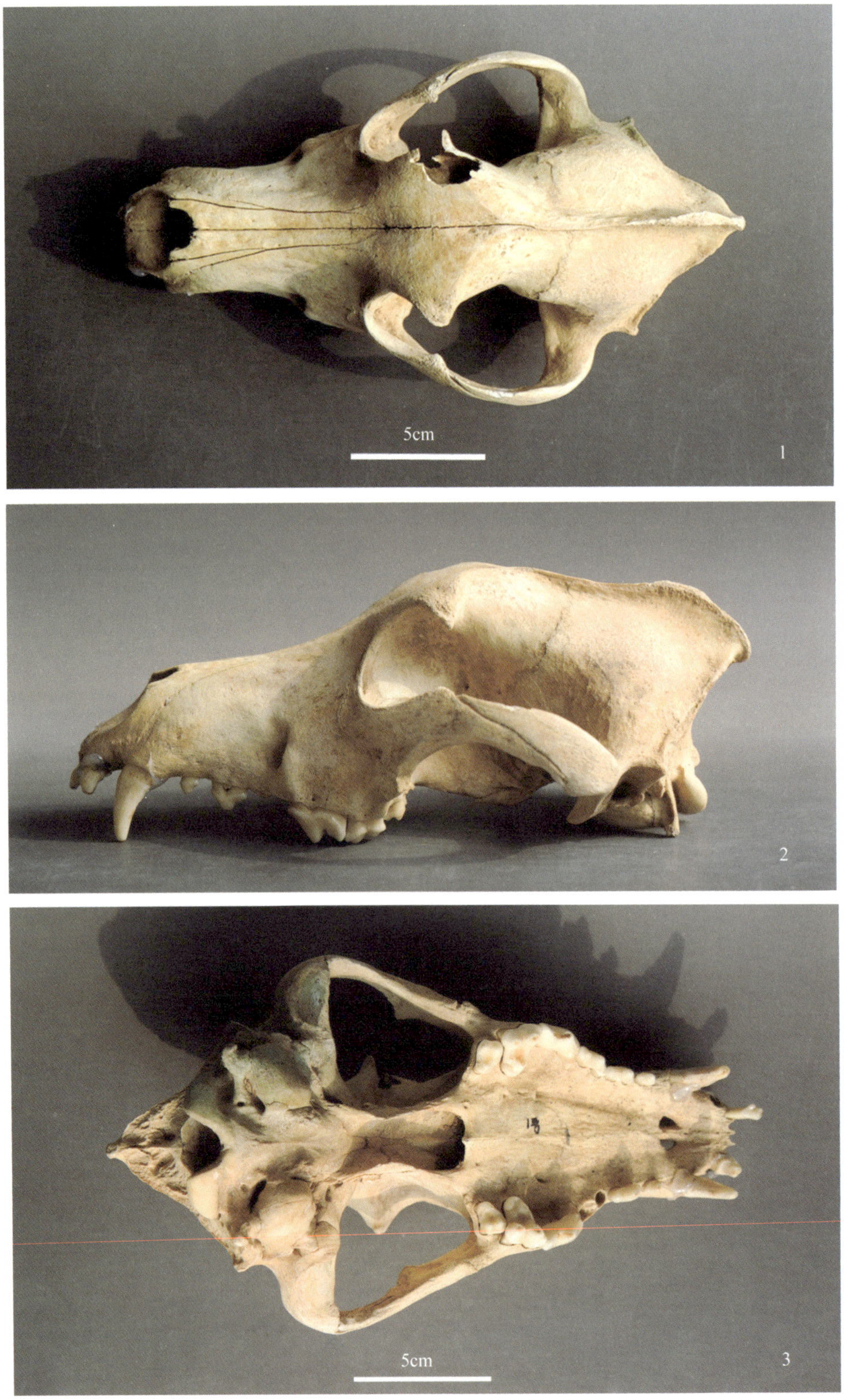

图4　M8狗头骨（椁盖板下）

1.背侧观　2.外侧观　3.腹侧观

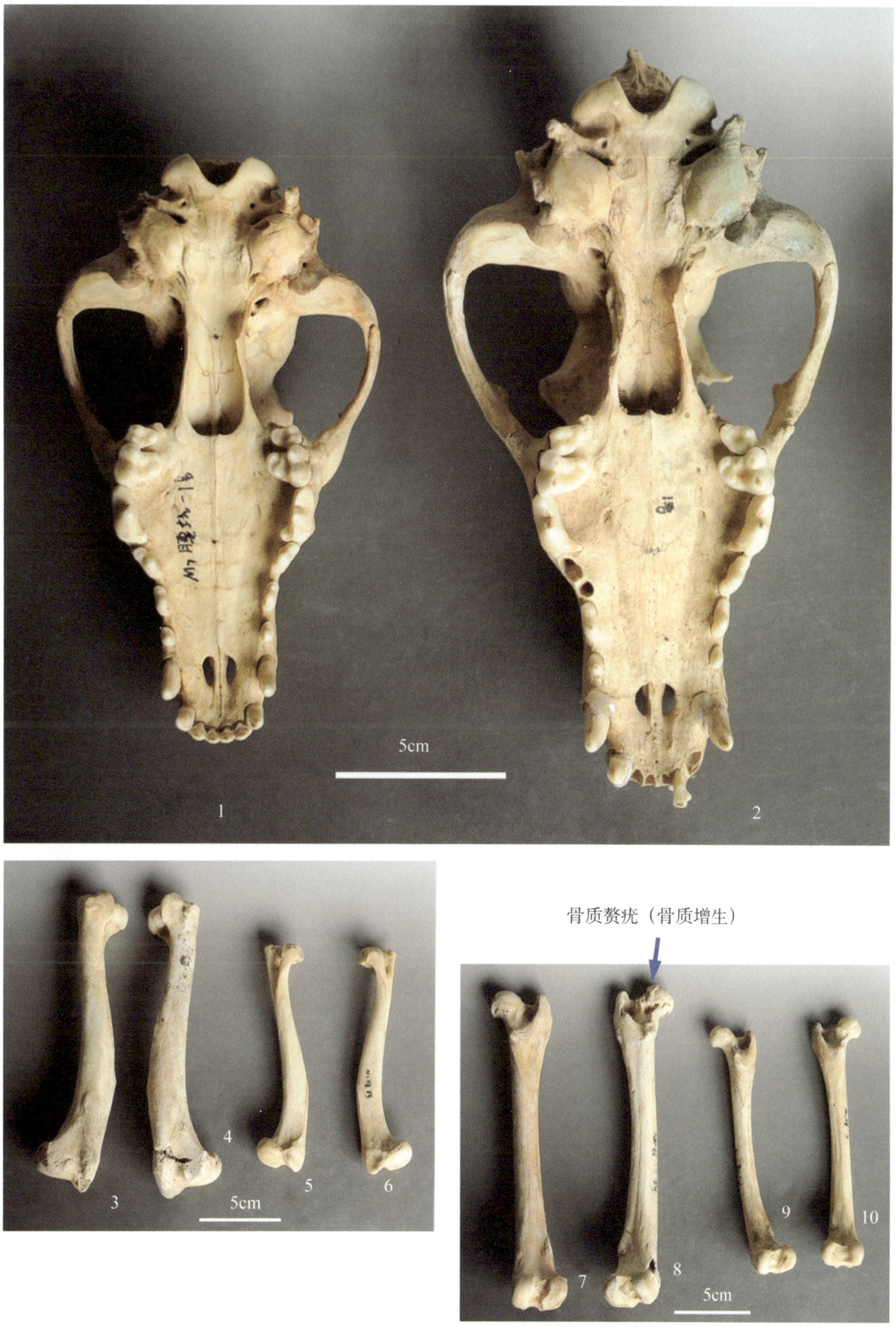

图5　狗骨病变情况

1.M7(腰坑)狗头骨腹侧观　2.M8（椁盖板下）狗头骨腹侧观　3.M8（椁盖板下）狗右侧肱骨　4.M8（椁盖板下）狗左侧肱骨　5.M7（腰坑）狗左侧肱骨　6.M7（腰坑）狗右侧肱骨　7.M8（椁盖板下）狗右侧股骨　8.M8（椁盖板下）狗左侧股骨　9.M7（腰坑）狗右侧股骨　10.M7（腰坑）狗左侧股骨

表 4 M8（椁盖板下）和 M7（腰坑）狗头骨和下颌骨的测量数据

（单位：毫米）

测量代号	M8（椁盖板下）狗头骨	M7（腰坑）狗头骨	M8（椁盖板下）狗下颌骨	M7（腰坑）狗下颌骨	M8（椁盖板下）狗头骨减 M7（腰坑）狗头骨值	M8（椁盖板下）狗下颌骨减 M7（腰坑）狗下颌骨值
1*	217	167		131.32	50	
2*	200	167.24		131.53	32.76	
3*	191	158.17		125.26	32.83	
4*	54	42.67		115.51	11.33	
5*	138.93	115.56		109.03	23.37	
6*				115.96		
7*	102.92	74.42	89.78	74.24	28.5	15.54
8*	84.16	73.04	83.82	67.75	11.12	16.07
9*	114.62	90.14	77.47	61.75	24.48	15.72
10*	75.46	57.15	39.36	31.63	18.31	7.73
11*			45.52	37.43		8.09
12*	83.29	67.53	39.53	31.47	15.76	8.06
13*	108.93	87.4	22.69	19.87	21.53	2.82
13a*	106.73					
14*	40.98	30.54	22.86	17.15	10.44	5.71
14a*	39.52					
15*	72	61.54			10.46	
16*	19.65	17.65			2	
17*	53.69	46.64		10.7	7.05	
18*				50.41		
19*	20.15		26.79	19.04		7.75
20*			22.28	17.56		4.72
22*	22.76	20.68			2.08	
23*	75.15	57.69			17.46	
24*	71.98	56.52			15.46	
25*	42.98	34.1			8.88	
26*	57.74	45.9			11.84	
27*	22.55	17.98			4.57	

续表

测量代号	M8（椁盖板下）狗头骨	M7（腰坑）狗头骨	M8（椁盖板下）狗下颌骨	M7（腰坑）狗下颌骨	M8（椁盖板下）狗头骨减 M7（腰坑）狗头骨值	M8（椁盖板下）狗下颌骨减 M7（腰坑）狗下颌骨值
28*	18.19	14.03			4.16	
29*	64.59	57.19			7.4	
30*	118.91	94.26			24.65	
31*	37.02	30.02			7	
32*	63.91	41.33			22.58	
33*	41.92	29.35			12.57	
34*	70.89	56.27			14.62	
35*	41.59	32.2			9.39	
36*	43.93	33.13			10.8	
37*	31.84					
38*	49.56					
40*	53.07	42.84			10.23	
P4*	L=18.97,GB=9.38	L=18.71，GB=9.08				
M1*	L=13.69,B=16.25	L=12.36，B=13.74	L=22.13，B=8.51	L=19.86，B=8.19		
M2*	L=8.25,B=10.47	L=7.02，B=8.21	L=10.65，B=7.58	L=8.35，B=6.16		
M3*				L=4.21，B=3.60		

*测量编号详见《考古遗址出土动物骨骼测量指南》[1]

M8（腰坑），狗（*Canis familiaris*），完整骨架，下颌各牙齿已长齐，齿尖磨损较轻。其上颌犬齿刚萌出，掌骨近端已愈合，远端未愈合，该狗的年龄约 5 月龄。

M8（出土位置可能为二层台），狗（*Canis familiaris*），完整骨架，上下颌各牙齿都已萌出。四肢骨各骨的骨端都已愈合。

（四）M7

M7 共出土 1 具完整狗骨架，2 具完整猪骨架，1 具不完整猪骨架。

M7（腰坑），狗（*Canis familiaris*），完整骨架，头骨和下颌骨的测量数据见表 4，四肢骨各骨的骨端都已愈合，其中肱骨近端刚愈合，因为狗肱骨近端骨骺愈合的年龄为 15 月龄[2]，所以推测该狗的年龄约 16 月龄。

M7（祭祀兽骨 1），猪（*Sus domesticus*），完整骨架，根据犬齿齿槽形状为圆三角形推

[1]　安格拉·冯登德里施著，马萧林、侯彦峰译：《考古遗址出土动物骨骼测量指南》，科学出版社，2007年，第60～65、81～83页。

[2]　李志鹏：《商文化墓葬中随葬的狗牲研究二题》，《南方文物》2011年第2期。

测该猪的性别可能为雌性，M_3 未完全萌出，根据牙齿萌出判断其年龄为 18 ～ 24 个月。上颌 M^1 咀嚼面后方有一长方形凹坑，疑为牙齿疾病所致。其下颌骨所获得的测量值见表 5。该猪右侧肩胛骨肩臼关节窝的中心有凹窝，疑为关节疾病所致。

表 5　M7（祭祀兽骨 1）猪下颌骨的各测量值

（单位：毫米）

测量编号	M7（祭祀兽骨 1）测量值	M7（祭祀兽骨 2）测量值	测量项	M7（祭祀兽骨 1）测量值	M7（祭祀兽骨 2）测量值
1*	213.42	198.16	M_1 长	14.58	15.76
3*	65.58	56.86	M_1 前宽	10.34	9.65
4*	148.06	141.64	M_1 后宽	10.68	10.73
6*		107.77	M_2 长	21.81	20.85
7*	104.52	98.12	M_2 前宽	13.35	12.98
7a*	91.49	86.47	M_2 后宽	13.28	12.65
8*	57.47	51.49	M_3 宽	14.14	13.39
9*	44.21				
9a*	32.77				
11*	33.98	31.24			
12*	57.19	52.75			
16a*	47.13	46.09			
16b*	37.19	33.61			
16c*	38.13	32.73			
21*	12.7	10.55			

*测量编号详见《考古遗址出土动物骨骼测量指南》。[1]

M7（祭祀兽骨 2），猪（*Sus domesticus*），完整骨架，根据牙齿萌出判断其年龄为 18 ～ 24 个月，其下颌骨测量数据见表 5。

M7（祭祀兽骨 3），猪（*Sus domesticus*），仅见部分肢骨和一块下颌骨。根据下颌骨牙齿萌出判断其年龄为 12 ～ 18 个月，其左右侧桡骨近端关节背侧面有明显划痕。

（五）M4、M2 和 M6

M4、M2 和 M6 三座墓各出土了一副狗骨架。

M4，狗（*Canis familiaris*），完整骨架，四肢骨各骨的骨端都已愈合。胫骨近端关节的

[1] 安格拉・冯登德里施著，马萧林、侯彦峰译：《考古遗址出土动物骨骼测量指南》，科学出版社，2007年，第79～81页。

内侧面有骨赘突出，但较小，上有凹坑。右下颌 M_1 前齿根颊侧处有深深的下凹，凹坑较大，疑为牙齿疾病所致，M_1 主齿尖磨损严重，P_4 齿尖磨损也较重，但未暴露出牙本质，根据牙齿磨损程度推测该狗的年龄较大。

M2，狗（*Canis familiaris*），完整骨架，四肢骨各骨的骨端都已愈合。

M6 西壁出土了一副狗骨架，其牙齿全部萌出，下颌 M_1 主齿尖已磨损并暴露出牙本质，其他各齿齿尖磨损较轻，股骨、肱骨、桡骨、掌、趾节骨等四肢骨的近远端都已愈合。

（六）结语

通过对黎城楷侯墓地祭祀动物遗存的分析我们了解到，M10 出土马、狗、羊、牛、猪祭祀动物 57 具，M8 出土 3 副祭祀狗的骨架，M7 出土祭祀动物狗和猪的骨架 4 副，M4、 M2 和 M6 三座墓各出土 1 幅狗骨架。祭祀动物的规模包括种属和数量可说明墓主的身份级别，M10 所用的祭祀用牲表明其墓主身份很可能属诸侯级。该匹祭祀动物可为研究周代祭祀用牲礼制提供了重要的考古资料。楷侯墓地出土的祭祀动物绝大多数为完整动物，从中获取了诸多完整的测量数据，可为研究该时期家养动物马、牛、羊、猪和狗的体质提供重要资料，用 M10 祭祀成年马匹骨骼的测量数据，可推测这批成年马的肩高在 131.8 ～ 149.8 厘米之间。M8 椁盖板下狗骨架的测量数据表明该狗体型巨大。总之，黎城楷侯墓地出土的祭祀动物为研究周代祭祀用牲礼制，以及山西长治地区两周家养动物（马、牛、羊、猪和狗）的体质特征提供了重要资料。

附表 1　M10 出土部分马骨的测量值

（单位：毫米）

单位	鉴定号	名称	左右侧	破碎度	种属	DPA
M10 祭 48	6	尺骨	右侧	4	马	63.87
M10 祭 53	7	尺骨	左侧	4	马	60.95
M10 祭 53	8	尺骨	右侧	4	马	63.45
M10 祭 54	24	尺骨	右侧	4	马	59.25
单位	鉴定号	名称	左右侧	破碎度	种属	Bp
M10 祭 19	14	第 1 指 / 趾节骨		4	马	
M10 祭 26	12	第 1 指 / 趾节骨		4	马	48.92
M10 祭 56	3	第 1 指 / 趾节骨		4	马	58.01
M10 祭 30	9	第 1 指节骨	右侧	4	马	53.19
M10 祭 31	18	第 1 指节骨	左侧	4	马	55.13
M10 祭 34	9	第 1 指节骨	左侧	4	马	60.4
M10 祭 37	10	第 1 指节骨	左侧	4	马	59.37
M10 祭 38	9	第 1 指节骨	左侧	4	马	59.87
M10 祭 39	9	第 1 指节骨	左侧	4	马	50.75
M10 祭 40	4	第 1 指节骨	左侧	4	马	56.53
M10 祭 41	8	第 1 指节骨	右侧	4	马	56.65
M10 祭 44	5	第 1 指节骨	右侧	4	马	
M10 祭 47	15	第 1 指节骨	右侧	4	马	61.37
M10 祭 48	10	第 1 指节骨	右侧	4	马	59.18
M10 祭 49	13	第 1 指节骨	左侧	4	马	50.73
M10 祭 53	11	第 1 指节骨	左侧	4	马	57.25
M10 祭 53	12	第 1 指节骨	右侧	4	马	59.03
M10 祭 54	19	第 1 指节骨	左侧	4	马	53.39
M10 祭 30	3	第 1 趾节骨	右侧	4	马	53.71
M10 祭 31	9	第 1 趾节骨	左侧	4	马	54.67
M10 祭 34	4	第 1 趾节骨	右侧	4	马	61.61
M10 祭 37	3	第 1 趾节骨	右侧	4	马	57.02
M10 祭 38	3	第 1 趾节骨	左侧	4	马	56.91
M10 祭 39	3	第 1 趾节骨	左侧	4	马	52.74
M10 祭 40	2	第 1 趾节骨	左侧	4	马	59.71

SDO	**LO**	**BPC**					
43.78	88.31	46.98					
46.19		44.96					
45.5		47.29					
43.85		39.83					
Bd	**GL**	**SD**	**BFp**	**BFd**	**Dd**	**Dp**	
42.84	83.87	31.45			21.59		
43.49	83.53	33.26	42.77	41.83	23.24	33.25	
46.11	88.5	34.03	53.87	43.3			
45.99	86.16	35.74	43.7	43.68	24.08	33.89	
49.28	88	37.09	51.07	45.26			
54	99.11	38.03	50.55	48.42	27.56	36.76	
51.89	89.05	37.81	49.72	45.92	25.79	39.15	
46.72	91.67	34.21	51.48	43.54	25.22	35.22	
44.49	84.17	33.55	47.1	43.47	23.75	33.56	
46.55	92.31	33.85	50.12	44.02	24.9	36.52	
44.05	87.2	33	50.89	42.49	25.23	37.77	
49.44	87.11	38.74			25.38	35.74	
51.63	91.81	38.98	52.8	46.51	27.09	39.64	
48.07	88.72	35.03	51.66	42.15	24.81	36.79	
46.28	85.5	34.24	44.96	44.04	23.76	35.14	
48.82	97.57	33.91	51.67	45.61			
48.8	97.2	34.06	50.5	45.56			
47.23	81.11	33.39	47.23	41.57	24.19	37.39	
42.21	81.06	34.39	47.4	40.55	21.61	36.46	
47.68	83.26	35.6	50.11	43.55			
53.97	93.36	38.65	54.16	46.55	26.4	38.69	
49.18	83.73	34.61	50.3	43.97	25.55	37.98	
47.68	93.16	39.77	49.13	43.9	25.51	33.7	
42.89	78.79	32.71	47.69	41.9	22.88	34.28	
46	90.2	34.5	50.57	45.11	26.5	39.5	

M10 祭 41	6	第 1 趾节骨	右侧	4	马	54.34
M10 祭 44	3	第 1 趾节骨	右侧	4	马	52.3
M10 祭 47	11	第 1 趾节骨	左侧	4	马	62.77
M10 祭 48	19	第 1 趾节骨	左侧	4	马	59.45
M10 祭 49	9	第 1 趾节骨	左侧	4	马	52.24
M10 祭 53	23	第 1 趾节骨	左侧	4	马	59.45
M10 祭 54	13	第 1 趾节骨	左侧	4	马	53.7
M10 祭 48	27	第 2 指 / 趾节骨		4	马	
M10 祭 56	4	第 2 指 / 趾节骨		4	马	51.54
M10 祭 30	12	第 2 指节骨	左侧	4	马	51.9
M10 祭 31	20	第 2 指节骨	左侧	4	马	54.06
M10 祭 34	11	第 2 指节骨	左侧	4	马	57.96
M10 祭 37	12	第 2 指节骨	左侧	4	马	54.53
M10 祭 38	11	第 2 指节骨	左侧	4	马	55.52
M10 祭 39	11	第 2 指节骨	左侧	4	马	50.6
M10 祭 44	6	第 2 指节骨	右侧	4	马	54.24
M10 祭 47	17	第 2 指节骨	右侧	4	马	58.33
M10 祭 49	14	第 2 指节骨	左侧	4	马	50.41
M10 祭 53	13	第 2 指节骨	左侧	4	马	54.09
M10 祭 53	14	第 2 指节骨	右侧	4	马	54.02
M10 祭 54	21	第 2 指节骨	左侧	4	马	52.74
M10 祭 30	5	第 2 趾节骨	右侧	4	马	50.82
M10 祭 31	11	第 2 趾节骨	左侧	4	马	51.6
M10 祭 31	31	第 2 趾节骨	右侧	4	马	54.4
M10 祭 34	5	第 2 趾节骨	左侧	4	马	58.07
M10 祭 37	5	第 2 趾节骨	右侧	4	马	53.87
M10 祭 38	5	第 2 趾节骨	左侧	4	马	55.01
M10 祭 39	5	第 2 趾节骨	左侧	4	马	50.81
M10 祭 41	13	第 2 趾节骨	左侧	4	马	52.53
M10 祭 49	11	第 2 趾节骨	左侧	4	马	50.35
M10 祭 53	25	第 2 趾节骨	左侧	4	马	54.53
M10 祭 54	15	第 2 趾节骨	左侧	4	马	53.03

续表

47.97	95.31	34.77	49.87	45.32	25.59	34.35	
46.3	83.32	35.73	47.94	43.46	25.07	38.8	
50.86	85.22	35.9	53.32	44.55	26.87	40.26	
52.15	95.95	37.1	51.37	44.81	25.23	36.95	
44.28	82.71	31.83	47.56	42.45	23.23	35.97	
47.23	95.02	33.48	50.63	43.43	25.47	39.28	
48.31	85.16	33.97	47.32	43.17	24.37	32.8	
	51.69						
46.32	50.05	41.78	46.46	44.58			
45.85	44.41	45.59	44.91		25.26	31.35	
47.71	47.56	43.88	46.14	45.08			
56.63	51.24	54.75	49.23	56.35	28.04	34.43	
52.72	49.31	48.71	47.34		28.13	33.1	
48.87	48.85	44.52	45.07	48.29	27.14	36.62	
46.58	45.06	42.06	46.37	46.34	23.95	30.53	
50.89	46.64	47.15	47.59		26.51	32.33	
48.34	51.11	45.36	47.48	47.34	28.31	35.05	
	46.42	44.84	45.62			29.35	
52.48	51.48	45.45	46.29			35.3	
	51.75	44.85	46.55			33.61	
41.1	45.87	40.4	42.4	40.83	26.83	32.04	
45.72	46.6	41.97	42.96	45.04	25.99	33.25	
45.84	45.56	43.68	46.14	43.81			
	45.45	47.96	47.31				
54.41	51.86	48.58	47.12	53.67	29.56	34.66	
48.56	50.5	45.05	45	48.59	28.68	34.16	
51.59	45.71	48.26	46.9	50.8	25.14	32.66	
46.75	48.66	40.82	44.24	44.39	25.1	30.46	
51.3	46.25	45.28	47.4	48.59	23.58	31.57	
46.87	46.47	41.46	44.66	44.85	26.13	30.85	
47.56	53.92	42.93	44.55	47.34	26.67	33.34	
47.74	45.32	43.64	46.18	47.65	23.75	30.57	

单位	鉴定号	名称	左右侧	破碎度	种属	GL
M10 祭 37	14	第 3 指节骨	左侧	4	马	93.33
M10 祭 53	15	第 3 指节骨	右侧	4	马	
M10 祭 53	27	第 3 指节骨	右侧	4	马	
M10 祭 37	7	第 3 趾节骨	左侧	4	马	81.39
M10 祭 54	23	第 3 趾节骨	右侧	4	马	
单位	**鉴定号**	**名称**	**左右侧**	**破碎度**	**种属**	**GL**
M10 祭 37	30	跟骨	左侧	4	马	113.23
M10 祭 48	23	跟骨	左侧	4	马	114.66
M10 祭 53	28	跟骨	左侧	4	马	118.5
单位	**鉴定号**	**名称**	**左右侧**	**破碎度**	**种属**	**Bp**
M10 祭 31	13	股骨	右侧	4	马	
M10 祭 37	16	股骨	右侧	4	马	122.91
M10 祭 38	13	股骨	左侧	4	马	90.86
M10 祭 47	7	股骨	右侧	4	马	
M10 祭 48	12	股骨	右侧	4	马	116.09
M10 祭 49	1	股骨	右侧	4	马	111.53
M10 祭 53	17	股骨	左侧	4	马	118.49
M10 祭 53	18	股骨	右侧	4	马	117.37
M10 祭 54	7	股骨	右侧	4	马	109.49
单位	**鉴定号**	**名称**	**左右侧**	**破碎度**	**种属**	**GLP**
M10 祭 31	1	肩胛骨	左侧	4	马	97.04
M10 祭 31	2	肩胛骨	右侧	4	马	98.56
M10 祭 37	25	肩胛骨	左侧	4	马	97.81
M10 祭 38	21	肩胛骨	右侧	4	马	93.91
M10 祭 39	19	肩胛骨	左侧	4	马	91.63
M10 祭 47	21	肩胛骨	左侧	4	马	97.65
M10 祭 48	1	肩胛骨	左侧	4	马	96.13
M10 祭 53	1	肩胛骨	左侧	4	马	100.07
M10 祭 53	2	肩胛骨	右侧	4	马	100.25
M10 祭 54	1	肩胛骨	左侧	4	马	89.41

续表

GB	HP	Ld	BF	LF			
90.1	33.28	55.87	47.62	29.63			
	32.58		46.56	28.31			
59.86	29.24		46.28	25.63			
84.17	33.91	58.85	45.32	29.44			
	30.5	50.09	41.54	24.92			
GB							
51.76							
55.58							
58.55							
Bd	**GL**	**SD**	**DC**				
	403						
	403	41.08	58.37				
63.14	413	39.68	58.27				
97.88	409	44.58	63.09				
93.78	402	39.7	56.43				
89.23	380	38.58	53.26				
		41.08	59.92				
96.52	415	39.18	61.01				
90.03	386	37.03	54.41				
LG	**BG**	**SLC**					
59.02	48.95						
57.9	47.17	66.33					
60.31	49.77	66.95					
57.24	46.23	63.53					
54.54	48.23	57.3					
60.31	53.05	62.76					
56.96	49.93	63.92					
55.91	50.94	62.76					
59.57	51.1	63.47					
54.14	43.85	58.7					

单位	鉴定号	名称	左右侧	破碎度	种属	GB
M10祭48	16	距骨	左侧	4	马	67.16
M10祭53	30	距骨	左侧	4	马	63.2
单位	鉴定号	名称	左右侧	破碎度	种属	SB
M10祭34	21	盆骨	右侧	4	马	
M10祭37	28	盆骨	右侧	4	马	
M10祭39	17	盆骨	左侧	4	马	
M10祭44	21	盆骨	右侧	4	马	
M10祭47	19	盆骨	左侧	4	马	
M10祭49	15	盆骨	左侧	4	马	
M10祭51	10	盆骨	左侧	4	马	
M10祭51	11	盆骨	右侧	4	马	
M10祭53	16	盆骨	右侧	4	马	29.5
M10祭56	5	盆骨	左侧	4	马	
单位	鉴定号	名称	左右侧	破碎度	种属	Bp
M10祭30	8	掌骨（第3掌骨）	左侧	4	马	49.21
M10祭31	16	掌骨（第3掌骨）	左侧	4	马	55.05
M10祭33	1	掌骨（第3掌骨）	右侧	4	马	53.01
M10祭34	7	掌骨（第3掌骨）	左侧	4	马	56.27
M10祭37	8	掌骨（第3掌骨）	左侧	4	马	51.83
M10祭38	7	掌骨（第3掌骨）	左侧	4	马	51.38
M10祭39	7	掌骨（第3掌骨）	左侧	4	马	47.93
M10祭40	3	掌骨（第3掌骨）	左侧	4	马	53.01
M10祭41	5	掌骨（第3掌骨）	右侧	4	马	49.56
M10祭44	4	掌骨（第3掌骨）	右侧	4	马	52.77
M10祭47	13	掌骨（第3掌骨）	右侧	4	马	55.5
M10祭48	8	掌骨（第3掌骨）	右侧	4	马	54.07
M10祭49	12	掌骨（第3掌骨）	左侧	4	马	50.8
M10祭51	8	掌骨（第3掌骨）	左侧	4	马	54.14
M10祭53	9	掌骨（第3掌骨）	左侧	4	马	53.16
M10祭53	10	掌骨（第3掌骨）	右侧	4	马	53.09
M10祭54	17	掌骨（第3掌骨）	左侧	4	马	48.21

续表

BFd	GH	LmT					
53.02	61.04	62.89					
52.9	65.48	61.37					
LAR	**SBI**	**GBA**	**LFo**				
70.31							
62.72							
60.28							
61.62							
67.71							
60.63							
63.6							
63.65							
65.72	118.27	229.03	69.38				
66.68							
Bd	**GL**	**SD**	**Dd**	**Dp**			
48.11	232	33.25	34.08	33.87			
50.53	241	34.9	37.75	35.64			
52.53	254.77	36.37	38.79	35.02			
53.82	256	33.61	40.32	34.98			
50.54	229.14	34.91	37.79	34.85			
49.41	239	35.49	35.43	33.18			
48.91	224	31.17	33.52	31.15			
50.4	245	32.23	38.35	33.56			
50.34	239	33.66	34.76	30.77			
48.07	220.09		34.36	32.9			
54.69	230.04	35.47	39.23	38.98			
50.65	240.82	32.97	38.35	36.51			
46.89	225.69	33.23	36.44	31.58			
50.02	233	36.64	38.8	34.06			
52.91	247	32.81	38.08	36.02			
51.09	247	33.23	37.96	34.15			
47.35	226	32.89	35.51	32.62			

M10 祭 55	3	掌骨（第 3 掌骨）	左侧	4	马	43.13
M10 祭 56	2	掌骨（第 3 掌骨）	左侧	4	马	56.08
单位	**鉴定号**	**名称**	**左右侧**	**破碎度**	**种属**	**GB**
M10 祭 53	32	中央跗骨	左侧	4	马	54.67
单位	**鉴定号**	**名称**	**左右侧**	**破碎度**	**种属**	**Bp**
M10 祭 31	14	桡骨	左侧	4	马	85.59
M10 祭 34	15	桡骨	左侧	4	马	90.1
M10 祭 37	18	桡骨	左侧	4	马	85.77
M10 祭 38	19	桡骨	左侧	4	马	84.42
M10 祭 39	15	桡骨	左侧	4	马	77.84
M10 祭 41	1	桡骨	右侧	4	马	85.8
M10 祭 47	3	桡骨	左侧	4	马	88.21
M10 祭 48	4	桡骨	左侧	4	马	84.83
M10 祭 49	6	桡骨	左侧	4	马	80.22
M10 祭 51	4	桡骨	左侧	4	马	88.43
M10 祭 53	5	桡骨	左侧	4	马	85.53
M10 祭 53	6	桡骨	右侧	4	马	85.01
M10 祭 54	9	桡骨	左侧	4	马	78.7
单位	**鉴定号**	**名称**	**左右侧**	**破碎度**	**种属**	**Bp**
M10 祭 31	3	肱骨	左侧	4	马	85.59
M10 祭 34	17	肱骨	左侧	4	马	94.57
M10 祭 47	2	肱骨	左侧	4	马	95.93
M10 祭 48	2	肱骨	右侧	4	马	93.24
M10 祭 51	1	肱骨	左侧	4	马	101.8
M10 祭 53	3	肱骨	左侧	4	马	93.17
M10 祭 53	4	肱骨	右侧	4	马	90.57
M10 祭 54	4	肱骨	左侧	4	马	91.63
单位	**鉴定号**	**名称**	**左右侧**	**破碎度**	**种属**	**Bp**
M10 祭 31	5	胫骨	左侧	4	马	89.12
M10 祭 34	13	胫骨	右侧	4	马	103.28
M10 祭 37	22	胫骨	左侧	4	马	
M10 祭 38	15	胫骨	左侧	4	马	

续表

41.42	220	22.48	28.4	28.93			
51.53	244	34.09	38.3	34.87			
Bd	**GL**	**SD**	**BFp**	**BFd**	**LI**		
74.5	358	39.3	75.86	64.44			
84.69	387	42.48	80.75	68.36			
76.41	340	39.75	75.43	65.5			
79.86	359	39.41	74.4	64.74			
68.48	333	35.3	68.94	60.51			
78.46	364	39.88	75.6	65.91			
80.28	354	40.69	79.84	71.58			
75.14	348	37.81	75.02	64.32			
69.77	331	36.14	70.3	60.89			
81.46	338	42.61	79.09	67.47			
	365	38.5	76.54				
77.46	361	38.9	74.91	66.96	351		
70.08	338	36.42	71.15	59.49			
Bd	**GL**	**SD**	**BT**	**GLI**	**Dd**	**Dp**	**GLC**
81.63	309	35.19	76.31				
82.67	335	35.5	79.48		88.64	107.54	
82.54	303	39.33			89.85	101.71	
82.68	306	34.04	76.31				
80.78	298	36.8	79.47				
84.89	314	35.58	75.66	295			293
89.15	310	35.5	76.68	298			295
79.92	285	32.42	72.72		81	93.8	
Bd	**GL**	**SD**	**Dd**				
73.99	374	39.62	47.31				
76.64	408	42.91	53.8				
75.95	357	49.14					
77.04	372	40.99	47.5				

M10 祭 39	13	胫骨	右侧	4	马	91.78
M10 祭 47	5	胫骨	右侧	4	马	104.78
M10 祭 48	14	胫骨	右侧	4	马	101.87
M10 祭 49	3	胫骨	左侧	4	马	93.11
M10 祭 51	2	胫骨	左侧	4	马	99.56
M10 祭 53	19	胫骨	左侧	4	马	97.41
M10 祭 54	5	胫骨	左侧	4	马	94.42
单位	**鉴定号**	**名称**	**左右侧**	**破碎度**	**种属**	**Bp**
M10 祭 30	2	跖骨	右侧	4	马	48.64
M10 祭 31	7	跖骨	左侧	4	马	52.75
M10 祭 34	1	跖骨	左侧	4	马	54.97
M10 祭 37	1	跖骨	右侧	4	马	51.97
M10 祭 38	1	跖骨	左侧	4	马	44.89
M10 祭 39	1	跖骨	左侧	4	马	44.86
M10 祭 40	1	跖骨	左侧	4	马	51.78
M10 祭 41	3	跖骨	右侧	4	马	48.51
M10 祭 44	1	跖骨	右侧	4	马	50.01
M10 祭 47	9	跖骨	左侧	4	马	53.38
M10 祭 48	17	跖骨	左侧	4	马	52.31
M10 祭 49	7	跖骨	左侧	4	马	50.2
M10 祭 51	6	跖骨	左侧	4	马	53.37
M10 祭 53	21	跖骨	左侧	4	马	52.03
M10 祭 54	11	跖骨	左侧	4	马	51.31
M10 祭 55	2	跖骨	右侧	4	马	43.76
M10 祭 56	1	跖骨	左侧	4	马	54.57

注：表中各测量项详见《考古遗址出土动物骨骼测量指南》[1]。

[1] 安格拉·冯登德里施著，马萧林、侯彦峰译：《考古遗址出土动物骨骼测量指南》，科学出版社，2007年。

续表

67.95	352	37.1	42.9				
80.63	367	42.56	51.95				
76.35	370	40.29	45.25				
69.76	346	38.87	42.37				
80.78	358	45.3	49.12				
77.8	377	38.51	46.58				
71.82	353	38.22					
Bd	**GL**	**SD**	**Dd**	**Dp**			
48.07	274	30.47	35.78	41.9			
50.39	281	32.25	39.36	45.95			
52.99	300	32.38	41.02	43.87			
50.39	276	32.86	38.83	48.16			
49.78	280	31.8	37.56	48.1			
49.6	265	29.02	35.63	43.28			
51	286	30.63	40.92	49.19			
	278	31.38		41			
49.91	262	33.08	38.5	42			
54.23	286	32.05	41.76	45.17			
49.03	283.7	30.72	34.87	43.62			
47.6	266	30.25	37.95	41.39			
50.4	276	34.16	40.41	48.03			
53.5	293	30.21	40.7	49.13			
46.91	266	30.45	36.77	40.99			
43.79	260	20.64	32	38.39			
52.14	284	32.52	41.2	50.45			

附表2　M8（椁盖板下）出土部分狗骨的测量值

（单位：毫米）

单位	鉴定号	标本	左/右	种属	GB
M8（椁盖板下）	5	肩胛骨	右侧	狗	21.22
单位	**鉴定号**	**标本**	**左/右**	**种属**	**Bp**
M8（椁盖板下）	7	肱骨	左侧	狗	33.58
M8（椁盖板下）	8	肱骨	右侧	狗	32.7
M8（椁盖板下）	9	桡骨	左侧	狗	19.92
M8（椁盖板下）	10	股骨	左侧	狗	40.55
M8（椁盖板下）	11	股骨	右侧	狗	40.92
M8（椁盖板下）	12	胫骨	右侧	狗	33.65
M8（椁盖板下）	14	第2跖骨	左侧	狗	
M8（椁盖板下）	15	第4跖骨	右侧	狗	
M8（椁盖板下）	16	第3跖骨	右侧	狗	
M8（椁盖板下）	17	第1掌骨	右侧	狗	
M8（椁盖板下）	18	第4跖骨	左侧	狗	
M8（椁盖板下）	19	第5跖骨	左侧	狗	
M8（椁盖板下）	20	第3跖骨	左侧	狗	
M8（椁盖板下）	21	第2跖骨	右侧	狗	
M8（椁盖板下）	22	第5跖骨	右侧	狗	
单位	**鉴定号**	**标本**	**左/右**	**种属**	**GL**
M8（椁盖板下）	23	盆骨	右侧	狗	
M8（椁盖板下）	25	尺骨	右侧	狗	212.28

注：表中各测量项详见《考古遗址出土动物骨骼测量指南》[1]。

[1]　安格拉·冯登德里施著，马萧林、侯彦峰译：《考古遗址出土动物骨骼测量指南》，科学出版社，2007年。

GLP	**LG**	**SLC**					
32.63	29.73	28.92					
Bd	**GL**	**SD**	**DC**	**BFp**	**BFd**	**Dd**	**Dp**
36.62	200	15.11				29.15	43.22
36.26	196	14.89				26.93	43.23
25.28	255	15.01		16.88	20.68	15.06	12.77
35.09	211	16.65	22.02				
34.08	211	16.3	20.64				
24.19	211	15.13				18.41	
9.11	73.91						
9.13	85.6						
10.16	83.23						
10.4	62.09						
9.15	84.24						
8.77	76.97						
9.79	82.22						
9.27	74.62						
8.68	78.34						
DPA	**SDO**	**BPC**	**SB**	**LAR**			
			12.35	23.24			
27.24	23	17.33					

附表 3　M7（腰坑）出土部分狗骨的测量值

（单位：毫米）

单位	**鉴定号**	**标本**	**左 / 右**	**种属**	**Bp**
M7（腰坑）	10	桡骨	右侧	狗	14.66
单位	鉴定号	标本	左 / 右	种属	GL
M7（腰坑）	11	尺骨	左侧	狗	171.35
M7（腰坑）	12	尺骨	右侧	狗	
单位	**鉴定号**	**标本**	**左 / 右**	**种属**	**Bp**
M7（腰坑）	13	股骨	左侧	狗	33.14
M7（腰坑）	14	股骨	右侧	狗	33.67
M7（腰坑）	15	胫骨	左侧	狗	29.98
M7（腰坑）	16	胫骨	右侧	狗	30.22
单位	**鉴定号**	**标本**	**左 / 右**	**种属**	**GL**
M7（腰坑）	17	盆骨	右侧	狗	131.06
M7（腰坑）	19	跟骨	左侧	狗	37.55
M7（腰坑）	20	跟骨	右侧	狗	37.30
M7（腰坑）	21	距骨	左侧	狗	23.96
单位	**鉴定号**	**标本**	**左 / 右**	**种属**	**Bd**
M7（腰坑）	22	第 1 掌骨	右侧	狗	7.50
M7（腰坑）	23	第 5 掌骨	右侧	狗	7.52
M7（腰坑）	24	第 4 掌骨	左侧	狗	7.37
M7（腰坑）	25	第 3 跖骨	右侧	狗	7.54
M7（腰坑）	26	第 4 跖骨	右侧	狗	7.01
M7（腰坑）	27	第 5 跖骨	右侧	狗	6.62
M7（腰坑）	28	第 3 跖骨	左侧	狗	7.58

注：表中各测量项详见《考古遗址出土动物骨骼测量指南》[1]。

[1]　安格拉・冯登德里施著，马萧林、侯彦峰译：《考古遗址出土动物骨骼测量指南》，科学出版社，2007年。

Bd	GL	SD	BFp	BFd	Dd	Dp
20.31	147.83	10.70	14.53	15.48	11.76	9.67
DPA	SDO	BPC				
20.79	18	14.74				
21	18.33	15.06				
Bd	**GL**	**SD**	**DC**	**Dd**		
27.08	168.65	11.03	16.63			
26.61	168.74	12.33	16.77			
19.89	164.95	10.92		14.13		
19.17	164.99	10.33		13.98		
GB	**SB**	**LAR**	**Lfo**			
	6.66	19.60	27.85			
14.54						
14.65						
GL						
47.63						
49.33						
56.37						
60.94						
62.90						
55.93						
61.08						

后　记

黎城西关墓地发掘领队为宋建忠，执行领队为张崇宁，后勤保障为杨林中。参加发掘的有牛秀平、孙先徒、冀保金、李全贵、宋小兵和杨小川等。发掘中得到了国家文物局、山西省文物局、长治市文物旅游局、长治市武警支队、黎城县人民政府和黎城县文化局的大力支持和帮助，在此一并致谢。同时，也特别感谢为发掘工作给予帮助的王苏陵、李永杰、阎好善等先生。

2006 年田野发掘结束后，室内整理工作立即开始，十余年断断续续，先后参与整理的有许多人。其中张崇宁完成了资料的初步整理；畅红霞完成了器物照相和绘图工作；黎城县文博馆赵晓辉补拍了部分器物的照片；资料整理过程中，赵晓辉、高耀廷共同配合完成了相关整理工作。田进明等对出土青铜器做了除锈保护工作，南普恒等对青铜器做了相关的科技研究，河南省文物考古研究院侯彦峰对动物骨骼进行了鉴定，山西大学历史文化学院侯侃对人骨进行了研究。

2020 年 7 月，韩炳华开始参与资料的整理工作，将前期工作重新梳理，核对原始图纸、工作记录、录像、日记以及照片，将初稿的文字对照原始发掘的录像资料进行核对，重新对一些器物做了拓片，补充了部分线图，完善了前言和结语部分，最终整理者达成一致意见，得出对墓葬的年代及性质的初步认识。

本报告主编为张崇宁。遗迹摄影为张崇宁，器物摄影为畅红霞、张崇宁，绘图为畅红霞，执笔为张崇宁、韩炳华、张欣、杨林中、赵晓辉。审校为韩炳华。英文摘要由四川大学艺术学院助理研究员胡听汀翻译。

编　者

2021 年 9 月

黎城楷侯墓地

（下）

山西省考古研究院
长治市文物旅游局　编著
黎 城 县 文 博 馆

文物出版社

Archaeological Excavation at the Cemetery of Marquises of Kai, Licheng

(II)

by

Shanxi Provincial Institute of Archaeology

Changzhi Municipal Cultural Relics and Tourism Bureau

Licheng County Museum

Cultural Relics Press

目　录

1. 墓地发掘前地表状况

2. 专家调查被盗墓地

彩版一　黎城西关墓地发掘前情况

1. 人工挖置的盗洞

2. 炸药爆破形成的盗洞

彩版二　黎城西关墓地被盗情况

1. 盗掘现场采集的遗物

2. 考古勘探现场

彩版三　黎城西关墓地发掘前工作

1. 墓葬发掘场景

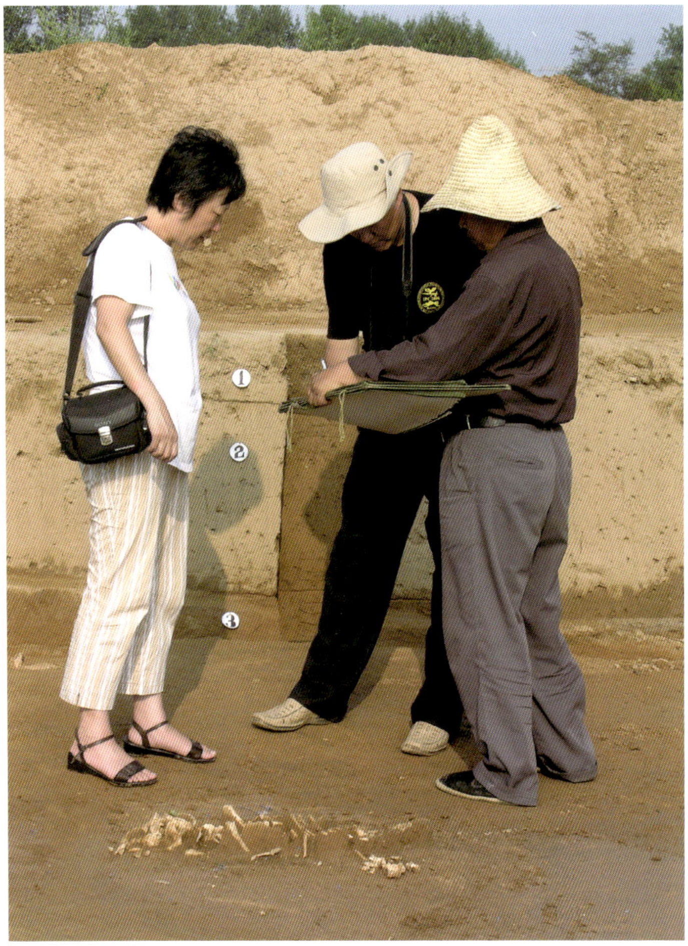

2. 生物样品取样场景

彩版四　黎城西关墓地发掘工作

1. 氢气球拍摄场面

2. 器物出土情况

彩版五　黎城西关墓地发掘工作

彩版六　领导视察工地

1.M1（北向南）

2. M1 墓室（西向东）

彩版七　M1

1.M1 墓道随葬车

2. M1 二层台随葬车轮放置情况（南向北）

1. M1 墓道殉葬儿童胫骨

2.M1 墓道殉葬人腿骨

彩版九　M1 殉葬情况

1. 铜軏首饰 M1：23

2. 铜軏首饰 M1：27

3. 铜軏首饰 M1：29

4. 铜軏首饰 M1：30

5. 铜軏脚饰 M1：25

6. 铜軏脚饰 M1：10

彩版一〇　M1 出土青铜器

1. 铜车軎 M1：19

2. 铜车軎 M1：20

彩版一一　M1 出土铜车軎

1. 铜车軎 M1∶7

2. 铜车軎 M1∶8

3. 铜车軎 M1∶9

4. 铜车軎 M1∶14

彩版一二　M1 出土铜车軎

1. 铜车軎 M1：15

2. 铜车軎 M1：18

彩版一三　M1 出土铜车軎

1. 铜车辖 M1∶12

2. 铜车辖 M1∶16

3. 铜车辖 M1∶17

4. 铜铃 M1∶11

5. 铜铃 M1∶13

6. 铜铃 M1∶21

彩版一四　M1 出土青铜器

1. 铜铃 M1：35-1、-2

2. 铜马镳 M1：40-1

3. 铜马镳 M1：40-2

4. 铜马镳 M1：40-3

5. 铜泡 M1：45-1

6. 铜泡 M1：45-2

彩版一五　M1 出土青铜器

1. 兽首形铜泡 M1：46

2. 铜方络扣 M1：37

3. 铜带扣 M1：47-1、-2

4. 铜带扣 M1：47-3、-4

5. 铜带扣 M1：47-5、-6

6. 铜带扣 M1：47-7、-8

彩版一六　M1 出土青铜器

1. 铜带扣 M1：48-1、-2

5. 铜管 M1：43-1

2. 十字形铜节约 M1：38-1

3. 管状铜节约 M1：38-2

4. 四出孔形铜节约 M1：41-1

彩版一七　M1 出土青铜器

1. 铜管状节约 M1：39-1 ～ -7（从上至下、从左至右）

2. 铜牛首形铜饰 M1：44

3. 铜环 M1：42

彩版一八　M1 出土青铜器

1. 铜环 M1：5

2. 铜环 M1：24

3. 铜环 M1：26

4. 铜环 M1：50-1

5. 铜环 M1：50-2

彩版一九　M1 出土铜节约

2. 残铜饰 M1：55

1. 铜戈 M1：盗洞·2

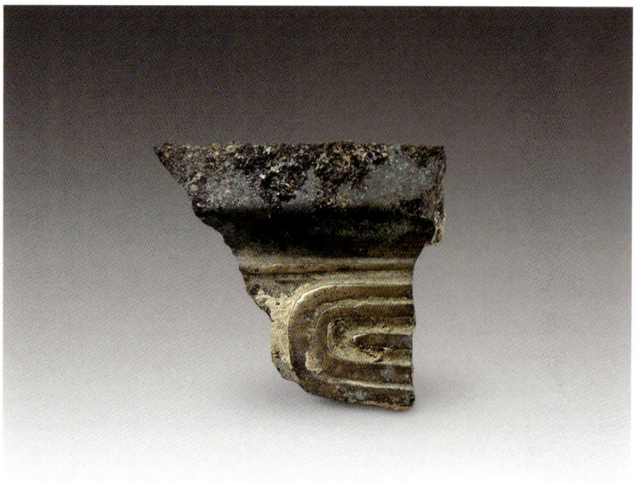

3. 残铜片 M1：49

4. 玉片 M1：1

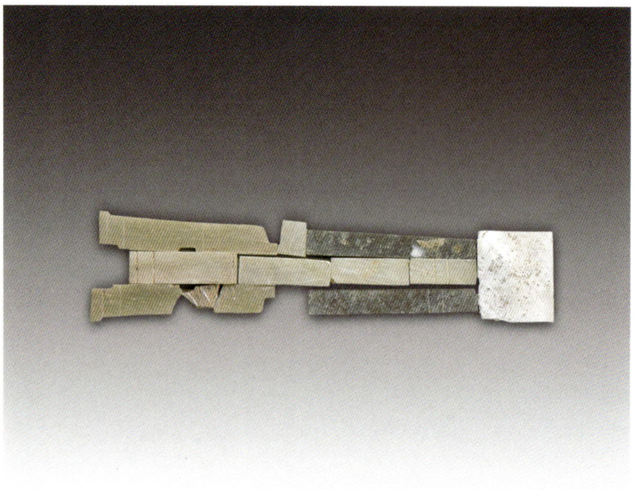

5. 玉柄形饰 M1：3

彩版二〇　M1 出土青铜器、玉器

1. 玉戈残片 M1：58

2. 残玉片 M1：28

3. 残玉片 M1：52

4. 石泡饰 M1：54

5. 蚶 M1：51-1 ～ -4

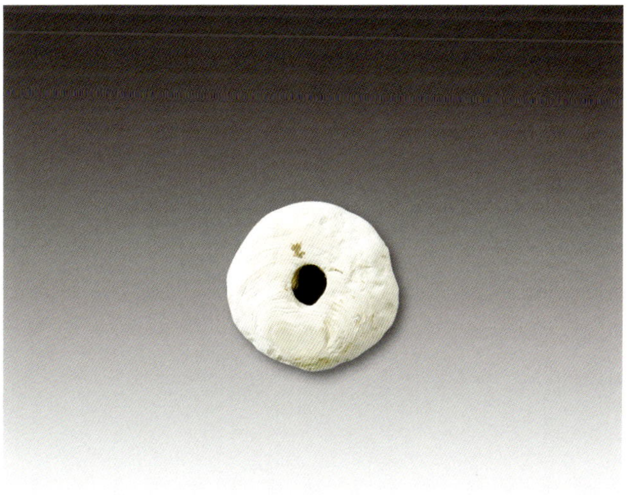

6. 蚌泡饰 M1：53

彩版二一　M1 出土玉石器、蚌器

彩版二二　M2（东向西）

1.M2 棺盖板

2. 棺盖板上随葬玉器埋藏情况

彩版二三　M2 及随葬器物出土情况

1. 铜簋盖残片 M2：23

2. 铜车軎 M2：10

彩版二四　M2 出土青铜器

1. 铜车軎 M2：76

2. 铜车軎 M2：77

彩版二五　M2 出土青铜器

1. 铜车辖 M2：1

2. 铜车辖 M2：78

3. 铜环 M2：22

4. 铜镞 M2：79

彩版二六　M2 出土青铜器

1. 兽首形铜泡 M2：81

2. 兽首形铜泡 M2：14

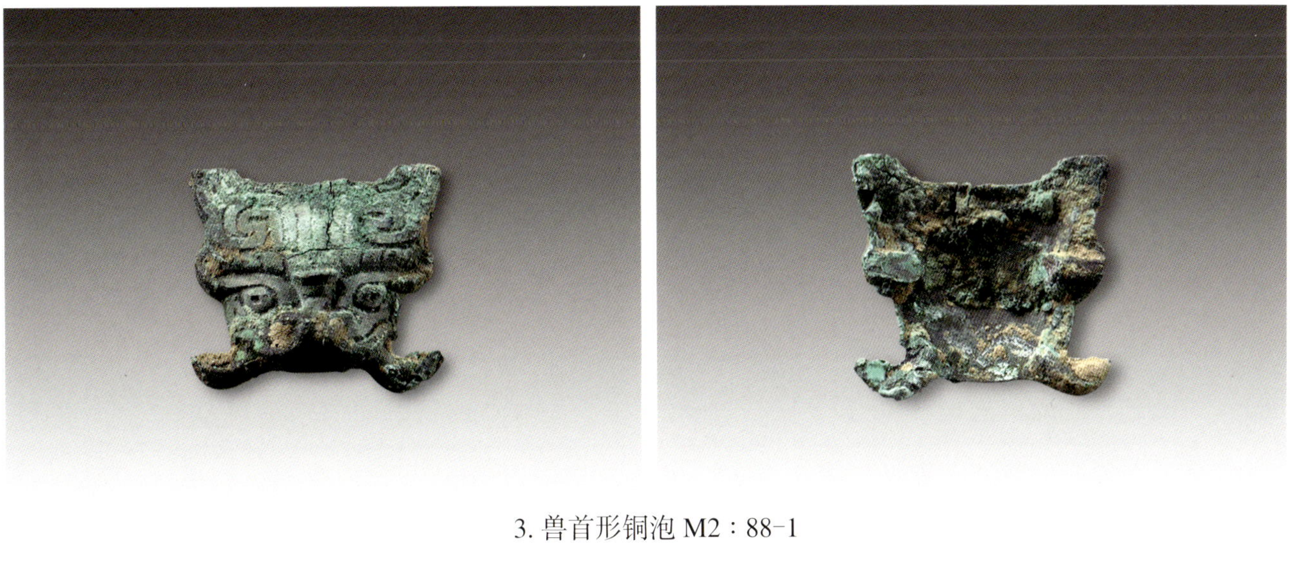

3. 兽首形铜泡 M2：88-1

彩版二七　M2 出土青铜器

1. 兽首形铜泡 M2：88-2

2. 铜管状器 M2：89

3. 铜管状器 M2：17

4. 圆形铜饰 M2：72

5. 圆形铜饰 M2：73

彩版二八　M2 出土青铜器

1. 铜带扣 M2：5-1、-2

2. 铜带扣 M2：80-1、-2

3. 铜鱼 M2：12-1

4. 铜鱼 M2：12-2

5. 铜鱼 M2：12-3

6. 铜鱼 M2：12-4

彩版二九　M2 出土青铜器

彩版三〇　M2 出土串饰 M2：64

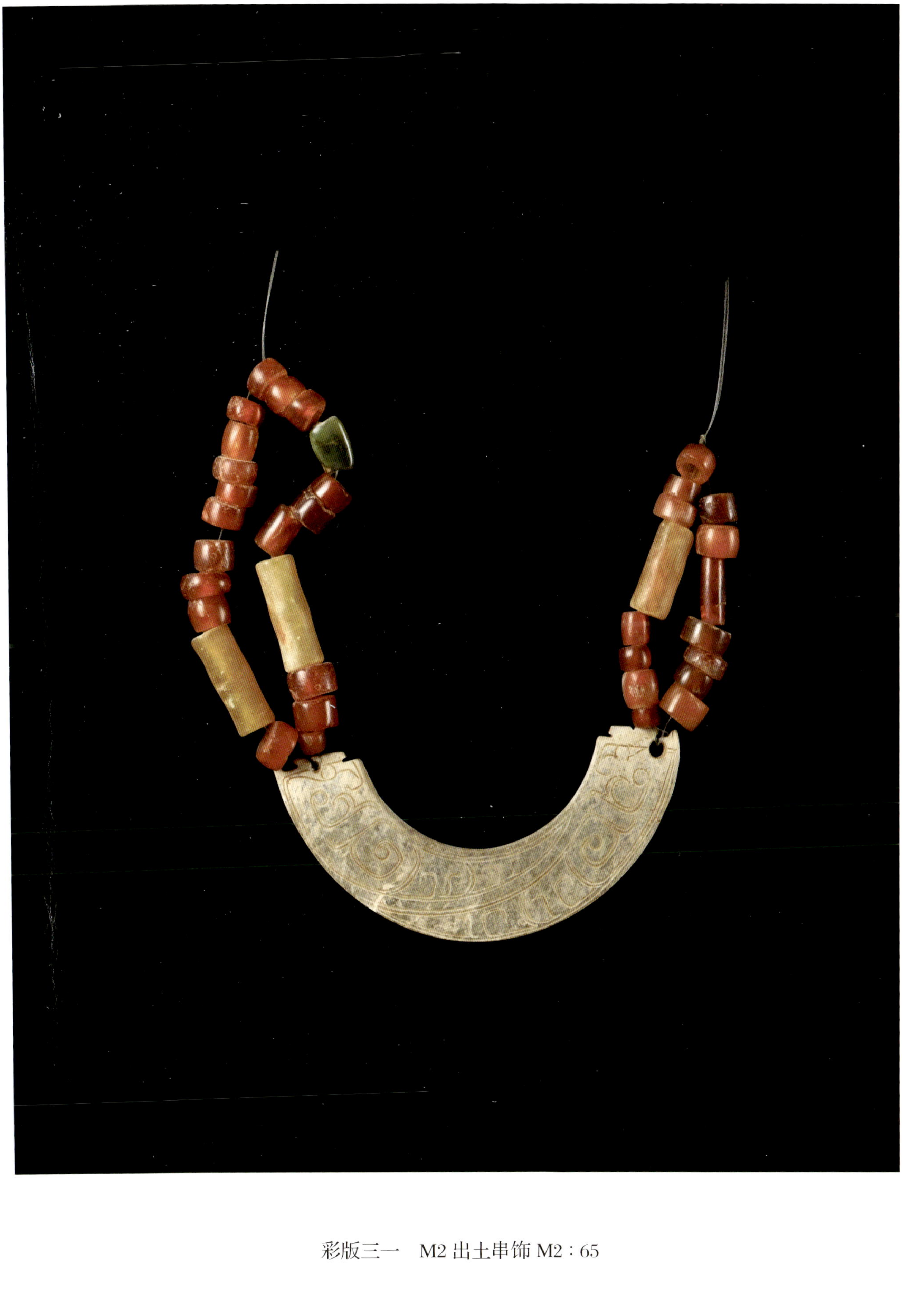

彩版三一　M2 出土串饰 M2：65

1. 玉璜 M2：67

2. 玉璜 M2：74

3. 玉玦 M2：70

4. 玉玦 M2：71

5. 玉束发饰 M2：69

6. 玉鱼形饰 M2：66

彩版三二　M2 出土玉器

1. 玉片形饰 M2：38

2. 玉片形饰 M2：39

3. 玉片形饰 M2：68

4. 玉剑首 M2：94

5. 石片饰 M2：13

彩版三三　M2 出土玉器

1. 蚶 M2：3-1 ～ -3（从左至右）

2. 陶鬲 M2：9

3. 陶罐 M2：8

4. 陶罐 M2：75

彩版三四　M2 出土随葬器物

彩版三五　M3（东向西）

彩版三六　M3 墓壁脚窝

彩版三七　M3 随葬车埋藏情况（东向西）

1.M3 椁盖板（东向西）

2.M3 玉器埋藏情况

彩版三八　M3 及随葬器物埋藏情况

1. 铜铃 M3：5-1、-2

2. 铜铃 M3：10

3. 铜铃 M3：18-1 ～ -3（从左至右）

彩版三九　M3 出土青铜器

1. 铜马镳、衔 M3：1

2. 铜环 M3：8

3. 铜节约 M3：3-1

彩版四〇　M3 出土青铜器

1. 残铜件 M3：2

2. 铜鱼 M3：11-1、-2

3. 铜鱼 M3：11-3、-4

4. 玉玦 M3：21

5. 玉璜 M3：25

6. 玉片 M3：24

彩版四一　M3 出土青铜器、玉器

彩版四二　M3 出土项饰 M3：20

2. 陶鬲 M3：盗洞

1. 蚶 M3：14-1

3. 陶管 M3：16-1

4. 陶管 M3：16-2

彩版四三　M3 出土玉石器、陶器

1.M4（西向东）

2. M4 填土殉狗

彩版四四　M4 及殉葬情况

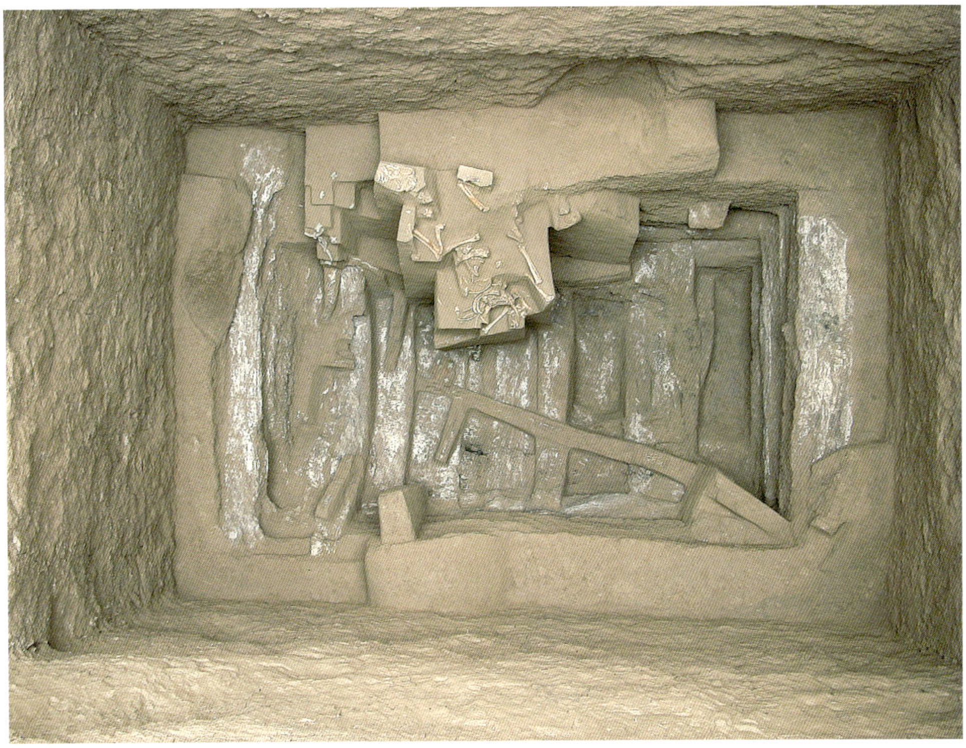

1.M4 木椁埋藏情况（西向东）

2.M4 木棺埋藏情况（东向西）

1. M4 青铜器埋藏情况

2. 铜戈 M4：18

3. 铜车軎 M4：22-1

4. 铜车軎 M4：22-2

彩版四六　M4 随葬器物埋藏情况及出土青铜器

彩版四七　M4 出土铜鼎 M4：21

1. 铜节约 M4：2

2. 铜节约 M4：3

3. 铜节约 M4：4

4. 铜节约 M4：5

5. 铜节约 M4：6

6. 铜节约 M4：7

彩版四八　M4 出土铜节约

1. 铜节约 M4∶9

2. 铜节约 M4∶10

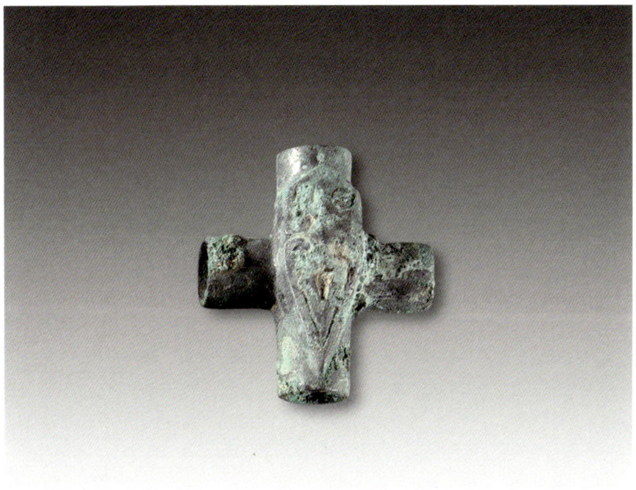

3. 铜节约 M4∶11

4. 铜节约 M4∶12

5. 铜节约 M4∶13

彩版四九　M4 出土铜节约

1. 铜马镳、衔 M4：14

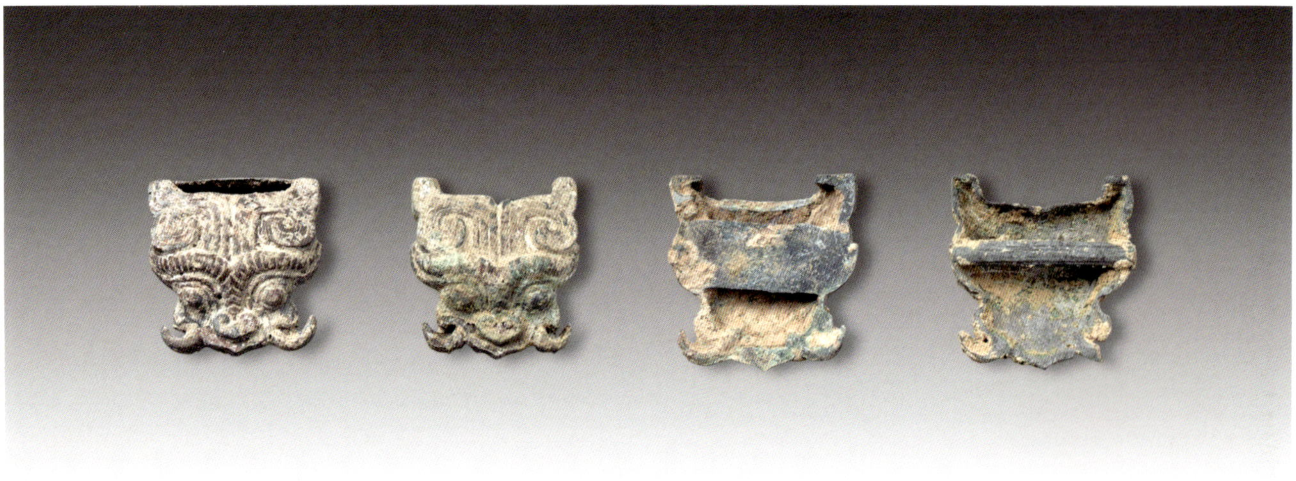

2. 兽首形铜泡 M4：23 ～ 26

3. 玉戈 M4：20

4. 玉片 M4：27-1 ～ -3

彩版五〇　M4 出土青铜器

彩版五一　M5（西向东）

1.M5 棺盖板埋藏情况（西向东）

2.M5 棺底板埋藏情况（东向西）

1. 玉片 M5：4-1

2. 玉片 M5：4-2

3. 玉片 M5：5-1

4. 玉片 M5：5-2

5. 玉片 M5：6-2

彩版五三　M5 出土玉片

1. 玉片 M5：6-1

2. 骨条形饰 M5：3-1

3. 骨条形饰 M5：3-2

彩版五四　M5 出土器物

1. 陶鬲 M5：1

2. 陶罐 M5：2

彩版五五　M5 出土陶器

彩版五六　M6（西向东）

1.M6 椁盖板埋藏情况（东向西）

2.M6 棺底板埋藏情况（西向东）

彩版五八　M6 出土铜鼎 M6：3

1. 铜戈 M6：4

2. 铜铃 M6：1

3. 玉片 M6：6-1

4. 玉片 M6：6-2

5. 玉片 M6：6-3

彩版五九　M6 出土器物

1. 玉管形珠 M6：7-1

2. 玉坠形饰 M6：7-2

3. 玉方管 M6：7-3

4. 陶鬲 M6：5

彩版六〇　M6 出土器物

1. 龙形玉饰 M6：8-5

2. 长方形玉片 M6：8-1

3. 长方形玉片 M6：8-7

4. 玉珠 M6：8-2、-11、-17

彩版六一　M6 出土玉饰件

4. 锥形玉饰 M6：8-4、-6、-13

5. 玉玦 M6：8-3、-8 ～ -10、-12、-14 ～ -16

彩版六二　M6 出土玉饰件

彩版六三　M7（南向北）

彩版六四　M7 壁龛随葬遗物埋藏情况

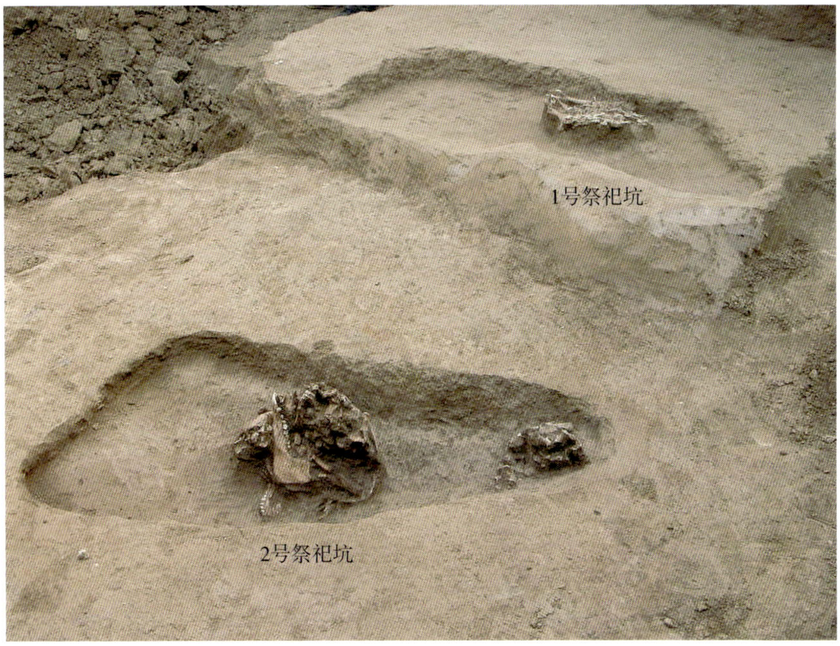

1.M7 祭祀坑

2.M7 腰坑殉狗

彩版六五　M7 殉葬情况

1.M7 椁盖板埋藏情况（西向东）

2.M7 椁底板埋藏情况（西向东）

1.M7 木棺埋藏情况（东向西）

2.M7 随葬玉器埋藏情况

彩版六七　M7 及随葬器物埋藏情况

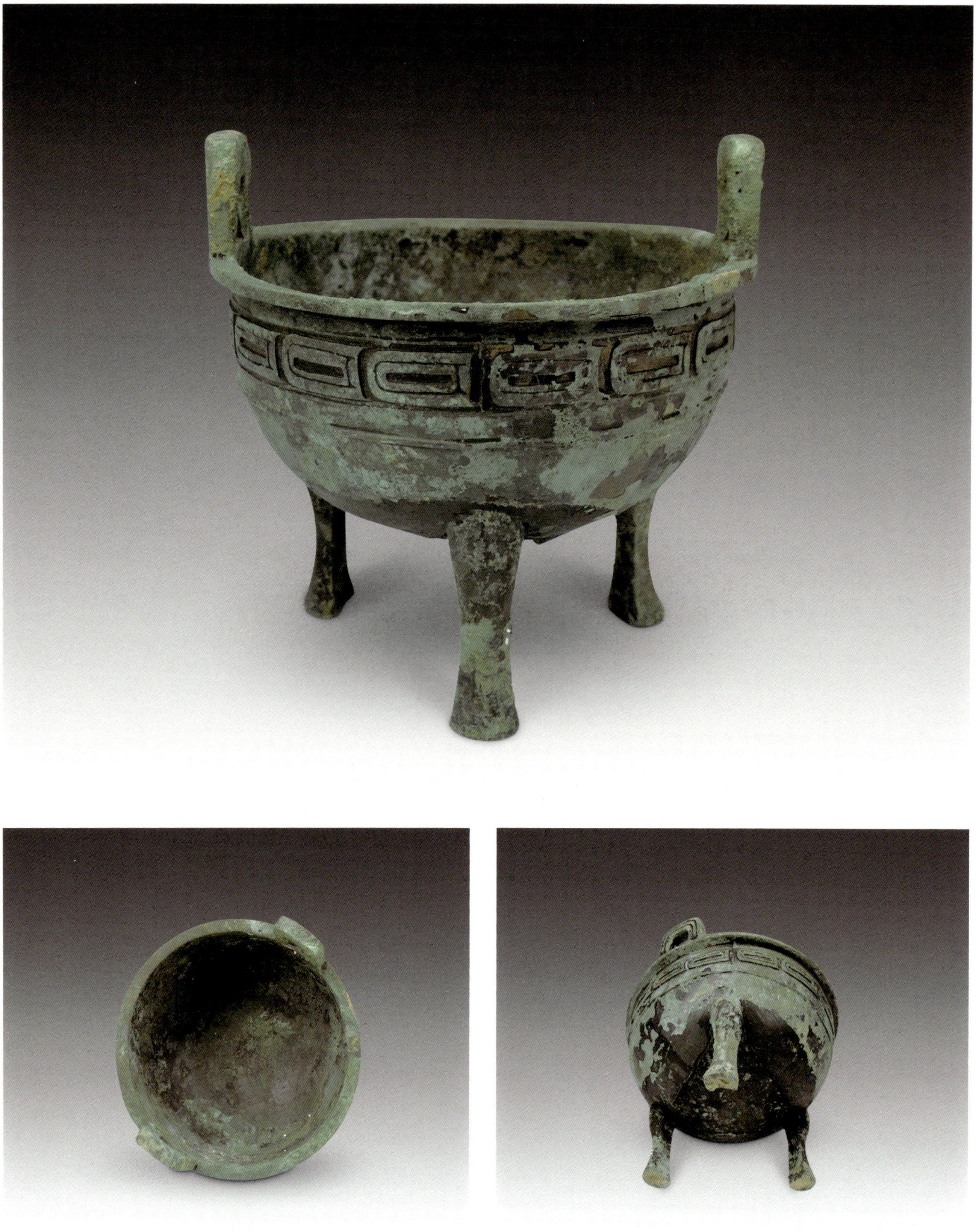

彩版六八　M7 出土铜鼎 M7：3

彩版六九　M7 出土铜簋 M7：1

彩版七〇　M7 出土铜簋 M7：2

彩版七一　M7 出土铜簋 M7：2

彩版七二　M7 出土铜壶 M7：6

彩版七三　M7 出土铜壶 M7：6

彩版七四　M7 出土铜壶 M7：5

彩版七五　M7 出土铜盘 M7：39

彩版七六　M7 出土铜匜 M7：38

1. 铜匕 M7：42

2. 铜车軎 M7：10

3. 铜车辖 M7：35

4. 铜铃 M7：37

5. 铜环首刀 M7：32

彩版七七　M7 出土青铜器

彩版七八　M7 出土项饰 M7：28

彩版七九　M7 出土串饰 M7：16

1. 玉片 M7：15

2. 玉蚕 M7：27

3. 玉璋 M7：23

4. 玉玦 M7：29

5. 玉玦 M7：31

彩版八〇　M7 出土玉石器

1. 玉柄形饰 M7：18

2. 玉柄形饰 M7：26

3. 玉鱼 M7：30

5. 骨簪 M7：17-1

6. 骨簪 M7：17-2

4. 玉饰 M7：20

彩版八一　M7 出土随葬器物

1. 骨锥 M7：46

2. 蚌泡 M7：13-1、-2

3. 海贝 M7：21

4. 海贝 M7：24

5 陶鬲 M7：4

6. 陶纺轮 M7 填土：1

彩版八二　M7 出土蚌器、陶器

彩版八三　M8（南向北）

1.M8 腰坑殉狗

2.M8 腰坑殉狗

彩版八四　M8 殉葬情况

1.M8 椁盖板埋藏情况（南向北）

2.M8 椁底板埋藏情况（东向西）

彩版八五　M8

1.M8 外棺盖板埋藏情况（西向东）

2.M8 内棺上编织物

1.M8 内棺上绳索

2.M8 内棺盖板埋藏情况（西向东）

1.M8 内棺底板第一层网架（西向东）

2.M8 内棺底板第二层网架（西向东）

1.M8 内棺底板第三层网架（西向东）

2.M8 人骨（西向东）

彩版八九　M8

1.M8 骨架下残存纺织品痕迹

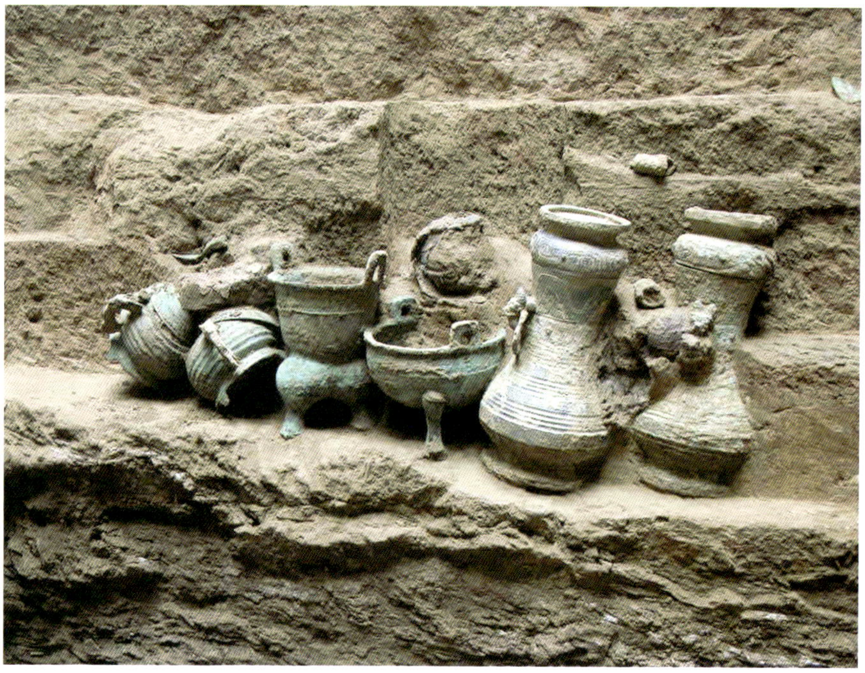

2.M8 随葬器物放置情况

彩版九〇　M8 及随葬器物埋藏情况

彩版九一　M8 出土铜鼎 M8：13

彩版九二　M8 出土铜簋 M8：19

彩版九三　M8 出土铜簋 M8：19

彩版九四　M8 出土铜簋 M8：18

彩版九五　M8 出土铜簋 M8：18

彩版九六　M8 出土铜甗 M8：16

彩版九七　M8 出土铜甗 M8：16

彩版九八　M8 出土铜壶 M8：7

彩版九九　M8 出土铜壶 M8：7

彩版一〇〇　M8 出土铜壶 M8：12

彩版一〇一　M8 出土铜壶 M8：12

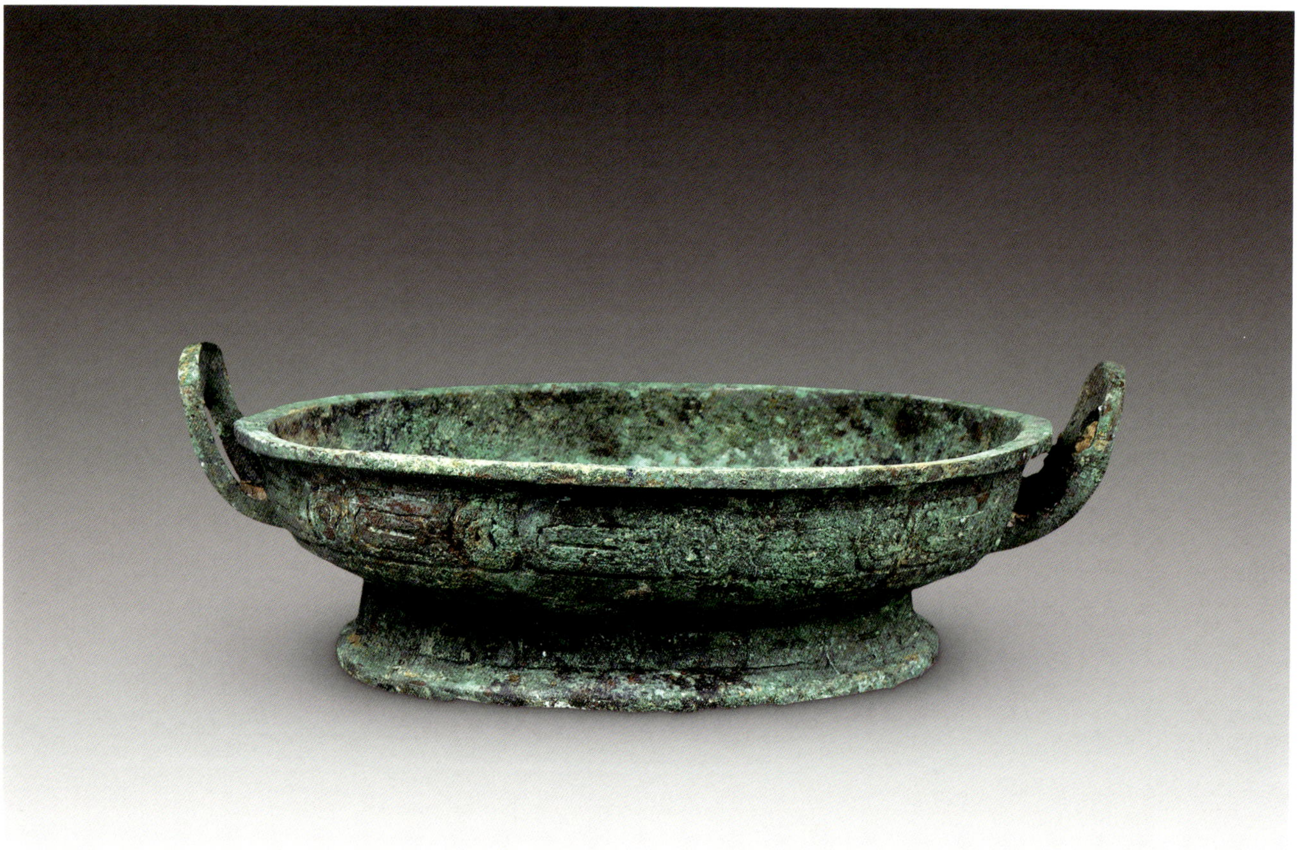

彩版一〇二　M8 出土铜盘 M8：66

1. 铜匕 M8：5

2. 铜匕 M8：17

3. 铜矛 M8：53

4. 铜戈 M8：64

彩版一〇三　M8出土青铜器

彩版一〇四　M8 出土铜匜 M8：65

彩版一〇五　M8 出土铜匜 M8：65

1. 铜銮铃 M8：47

2. 铜銮铃 M8：48

3. 铜銮铃 M8：49

4. 铜銮铃 M8：50

彩版一〇六　M8 出土青铜器

1. 铜车軎、辖 M8：35

2. 铜车軎、辖 M8：36

3. 铜铃 M8：2

4. 铜铃 M8：34

彩版一〇七　M8出土青铜器

1. 铜铃 M8：43

2. 铜铃 M8：46

彩版一〇八　M8 出土青铜器

1. 铜马镳、衔 M8：58-1

2. 铜马镳、衔 M8：58-2

3. 铜节约 M8：57-1

4. 铜节约 M8：57-2

5. 铜节约 M8：57-3

6. 铜节约 M8：57-4

7. 铜节约 M8：57-5

8. 铜环 M8：63

彩版一〇九　M8 出土青铜器

1. 铜带饰 M8：79

2. 兽首形铜泡 M8：54-1、-2

3. 兽首形铜泡 M8：54-3、-4

4. 兽首形铜泡 M8：56-1、2

5. 铜饰 M8：59

6. 铜管 M8：55

彩版一一〇 M8 出土青铜器

彩版一一一　M8 出土铜鱼 M8：31-1 ～ -9

彩版一一二　M8 出土项饰 M8：88

1. 玉玦 M8：86-1

2. 玉玦 M8：86-2

3. 玉璜 M8：27

4. 玉握 M8：80

5. 玉握 M8：81

彩版一一三　M8 出土玉石器

1. 玉璧 M8：84

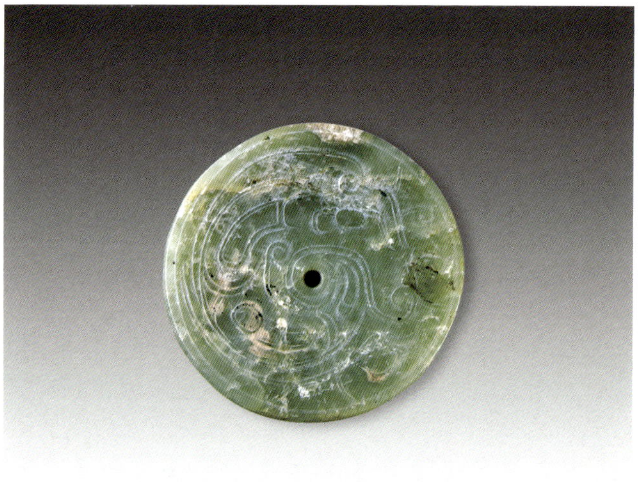

2. 玉璧 M8：85

3. 龙形玉佩 M8：83

4. 龙形玉佩 M8：82

5. 玉柄形饰 M8：28

6. 玉片 M8：87

彩版一一四　M8 出土玉石器

1. 骨镳 M8：74-1、-2

2. 骨镳 M8：75-1、-2

3. 蚶 M8：39

4. 蚶 M8：69

彩版一一五　M8 出土骨器、蚌器

1. 蚌泡 M8：14-1、-2

2. 蚌泡 M8：20

3. 蚌鱼 M8：72

4. 海贝 M8：42·1、2

5. 海贝 M8：89

彩版一一六　M8 出土蚌器、海贝

1. 陶鬲 M8：15

2. 陶管 M8：41

彩版一一七　M8 出土陶器

彩版一一八　M9（东向西）

1.M9 西壁不规则坑

2.M9 棺椁埋藏情况（东向西）

1.M9 椁盖板埋藏情况（西向东）

2.M9 椁底板埋藏情况

1.M9 外棺盖板上图案

2.M9 西侧立板外绳子

彩版一二二　M9 外棺西侧立板与堵头衔接情况

1. 外棺底板埋藏情况（东向西）

2. 外棺底板埋藏情况（西向东）

1.M9 内棺盖板埋藏情况（东向西）

2.M9 内棺底板埋藏情况（东向西）

彩版一二五　M9 人骨（东向西）

1.M9 青铜器埋藏情况

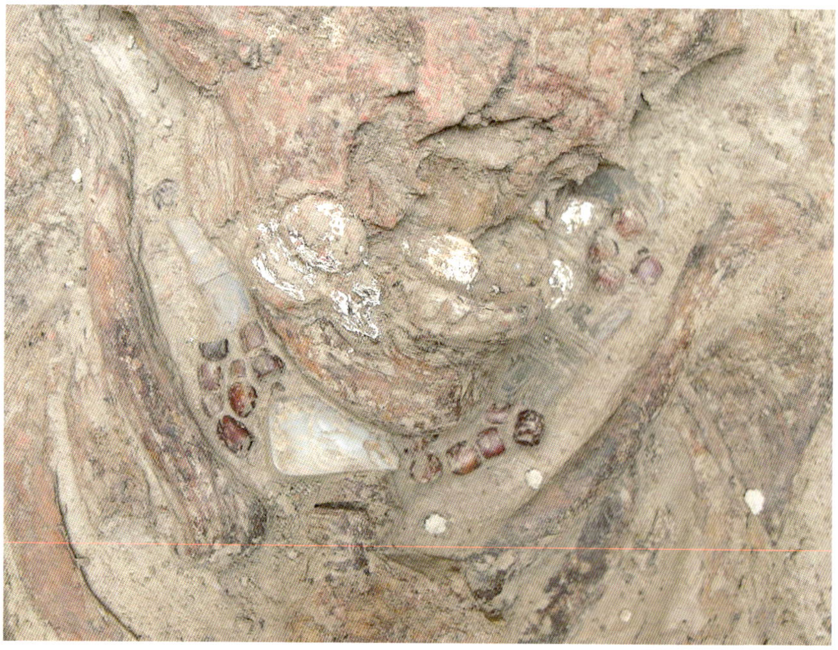

2.M9 玉器、蚌器埋藏情况

彩版一二六　M9 随葬器物埋藏情况

彩版一二七　M9 出土铜簋 M9：42

彩版一二八　M9 出土铜簋 M9：43

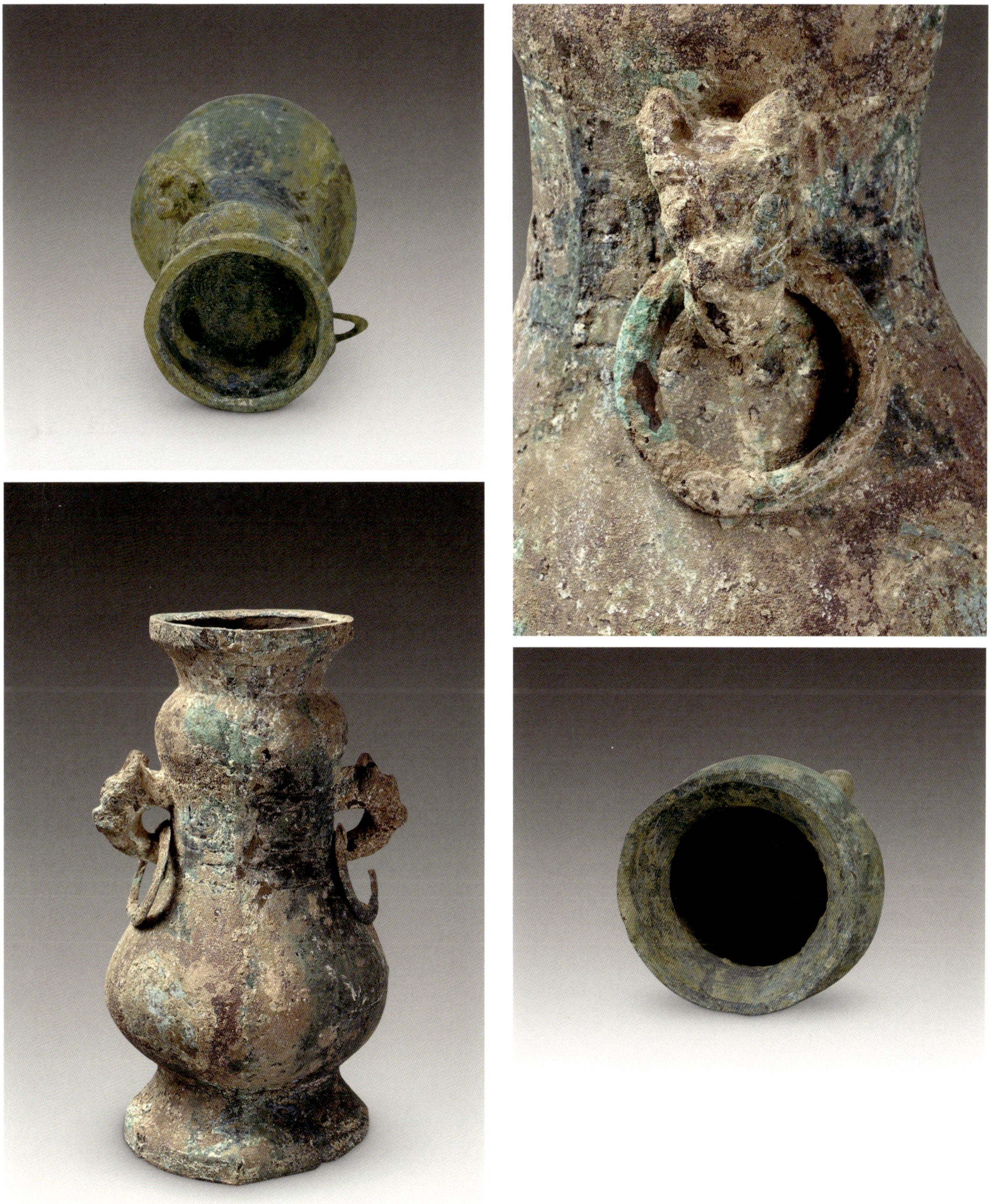

彩版一二九　M9 出土铜壶 M9：37

彩版一三〇　M9 出土铜壶 M9：39

彩版一三一　M9 出土铜盘 M9：36

彩版一三二　M9 出土铜匜 M9：41

彩版一三三　M9 出土铜匜 M9：41

1. 铜车軎 M9：23

2. 铜车軎 M9：34

3. 铜饰件 M9：1 ～ 4（从左至右）

4. 铜匕 M9：47

5. 铜匕 M9：50

彩版一三四　M9 出土青铜器

彩版一三五　M9 出土铜鱼 M9：5、7 ～ 13

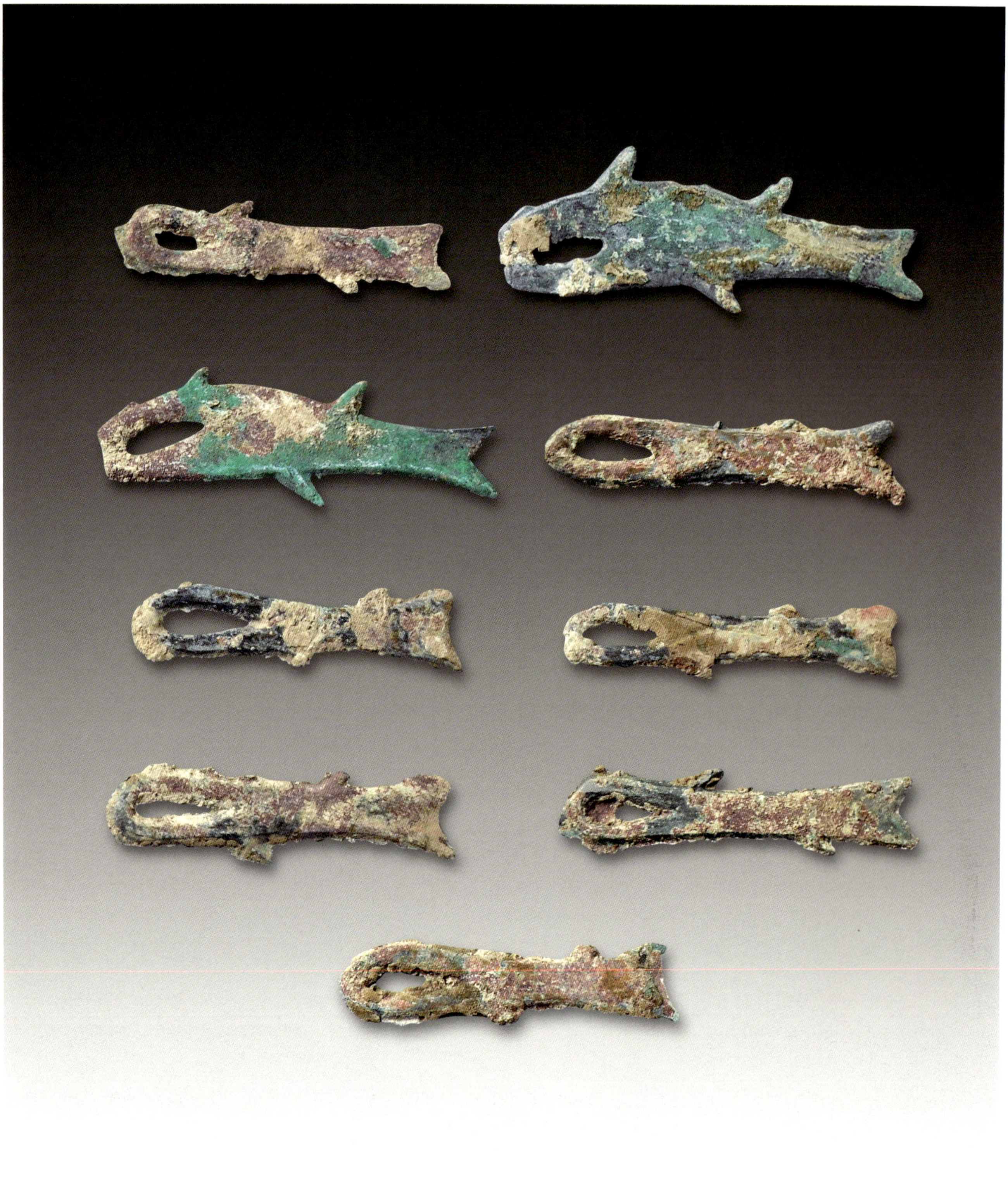

彩版一三六　M9 出土铜鱼 M9：14 ～ 19，22-1、-2

彩版一三七　M9 出土项饰 M9：45

1. 玉戈 M9：6

2. 玉璋 M9：49

4. 海贝 M9：48

3. 玉玦 M9：51

彩版一三八　M9出土玉石器、海贝

1. 陶鬲 M9：44

2. 陶罐 M9：38

彩版一三九　M9 出土陶器

彩版一四〇　M10（南向北）

1. M10 墓室（西向东）

2.M10 墓道

彩版一四一　M10

彩版一四二　M10 墓道殉葬动物

1.M10 祭 1

2.M10 祭 2

彩版一四三　M10 祭祀坑

1.M10 祭 3

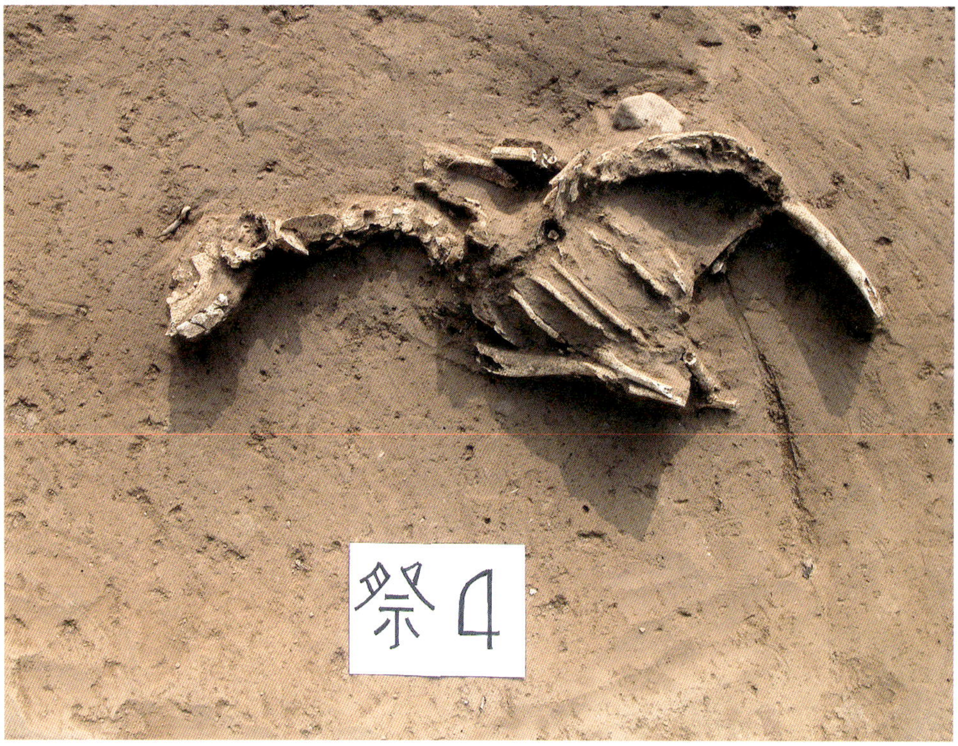

2.M10 祭 4

彩版一四四　M10 祭祀坑

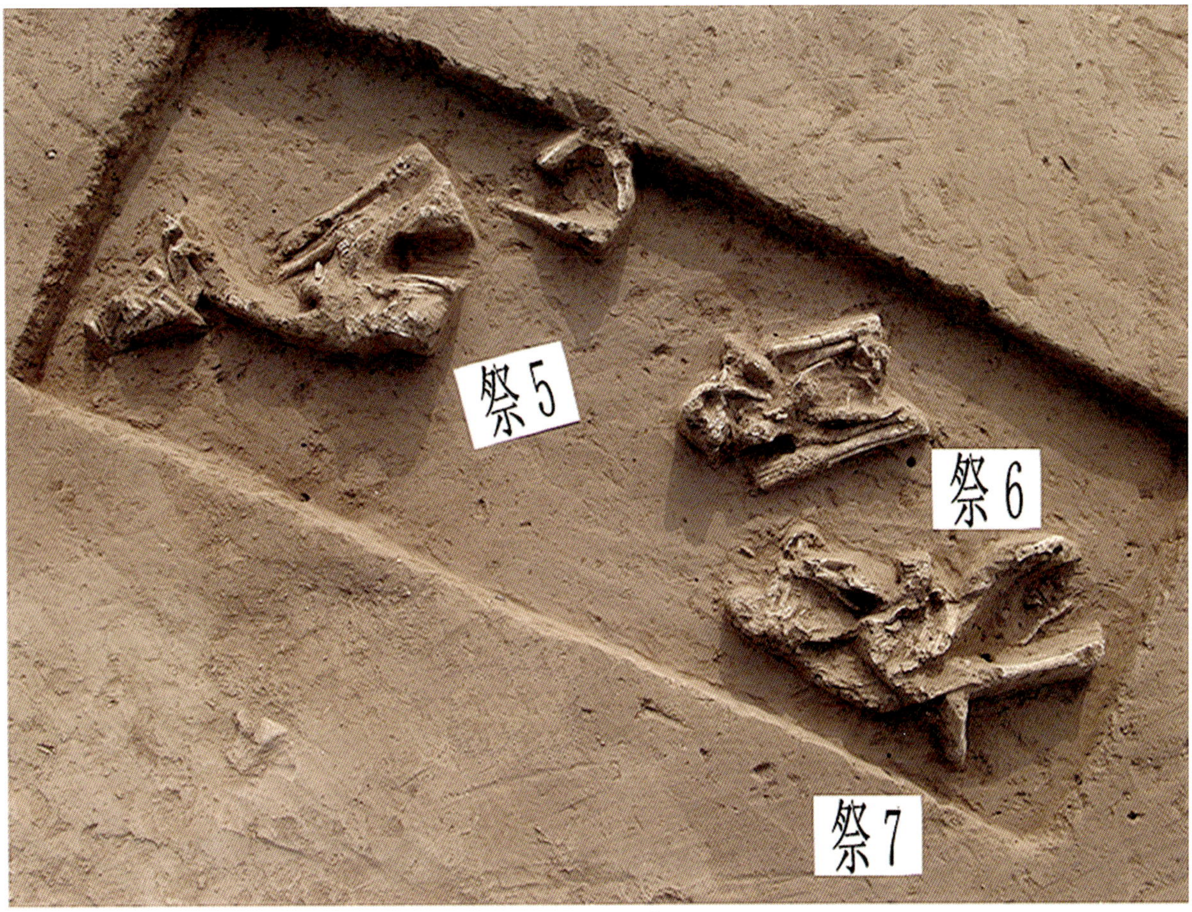

彩版一四五　M10 祭 5 ～ 7

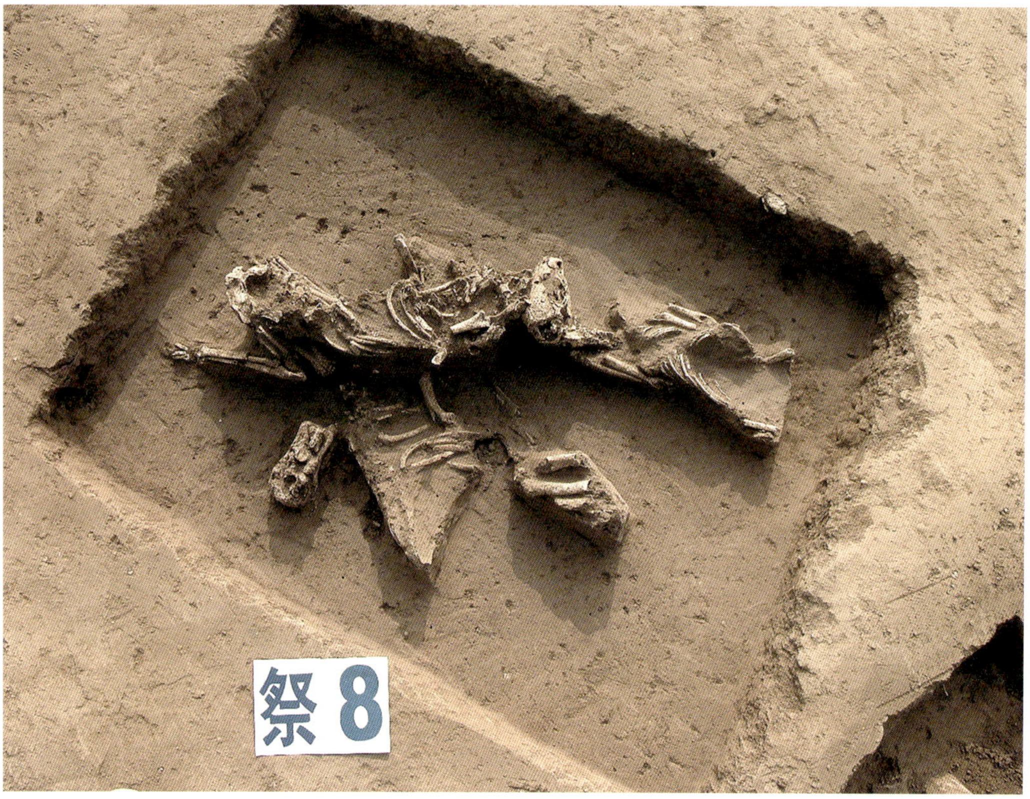

1. M10 祭 8

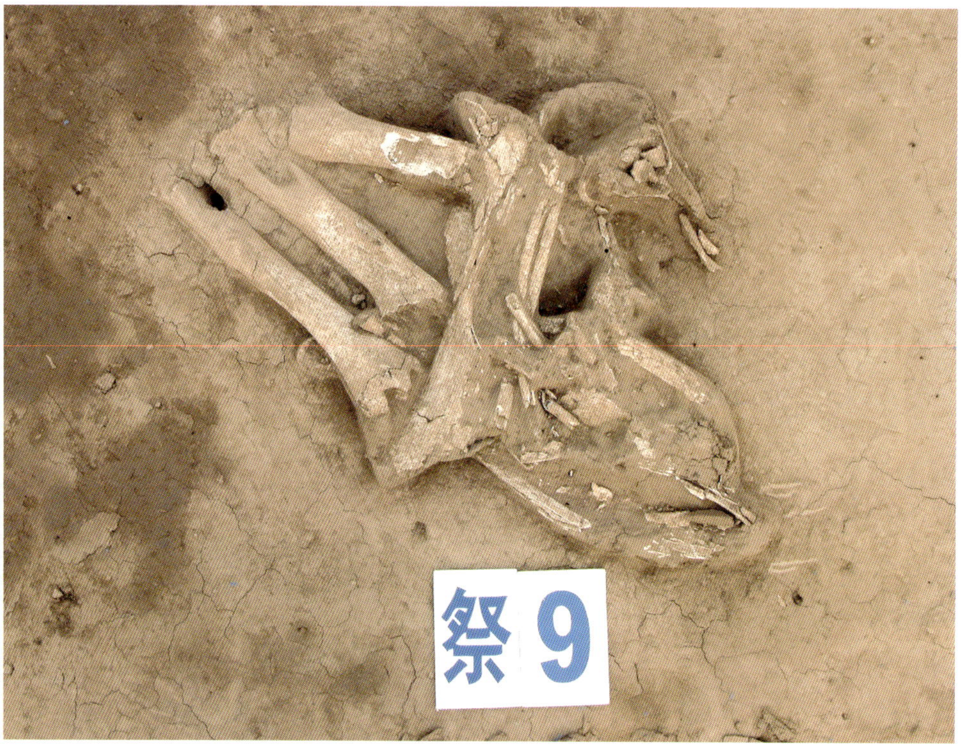

2.M10 祭 9

彩版一四六　M10 祭祀坑

1. M10 祭 10

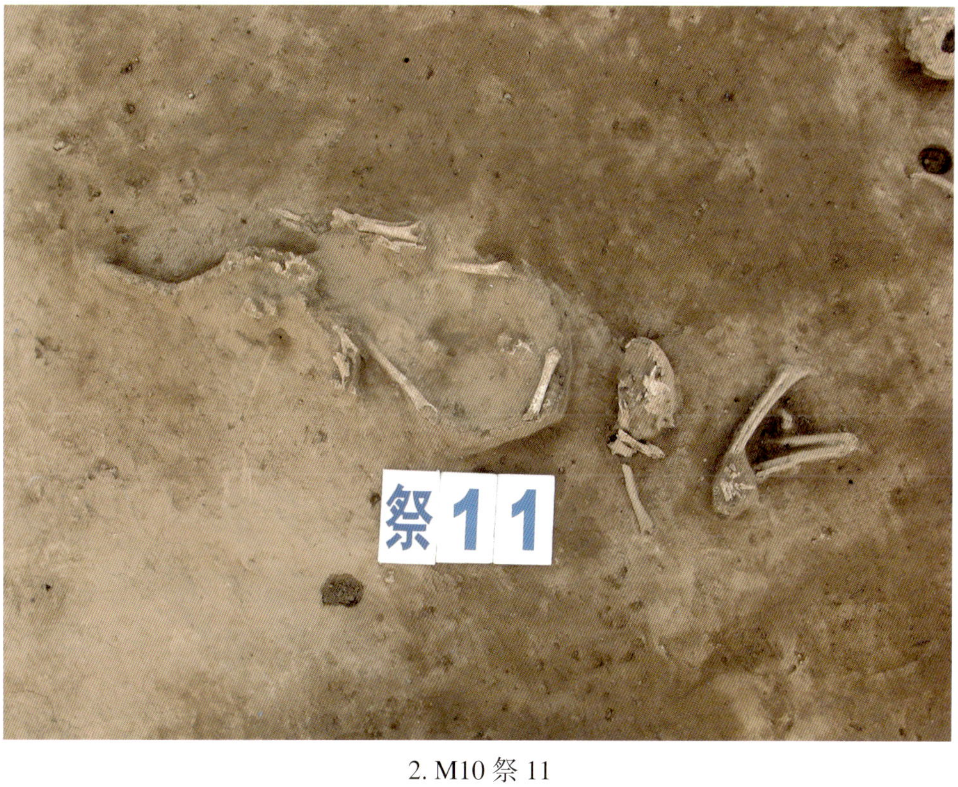

2. M10 祭 11

彩版一四七　M10 祭祀坑

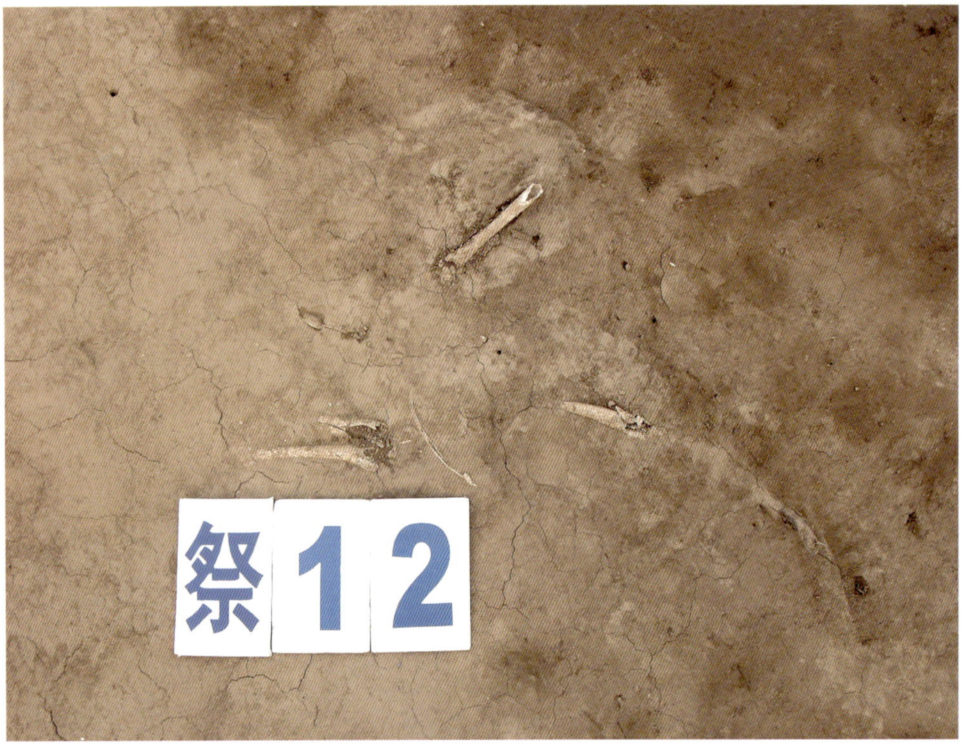

1.M10 祭 12

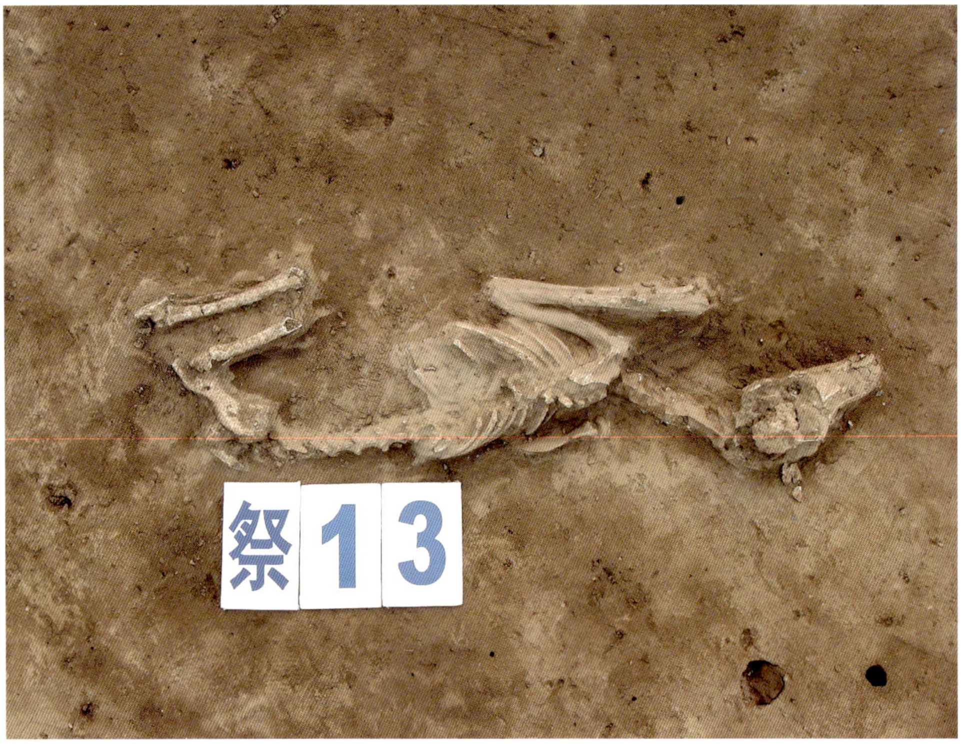

2.M10 祭 13

彩版一四八　M10 祭祀坑

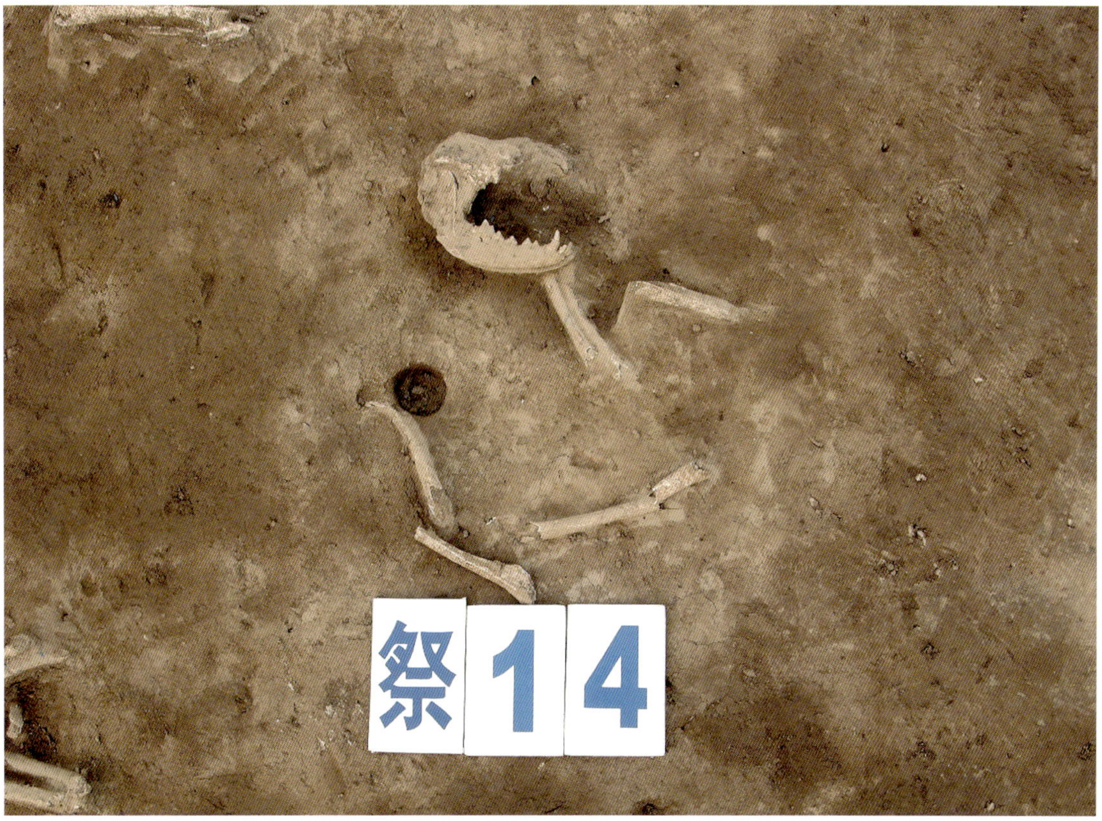

1.M10 祭 14

2.M10 祭 15

彩版一四九　M10 祭祀坑

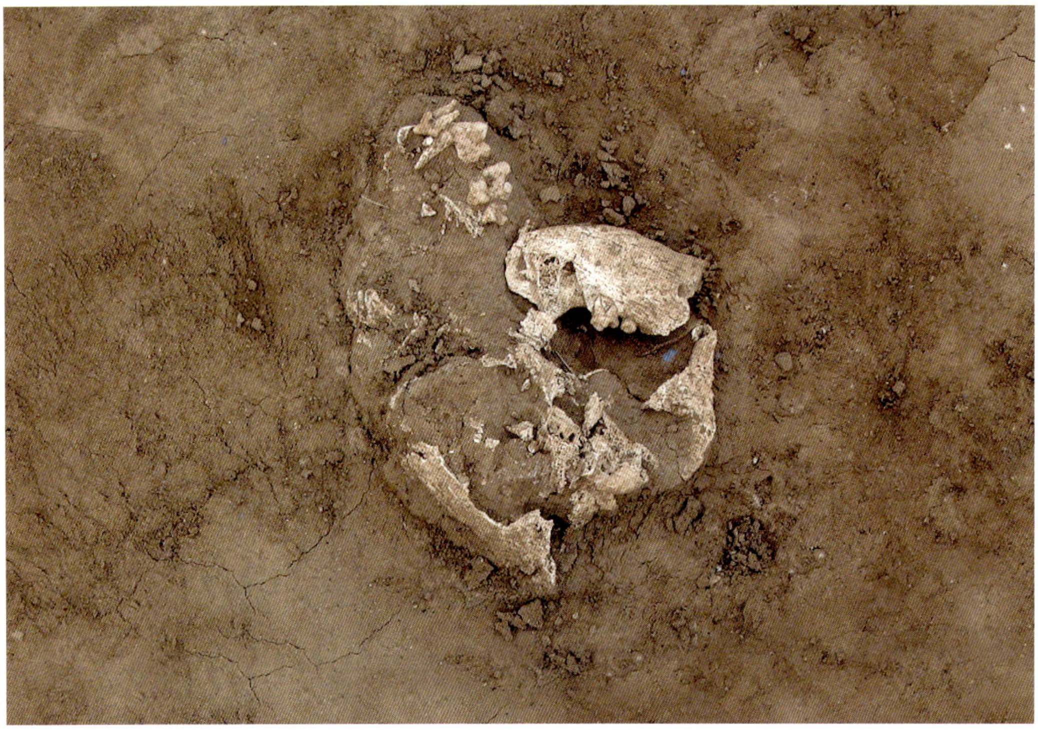

1..M10 祭 16

2.M10 祭 17

彩版一五○　M10 祭祀坑

1.M10 祭 18

2.M10 祭 19

彩版一五一　M10 祭祀坑

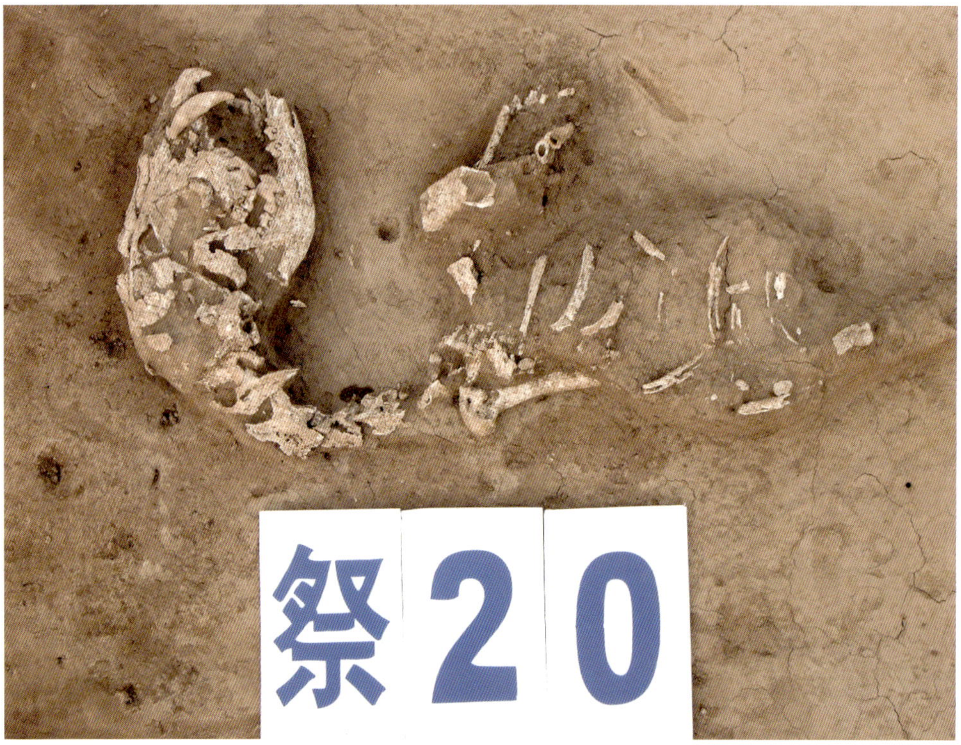

1.M10 祭 20

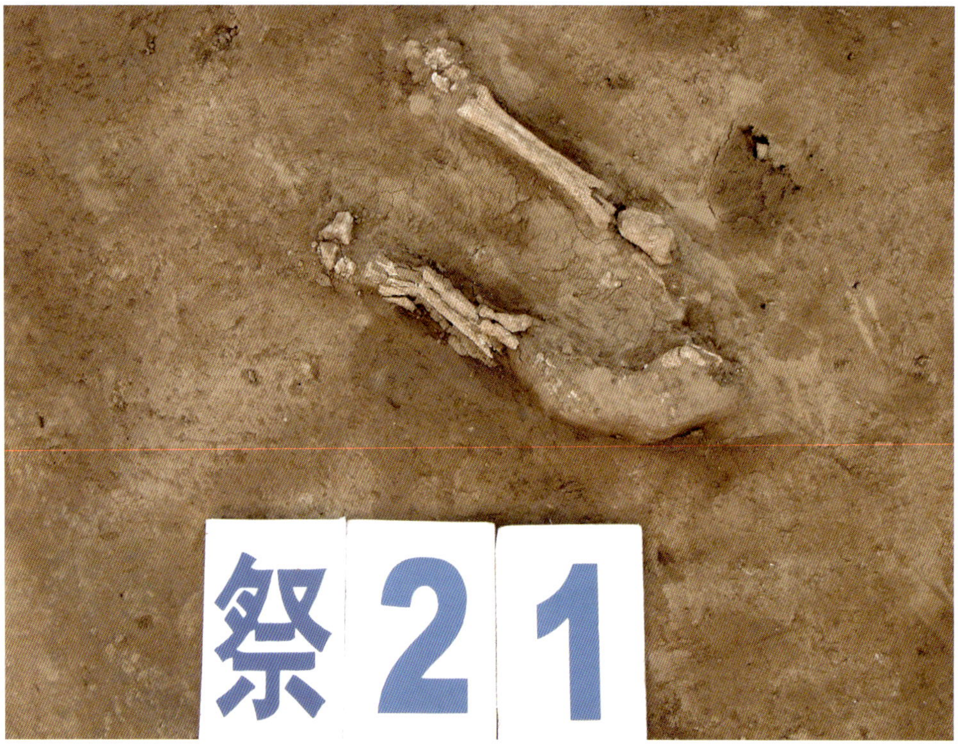

2.M10 祭 21

彩版一五二　M10 祭祀坑

1. M10 祭 22

2.M10 祭 23

彩版一五三　M10 祭祀坑

1.M10 祭 24

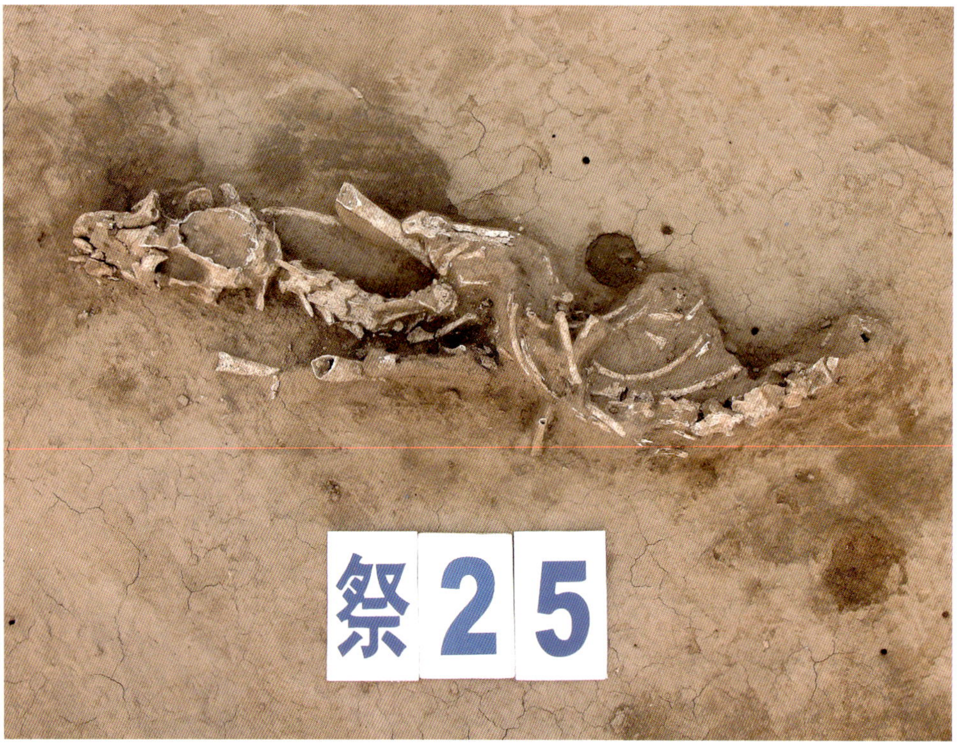

2.M10 祭 25

彩版一五四　M10 祭祀坑

1.M10 祭 26

2.M10 祭 27

彩版一五五　M10 祭祀坑

1.M10 祭 28

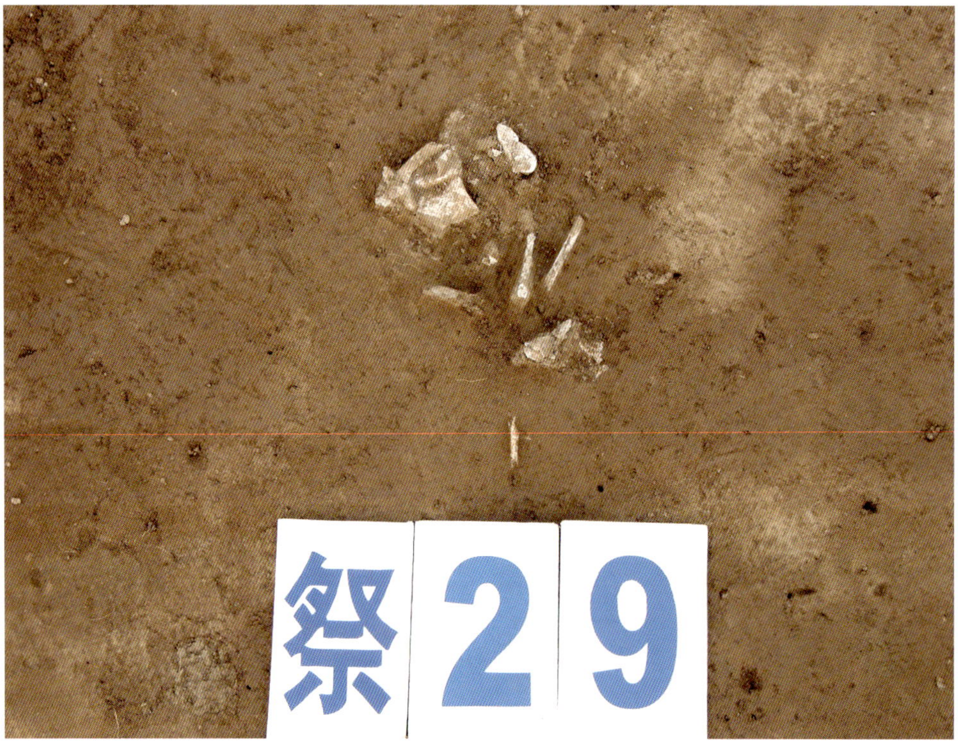

2.M10 祭 29

彩版一五六　M10 祭祀坑

1.M10 祭 30

2.M10 祭 31

彩版一五七　M10 祭祀坑

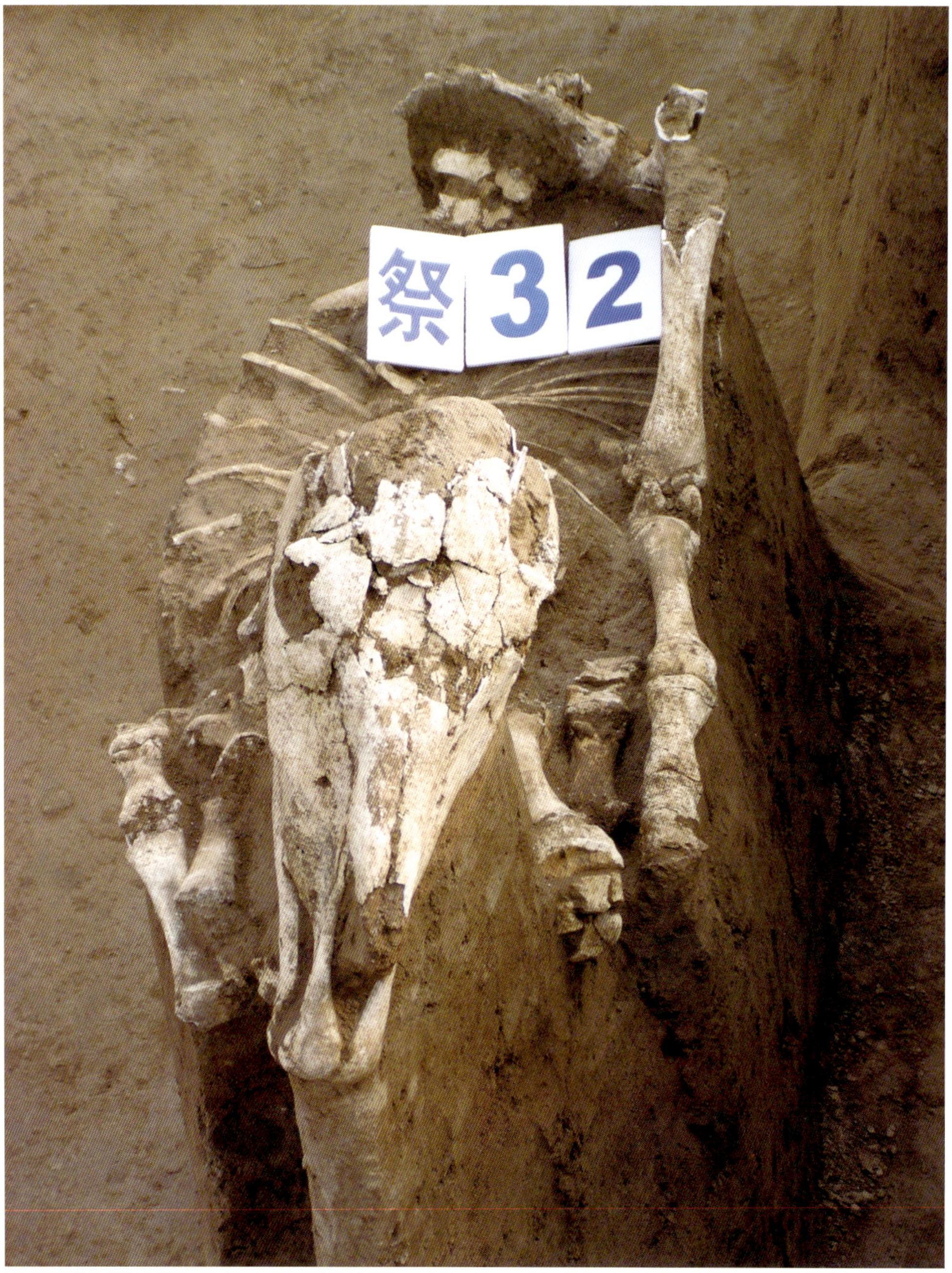

彩版一五八　M10 祭 32

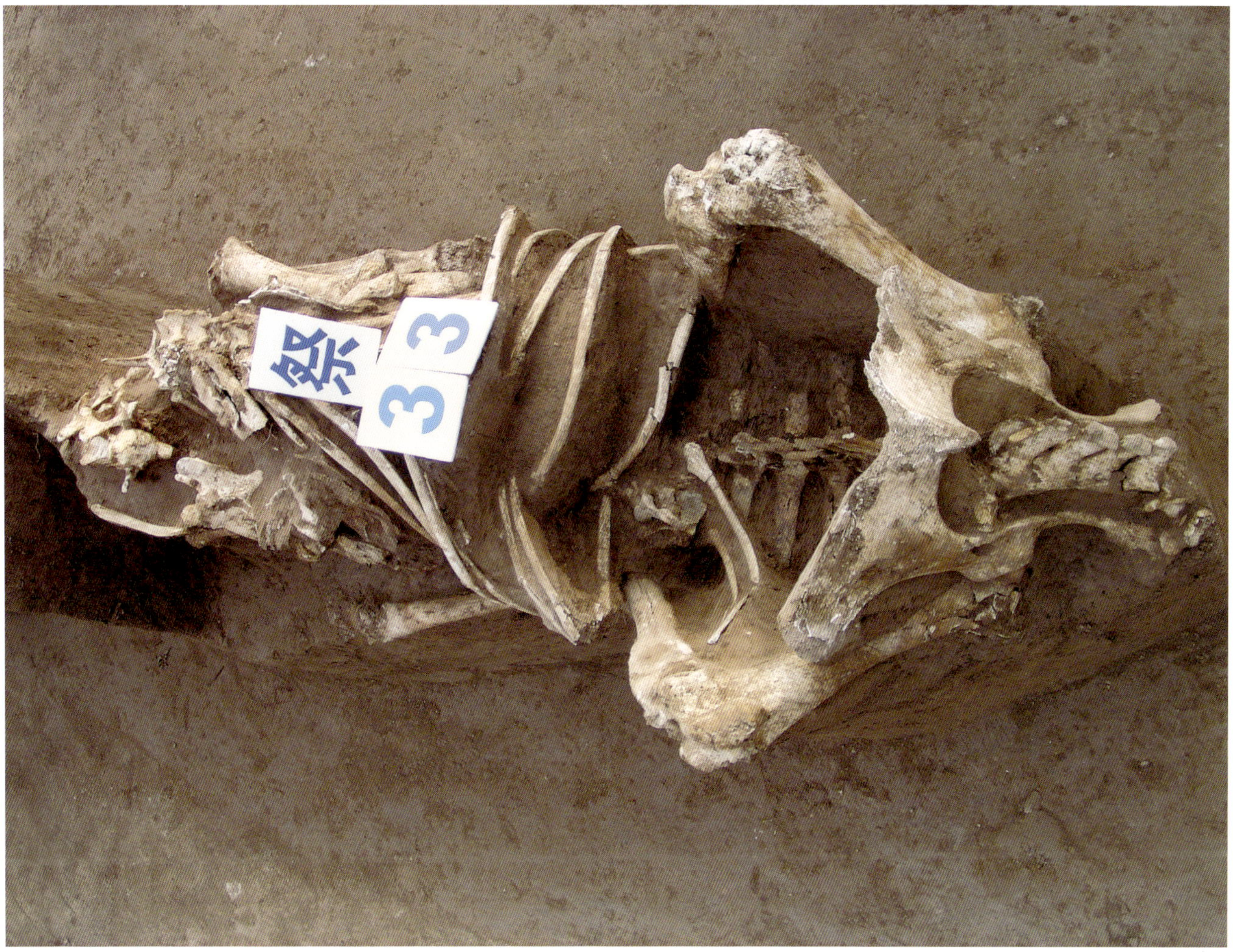

彩版一五九　M10 祭 33

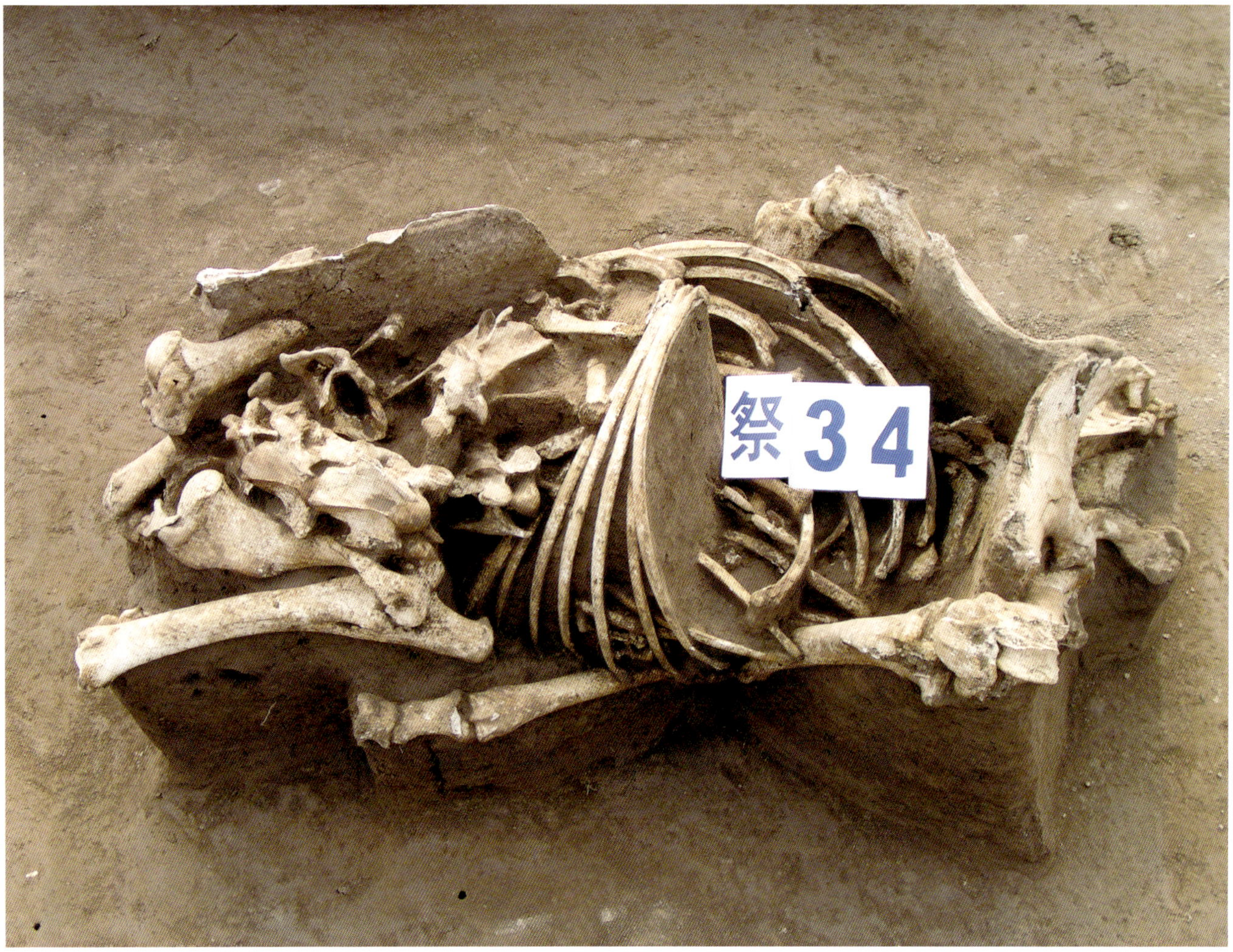

彩版一六〇　M10 祭 34

彩版一六一　M10 祭 35

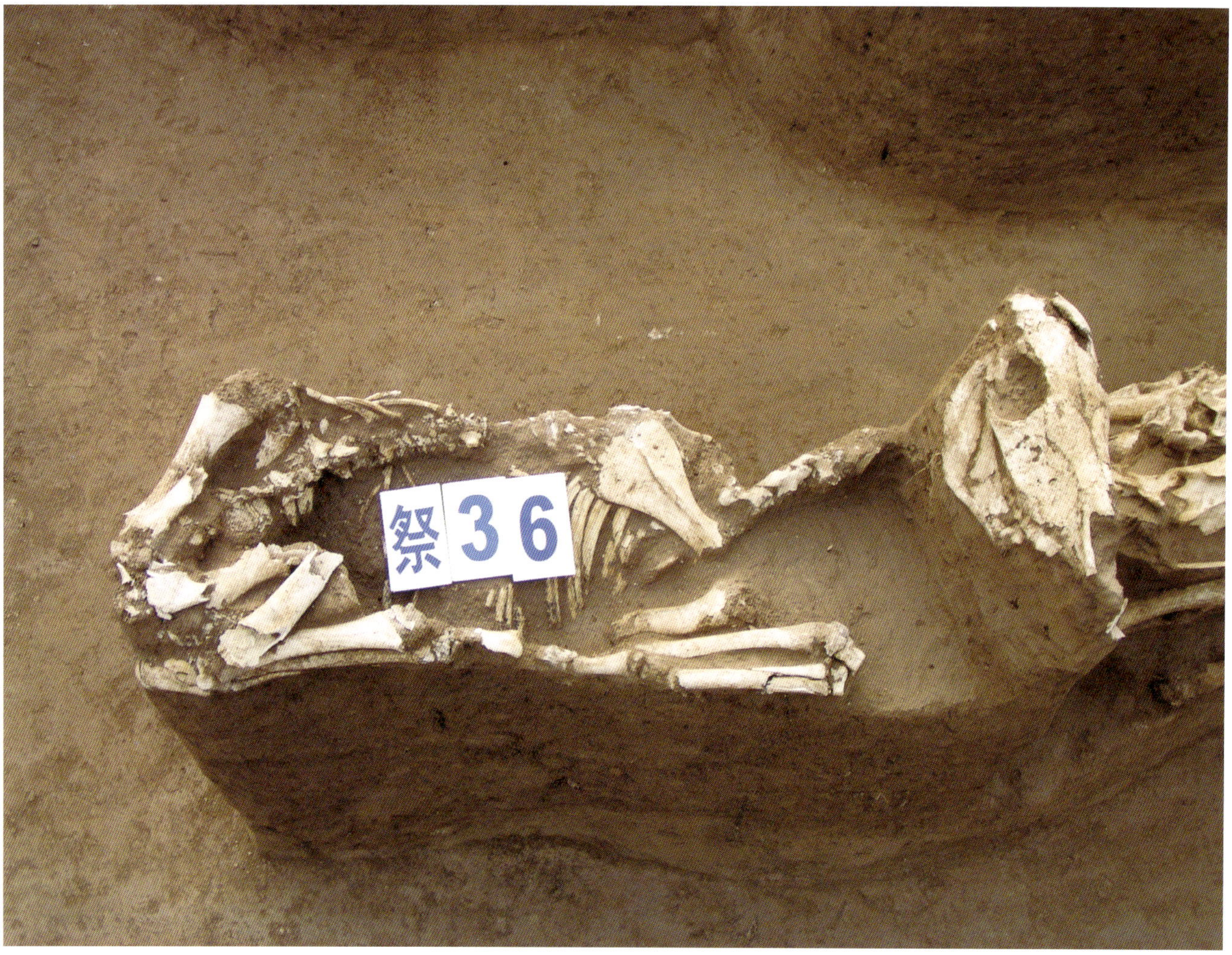

彩版一六二　M10 祭 36

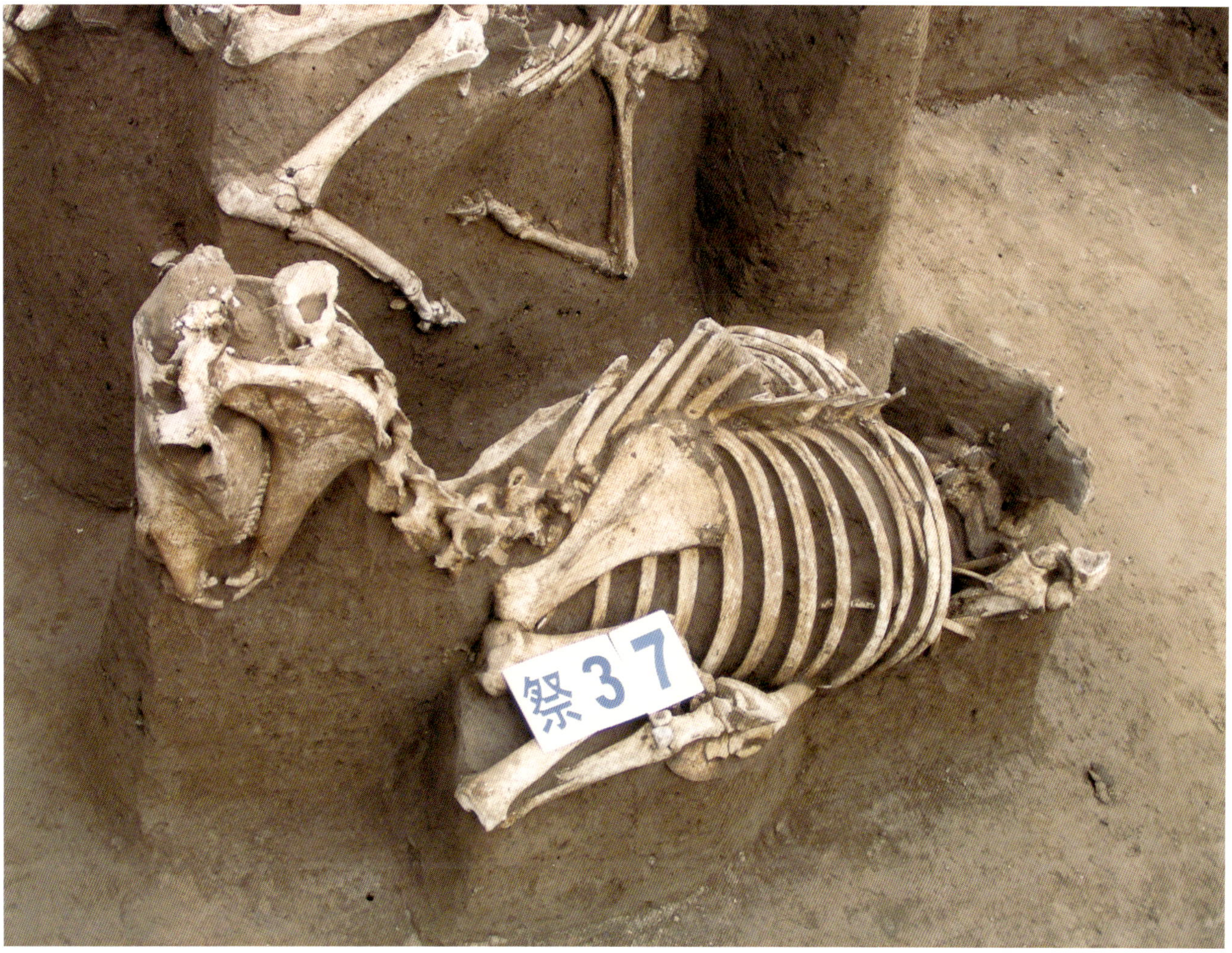

彩版一六三　M10 祭 37

彩版一六四　M10 祭 38

彩版一六五　M10 祭 39

彩版一六六　M10 祭 40

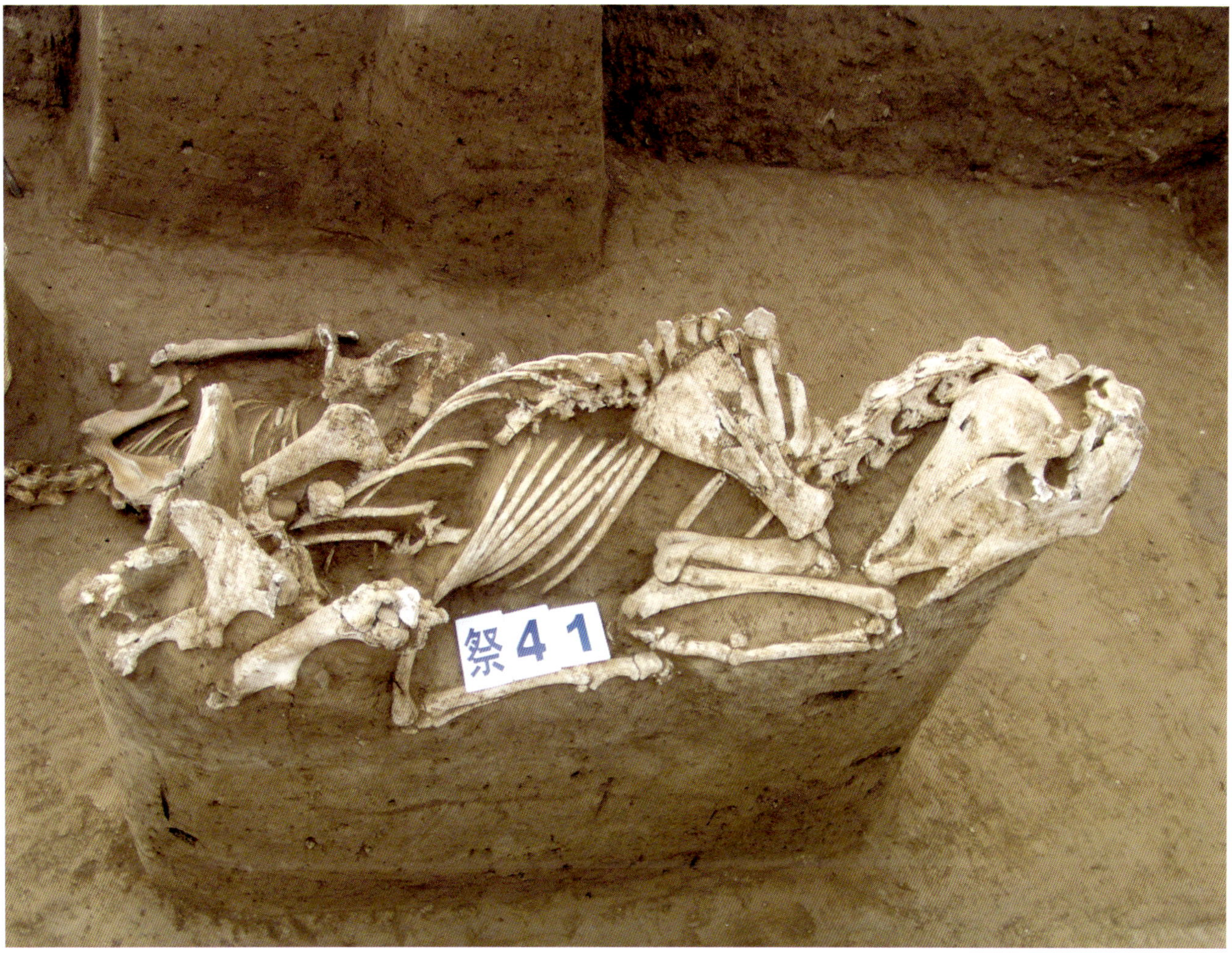

彩版一六七　M10 祭 41

彩版一六八　M10 祭 42

彩版一六九　M10 祭 43

彩版一七〇　M10 祭 44

彩版一七一　M10 祭 45

彩版一七二　M10 祭 46

彩版一七三　M10 祭 47

彩版一七四　M10 祭 48

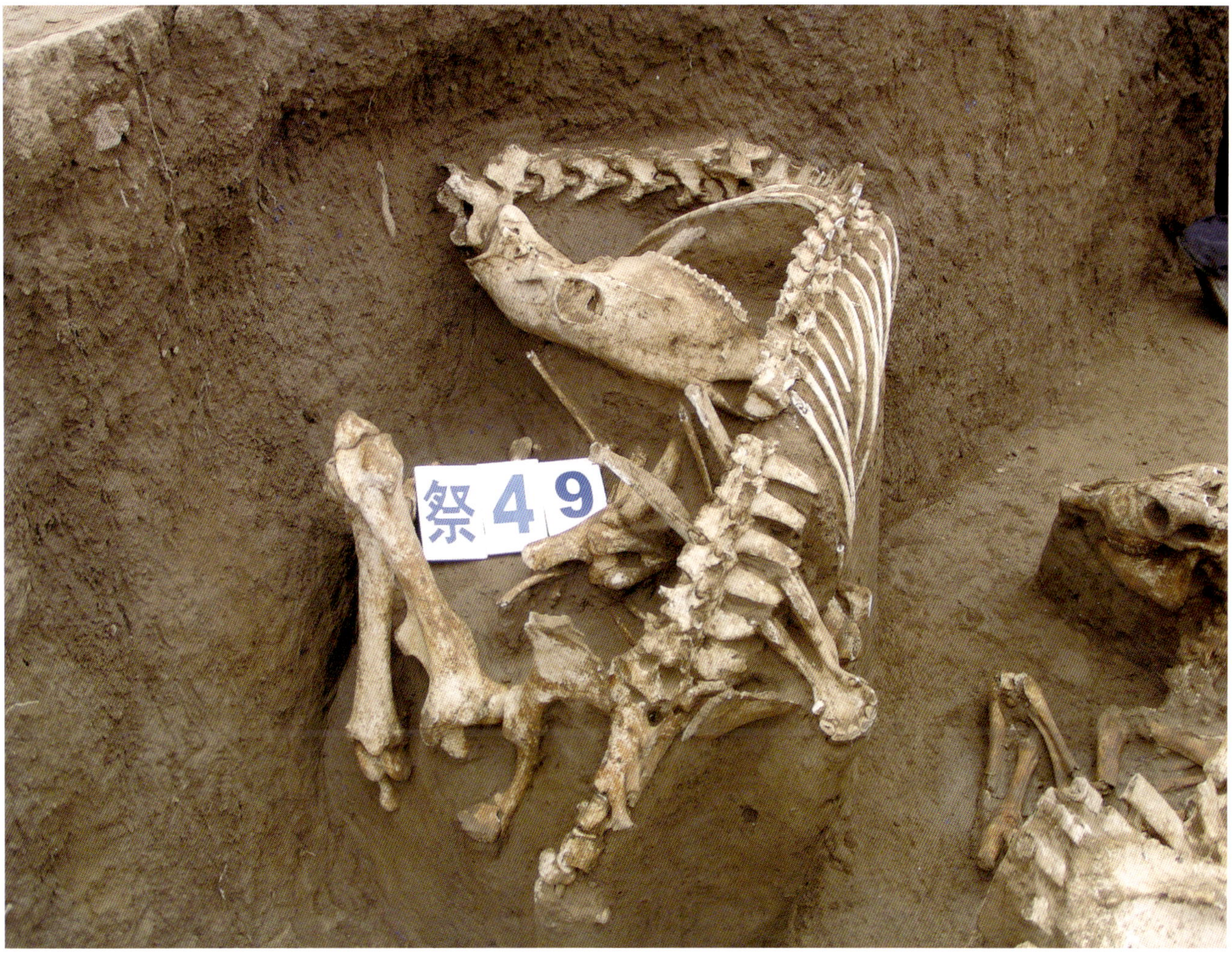

彩版一七五　M10 祭 49

彩版一七六　M10 祭 50

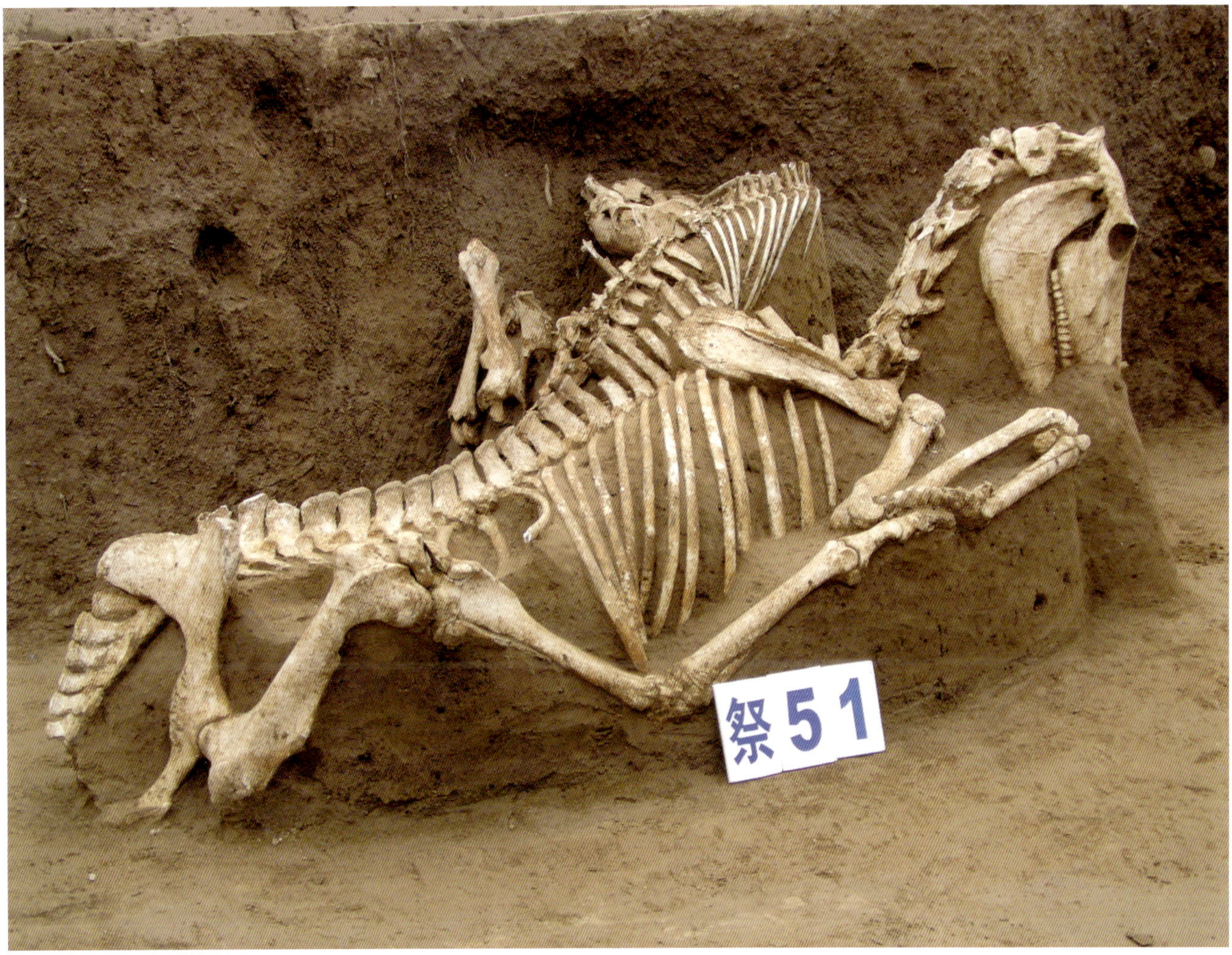

彩版一七七　M10 祭 51

彩版一七八　M10 祭 52

彩版一七九　M10 祭 53

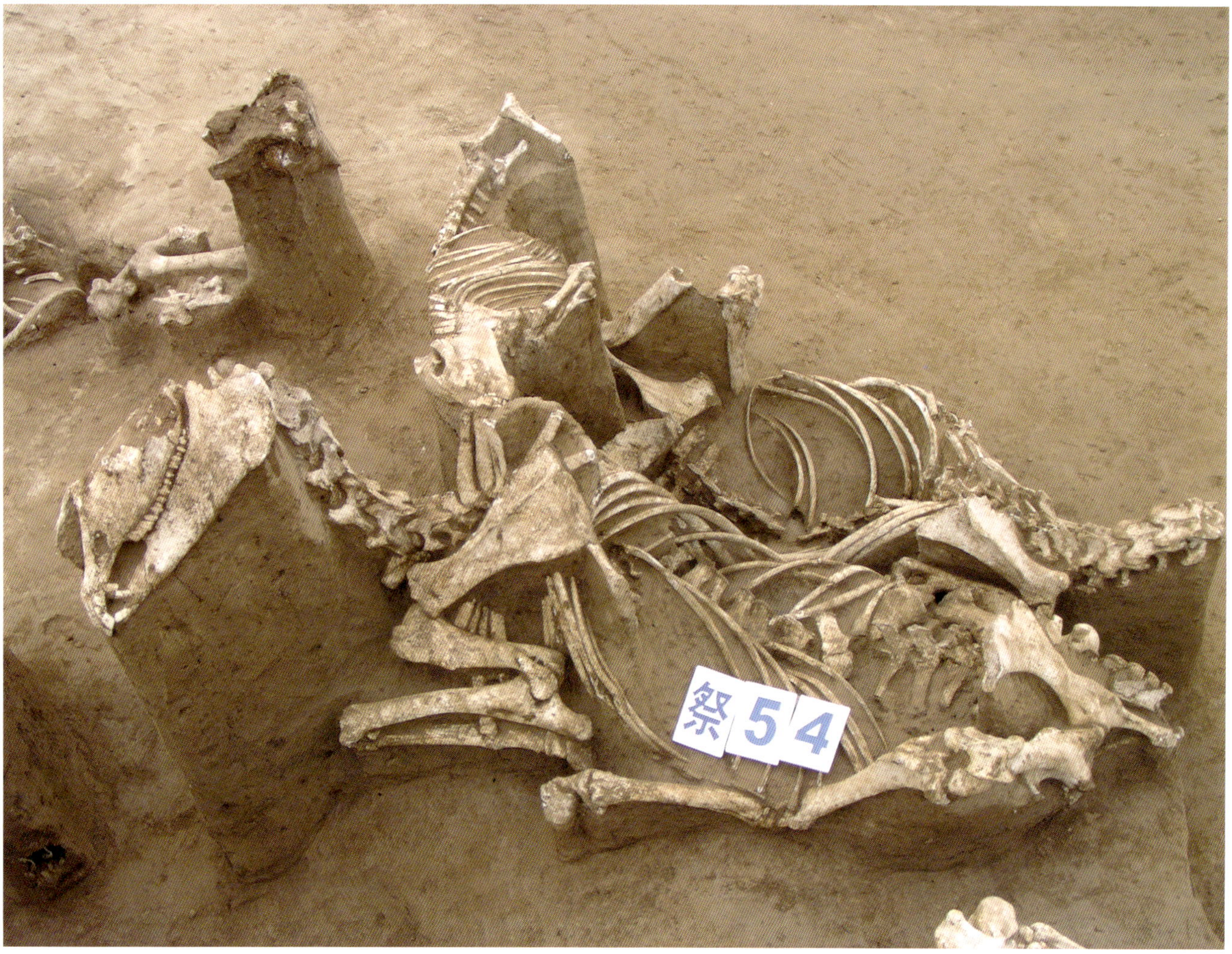

彩版一八〇　M10 祭 54

1.M10 祭 55

2.M10 祭 57

彩版一八一　M10 祭祀坑

彩版一八二　M10 祭 56

彩版一八三　M10 椁底板下木带（西向东）

1.M10 外棺盖板埋藏情况（西向东）

2. M10 外棺南端挡板

彩版一八五　M10 外棺底板埋藏情况（东向西）

1.M10 内棺底板埋藏情况（西向东）

2.M10 人骨（西向东）

彩版一八七　M10随葬青铜器、玉器埋藏情况

彩版一八八　M10随葬玉器埋藏情况

彩版一八九　M10 随葬玉器埋藏情况

彩版一九〇　M10 出土铜剑柄（花剑格）M10：23

彩版一九一　M10 出土铜鸟 M10∶盗洞·14

1. 玉鱼 M10：20

2. 玉鱼 M10：10

3. 玉鱼 M10：43

彩版一九二　M10 出土玉石器

1. 玉蚕 M10：21

2. 玉龟 M10：44

3. 玉龟 M10：45

彩版一九三　M10 出土玉石器

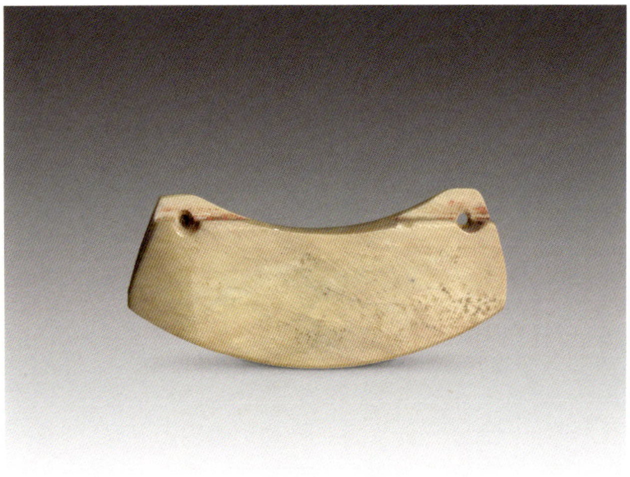

1. 玉璜 M10 :填土・2

2. 玉饰 M10 : 22

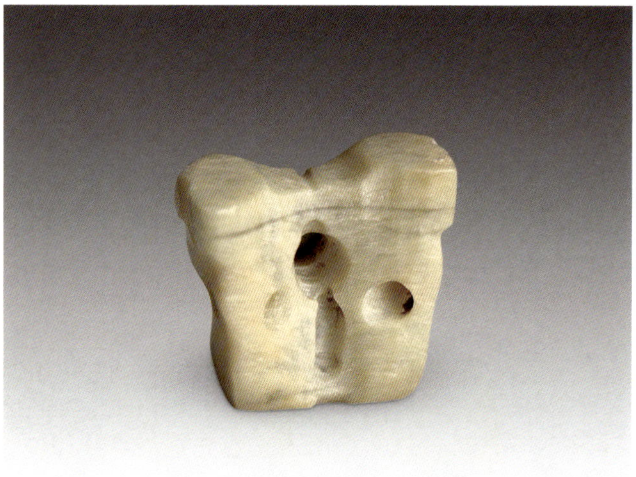

3. 玉牛头饰 M10 : 33

4. 玉牛头饰 M10 : 34

彩版一九四　M10 出土玉石器

1. 龟形玉饰 M10：28

2. 云纹玉饰 M10：37

3. 云纹玉饰 M10：38

4. 勾连纹玉玦 M10：47

彩版一九五　M10 出土玉石器

彩版一九六　M10 出土复合玉饰 M10：36

彩版一九七　M10 出土复合玉饰 M10：36

1. 勾连纹玉玦 M10：50

2. 龙形玉玦 M10：25

彩版一九八　M10 出土玉石器

1. 项饰玉牌 M10：30

2. 项饰玉牌 M10：31

3. 玉环 M10：8

彩版一九九　M10 出土玉石器

1. 玉圭 M10：7

2. 玉觿 M10：12

彩版二〇〇　M10 出土玉石器

1. 玉觿 M10：24

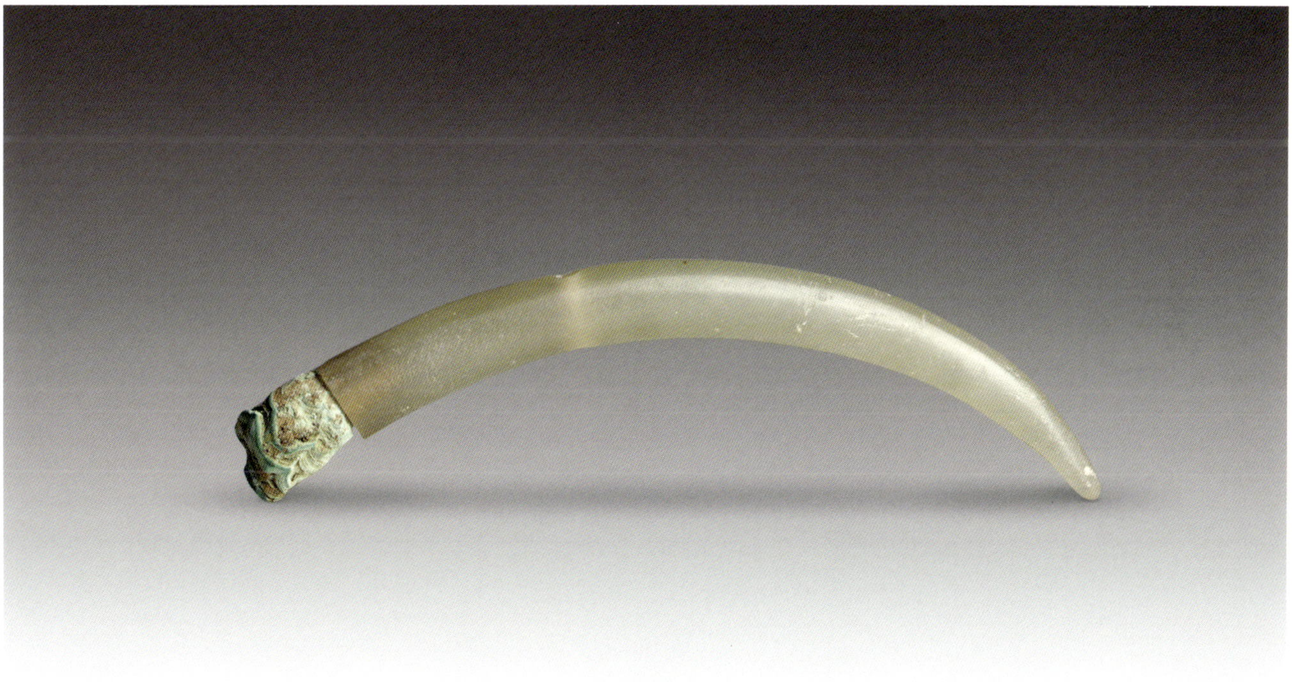

2. 玉觿 M10：15

彩版二〇一　M10 出土玉石器

1. 方形玉管 M10：29

2. 方形玉管 M10：26

3. 方形玉管 M10：35

4. 方形玉管 M10：18

彩版二〇二　M10 出土玉石器

1. 方形玉管 M10：27

2. 圆柱形玉管 M10：13

3. 圆柱形玉管 M10：19

4. 方形玉柱 M10：17

彩版二〇三　M10 出土玉石器

1. 料珠 M10：48

2. 料珠 M10：51

彩版二〇四　M10 出土石器

1. 玛瑙珠 M10：39

2. 孔雀石饰件 M10：32

彩版二〇五　M10 出土玉石器

彩版二〇六　M10 出土其他玉饰 M10：49